Neue Gesetze für ein besseres Leben?

Scrinium Friburgense

Veröffentlichungen des Mediävistischen Instituts
der Universität Freiburg Schweiz

Band 58

Reichert Verlag Wiesbaden 2024

Neue Gesetze für ein besseres Leben? Überlegungen zu Praktiken und Theorien der Gesetzgebung im Mittelalter

Hans-Joachim Schmidt

Reichert Verlag Wiesbaden 2024

Veröffentlicht mit Unterstützung
des Hochschulrats der Universität Freiburg Schweiz

Bibliografische Information der Deutschen Nationalbibliothek

Die Deutsche Nationalbibliothek verzeichnet diese Publikation in der Deutschen Nationalbibliografie; detaillierte bibliografische Daten sind im Internet über http://dnb.dnb.de abrufbar.

Gedruckt auf säurefreiem Papier
(alterungsbeständig – pH7, neutral)

www.reichert-verlag.de
ISBN: 978-3-7520-0703-9 (Print)
eISBN: 978-3-7520-0251-5 (Ebook)
https://doi.org/10.29091/9783752002515
Satz: Mediävistisches Institut der Universität Freiburg Schweiz

Inhaltsverzeichnis

I. Traditionen und Innovationen im Mittelalter 7

I.1 Neuerungsverbote und Neuerungsgebote 7

I.2 Was ist das gute Leben? 10

I.3 Transzendenz oder Fortschritt 14

I.4 Mit neuen Gesetzen zu einem besseren Leben? 24

II. Gott und seine Gebote für die Christen 37

II.1 Gott als Gesetzgeber in den Büchern Moses 37

II.2 Geltung und Überwindung des Gesetzes in den Texten des Neuen Testaments 42

II.3 Gnade, Zwang und Gesetz 53

II.4 Regel in den Klöstern als Mittel zur Vollkommenheit 59

III. Polis, Staat und Gesetz in der Antike 63

III.1 Antike Philosophie: Politik und Gesetze für das gute Leben 63

III.2 Gründungsgeschichten und Gründungsmythen zu den Gesetzen der Römer 76

III.3 Gesetze der Römer und Glaube der Christen 82

III.4 Die Überwindung des Alten im spätantiken römischen Kaiserrecht . . 84

IV. Entstehung und Bewahrung von Recht im Mittelalter 95

IV. 1 Der gerechte König 95

IV.2 Gesetze für die germanischen Königreiche 100

IV.3 Neues Recht als Ergebnis der Notwendigkeit 112

IV.4 Privilegienrecht 116

IV.5 Begründung des Rechts durch den Verweis auf Vergangenheit und Zukunft 120

IV.6 Die Ordnung des Friedens 122

V. Verheißung und Erwartung des Heils auf Erden 129

V.1 Geschichte und Erlösung der Menschen 129

V.2 Geistkirche und das kommende Reich des Friedens auf Erden . . . 132

VI. Die Wiederentdeckung der Gesetzgebungen seit dem 12. Jahrhundert . . 143

VI.1 Kirchliches Recht und kirchliche Rechtslehre 143

VI.2 Weltliche Gesetzgebungen seit dem 12. Jahrhundert 159

VI.3 Gesetzgebungen von Herrschern zur Mehrung des allgemeinen Wohls 173

VI.4 Statuten der Städte für das allgemeine Wohl, die Gerechtigkeit und die Freiheit 185

VI.5 Gesetze ohne Gesetzgeber: Rechtsbücher 198

VII. Theorien zum besseren Gesetz 207

VII.1 Juristen des weltlichen Rechts 207

VII.2 Philosophie des guten Lebens im Diesseits 222

VII.3 Die Unmöglichkeit des allgemeinen Wohls 245

VII.4 Trennung und Verbindung von Gesetz und Tugend 253

VII.5 Dilemma zwischen Neuerung und Bewahrung der Gesetze 266

VIII. Die Normierung der Normen 273

IX. Verzeichnis der Quellen und Literatur 287

IX.1 Quellen 287

IX.2 Literatur 290

X. Register 299

I. Traditionen und Innovationen im Mittelalter

I.1 Neuerungsverbote und Neuerungsgebote

Können und sollen neue Gesetze das Leben verbessern? Was ist unter einem guten Leben zu verstehen? Ist es für die diesseitige Existenz zu erreichen? Diese Fragen und die Antworten, die im Mittelalter auf sie gegeben wurden, sind das Thema dieser Untersuchung. Sie soll Möglichkeiten ausloten, ob neue Gesetze mehr waren als Textkorrekturen des bestehenden Rechts, nicht allein den Notwendigkeiten der Zeit folgten, mehr einrichteten als Instrumente, um gegen Verfehlungen vorzugehen, dass sie mehr boten als Auswege aus Konflikten und dass sie nicht nur Gefahren abwehrten, sondern dass sie ermöglichen sollten, ein gutes Leben zu führen, und dass die zeitliche Abfolge von Gesetzgebungen sogar eine Steigerung des guten Lebens im Diesseits hervorbrächte, also einen Fortschritt in Gang setzen würde oder dies zumindest sollte. Gesetze, weil sie mehr als Privilegien und Gerichtsurteile eine weite Geltung beanspruchten, hatten das Potential, viele Lebensbereiche zu gestalten. Gesetze sollen als pragmatische Texte verstanden werden, die Normen für viele Menschen und viele Konstellationen setzen. Es sollen Vorstellungen untersucht werden, ob mittels neuer Gesetze die irdische Existenz verbessert werden solle und könne, und genauso die gegensätzliche Positionen behandelt werden, die die Bewahrung bestehender Ordnung für günstiger erachteten. Die Neuerungsbereitschaft stand in Gegensatz zum Bewahrungsgebot. Die widersprüchliche Entwicklung beider Normwerte prägte die Bewertungen von Gesetzgebungen im Mittelalter.

Wenn Gesetze das Leben verbessern sollen, setzt dies normative Anforderungen an die Gesetze voraus. Es entsteht eine doppelte Normativität der Gesetze – hinsichtlich der Normen, die sie auferlegen, und der Normen, denen sie selbst unterliegen. Die extra-legale Fundierung verlangt, Begründung und Auswirkung von Gesetzen zu bestimmen. Die Legalität war zu legitimieren.

Wenn angenommen wurde, dass das bloße Leben, das Überleben, nicht genüge, vielmehr ein gutes Leben angestrebt werden solle, waren Voraussetzungen und Einwirkungsmittel anzugeben. Zu klären war auch, was das gute Leben bedeutete. Wenn das gute Leben nicht allein durch Höchstleistungen des Individuums, sondern durch eine gute soziale Organisation ermöglicht werden sollte, waren rechtliche Normen notwendig, vor allem Gesetze, die die umfassendsten Norm-Regulierungen darstellten. Es gab zwei Arten des guten Lebens, erstens dasjenige, das allein individuelle, partikulare Anliegen beförderte und zweitens dasjenige, das ein ‚Ganzes', sei es sozial oder religiös fundiert, hervorbrächte. Gesetze als Voraussetzungen, um ein gutes Leben zu führen, waren selbst einem Regel-Utilitarismus unterworfen, der Gradienten des Erreichbaren und des Erreichten kannte, was Verbesserungshandeln anzustoßen und zu verstetigen ermöglichen würde. Sei dieses evolutionär oder abrupt, jedenfalls impliziert es eine Vorstellung von Fortschritt, die trotz eines dem Mittelalter zugeschriebenen Vertrauens in das Heilsgeschehen, das sich erst künftig, nach dem Tod, verwirklichen werde, und trotz des Verhaftetseins an Traditionen vorhanden wäre.

Im Mittelalter dominierte in der Tat die Auffassung, die das diesseitige Leben als Vorbereitung auf das Jenseits vorstellte: Das Leben galt als nicht abgeschlossen, es sei die Etappe zur Transzendenz. Die ‚Krone des Lebens' werde empfangen – von Gott. So stellt es der Jakobus-Brief dar (Jak 1,12). Der Kolosserbrief und der Philipperbrief von Paulus forderten auf, „danach zu trachten, was im Jenseits ist, nicht nach dem, was auf Erden ist. Denn unser Wandel ist im Himmelreich" (Koll 3,1–2; Phill. 3,11–20). Thomas von Aquin (1185–1274) beschrieb die Gaben der Glorie; alle seien sie im Jenseits zu erhoffen. Es sind dies die Gottesschau, die die Glückseligkeit der Seele bewirke; dann die Glorie des Körpers, die Christus durch seine Auferstehung erreicht habe und den erlösten Menschen bevorstünde; schließlich die Gabe des angemessenen Platzes der Glorie, die nach der Himmelfahrt und nach der Erlösung im Jenseits – zeitlich und örtlich transzendiert – erreicht werde.[1] Das Heil, das die christliche Religion in Aussicht stellte, war in der Zukunft zu erwarten. Auf sie richteten sich Anstrengungen. Transzendenz überragt das irdische Leben. Aber sie strahlt auf es zurück. Sie motiviert Handlungen. Und Transzendenz wohnt auch jeder profanen Existenz inne. Denn auch die begrenzte irdische Existenz ist durch trans-personale und trans-temporale Überschreitungen von Endlichkeiten, die die individuelle Lebensspanne hinter sich lassen, gekennzeichnet und überwindet eine Immanenz aktuell verfügbaren Seins. Die Transzendenzerwartung erfasste das vergängliche Leben umso mehr, als seit der Wende zum 13. Jahrhundert Vorstellungen bestanden, dass das Heil, das Gott versprach, sich bereits im historischen Prozess auf Erden verwirklichen würde und dass es die gläubigen Menschen in eine Epoche gesteigerter Existenz bereits im Diesseits emporheben würde. Geschichte barg die Möglichkeit, das weltliche Leben zu verbessern, ja mehr noch, wenn diese Erwartung religiös verbürgt wäre, bestünde die gesicherte Erwartung, dass das Leben hin zu größerer Harmonie, zu vermehrtem Wissen, zu Steigerung der Tugenden und zur Erweiterung der Freiheit gelangen würde, was die Berechtigung des Bestehenden herabsetzte und vorhandene Normen nur als unvollkommene Vorformen gelten ließ. Strahlten solche Vorstellungen in die Konzeption von menschlichen Gemeinschaftsformen aus? Erfassten sie auch die Gesetze? Könnten und sollten neue Gesetze die Menschen in einen besseren Zustand geleiten?

Die Fragen, ob bessere Gesetze die Menschen besser machen und bessere Menschen bessere Gesetze hervorbringen und ihrer bedürfen – diesen Fragen widme-

---

1 Thomas von Aquin, In quattuor libros sententiarum, hg. v. Busa, Robert (Opera 1), Stuttgart 1980, III, d. 22, lq. 3, a q, ad 4.

ten sich die Menschen im Mittelalter. Sie suchten nach Antworten, indem sie die Grundsätze der Gesetzgebung erörterten und Erwartungen und Vorstellungen an die Gesetzgebung knüpften. Die Normierung der legislativen Normsetzung bedurfte einer Rückbindung an Wertvorstellungen und war angeschlossen an die Lehre der Moral, also an die Ethik.

Wenn indes das Streben nach der jenseitigen Erlösung, d.h. nach dem ewigen Seelenheil, und die Vermittlung des Heils durch die Kirche alle Bereiche der Lebensführung dominierten, war die Frage nach dem guten Leben auf Erden irrelevant, bestenfalls zweitrangig. Das irdische Leben konnte dann nur als Vorbereitung Bedeutung haben, als eine Hinführung auf ein höheres Ziel, demgegenüber das Streben nach Glück außerhalb der überirdischen Existenz als *vanitas* abgewertet wurde. Eine christliche Weltdeutung und Handlungsnormierung erachteten das irdische Leben als unausweichlich kontigent, das Bedeutung nur haben konnte, wenn es als Kampfplatz der Bewährung und als Feld, auf dem die Versuchungen zum Bösen lauerten und abgewehrt werden mussten, vorgestellt war.[2] Die Wertschätzung asketischer Höchstleistungen, die zur ewigen Erlösung hinzuführen versprachen, bestand besonders im klösterlichen Milieu.

Jan Huizinga hat in seinem berühmten Buch ‚Herbst des Mittelalters' ausgeschlossen, dass die Menschen – auch im späten Mittelalter – eine innerweltliche Verbesserung des Lebens angestrebt hätten. Sie hätten allein die religiöse Perfektionierung und die ästhetische Dekorierung angestrebt. Nur der Weg der Weltverleugnung in Askese in der Erwartung des jenseitigen Heils und der Weg, der im „Entfliehen vor der harten Wirklichkeit in eine schöne Illusion" führe, seien vorhanden gewesen, wohingegen der Weg der Verbesserung der sozialen Umwelt und damit der Lebensbedingungen des Einzelnen kaum in Betracht gezogen worden sei und noch weniger zu Handlungen motiviert hätte, denn die Lebensbedingungen schienen so zu sein, wie sie Gott eingerichtet und als Ergebnis der ersten Sünde des Menschengeschlechts ihm unveränderlich auferlegt habe. Weil alles Sein auf Erden als Repräsentation religiöser Werte gedeutet worden sei, hätte ihm eine autonome Existenz gefehlt.[3] Diese Auffassung zu überprüfen und letztlich zurückzuweisen, haben sich Autoren eines Sammelbandes gewidmet, die die historiographische Aktualität das klassischen Werkes von Huizinga untersuchten und bewerteten.[4]

---

2 Sabaté, Flocel, Ideology in the Middle Ages, in: The Ideology in the Middle Ages. Approach from southwestern Europe, hg. v. id., Amsterdam 2019, S. 1–38, S. 10.

3 Huizinga, Jan, Herbst des Mittelalters. Studien über Lebens- und Geistesformen des 14. und 15. Jahrhunderts in Frankreich und in den Niederlanden, 12. Aufl., Stuttgart 1987.

4 Ibid.; sowie Peters, Edward u. Simons, Walter P., The New Huizinga and the Old Middle Ages, in: Speculum 74 (1999), S. 587–620, bes. S. 608; Aertsen, Jan A., Einführung. Kontinuität und Diskontinuität, in: ‚Herbst des Mittelalters'? Fragen zur Bewertung des 14. und 15. Jahrhunderts, hg. v. Aertsen, Jan A. u. Pickavé, Martin (Miscellanea Mediaevalia 31), Berlin/New York 2004, S. xiii–xx.

Bedrich Loewenstein identifizierte in seiner Studie zur ‚Geschichte des Fortschrittsglaubens' im Mittelalter nur unvollkommene Vorformen von Zukunftsgestaltung, die als Verbesserungsgestaltung konzipiert war. Diese – so fasste er zusammen – „war in der mittelalterlichen Gesellschaft noch eingebunden in statische Ordnungen, und eine weltliche Fortschrittsdynamik war unvorstellbar." Aber dann schrieb er im folgenden Satz: „Aber sie war durchaus vorhanden und sollte sich im neuzeitlichen Europa als Kraftquelle unterschiedlich geprägter Bewegungen bewähren."[5] Die widersprüchliche Aussage ist durchaus symptomatisch für die mittelalterlichen Verhältnisse selbst. Entgegen der Auffassung von Loewenstein soll im Folgenden aber nachgewiesen werden, dass das „Unvorstellbare" durchaus vorgestellt wurde, dass es Auffassungen und Aussagen gab, die Verbesserungen des diesseitigen Lebens für möglich erachteten und sie als Handlungsziele ausgaben. Dies betraf auch die Organisation des politischen und gesellschaftlichen Lebens und damit auch die Gesetzgebung.

Dass das Streben nach Selbstwirksamkeit und die Gestaltungsautonomie bereits im späten Mittelalter zusätzlich zur religiösen Sinnstiftung des Lebens als Vorbereitung auf das Jenseits vorhanden war und gar die Religiosität abzuwerten begann, hat der kanadische Philosph Charles Taylor behauptet. Er entwirft ein Szenario der Entfaltung innerweltlicher Begründungen und Zwecke, deren Ursprünge er in das 13. Jahrhundert ansetzt. Sowohl Vorgänge der Natur als auch das Handeln der Menschen seien zunehmend von religiöser Deutung abgelöst worden. Taylor sucht nach den Ursprüngen der Säkularisierung, die er als Merkmal okzidentaler Gesellschaften ansieht.[6]

Die Frage ist: Entstand im Mittelalter eine aktivistische und interventionistische Handlungsbereitschaft, die sich zunehmend auf viele Lebensbereiche ausweitete? Gab es eine Intentionalität, die inhärent auf das diesseitige Leben ausgerichtet war? Waren praktisches Handeln und theoretische Überlegung legitim, die es zu verbessern suchten? Waren Gesetze eingesetzt, dieses Ziel zu erreichen?

I.2 Was ist das gute Leben?

Was bedeutete besseres Lebens? Mehrere Antworten hat es im Laufe der Geschichte und auch im Mittelalter gegeben. Dass das Leben gut sei, sofern es zur transzendentalen Steigerung des Lebens – also im religiösen Sinne zur Erlösung – hinführe, war eine anerkannte Vorstellung im Mittelalter und schloss die Auffassung ein, dass Herrscher und politische Gemeinden Grundlagen legen müssten, damit das Streben nach dem Heil vor Störungen geschützt wird. Dies sollten sie auch durch das Schaffen von Gesetzen und ihre Anwendung leisten. Das gute Leben

5 Loewenstein, Fortschrittsglaube, S. 54.
6 Taylor, Ein säkulares Zeitalter.

galt weiterhin als Fehlen von Gewalt und als Leben in Frieden, wodurch es nur wenig über das Niveau des einfachen Überlebens hinausragte. Die Herstellung von Sicherheit war aber eine Voraussetzung, das Leben von biologischer Existenz zu biographischer Entwicklung zu steigern. Eine Verbesserung des Lebens, die durch Gesetzgebung und Gesetze hervorgebracht wurde, sollte drittens, so erachteten es einige mittelalterliche Rechtstexte und Autoren, zu einer Vereinheitlichung der Lebensformen und damit zu größerer Rechtssicherheit führen, vor allem wenn statt Gerichtsurteilen und Einzelfallentscheiden, die der Herrscher trifft, allgemein verbindliche Vorgaben mittels der Gesetze gelten würden, vor allem wenn auch der Herrscher selbst an die Gesetze gebunden wäre. Die Vereinheitlichung von rechtlich geformten Lebensbedingungen setzte auch eine Konkordanz divergenter Rechtstexte voraus, die die Bereitstellung des besseren Textes herstellte.

Viertens konnte das gute Leben als Erweiterung der kommunikativen Vernetzung der Individuen verstanden werden, die dank der Arbeitsteilung und der daraus folgenden Kooperationen in die Lage versetzt werden, nicht allein materielle Güter in größerer Menge zu produzieren, sondern Freundschaftsbande zu knüpfen, gegenseitige Belehrungen zu erfahren und gemeinsam das Wissen zu vermehren. Das gute Leben galt als die Überwindung eines als primitiv gedeuteten Urzustandes der gesetzlosen Existenz in kleinen isolierten Gruppen – vor jeder politischen Vergemeinschaftung und vor der Niederlassung in Städten. Die Steigerung der Soziabilität, die Vermehrung der Kontakte, deren Reglementierung und die größere Befolgung von Geboten wurden als Verbesserung des Lebens ausgegeben. Indem sich die gesellschaftlichen Aufgaben zunehmend differenzierten, wuchs der Konkurrenzdruck, der wiederum in positiver Rückkoppelung die soziale Differenzierung verstärkte, woraus die Notwendigkeit entsprang, den sozialen Beziehungen zunehmend Ordnungsanforderungen aufzuerlegen. Sofern die Regeln selbstdisziplinierend wirkten, steigerten sie auch die moralischen Normen.[7] Einen Prozess der Zivilisation, der durchaus nicht kontinuierlich angenommen werden muss, hat Nobert Elias behauptet und dessen Beginn in das Mittelalter angesetzt. Diesen Prozess der Zivilisation hat er als Zunahme des normengeleiteten Verhaltens, das nicht stets rechtlich gefasst sein musste, gekennzeichnet.[8]

Fünftens: Im Mittelalter gab es die Auffassung, dass das gute Leben ein Leben gemäß der Tugenden sei. Sie seien steigerungsfähig durch soziale Einwirkungen. Tugenden disponierten die Menschen, um eine verbesserte Kooperationsbefähigung und eine Akzeptanz gewaltmindernder Verfahren hervorzubringen. Die Gesetze sollten diese Tugendsteigerung fördern, und der höhere Grad des tugendhaften Lebens sollte wiederum die Schaffung besserer Gesetze ermöglichen, die

---

7 Gauvard, Claude, Boureau, Alain u. Jacob, Robert, Normes, droit, rituels et pouvoir, in: Les tendances actuelles de l'histoire du Moyen Âge en France et en Allemagne. Actes des colloques de Sèvres (1997) et Göttingen (1998), hg. v. Schmitt, Jean-Claude u. Oexle, Otto Gerhard, Paris 2002, S. 461–482, S. 472f.

8 Elias, Norbert, Über den Prozess der Zivilisation, 2 Bde., Basel 1939, II, S. 316–320.

weniger durch Strafandrohung und durch Zwang als durch Einsicht wirken könnten. Dieser Zirkelschluss von Gesetz und Tugend formte das Band, das individuelle Vervollkommnung mit kollektiver Verbesserung verknüpfte, das den Einsatz von Gewalt als Mittel der Sanktionierung und Handlungsreglementierung entbehrlich machen würde, so dass die restriktive Einwirkung der Gesetze gemindert und deren protektive Wirkung gestärkt würde.

Weiterhin und sechstens konnte das bessere Leben verstanden werden als gesteigerte Erkenntnisfähigkeit, so dass mehr als nur eine bessere Moral erreicht werden könne. Sofern die Erkenntnisfähigkeit nicht individuell eingeschlossen wäre, sondern transgenerational den gesamten Bereich des sozialen Lebens und die Abfolge von historischen Epochen erfasste, wäre sie der rechtlichen Formierung bedürftig und umgekehrt dazu befähigt, sie hervorzubringen. Gesetze sollten einen intellektuellen und moralischen Verbesserungsprozess in Gang setzen, und dieser wiederum Gesetze zu verbessern beitragen, indem sie weniger die Individuen in ihrem Handeln einschränkten, als vielmehr fördern sollten.

Ein weiteres Kennzeichen des besseren Lebens ist die Verwirklichung gesteigerter Selbstwirksamkeit der Menschen, d. h. die Herstellung der Autonomie derjenigen, die allgemein gültige Gesetze befolgen, nicht aber willkürlichen Entscheidungen von Herrschern unterworfen sind. Prozedural ist eine solche Verbesserung als Ermöglichung charakterisiert, mittels eines gesellschaftlichen Konsenses und einer politischen Aktion selbst Regeln zu erstellen. Die Beteiligung an der Gesetzgebung selbst war dann bereits als Wert aufgefasst. Sie hatte Anteil an einer prozeduralen Optimierung des Lebens.

Und schließlich: War das Glück der Menschen die Essenz des guten Lebens? In der Sprache der mittelalterlichen Philosophen, die in der Tradition von Aristoteles standen, sollte die politische Organisation, in welcher Form auch immer sie gestaltet sei, die Glückseligkeit, *felicitas*, herstellen. Dieses Wort war die im Mittelalter gebräuchliche Übersetzung des von Aristoteles geprägten Begriffs *endaimonia*. Damit war ein Leben gemäß den Tugenden bezeichnet. Sie sollten zur Verwirklichung der Befähigungen des Menschen und zum Erreichen der von ihm gewollten Ziele führen.[9] Es gab Unterscheidungen und Abstufungen. Die höchste Form, die *felicitas speculativa,* sei nur wenigen denkenden Menschen zugänglich, entfalte sich abseits der Politik, bei Menschen, die als Philosophen denken und handeln. Die *felicitas publica* oder *felicitas politica* sei verglichen damit eine Minderform, sei aber sozial breiter zugänglich, quantitativ ausgedehnt. Sie ist aber keineswegs ein Surrogat eines höheren Wertes, vielmehr für den Handlungszusammenhang des öffentlichen Tuns das wichtigste Ziel. Auch die Glückseligkeit im politischen Sinne ist die des Individuums, verwirklicht werden kann sie aber

9 Ackrill, John L., Aristotle on Endaimonia, in: Essays on Aristotle's Ethic, hg. v. Oksenberg Rorty, Amélie, Berkeley 1980, S. 15–33.

nur in einer Organisation.[10] Wenn die individuelle Glückseligkeit einen kollektiven und politischen Handlungszusammenhang voraussetzt und ihre Verbesserung nur vermittelt über die Gesamtheit einer institutionell geformten Menschengruppe erreicht werden kann, verlangt die Frage, wie die öffentlichen Einrichtungen gestaltet werden sollen, eine Antwort, die die Auffassung, dass Herrschaft und Macht als Ergebnisse gottgewollter Hierarchisierung der sozialen Beziehungen zu gelten hätten,[11] hinter sich lässt und Lösungen vorsieht, um das Leben der Individuen in ihrem sozialen Kooperationen zu fördern. Umgekehrt wären dann auch die Individuen aufgefordert, für die allgemeine Glückseligkeit tätig zu werden, die allen oder doch möglichst vielen zugute käme, und folglich für die politische Organisation Pflichten anzunehmen und auszuführen. Die soziale Verbindung ist üblicherweise rechtlich geformt und folgt daher auch Gesetzen. Gesetze sind zu bewerten anhand ihres Nutzens für die Herstellung der individuellen und allgemeinen Glückseligkeit. Der öffentliche Nutzen (*utilitas publica*), den zu nennen seit der Wende zum 13. Jahrhundert immer mehr üblich wurde bei der Schaffung von Recht – sei es durch Urkunden oder durch Gesetze –, war ein Wert, der die Verbesserung des Lebens meinte.[12]

Die Gesetze, sofern sie auf Verbesserungen von Tugenden, Erkenntnissen und Zuständen der Glückseligkeit zielten und auf ihnen beruhten, hätten dann mehr als defensive Wirkung, böten mehr als Schutz vor Gewalt und Entrechtung, sondern würden das Leben optimieren. Der Fortschritt würde einem kulturellen Lernen entspringen, das Verfahren der Vergangenheit bewertete und die Möglichkeit eröffnete, sie zu korrigieren und zu verbessern. Aber damit wäre ein Dilemma verbunden. Gesetze sollten institutionell stabilisierend wirken. Damit gefährdete die

---

10 Celano, *finis hominis*; Kleber, Hermann, Glück als Lebensziel, Trier 1985, S. 9f., 132–139; Toste, Naturalness; Wieland, Georg, *Ethica. Scientia practica*. Die Anfänge der philosophischen Ethik im 13. Jahrhundert, Münster i. W. 1981, S. 103–143; Lambertini, Roberto, *Felicitas politica* und *speculatio*. Die Idee der Philosophie in ihrem Verhältnis zur Politik nach Johannes von Jandun, in: Was ist Philosophie im Mittelalter?, hg. v. Aertsen, Jan A. u. Speer, Andreas (Miscellanea Mediaevalia 26), Berlin 1998, S. 984–991.

11 Stürner, *Peccatum*.

12 Gaudemet, Jean, *Utilitas publica*, in: Revue historique de droit français et étranger 4/29 (1951), S. 465–499; Ullmann, Walter, Law and Politics in the Middle Ages. An Introduction to the Sources of Medieval Political Ideas, Ithaca 1975, S. 110–116; Hibst, Peter, *Utilitas Publica* — Gemeiner Nutz — Gemeinwohl. Untersuchungen zur Idee eines politischen Leitbegriffes von der Antike bis zum späten Mittelalter (Europäische Hochschulschriften, Reihe 3: Geschichte und ihre Hilfswissenschaften 497), Frankfurt a. M. et alii 1991, S. 177–184, 222f.; Leveleux-Teixeira, Corinne, L'*utilitas publica* des canonistes, un outil de régulation de l'ordre juridique, in: Revue française d'histoire des idées politiques 32 (2010), S. 259–276; Kempshall, Matthew S., The Common Good in Late Medieval Political Thought, Oxford 1999; id., The Language of the Common Good in Scholastic Political Thought, in: Il bene comune. Forme di governo e gerarchie sociali nel basso medioevo. Atti del XLVIII Convegno storico intern., Todi 9–12 ott. 2011, Spoleto 2012, S. 15–34; Conetti, Mario, *Utilitas publica*. La civilistica tra logica scolastica e attualità politica (secoli XII–XIV), in: ibid., S. 217–264.

Optimierungsanforderung indes die Beständigkeit, die die Gesetze zu garantieren hatten. Tugend und Erkenntnis sollten die Effizienzsteigerung der Normativität gewährleisten, was bedeutete, dass außer-legale Disziplinierung das Leben verbessern würde, um die Reduktion der Bindungswirkung der Gesetze zu kompensieren, und zugleich um die Selbstwirksamkeit der Menschen zu steigern. Denn mit der Effizienzsteigerung von Gesetzen wurde im Mittelalter die Gefahr gesehen, das Leben der Menschen zu bedrücken. Dass Gesetze in das private Leben eingreifen und deswegen ein gutes Leben behindern und gar unmöglich machen, war ein Thema, über das im Mittelalter nachgedacht wurde. Gesetze und gutes Leben standen in diesem Fall nicht in einer kausalen Beziehung, vielmehr in der einer Kontradiktion.

I.3 Transzendenz oder Fortschritt

Die Vorstellung, dass die Menschen im Mittelalter in einem Zustand des Wartens verharrten und dass Erwartungen, ein gutes Leben zu erreichen, auf das Ende der Zeiten weltlicher Existenz und auf das Jenseits verschoben worden seien, hat Reinhart Koselleck ausführlich in seinem 1975 erschienenen Beitrag im Lexikon ‚Geschichtliche Grundbegriffe' dargelegt. Dass auch im Mittelalter Fortschritt existiert habe, sei zwar nicht zu bezweifeln, wie er schrieb, aber eine Vorstellung von ihm oder gar bewusste Anstrengungen, Fortschritte zu erzielen, hätten gefehlt, seien gar undenkbar gewesen. Eine Motivation zur Verbesserung der Lebensgestaltung sei nicht vorhanden, ja durch die Endzeiterwartungen erstickt worden. Der Weg zum Besseren sei im Mittelalter aus den Verstrickungen der Welt herausgelöst und auf eine Vorbereitung zum himmlischen Heil hingeführt worden. Freilich vertrat Koselleck auch die Auffassung, dass, indem im späten Mittelalter das Weltende immer weiter hinausgeschoben worden sei, die Zukunft, die in der Welt zu erwarten war, eine zeitliche Ausdehnung erfuhr und mit Gestaltungsvorhaben aufgefüllt wurde. Aber „Fortschritt", so Koselleck in einem anderen Text, sei doch erst nach dem Ende des Mittelalters möglich geworden, „wenn die Menschen darauf bedacht sind, ihn auch zu wollen und zu planen."[13] Ähnlich argumentiert Michel Senellart, der die Existenz selbstgesteuerter Strategien erst nach dem 15. Jahrhundert ansetzt, den vorangegangenen Epochen hingegen ein Festhalten an bestehenden Praktiken attestiert, die zu verlassen weder legitim noch nützlich erachtet wurde.[14] Jüngste

13 Koselleck, Reinhart, Fortschritt, in: Geschichtliche Grundbegriffe. Lexikon der politisch-sozialen Sprache in Deutschland, hg. v. Brunner, Otto et alii, Bd. 2, Stuttgart 1975, S. 351–423, S. 363–367; id., Vergangene Zukunft der frühen Neuzeit, in: Vergangene Zukunft. Zur Semantik geschichtlicher Zeiten, Frankfurt a. M. 1989, S. 17–37.

14 Senellart, Les arts, S. 127–129; id., Moderne Sozialgeschichtsschreibung, in: Theorie der modernen Geschichtsschreibung, hg. v. Rossi, Pietro, Frankfurt a. M. 1987, S. 173–190.

Überlegungen der Mediävistik haben jedoch die Zukunftsgewandtheit und Zukunftsplanung mittelalterlicher Gesellschaften und Institutionen herausgestellt, deren religiöse Verwurzelung immanent weltlichen Optimierungsanstrengungen nicht entgegenstand, sie vielmehr anfachte. Die Zielgerichtetheit christlicher Epochenvorstellung, die auf eine mögliche Erlösung aus den Wirrnissen, Nöten und Bedrängnissen irdischer Existenz hinausführte, hatte das Potential, dass auch die innerweltliche Gestaltung als planbar und nutzenmehrend erachtet und praktiziert werden konnte.[15]

Höchstleistungen fanden indes überwiegend außerhalb einer Nutzenmehrung in der weltlichen Existenz statt. Die Einschränkung betraf auch den sozialen Raum. Die Selbstvervollkommnung, wie sie in Klöstern zur Erlangung des ewigen Heils praktiziert wurde, zielte nicht auf eine Verbesserung der Lebensbedingungen der Menschen, die außerhalb der Klostermauern lebten. Die soziale Exklusivität der monastischen Existenz schloss eine soziale Expansion des idealen Lebensentwurfs aus.[16] Mochten die Klöster faktisch noch so sehr mit ihrer Umwelt verbunden sein, das Ideal der Distanzierung, die Suche nach einem alternativen Lebensentwurf, die Flucht aus der Welt begründeten eine Existenzform, die sozial nicht erweiterungsfähig sein sollte, deren Barrieren zu überwinden nicht angestrebt wurde.[17] Nur innerhalb des abgesonderten Bereiches monastischen Lebens sollte auf das gute Leben, das nach dem Tod erhofft wurde, vorbereitet werden. Und nur im Kloster wurden Verbesserungen für möglich erachtet, indem die Institution und das Leben der Mönche und Nonnen reformiert wurden. Neuerung und Steigerungen waren dabei denkbar, Fortschritte angestrebt. Sie hat der am Anfang des 12. Jahrhunderts entstandene Zisterzienserorden programmatisch vorgestellt. Sein grundlegender Normtext ‚Carta caritatis' begründete explizit eine neue Lebensform, die zwar an einen Ursprung, an die Regel des heiligen Benedikt von Nursia, anknüpfe, nicht aber eine Tradition weiterführte. Der Bruch mit der Vergangenheit sollte Leistungssteigerungen monastischer Existenz auslösen. Was die Vorfahren taten, solle übertroffen werden.[18]

Die jüngste Forschung zu den mittelalterlichen Klöstern und Orden tritt in einen Fortschritts- und Innovationsdiskurs ein. Sie knüpft an Überlegungen von Lynn White an, die er seit den 60er Jahren des 20. Jahrhunderts zum Verhältnis von Religion und technischer Innovation formulierte.[19] Mit großem Nachdruck wur-

---

15 Zukunft im Mittelalter.

16 Melville, Innovation, S. 339–345.

17 Zusamenfassend: Schreiner, Klaus, Mönchtum zwischen asketischem Anspruch und gesellschaftlicher Wirklichkeit, in: Archiv für Kulturgeschichte 57 (1975), S. 1–70; Melville, Welt, S. 13–18, 307–311.

18 Les plus anciens textes de Cîteaux, hg. v. Croix Bouton, Jean de la u. Van Damme, Jean Baptiste (Studia et documenta 2), Achel 1974, S. 89.

19 Aufsatzsammlung hierzu: White, Lynn T., Medieval Religion and Technology, Berkeley et alii 1978.

den Klöster als Orte der Neuerung apostrophiert, als ‚Innovationslabore', die auch Wirkung auf das Leben außerhalb der Klöster besaßen. Klöster und Orden hätten zwar die Bewahrung der ursprünglichen Ideale vorgesehen und verlangten die Rückbindung an eine Vergangenheit, meist in der Ursprungszeit, in der der beste Zustand erreicht worden sei und die Normtexte entstanden seien. Die Mönche und Nonnen, die Brüder und Schwestern, die Stiftsherren und Stiftsfrauen waren aufgefordert, diese aus der Vergangenheit geschöpften Ideale als Zukunftsvorhaben einzusetzen. Die Geschichtswissenschaft hat die vielen Errungenschaften, die trotz der Traditionsbindung von Klöstern ausgingen, herausgestellt: bei Neuerungen von Besitzorganisation und wirtschaftlicher Effizienz, bei gesteigerter rationaler Durchdringung von praktischen und theoretischen Problemen und bei Erweiterungen des Wissens. Das asketische Virtuosentum der Religiosen war ein Ideal, das in vielen Lebensbereichen zu Höchstleistungen anspornte und auf das Leben außerhalb religiöser Anstrengung einwirkte. Zu den Wirkungen gehörte u.a. die Entfaltung der Individualität, die Verwaltung von Institutionen, die Herstellung von Gütern, der Warenaustausch.[20] In den religiösen Gemeinschaften, vor allem seit dem 12. Jahrhundert, keimte die Vorstellung, dass das Streben nach Perfektion sich nicht in der Spanne des individuellen Lebens erschöpfe, sondern sich innerhalb von Institutionen entfalte, die neue Stufen der Vollkommenheit erklimmen sollten, so dass Verbesserungen auf Erden, freilich in den Klöstern eingegrenzt, erreichbar seien. Vor allem die Bettelorden haben sich seit dem 13. Jahrhundert als Promotoren einer neuen Zeit vorgestellt und ihr Wirken in Verbindung gestellt zu dem sich steigernden Erlösungswerk Gottes, zu dessen Gelingen neue und junge Kräfte zugeführt würden.[21]

Steigerungen des Lebensglücks für das diesseitige Leben anzustreben, verwarf indes ausdrücklich der Zisterzienser Bernhard von Clairvaux zur Mitte des 12. Jahrhunderts. Der soziale Ort solch verfehlter Anmaßungen sei die Stadt. Bernhard verband seine Aufforderung, aus den Städten, mit Babylon bezeichnet, zu fliehen, mit der Warnung, in den weltlichen Dingen ein gutes Leben führen zu wollen. Der Wunsch sei wahnhaft.[22] In den Klöstern entstanden aber auch Vorstellungen und Erwartungen, deren Erfüllung aus ihnen herausführten, die monastische Exklusivität sprengten, um die gesamte Christenheit in all ihren sozialen Verzweigungen in einen Vorgang der Verbesserung auch schon in der irdischen Existenz hinzuführen, deren Ziel freilich stets auf ein ewiges Heil abseits eines kontingenten Verhaftetseins ausgerichtet werden musste. Die Verwirklichung verblieb im Rahmen dessen, was als ‚Verheißung' galt, als der Nachvollzug zu einem von Gott versprochenen Heil, das Bewährung verlangte, um den Gefährdungen neuer Epochen standzuhal-

20 Melville, Innovation, S. 338.

21 Schmidt, Legitimität; Herbers, Geschichtsverlauf.

22 Bernhard von Clairvaux, Sermones super cantica canticorum 36–86, in: id., Opera , Bd. 2, hg. v. Leclercq, Jean, Tabot, Charles H. u. Rochais, Henri, Roma 1958, S. 112.

ten und zugleich in einen Zustand gesteigerter humaner Existenz bereits auf Erden zu gelangen. Das dynamische Potential, das die Texte des Neuen Testaments entfalteten, indem sie einer strikten Gesetzestreue entsagten, unterminierte die Unveränderlichkeit des „Gesetzes“ und entließ von einer strikten Beachtung von Normen,[23] ließ sich auch in eine Abfolge von Epochen der Weltgeschichte extrapolieren, die größere Annäherungen an Gott hervorbringen würden, reichte aber nicht in eine gesellschaftliche Konkretisierung, die den Geltungsanspruch religiöser Sinnstifung des Lebens eingeschränkt hätte. Innovationsbereitschaft steckte einerseits in gesonderten Existenzbereichen, erfasste andererseits die gesamte Menschheit, für die Gott das Heil gestiftet habe. Dazwischen, in den konkreten und praktischen sozialen Handlungsräumen, war Veränderung häufig nur als unbeständiger Wechsel, als bloßer Schein einer Bewegtheit, mitunter sogar als ein Abgleiten in Dekadenz aufgefasst – letztlich für die Menschen unwichtig oder gar gefährlich. Die Verachtung der Welt wurde zum Thema einer eigenen Literaturgattung, die *den contemptus mundi* empfahl und intentionale Lebensgestaltung als Illusion und – schlimmer noch – als *vanitas* verurteilte.[24]

Jedoch ist Misstrauen angebracht, aus der schieren Menge religiös motivierter und von Geistlichen verfasster Schriften abzuleiten, dass neben religiösen Vorstellungen nicht auch noch Alternativen begründet worden seien, welche inhärent weltliche Ziele rechtfertigten. Auch die Vorstellung, dass die Tradition in allen Lebensbereichen Legitimität stiftete, sollte nicht unbesehen übernommen werden. Gegen eine in der Geschichtswissenschaft lange Zeit vertretene Auffassung, dass es im Mittelalter ausschließlich Anbindungen an Üblichkeiten, deren Berechtigung durch altes Herkommen mit geringem Aufwand begründet werden konnte, gegeben habe, meldeten sich seit dem endenden 20. Jahrhundert zunehmend Stimmen zu Wort, die mitunter in geradezu euphorischer Weise das innovative Potential und die tatsächlichen Innovationen, die im Mittelalter geleistet worden seien, in den Vordergrund rückten. Die Vorstellung eines in dynamischen Entwicklungsschüben sich durchsetzenden Fortschritts, den intentional die Menschen im Mittelalter, vor allem im späten, angestrebt hätten, drängte das Bild eines in Traditionen eingefangenen Mittelalters zurück. Die Geschichtswissenschaft hat als Entfaltungsgebiet von Innovationen vornehmlich die Entwicklung der Technik und des technischen Wissens, also der Technologie, untersucht, die Auswirkungen auf soziale und politische Gestaltungen einbezogen und Innovationen auch auf Verfahren des Handels appliziert. Forschungen von Lynn White, besonders seine erste Monographie von

---

23 Berman, Recht und Revolution, S. 111.

24 Grégoire, Réginald, *Saeculi actibus se facere alienum*. Le „mépris du monde“ dans la littérature monastique latine médiévale, in: Revue d'ascétique et de mystique 41 (1965), S. 251–287; Lazzari, Franceso, Il *contemptus mundi* nella scuola di S. Vittore (Istituto italiano per gli studi storici 19), Napoli 1965; Bultot, Robert, Le conflit entre l'aspiration du bonheur et l'idéologie du *contemptus mundi*, in: L'idée de bonheur, S. 87–96.

1964[25] haben den Anstoß hierzu gegeben, die zu weiteren eigenen Publikationen und denjenigen von anderen Historikerinnen und Historikern führten.[26]

Indes, die Legitimität allein aus dem gegenwärtigen und künftigen Nutzen abzuleiten, galt im Mittelalter durchaus als eine Bedrohung für die Stabilität der politischen Ordnung. Eine Urkunde des römisch-deutschen Königs Sigismunds zugunsten der Stadt Genua vom Jahre 1412 zeigt die Ambivalenz von tradierter Normgeltung und aktuellem Nutzen. Sigismund versprach, Fortschritt, Erfolg und Nutzen zu mehren – *profectus et utilitas ampliari* – , so wie sie sich auch in der Vergangenheit ständig vermehrt hätten, indem die verschiedenen Handelswaren zahlreicher und in besserer Qualität hergestellt worden seien. Aber dieselbe Urkunde gebot ebenso, diejenige Situation wiederherzustellen, die einst in der Vergangenheit bestanden hätte, so wie die Bittsteller behaupten würden, dass sie existiert hätte. Die Konjunktive (*provideretur, disponeretur*) drücken Unsicherheit aus. Sowohl Zukunft als auch Vergangenheit waren offensichtlich ungewiss, aber sie rechtfertigten eine rechtliche Verfügung, die jene gestalten und diese intakt halten sollte.[27]

Es hat folgerichtig auch in der Forschung nicht an Mahnungen gefehlt, die innovative Kreativität während des Mittelalters nicht überzubewerten. Vertraute Verfahren weiterzuführen, Änderungen abzulehnen und Traditionen aufrechtzuerhalten, sei sehr wohl im Mittelalter verlangt gewesen. Solche Verhaltensanforderungen lähmten keineswegs Aktivitäten, sondern unterstützten sie, indem sie sie vor disruptiven Veränderungen abschirmten und so Handlungskompetenzen dauerhaft funktionsfähig hielten.[28] Und tatsächlich, auch im späten Mittelalter wa-

---

25 White, Lynn T., Medieval Technology and Social Change, Oxford 1964.

26 Hodgen, Margareth T., Change and History. A study of the dated distributions of technological innovations in England, New York 1952; Mokyr, Joel, The Lever of Riches. Technological Creativity and Economic Progress, New York 1990; Europäische Technik im Mittelalter, 800 bis 1400. Tradition und Innovation. Ein Handbuch, hg. v. Lindgren, Uta, Berlin 1997; Popplow, Marcus, Technik im Mittelalter, München 2010; Dohrn-van Rossum, Novitas; Weissen, Kurt, Fortschrittsverweigerung? Die Haltung der deutschen Handelsherren gegenüber der italienischen Banktechnik bis 1475, in: Tradition, Innovation, Invention. Fortschrittsverweigerung und Fortschrittsbewusstsein im Mittelalter, hg. v. Schmidt, Hans-Joachim (Scrinium Friburgense 18), Berlin/New York 2005, S. 161–178; Hägermann, Dieter, Technische Innovationen im 12. Jahrhundert: Zeichen einer Zeitenwende?, in: Europa an der Wende vom 11. zum 12. Jahrhundert. Beiträge zu Ehren von Werner Goez, hg. v. Herbers, Klaus, Stuttgart 2001, S. 134–142.

27 Heimpel, Hermann, Zur Handelspolitik Kaiser Sigismunds, in: Vierteljahrschrift für Sozial- und Wirtschaftsgeschichte 23 (1930), S. 145–156, S. 154–156.

28 Holt, Richard A., Medieval Technology and the Historians. The Evidence for the Mill, in: Technological Change: Methods and Themes in the History of Technology, hg. v. Fox, Robert (Studies in the History of Science, Technology and Medecine 1), Leiden et alii 1996, S. 103–121; Dyer, Christopher, Medieval Farming and Technology: Conclusion, in: Medieval Farming and Technology. The Impact of Agricultural Change in Northwest Europe, hg. v. Astill, Grenville, G. u. Langdon, John L., Leiden 1997, S. 293–312.

ren Neuerungen verdächtig und waren nur schwer zu rechtfertigen. Gleichwohl, solche Rechfertigungen gab es ebenfalls. Sie waren vor allem durch den Verweis auf Erkenntnissteigerung und gesteigerter Erlösungsfähigkeit möglich, wie Klaus Schreiner ausführte, womit technischer Fortschritt aus einer rein inner-weltlichen Begründung hinausgeführt und als Manifestation göttlicher Gestaltungsmacht ausgegeben wurde.[29] Der Dominikaner Giordano da Pisa hat in einer seiner kurz nach 1300 in Florenz gehaltenen Predigten die Erfindung der Brille als Analogon und als Beweis der gesteigerten Erkenntnisfähigkeit der Menschen gedeutet, die auch das Wissen über die Heilspläne einschließe und die Tugenden christlicher Lebensführung steigere. Erfindungen seien in der Vergangenheit gemacht worden, und sie seien in der Zukunft zu erwarten. Ein Bewusstsein, dass ein historisch realisierter und erwarteter Fortschritt bestehe, wurde verkündet.[30]

Die Konzeption eines neuen Kreuzzuges, die Pierre Dubois in einer Denkschrift kurz nach dem Jahr 1300 vorstellte, stellte die Förderung des technischen Fortschritts in den Dienst des religiösen Ziels, der Wiedereroberung der heiligen Stadt Jerusalem und des Heiligen Landes und der Sicherung der Herrschaft über sie. Die *artes mechanicae* sollten zur Vervollkommnung der Militärtechnik eingesetzt werden. So ließe sich ein Vorsprung gegenüber den feindlichen Muslimen erzielen. Der Fortschritt würde den Gegner auf einer niederen technischen Entwicklungsstufe zurücklassen und ihn militärisch überholen. Um technische Errungenschaften zu erzielen, sei eine bessere Ausbildung nötig. Ihr müssten sich möglichst viele widmen, auch Frauen. Technischer Fortschritt war legitimiert, indem er als Voraussetzung religiöser Ziele eingesetzt werden sollte.[31]

Dass Fortschritt möglich sein könnte und auch angestrebt werden sollte, galt mehr noch als für die Technik für die Mehrung von Wissen, das vornehmlich auf die Erlangung des Seelenheils ausgerichtet werden müsse, aber ebenfalls auch weltlich-immanente Ziele anstreben solle. Die Metapher von den Zwergen auf den Schultern von Riesen, die erstmals Bernhard von Chartres am Anfang des 12. Jahrhunderts prägte und Johannes von Salisbury um 1159 in seinem Werk ‚Metalogicon' zitierte,[32] beschrieb metaphorisch eine Denkweise, die ein fortschreitendes und zunehmendes Wissen voraussetzte. Zwar galten die Leistungen der Vergangenheit als überlegen, aber sie könnten gleichwohl vermehrt und übertroffen wer-

---

29 Schreiner, Klaus, Technischer Fortschritt als Weg in ein neues Paradies. Zur theologischen und sozialethischen Legitimierungsbedürftigkeit technischer Neuerungen im späten Mittelalter und in der frühen Neuzeit, in: Aufbruch im Mittelalter. Innovationen in Gesellschaften der Vormoderne. Studien zu Ehren von Rainer Christoph Schwinges, hg. v. Hesse, Christian u. Oschema, Klaus, Ostfildern 2001, S. 125–158.

30 Giordano da Pisa, Quaresimale fiorentino 1305–06, S. 75.

31 Dubois, Pierre, The Recovery of the Holy Land, übers. v. Brandt, Walter, New York 1956, S. 66–71.

32 Johannes von Salisbury, Metalogicon, hg. v. Hall, John B. u. Keats-Rohan, Katharine S. B. (CCCM 98), Turnhout 2013, 3,4, 47–50, S. 116; Haug, Zwerge.

den. Der Vergleich von Vergangenheit und Gegenwart ging zwar zu Ungunsten der Gegenwart aus, aber ihr war Steigerungsfähigkeit zugebilligt. Sie entsprang aus der Tradition. Aus ihr erwuchs das Neue, sogar das Bessere. Dies bedeutete keine Dynamisierung des Wissens, das auf einer produktiven Zerstörung des alten Wissens beruht hätte, denn es sollte ja nicht als obsolet zurückgelassen werden und als überwunden gelten. Stattdessen war die Option eröffnet, die Vergangenheit produktiv einzusetzen. Die Philosophie eignete sich in besonderer Weise dazu, Erkenntnisfortschritte zu erzielen, und die Philosophen waren sich dessen bewusst. Die Debatten über die *via antiqua* und die *via moderna* im Pariser Universitätsmilieu des beginnenden 14. Jahrhunderts zeigten sowohl Kontrastierung als auch konkurrierende Überlegenheitsansprüche. Das konfliktträchtige Gegenüberstellen beruhte nicht zuletzt auf einem universitären Diskussionsmodus, der Argumente und Gegenargumente vorstellte und bewertete.[33]

Die im Mittelalter in vielen Bereichen – u.a. der Philosophie oder den Künsten – anzutreffende Gegenüberstellung von alt und neu, selbst wenn sie zur Berechtigung des Neuen oder gar zur Behauptung seiner Überlegenheit führte, verwies nicht notwendigerweise auf eine historische Bewegungsrichtung, sie mündete nicht stets in eine Perfektionierungsstrategie und zeichnete auch nicht *ex post* eine Entwicklungslinie nach, die fortgesetzt werden könnte.[34] Vielmehr wurden Ergebnisse bewertet, nicht ein Verlauf beschrieben. Aber Voraussetzungen wurden angelegt, fortlaufende Innovationen für möglich zu erachten und sie als Ergebnisse menschlicher Anstrengungen anzusehen. Johannes von Salisbury vertrat zur Mitte des 12. Jahrhunderts die Auffassung, dass das Wissen sich vermehre, die Erkenntnis sich steigere und dass neue Dinge in mehreren Tätigkeitsbereichen entstünden, verweigerte aber eine Bewertung, ob diese neuen Dinge auch besser seien, schließlich sei das, was neu sei, auch mit neuen Glaubensabweichungen und neuen gefährlichen Gruppierungen, die sie propagierten – *nova sectae* –, verbunden.[35] Aber der Stolz, Neues erfunden und gedacht zu haben, brach sich Bahn. Philosophen wie Anselm von Canterbury, Petrus Abelard, Gilbert von Poitiers, Thierry von Chartres und Wilhelm von Conches verkündeten im 12. Jahrhundert begeistert die von ihnen erzielten Zugewinne philosophischer Weisheit.[36] Wilhelm von Tocco stellte im folgenden Jahrhundert in der Biographie des Theologen und Philosophen Thomas von Aquin die Neuartigkeit seiner Lehrinhalte, seiner Lehrmethoden, seiner wissenschaftlichen Vorgehensweise und seiner

---

33 Ritter, Gerhard, *Via antiqua* und *via moderna* auf den deutschen Universitäten des 15. Jahrhunderts, Darmstadt 1975; Figure del pensiero medievale, Bd. 6: La via moderna, XIV e inizi del XV secolo, Roma 2010.

34 Antiqui und Moderni; Hoenen, Maarten J.F.M, Isti moderni oder modernes Denken im Mittelalter, in: Isti moderni. Erneuerungskonzepte und Erneuerungskonflikte in Mittelalter und Renaissance, hg. v. Kann, Christoph (Studia humaniora 43), Düsseldorf 2009, S. 211–238.

35 Johannes von Salisbury, Metalogicon, S. 16f., 67–70.

36 A History of Twelfth-Century Western Philosophy, hg. v. Dronke, Peter, Cambridge 1988, S. 1–18.

Argumente heraus, die zu seiner Zeit, quasi am „Abend der Welt", also vor dem Ende der Welt, entstanden und notwendig seien, um den zeitgenössischen Irrtümern entgegenzutreten und eine Wahrheit zu verkünden, die zuvor unbekannt gewesen sei. Das Ergebnis sei die Ausstrahlung neuen Lichtes. Thomas habe etwas vollbracht, was Gott ihm aufgetragen habe, nämlich neue Ansichten zu verkünden und aufzuschreiben. Die Schlussfolgerung war eindeutig: Das Neue war das Bessere.[37]

Und dennoch, das Misstrauen gegenüber den Neuerungen war nicht auszuräumen. Der Dominikaner und langjährige Generalmagister seines Ordens, Humbert von Romans, erkannte zwar den Erkenntnisfortschritt an, der in Büchern niedergeschrieben werde, verlangte aber eine Kontrolle der neuen Bücher, die mitunter großen Nutzen für die Kirche stiften könnten, deren Inhalt aber oft nichts anderes als das Ergebnis von unbedachtem Wagemut sei. Aus dem Evangelium nach Lukas zitierend (Luk. 5), erachtete er alten Wein besser als neuen, selbst wenn dieser besser mundete.[38] Neues stand im Verdacht, gefährlich zu sein, riskierte, den feststehenden Glaubenslehren zu widersprechen, sollte nur vorsichtig und unter der Anleitung von Autoritäten – Päpsten, Bischöfen, Ordensoberen – zugelassen werden. Die Hemmung gegenüber Innovationen der Erkenntnis und des Wissens blieb intakt. Es sei zwar nicht ausgeschlossen, dass die Änderungen Verbesserungen hervorbringen würden, aber dies geschehe nur selten, während sie meistens Schaden verursachten. Neuerungen hätten die Eigenschaften, sich der Aufsicht des geistlichen Lehramtes zu entziehen, fluktuierend zu sein, sich aus festen Bindungen zu lösen.[39]

Die Auffassungen eröffneten Polemiken. Zustimmende Äußerungen zu Neuerungen würdigten auch die weltlichen Angelegenheiten. Prominent verteidigte im 15. Jahrhundert Nikolaus von Kues die Berechtigung des Neuen. Aus Büchern und ebenso aus Erfahrungen seien die Menschen fähig, neues Wissen zu erwerben, das auch auf die Gestaltung des praktischen Lebens ausstrahle. Zunehmend gebe es die Möglichkeit, die irdischen Angelegenheiten zu gestalten, ohne dass diese Tätigkeit aussschließlich auf religiöse Ziele gerichtet wäre. Theologie war Legitimitätsspenderin für innovatives Wissen, sie war sogar ihre Quelle.[40]

Die Gestaltungsabsicht in technischen und sozialen Praktiken bedurfte sicherlich nicht einer theoretischen Begründung und Rechtfertigung, aber die Legitimi-

---

37 Wilhelm von Tocco, Ystoria sancti Thome de Aquino, hg. v. Le Brun-Gouanvic, Claire, Toronto 1996, S. 94, 130, 132–134.

38 Humbert von Romans, De vita regulari, Bd. 1, hg. v. Berthier, Joachim, Torino 1956, S. 446, 459f.

39 Bianchi, Luca, *Prophanae novitates et doctrina peregrinae*. La méfiance à l'égard des innovations théoriques aux XIIIe et XIVe siècle, in: Tradition, Innovation, Invention. Fortschrittsverweigerung und Fortschrittsbewusstein im Mittelalter, hg. v. Schmidt, Hans-Joachim (Scrinium Friburgense 18), Berlin/New York 2005, S. 211–228.

40 Aris, Marc-Aeilko, Das Sein der Dauer und die Ordnung der Zeit: Nikolaus von Kues über den Jüngsten Tag und die Tage zuvor, in: Das Sein der Dauer, hg. v. Speer, Andreas u. Wirmer, David (Miscellanea Mediaevalia 34), Berlin/New York 2008, S. 211–223.

tät der Überwindung älterer Verfahren sehr wohl. Denn wenn Traditionsbindung die beste Legitimierung bot, waren bedeutende Anstrengungen verlangt, um Innovationen zu rechtfertigen. Am besten gelang dies, wenn behauptetet wurde, die Tradition zu retten und wiederherzustellen. Die über alle Phasen mittelalterlicher Geschichte hinweg beständig existierende Forderung nach ‚Reformen', um aktuell bestehende Verfehlungen und Missstände zu beseitigen, war verschieden von dem Konzept, das während der Antike bestand: denn nunmehr war mit Reform nicht persönliche Vervollkommnung, sondern kollektive Organisationsoptimierung gemeint. Reform war zunächst rückwärtsgewandt, suchte ein verlorenes oder bedrohtes Ideal zu retten, entfaltete aber vor allem zukunftsfähige Handlungsanweisungen, in der das Neue durchaus anerkannt war und nicht stets hinter der Fassade einer beabsichtigten Wiederherstellung verborgen gehalten werden musste. Das Wort Reform als zusammenfassender Begriff von Maßnahmehandeln und von dessen Berechtigung drang seit dem 12. Jahrhundert vermehrt aus dem kirchlichen in den weltlich-administrativen Bereich, war der Leitbegriff, um schließlich auch das Verhalten von Individuen zu normieren, und näherte sich somit der Ursprungsbedeutung wieder an. Aber auch wenn Reformen als intendierte Akte der Umformung anerkannt waren, so galten sie doch zunächst als Abwehrreaktionen gegenüber Bedrohungen und bereits eingetretenen Verschlimmerungen. Reformen waren Akte des Korrigierens.[41] Reform als Mittel der Krisenbewältigung war in der Tat im späten Mittelalter die adäquate Antwort auf eine Situation der Gefährdung des Bestehenden, des bedrohlichen Zerfalls der Autoritäten, der befürchteten Dekadenz, der Abwendung von Idealen. Die Forderung nach Reform entfaltete ihre durchschlagende Wirkung besonders dort, wo Ordnung als wesentlicher Grund der Existenzberechtigung galt, im Ordenswesen,[42] aber ebenso in der Gestaltung politischer Herrschaft. *Reformatio* war eine Reaktion, kein Impuls. Reform ent-

---

41 Ladner, Gerhart, The Ideas of Reform. Its Impact of Christian Thought and Action, in the Age of the Fathers, Cambrigde 1959; Pascoe, Louis Bernard, The Influence of Gerhart Ladner's ‚The Ideas of Reform'. Reflections of Terminology and Ideology, in: Reassessing Reform. A Historical Investigation into Church Renewal, hg. v. Bellitto, Christopher M. et alii, Washington, D.C 2012, S. 31–41; Constable, Giles, The Reformation of the twelfth Century, Cambridge 1996, S. 24, 165ff.; Rogge, Jörg, Reformieren und Regulieren. Semantik und Praxis von Reformen in spätmittelalterlichen Städten, in: Historisches Jahrbuch 128 (2008), S. 7–23; Melville, Gert, Justifications of Monastic Reform in the Central Middle Ages, in: The Creation of Medieval Northern Europe. Christianisation, Social Transformations, and Historiography. Essays in Honour of Sverre Bagge, hg. v. Melve, Leidulf u. Sønnesyn, Sigbjørn, Oslo 2012, S. 44–57; Schreiner, Klaus, Sozialer Wandel im Geschichtsdenken und in der Geschichtsschreibung des späten Mittelalters, in: Geschichtsschreibung und Geschichtsbewußtsein im späten Mittelalter, hg. v. Patze, Hans (Vorträge und Forschungen 31), Sigmaringen 1987, S. 237–286; Miethke/Schreiner, Innenansichten.

42 Elm, Kaspar, Reform- und Obervanzbestrebungen im spätmittelalterlichen Ordenswesen, in: Reformbemühungen und Observanzbestrebungen im spätmittelalterlichen Ordenswesen, hg. v. id. (Berliner Historische Studien. Ordensstudien 6), Berlin 1989, S. 3–19.

sprang aus dem Bewusstsein, Fehlentwicklungen entgegentreten zu müssen, keineswegs aus der Erwartung einer Erneuerung oder gar einer Steigerung des Bestehenden. Dies galt auch für das weltliche Wohl. Es zu sichern, sahen sich die weltlichen Herrscher und die politischen Institutionen in den Städten während des späten Mittelalters berufen.[43]

Das Konzept eines in den letzten Jahren vorgestellten „dynamischen Mittelalters", das Entwicklungssprünge und „Aufbrüche", stetige Neuerungen und Hinführungen zur „Moderne" hervorgebracht hätte, ist nicht allein einseitig, es gerät auch in Gefahr, Geschichte teleologisch auf die Gegenwart auszurichten, um diese vielleicht sogar apologetisch als Epoche „der Errungenschaften", die sich sukzessive aus den Niederungen der Vergangenheit emporgehoben hätten, vorzuführen und das Mittelalter als „Vorgeschichte der Moderne" aufzuwerten, es dabei aber doch eigentlich abzuwerten, indem es als unvollkommene embryonale Vorstufe gilt. Der abschätzige Ruch der Rückständigkeit bleibt intakt.[44] Der Soziologe Hans Joas hat die Geschichtswissenschaft vor solch einem in seinen Augen drohenden Irrweg gewarnt, der die autonome Perspektive der Handelnden der Vergangenheit negiert.[45] Das Thema von ‚Aufbruch' als Reaktion auf ‚Krisen' behält nichtsdestotrotz seine Geltung in der Geschichtswissenschaft, ist nun zum Bestandteil des Handbuchwissens geworden. Der Aufbruch habe dabei aber weniger einen Innovationsschub ausgelöst, vielmehr eine Reparaturfunktion betätigt, die zur Überwindung von Krisen beitrug, die wegen ihres repetitiven Auftretens als beständige Motoren der historischen Entwicklung aufgefasst werden, so dass sie als Kennzeichnungsmerkmal einer Epoche, vor allem die des späten Mittelalters, nicht mehr in der heutigen Geschichtswissenschaft geeignet erscheinen.[46]

---

43 Krieger, Karl-Friedrich, König, Reich, Reichsreform im Spätmittelalter, München 2005; Naegle, Gisela, D'une cité à l'autre. Bien commun et réforme de l'État à la fin du moyen-âge (France, Empire), in: Revue française d'histoire des idées politiques 32 (2010), S. 325–338.

44 Beispielhaft für eine solche Sichtweise: Ringrose, David R., Capital Cities, Urbanization and Modernization in Early Modern Europe, in: Journal of Urban History 24 (1997/98), S. 155–183.

45 Joas, Hans, Gefährliche Prozessbegriffe. Eine Warnung vor der Rede von Differenzierung, Rationalisierung und Modernisierung, in: Umstrittene Säkularisierung. Soziologische und historische Analysen zur Differenzierung von Religion und Politik, hg. v. Gabriel, Karl et alii, Berlin 2012, S. 603–622.

46 Hesse, Christian, Synthese und Aufbruch 1346–1410 (Gebhardt. Handbuch der deutschen Geschichte, 10. Aufl., 7b), Stuttgart 2017, S. 16f.; hingegen: Graus, František, Das Spätmittelalter als Krisenzeit. Ein Literaturbericht als Zwischenbilanz, Praha 1969; zur Kritik an dem Konzept der ‚Krise des späten Mittelalters': Schuster, Peter, Die Krise des Spätmittelalters. Zur Evidenz eines sozial- und wirtschaftsgeschichtlichen Paradigmas in der Geschichtsschreibung des 20. Jahrhunderts, in: HZ 269 (1999), S. 19–55.

I.4 Mit neuen Gesetzen zu einem besseren Leben?

Dass Gesetze geändert werden könnten, war im Mittelalter anerkannt und wurde oft auch als notwendig erachtet, um gegen Verbrechen an den Mitmenschen, gegen Beeinträchtigungen der guten Ordnung und für den Schutz des rechten Glaubens vorzugehen.[47]

Die Frage, ob Recht und Gesetze dazu beitrugen und beitragen sollten, Verbesserungen des Lebens zu erzielen, hat die Forschung bislang aber nicht erörtert, also nicht zu der Intention, vielmehr zu der Faktizität, zur Einsetzungskompetenz und zur Legititmität von neuen Gesetzen gefragt. Die Veränderbarkeit des Rechts war das zu erörternde Problem. Dies schien auch deswegen gerechtfertigt zu sein, weil es zunächst darum ging, einer in der älteren Forschung angenommenen Unveränderbarkeit des Rechts, der angeblichen Fixierung auf das ‚gute Recht', das ein ‚altes Rechts' zu sein hatte,[48] entgegenzutreten, es zu modifizieren, bzw. zu bestätigen. Letztere Auffassung, von Fritz Kern einst prominent vertreten, ist auch in der neueren Forschung nicht gänzlich obsolet. Das Recht sei nicht geschaffen, sondern vorhanden, müsse angewendet, könne nicht verändert werden – dies sei die durchgehende Auffassung während des Mittelalters gewesen, von der nicht einmal die Gesetzgebungen abgewichen seien, weil sie nichts anderes als Konservierungen bestehender Gesetze gewesen seien oder nichts anderes als Korrekturen von Texten vorgenommen hätten, um den Sinn des überkommenen Rechts zu erhalten.[49]

Die Veränderlichkeit des Rechts sei bei den mittelalterlichen Kommentatoren des römischen Rechts, den Legisten, selbstverständlich gewesen, so Helmut Walther.[50] Die Beharrungskräfte des Rechts und der Gesetze, ihre prinzipielle Unveränderlichkeit und ihre lange Bindungswirkung im Mittelalter sind aber auch durch neuere Forschungen behauptet worden. Die Debatte ist nicht abschließend zu einer einvernehmlichen Lösung gekommen.[51]

Der römisch-rechtliche Rechtsspruch *cessante causa cessabit et effectus* war zwar der verfahrenstechnische Kniff, um geänderte Normen einzurichten und eignete sich besonders für das Privilegienrecht, blieb aber außerhalb umfassender Rechtskodifikationen. Er begründete Rechtsverfügungen, die als Ausnahmen gültig sein sollten. Dieser Modus der Rechtsänderung kam ohne eine Aussage zur Nutzen-

---

47 Gagnér, Studien; Klinkenberg, Theorie.

48 Kern, Fritz, Recht und Verfassung im Mittelalter, in: HZ 120 (1919), S. 1–79, S. 1.

49 Liebrecht, Johannes, Fritz Kern und das gute alte Recht. Geistesgeschichte als neuer Zugang für die Mediävistik, Frankfurt a. M. 2016; Ebel, Geschichte; Schulze, Geschichte; zur Forschungsdiskussion: Patzold, Steffen, Die Veränderung frühmittelalterlichen Rechts im Spiegel der ‚leges'. Reformen Karls des Großen und Ludwigs des Frommen, in: Rechtsveränderung im politischen und sozialen Kontext mittelalterlicher Rechtsvielfalt, hg. v. Esders, Stefan u. Reinle, Christine, Münster i. W. 2005, S. 63–99, S. 63–66.

50 Zusammenfassend und auf weitere Literatur verweisend: Walther, *Mundus*, S. 432f.

51 Krause, Dauer und Vergänglichkeit; Klinkenberg, Theorie.

mehrung aus. Er folgte einer inhärent juristischen Betrachtungsweise, die gesellschaftliche Umstände lediglich als Auslösefaktoren für rechtliche Angleichung voraussetzt, nicht aber die Produktivität und Reagibilität des Rechts im Hinblick auf gesellschaftliche Umbrüche einsetzt. Die Formel eignet sich allein wegen der sprachlichen Negativität der Ursachen weniger zur Neuschöpfung als vielmehr zur Derogation oder Abrogation, zum zeitweiligen Außerkraftsetzen oder Abschaffung von Rechtsnormen.[52]

Fortschritt mittels Gesetzgebung, wenn er tatsächlich im Mittelalter vorhanden gewesen ist, setzt das Zutrauen in die Selbstwirksamkeit der Menschen voraus, deren Geschichte nicht einzig als Abfolge der von Gott vorgesehenen Epochen angesehen wird, sondern auch als Ergebnis von Projekten und Anstrengungen, um Vorhaben zu verwirklichen. Zu den Projekten und Anstrengungen gehören auch die Gesetzgebungen. War auch auf sie Nutzensteigerung anwendbar? Statt auf alten Gesetzen und deren Berechtigung zu beharren und deren Alter als Garant der Geltung zu erachten, träte die Nützlichkeit, die gesteigert werden könne. In dem Fall wäre die Tradition zumindest teilweise als Rechtfertigungsgrund in Zweifel gezogen und abgewertet, sofern sie dem Kriterium des Nutzengewinns nicht standhielte und dann verworfen werden müsste.

Legislative Verbesserungen waren dann gegeben, wenn eine einschränkende, bedrückende, Freiheit begrenzende, Knechtschaft auferlegende Rechtsordnung abzustreifen war und die Unfreiheit nicht als Ergebnis göttlichen Willens, nicht als Folge der ursprünglichen Sünde von Adam und Eva gerechtfertigt würde. Innerweltliche Verbesserungsabsicht würde hingegen Einschränkungen nur durch die rechtlichen Ansprüche anderer Individuen als begründet hinnehmen. Gesetze wären dann nicht allein Instrumente der Macht, sondern der Ordnung des Lebens und der Herstellung des guten Lebens. Andernfalls wäre das Recht pervertiert. Ausgeschlossen war damit das, was im 20. Jahrhundert Carl Schmitt empfahl, wenn er das Recht von Gerechtigkeitsvorstellungen ablöste, es Machtsteigerung unterwarf, es als Mittel hegemonialer und kolonialer Expansionen ansah und damit die Effizienz des Rechts mit der Effizienz der Machteinwirkung auf die Menschen gleichsetzte.[53] Die Konzeption einer ausschließlich der Machtoptimierung dienenden Rechtsordnung war im Mittelalter nicht vorstellbar, wäre doch damit die legitimatorische Basis weggebrochen, die in der Behauptung bestand, dass die der Herrschaft unterworfenen Menschen ihrer bedürften – sei es wegen der Stärkung des christlichen Glaubens und der Kirche, sei es wegen einer möglichen Verbesserung des diesseitigen Lebens oder zumindest wegen der Abwehr von Schädigungen und Gefährdungen oder wegen der nicht aufhebbaren Schwäche und Sündhaftigkeit der Menschen.

52 Dilcher, Gerhard, Gesellschaft, S. 100.

53 Schmitt, Carl, Der Nomos der Erde im Völkerrecht des ius publicum Europaeum, Berlin 1950.

Wenn neben der Transzendenz hin zu ewiger Existenz die Immanenz der irdischen Existenz anerkannt war, hatte dies zunächst Auswirkungen auf das Verständnis der Natur, der eine Ordnung eigener Art innewohnen würde, deren Wirkkräfte erforscht und erkannt werden könnten. In Analogie würde dies auch für politische und gesellschaftliche Konstellationen und damit für die rechtliche Situation gelten. Die Selbstaffirmation individueller und gesellschaftlicher Wirksamkeit wäre aufgerufen. Gesetze wären Einrichtungen, die hergestellt, verändert und abgeschafft werden könnten und zwar von Menschen, die aufgrund ihrer Interessen tätig würden, für sie einen Ausgleich mit konkurrierenden Interessen suchten und Regulierungen der Konfliktbeilegung festlegten. Die Formung eines Konsens könnte auch als Realisierung der anthropologisch grundgelegten Soziabilität der Menschen gedeutet werden. In diesem Fall wäre eine konfliktarme Ordnungsfiguration möglich, da in der Natur des Menschen eine spontane Disposition vorausgesetzt werden könne, in Freundschaft oder in Liebe zusammenzuleben.[54]

Eine Anbindung an Gott und Gottes Willen wäre dabei keineswegs hinfällig, sollte aber die autonome Zielsetzung nicht behindern, im Gegenteil mit starken Legitimationen ausstatten. Die menschliche Vernunft, den Menschen von Gott eingegeben, wäre aufgerufen, die Lebensgestaltung zu verbessern.[55] Die lebensweltliche Formung und Verbesserung konnte dann als Aufgabe auch der Gesetzgebung gewürdigt werden, deren praktischer Nutzen sich nicht mehr nur in der Abwehr fehlerhaften Verhaltens erschöpfte, sondern auch die Disposition des Menschen zum guten Tun fördern sollte und umgekehrt sie als Grundlage der Gesetzesloyalität einsetzen würde. Der Beginn säkularer Begründung des Handelns im hohen Mittelalter knüpfte auch an eine religiös angetriebene Erwartung eines künftigen, bereits auf Erden sich verwirklichenden Wohls an, dessen Herstellung dem Handeln Ansporn geben könnte, um in die Dinge der Welt verändernd einzugreifen und auf die Zuversicht vertraute, damit ebenfalls den Heilsplänen Gottes zu folgen. Gesetzgebungen, die Hebel sein sollten, um das gute Leben zu erreichen, waren aus der Antinomie von geistlich und weltlich, von Transzendenz und Immanenz, von Jenseits und Diesseits enthoben.

Das Gesetz – im Mittelalter meist als *lex* bezeichnet – war nicht eindeutig definiert, umso weniger als *lex* in der Sprache der Quellen auch situativ bedingte und auf Einzelfälle bezogene rechtliche Regelungen bezeichnete. Gesetze sollen in den folgenden Überlegungen hingegen als umfassende Ordnungsanforderungen für eine große Handlungsbreite verstanden und damit von Urkunden, die üblicherweise Vergünstigungen für einzelne Institutionen oder Personen sowie Festlegungen für einzelne Streitfälle in eine rechtliche Form brachten, unterschieden werden,

---

54 Schmidt, Hans-Joachim, Herrschaft durch Schrecken und Liebe. Vorstellungen und Begründungen im Mittelalter (Orbis mediaevalis. Vorstellungswelten des Mittelalters 17), Göttingen 2019, S. 481–580.

55 Taylor, Ein säkulares Zeitalter, S. 37, 161f., 179–185.

wobei aber Überlappungszonen zwischen beiden bestanden. Die Gesetzgebung war häufig als eine Feststellung und eine Kompilation bestehenden Rechts gehalten und verbarg den innovativen Charakter hinter der Fassade der Rechtswahrung. Die Figur des Gesetzgebers trat zurück hinter eine Konstellation von Normtexten.

Recht ist der Oberbegriff, der den des Gesetzes subsumiert. Ohne auf eine definitorische Präzision der Quellentermini (*lex, constitutio, pax, statutum, liber, ordinatio,* ordonnances, bill usw.) zu vertrauen, soll das Gesetz hier knapp als eine Norm charakterisiert werden, die die Gesamtheit einer großen sozialen Gruppe betrifft, also unterschieden ist von Vertrag und Urkunde, weil diese Einzelfälle regulieren. Es ist diese Allgemeingültigkeit, die – als Hypothese vorgestellt – vermutlich die Gesetze empfänglich machte, als Instrumente für bedeutende soziale Umformungen eingesetzt zu werden und damit Verbesserungen des Lebens intendierten oder zu intendieren vorgaben.[56]

Außerhalb umfassender Gesetze gestalteten Rechtsbestimmungen mit geringerer inhaltlicher Reichweite die Möglichkeit, Veränderungen anzuordnen. Die Gewährung von Privilegien war geeignet, neue Rechte zu bestimmen. Die Urkundentexte enthielten in der Arenga und in dem Teil, der als *narratio* bezeichnet ist, Argumente, die auf die Beendigung eines vor der Zeit der Urkundenausstellung eingetretenen Missbrauchs verweisen. Es wurden nicht altes Recht und neues Recht gegenübergestellt, sondern vorhandenes Unrecht und zeitlich nicht begrenztes bestehendes Recht, das zur Geltung gelangen sollte. Eine Korrektur sollte das Recht wiederherstellen. Die zugrundeliegende Vorstellung bestand darin, dem Verlauf hin zum Verfall und zum Unrecht die neue Stärkung des Rechts entgegenzustellen.

Dass Rechtsvielfalt und folglich auch zeitliche Rechtsveränderung existierten – auch im frühen Mittelalter – lässt sich an zahlreichen Beispielen zeigen. Die überlieferten Texte formulierten häufig keine Verbesserungsabsichten, zielten vielmehr auf die Abwehr von Verfehlungen der Menschen. Damit war Verhaltenskorrektur beabsichtigt. Selbst Neuerungen waren nicht selten in einem konservativen Sinn gedeutet – im engsten Wortsinn: Sie sollten den alten Zustand vor Verfall bewahren und einen bereits eingetretenen Verfall rückgängig machen. Die Ummantelung des Gesetzes mit einer Aura des Sakralen, die göttliche Einwirkung vorstellte, schirmte das Gesetz vor Veränderungen ab.[57] Als Kaiser Friedrich II. im April 1232 die Existenz von Stadtgemeinden in Deutschland verbot, stellte die darüber ausgestellte Urkunde den *antiquis iuribus,* die erhalten bleiben sollten, das entgegen, was mit *novis et honestis muneribus* bezeichnet war, also nicht im Sinne einer Überwindung, einer Veränderung oder gar einer Abschaffung, sondern im Gegenteil einer Stärkung und zusätzlichen Ausstattung des alten Rechts, das vor Neuerungen zu

---

56 Génicot, Léopold, La loi (Typologie des sources du Moyen Âge occidental 22), Turnhout 1977, S. 11–17.

57 Hödl, Ludwig, ‚Lex et sacramentum' im scholastischen Verständnis des Weihesakramentes unter besonderer Berücksichtigung der Zeit Bonifaz' VIII (1294–1303), in: Lex et Sacramentum, S. 1–18; Klinkenberg, Theorie, bes. S. 162–165.

schützen war, die lediglich *de facto* existieren würden und daher aufgehoben werden sollten. Es gab folglich keine Abfolge von Schichten der Rechtsentstehung, sondern eine Konformität zwischen dem Recht, das alt war, und der Vergünstigung, die neu erteilt wurde und die Permanenz des Rechts bewahrte.[58]

Rechtliche Normen funktionieren, wenn sie langfristig und repetitiv Handlungen bewerten. Sie sichern so Verlässlichkeit innerhalb eines sozialen und politischen Verbandes und Beständigkeit im zeitlichen Verlauf. Dies bringt rechtliche Bestimmungen überhaupt erst zur Wirkung. Die häufig als Kombination von Konditionalsatz und anschließendem Konsekutivsatz formulierten Verfügungen bedürfen, um die logische Verkettung zu einer Realbeziehung werden zu lassen, einer unumstößlichen oder doch zumindest lange andauernden Geltung der Kombination. Nur so wird aus einer grammatikalischen Struktur eine praktische Konsequenz. Diese Grundbedingungen sind auch für das Mittelalter vorauszusetzen.

Bei neuen Gesetzen wurde im Mittelalter häufig ein Abbruch der Kontinuität der Rechtsgeltung negiert, selbst wenn sie faktisch bestand, wie Hermann Krause in einem grundlegenden Aufsatz zu Rechtsveränderungen im Mittelalter ausführte. Die Dauer-Formeln in Urkunden und auch in Gesetzen sollten sie davor bewahren, missachtet zu werden, zugleich aber auch davor, durch neue Verfügungen aufgehoben zu werden. Wenn mittelalterliche Herrscher häufig die Privilegien ihrer Vorgänger bestätigten, bedeute dies nicht, dass deren Geltung ansonsten hinfällig geworden wäre, sondern der neue Text war dazu bestimmt, die älteren Texte zu perpetuieren, entsprang also nicht der Absicht, eine begrenzte Gültigkeit zu überwinden, sondern die Textgrundlage zu sichern.[59] Erst als in Imitation und Analogie der spätantiken Kaiser die Päpste und dann auch die mittelalterlichen Kaiser seit dem 12. Jahrhundert neue Gesetze schufen und sich dabei auf die Vernünftigkeit der neuen Regelungen beriefen, war ein Einfallstor für die Abschaffung alten Rechts und die Schaffung neuen Rechts geöffnet worden, wobei die Berechtigung hierzu mit der Beförderung des allgemeinen Wohls angegeben worden sei, so weiter Herrmann Krause. Als Ergebnis sei seit dem 13. Jahrhundert eine größere Beweglichkeit der Rechtsordnung ermöglicht worden, die sich an einen Wert anzupassen hätte, der in der Ermöglichung eines guten Lebens bestand und in dessen sozialer Ausdehnung.[60]

Das Recht zu verschriftlichen, war ein Verfahren, damit das alte Recht nicht in Vergessenheit geriet. Verschriftlichung war zunächst also konservierend. Sie barg aber auch das Potential, Nützlichkeitsüberlegungen einzuführen und tatsächlich bestehende oder angenommene Traditionsansprüche abzuwehren.[61]

---

58 MGH Const. 2, Nr. 156, S. 192–194.

59 Als Beispiel sei angeführt die Bestätigung der Privilegien des Klosters Corvey durch den römischen König Friedrich I. am Beginn seiner Herrschaft: MGH DD Friedrich I., Nr. 11, S. 19–22.

60 Krause, Dauer und Vergänglichkeit, S. 228–244.

61 Id., *Cessante causa cessat lex*, in: ZRG KA 46 (1960), S. 81–111; Cortese, Norma, S. 163–167.

Eine umfangreiche Gestaltungs- und Einwirkungsmöglichkeit ergab sich aus dem Grundsatz, dass das Recht sich wandelnden Zeitumständen anpasse müsse. Die Formulierungen *ex necessitate temporum fit mutatio legis* und *lex recte mutari propter mutationem conditionum hominum* begleiteten im Mittelalter die Rechtfertigungen von Rechtsneuerungen, zugleich aber hegten sie deren Berechtigung eng ein. Denn Verbesserungen waren nicht intendiert, vielmehr eine Reaktion auf sich verschlechternde Zustände. Die Notwendigkeit, die von den Zeitumständen abgeleitet wurde, minderte eine intentional ausgerichtete Gesetzgebung, band sie vielmehr an Ursachen, die zwingend waren und außerhalb der Rechtssetzung standen. Das Recht war also zu verteidigen gegen außerrechtliche Veränderungen, es sollte sie nicht auslösen.[62]

Die Frage bleibt zu klären, ob und in welcher Weise Veränderungen als Optimierungsvorhaben konzipiert wurden, also nicht als Konsequenz eines Automatismus, der den Zeitumständen angeheftet war. Der Mangel an Untersuchungen über eine „gesetzgebungsgeschichtlich fundierte Rechtstheorie", die Reiner Schulze 1981 festgestellt hat,[63] besteht weiterhin. Die von ihm markierten Forschungsfelder verweisen auf die Resultate, die Gesetzgebungen hervorbrachten, lassen aber ebenfalls die Intentionen aus, die auf Verbesserungen des Lebens zielen.[64] Das Thema der Rechtserneuerung durch Gesetzgebung hat Gerhard Dilcher für das frühe Mittelalter behandelt. Die Intentionalität und Potentialität von neuen Gesetzen zur Verbesserung wurden aber von ihm nicht weiter ausgeführt.[65]

Texte und Praktiken des Rechts im Mittelalter leiteten die Legitimität oft von einer Entstehung in der Vergangenheit ab, so dass das Recht, weil es vor Abweichungen gefeit sein sollte, resistent gegenüber Neuerungen war. Die Definitionen in der grundlegenden Sammlung des Kirchenrechts, im Dekret Gratians, dass das Recht die Aufzeichnung von Gewohnheiten – *Ius est consuetudo in scriptis redacta* – und dass das Gesetz die schriftliche Verfassung sei – *Lex est constitutio scripta*[66] – zeigen eine Bindung an die Vergangenheit, die allein schon wegen der hier ausgedrückten definitorischen Fixierung als fundamental anzusehen ist. Dass Veränderung nicht auszuschließen sei, war eingeräumt, aber Wandel sei, wie im Dekret ausgesagt, nicht anzustreben. Diese Aussage haben auch die weltlichen Gesetzgebungen des hohen Mittelalters oft übernommen und damit Neuerungen hohe Hürden gesetzt.[67] Die Verschriftlichung verstärkte die Geltungsdauer des Rechts und verlieh ihm kanonische, nicht antastbare Geltung. Die Schrift kapselte das Recht ein und schirmte es vor fluider Variabilität ab. Es war unabhängig von der Zeit gültig. Aber zugleich war die Schrift das Instrument, das Recht zu verändern.

62 Coing, Handbuch, S. 550; Kortüm, *Necessitas*.
63 Schulze, Geschichte, S. 160.
64 Ibid., S. 171–183.
65 Dilcher, Gerhard, Gesetzgebung.
66 Decretum Gratiani, D. 1, c 3, Corpus iuris canonici, Sp. 1f.
67 Gagnér, Studien, S. 288–324.

Die Steigerung der Geltungswirkung im Vergleich zum erinnerten Recht und damit zum alten Recht war verbunden mit der Potentialität neuer Verschriftlichung. Die Fixierung in der Schrift sollte nicht allein die Erinnerung – auch in der Zukunft – sichern, sondern auch die Grundlage legen, eine fortgesetzte schriftliche Textproduktion zu erreichen.

Dass mit der Verschriftlichung ein Gewinn an „Rationalität" erreicht worden sei, wie Arend Mihm annimmt,[68] ist eine Prämisse, die in den Quellen selbst nicht ausgeführt wurde und durchaus fraglich ist, insofern mit „Rationalität" unausgesprochen nichts anderes als die Annäherung an moderne Zustände gemeint ist.

Die Tradition prägte das Recht stärker als andere Lebensbereiche. Den Rechtstexten kam neben den religiösen Texten die größte kanonische Geltung zu. Die Praxis des Rechts beruhte auf einer Akzeptanz, die langjährige Üblichkeit, Gewohnheit und nicht widersprochene Anwendung ermöglichte. Nicht umsonst wurde das Wort *consuetudo* als Bezeichnung rechtlicher Ordnung auch für schriftlich gestaltetes Recht eingesetzt. Diese Beharrung auf das Bestehende war noch dadurch gesteigert, dass im allgemeinen Verständnis des Mittelalters jede Rechtsordnung konform mit der allgemeinen göttlichen Ordnung sein musste, ja dass mitunter Recht und Gesetz von göttlichen Einsetzungen abgeleitet wurden und dass diese Ursprünge sowohl zur Begründung der Legitimität als auch zur Garantie des Unabänderlichen eingesetzt waren.[69] Die „Heiligkeit des Herkommen", so Harold Berman, schirmte das Recht vor Veränderungen ab, und diese Unveränderlichkeit war zugleich Garant der Gültigkeit, d. h. im engsten Sinne der Legitimität.[70] Der bedeutendste Kirchenvater für den Okzident, Augustinus († 430), hat die für das Mittelalter folgenreiche Vorstellung geprägt, dass die Gesetze der Vernunft angemessen sein müssten; weil die *ratio* von Gott eingepflanzt und unwandelbar sei, könne es keine Berechtigung geben, Gesetze zu ändern, außer wenn der entscheidende Schritt von heidnischer Christenverfolgung zum herrschaftlichen Schutz der christlichen Religion getan wurde. Ansonsten müsse es bei geringfügigen Modifikationen bleiben. Über die Gestaltung von Gesetzen verfügen zu wollen, würde nur zu unnützem Streit führen, und die neuen Rechtssetzungen der Menschen würden oft nur den körperlichen Bedürfnissen und der dummen Meinung des Volkes entsprechen. Gegen sie sollten die Gesetze vorgehen. Diese seien fest, unwandelbar, immer gültig. Gott selbst habe sie eingerichtet. In den Zehn

68 Mihm, Arend, Sprachwandel im Spiegel der Schriftlichkeit. Studien zum Zeugniswert der historischen Schreibsprachen des 11. bis 17. Jahrhunderts, Frankfurt a. M. et alii 2007, S. 316–318.

69 Vorländer, Hans u. Melville, Gert, Die Geltung gesatzter Ordnung. Vormoderne und moderne Verfassung im Vergleich, in: Institution und Charisma. Festschrift für Gert Melville, hg. v. Felten, Franz J., Kehnel, Annette u. Weinfurter, Stefan, Köln et alii 2009, S. 47–54, S. 52.

70 Berman, Recht und Revolution, S. 139.

Geboten seien sie enthalten. Nur die weltlichen Gesetze, die Minderformen des Rechts darstellten, seien der Gefahr ausgeliefert, verändert zu werden.[71]

Nicht einmal die von Harold Berman bedeutungsschwer als „Revolution" bezeichneten Änderungen der Rechtsordnung, die er mit der Entfaltung der päpstlichen Suprematie seit dem 11. Jahrhundert und der vermehrten päpstlichen Rechtssetzung in Verbindung brachte,[72] änderten etwas an dem Verfahren, mit dem durch einen legislativen Reparaturbetrieb die Tradition gerettet werden sollte, so dass das „Revolutionäre" intentional gar nicht bestand und auch als Resultat von den Zeitgenossen nicht wahrgenommen wurde. Vielmehr beschuldigten in einem Konflikt unterschiedlicher Rechtspositionen im 11. und 12. Jahrhundert die jeweiligen Gegner – Papst und Kaiser und deren Anhänger – die Kontrahenten, das Recht zu missachten. Berman minimiert selbst das „Revolutionäre", wenn er behauptet, es hätte im gesamten Mittelalter kein theoretisches Konzept für die Neuschaffung von Gesetzen bestanden, selbst wenn faktisch neue Gesetze in Kraft gesetzt worden seien. Vorhaben, durch Gesetze verbesserte Lebensumstände zu schaffen, hätten nicht existiert. Er räumt in manchen Passagen seines Buches ein, dass Gesetzesneuerungen nichts „Revolutionäres" und „Progressives" gehabt hätten.[73]

Aber es gab – auch wenn man Revolutionäres ausschließt – durchaus kräftige Impulse der Neuerung. Mittelalterlichen Juristen war der Gegensatz von Gewohnheit und Gesetz vertraut, und sie beschränkten ihn nicht auf den von Mündlichkeit und Schriftlichkeit, vielmehr verwiesen sie auf Rechtssetzungsakte durch Gesetzgebung, die Neues in die Welt setzen könnten und das Bestehende abändern und die Gewohnheiten beenden würden.[74] Die Legislation barg die Möglichkeit zu verbessern. Ob sie mehr war als die Verbesserung des Textes und auch Auswirkungen auf die Lebensgestaltung haben sollte, war indes umstritten. Manche Gesetzestexte und Juristen haben Neuerungen des Rechts gerechtfertigt und Begründungen geboten, die offensichtlich Argumente gegen die Konservierung des Rechts formulierten. Aber ein großer legitimatorischer und intellektueller Aufwand war abverlangt, um Neuerungen einsichtig zu machen.[75]

Mehr noch als Neuerungen waren Optimierungshandlungen mittels der Einführung neuer Gesetze begründungsbedürftig, da sie mehr sein sollten als Anpassungen an geänderte Umstände, mehr nur als Reparaturen, um die Ordnung sozialer Verhältnisse auch nach Umbrüchen zu wahren, und auch mehr als bloße Reaktionen auf zunehmende Defizite. Es ist zu fragen, ob Rechtsveränderungen und Gesetzgebungen nicht nur immanent als ‚Rechtsverbesserungen' ausgegeben

71 Aurelius Augustinus, De baptismo contra Donatistas, S. 228; id., Epistulae 36, S. 32; id., De civitate Dei, lib. 1, cap. 20–21, S. 22f.

72 Berman, Recht und Revolution.

73 Ibid., S. 515f., 548, 628–630; Schieffer, Papal Revolution.

74 Gilissen, John, La coutume (Typologie des sources du Moyen Âge occidental 41), Turnhout 1982, S. 31f., 52f.

75 Walther, *Mundus*, S. 432–446.

waren, also rechtlich selbst-referentiell waren, sondern auf Verbesserungen der ausser-rechtlichen Realität zielen sollten. Zunächst ging es oft erst einmal darum, die Willkürlichkeiten individueller Richtersprüche zu beenden, Rechtsvereinheitlichung anzustreben und den königlichen, fürstlichen und städtischen Initiativen zur Gesetzgebung eine umfangreichere Wirksamkeit zu sichern, also die staatliche Gewalt im späten Mittelalter zu erweitern. Die Verbindlichkeit der Gesetzgebung von Königen und Fürsten verengte die Jurisdiktionsbefugnis der Richter.[76]

Ein Einfallstor für eine Rechtsentwicklung als Maßnahme der Lebensverbesserung war neben der Gesetzgebung das Schrifttum der juristischen Lehrbücher des Mittelalters. Wegen der freien Gestaltungsmöglichkeit, die die Autoren hatten, und wegen der Aufnahme in die Rechtspraxis boten sie Raum für Reflexionen.[77] Rechtsentstehung durch die Darstellung von Rechtsnormen, die Personen ohne Beauftragung leisteten, war der Treiber rechtlicher Dynamik. Meist war im Mittelalter die Verbesserung von Texten das vorgestellte Ziel, also das, was im ‚Decretum', der Kirchenrechtssammlung, als dessen Autor Gratian gilt, als *concordantia discordantium* bezeichnet ist.[78] Das *legem ferre* war also nicht allein den Herrschern oder Gemeinden vorbehalten, sondern auch weitere Personen waren beteiligt, die als ‚privat' zu bezeichnen, einen Anachronismus zu evozieren scheint, gleichwohl nicht als unangemessen abgewiesen werden kann, insofern auch eindeutig herrschaftsferne Personen ohne Beauftragung Rechtsbücher schrieben und damit Recht gestalteten. Die grundlegende Studie, die den Status als Klassiker der Forschung einnimmt, die von Sten Gagnér aus dem Jahre 1960, hat diese Gesetzesschöpfung, die neben der Gesetzgebung stand, in seine Untersuchung einbezogen.[79] Gesetzgebung setzte verstärkt zur Mitte des 12. Jahrhunderts ein, als die Reaktivierung des antiken römischen Kaiserrechts ein Stimulus war zur „Wiederentdeckung der Gesetzgebung", wie Peter Landau formuliert.[80]

Paradoxerweise hat die Annahme von einem unveränderlichen, vor Eingriffen schützenswerten Recht, das Gott selbst allen Menschen gestiftet habe und das als Naturgesetz – *lex naturalis* – normative Geltung erlangte, besonders seit dem 12. Jahrhundert Neuschöpfungen von Gesetzen eingefordert. Unter Philosophen und Juristen wurde über die Zulässigkeit und die Reichweite von legislatorischen In-

76 Willoweit, Dietmar, Gesetzgebung und Recht im Übergang vom Spätmittelalter zum frühneuzeitlichen Obrigkeitsstaat, in: Zum römischen und neuzeitlichen Gesetzesbegriff. 1. Symposium der Kommission ‚Die Funktion des Gesetzes in Geschichte und Gegenwart', 26.–27. April 1985, hg. v. Behrends, Okko u. Link, Christoph (Abhandlungen der Akademie der Wissenschaften in Göttingen. Philologisch-historische Klasse, Folge 3, 157), Göttingen 1987, S. 123–146, S. 124–131.

77 Diestelkamp, Bernhard, Einige Beobachtungen zur Geschichte des Gesetzes in vorkonstitutioneller Zeit, in: ZHF 10 (1983), S. 385–420, S. 404f.

78 Decretum Gratiani, Corpus iuris canonici, I.

79 Gagnér, Studien, S. 53–57.

80 Landau, Über die Wiederentdeckung, S. 13.

novationen debattiert, die den Kern des Unabänderlichen des Naturgesetzes nicht beeinträchtigten, ihn vielmehr zur Geltung brächten. Oder aber die Barrieren des Naturrechts konnten herabgesetzt werden, um Neuerungen zu ermöglichen. „Der Weg zur Gesetzgebung über einen Zusammenbruch des Naturrechts",[81] um zu einer von den Menschen selbst gesetzten autonomen Gesetzgebungskompetenz vorzustoßen, dieser Weg war auch im späten Mittelalter nicht vorstellbar und wäre letztlich unlogisch erschienen, da das Naturrecht, meist als ‚Naturgesetz', *lex naturalis* bezeichnet, als Quelle der Rechtssetzung galt. Überdies war es als Schutzraum für Individuen und Gemeinschaften vor der Willkür und den Zugriffen der Machthaber konzipiert und legitimierte Verbesserungen des gesetzten Rechts, insofern es dem Naturrecht angeglichen werden sollte. Inhaltlich präzisiert wurde das Naturrecht, wenn es mit biblischen Texten identifiziert wurde, so wie dies das ‚Decretum Gratiani' zur Mitte des 12. Jahrhunderts formulierte: *Ius naturale est quod in lege et evangelio continetur*. Gemeint war ein einziges Gesetz: Was du nicht willst, dass es ein anderer dir antut, das sollst du keinem anderen tun.[82]

Das Naturrecht, von dem nicht abgewichen werden dürfe, war inhaltsarm, aber mit maximaler Geltung. Die Aussage im Dekretum war aber nicht die einzige im Mittelalter gültige Definition. Das Naturrecht war auch, so wie Aristoteles und das antik-römische Recht darlegten, auf die elementare Selbsterhaltung des Individuums, die sexuell begründeten Beziehungen und die Fortpflanzung eingeschränkt und umschloss nur einen kleinen Rechtsbezirk. Wenn indes, wie Aristoteles bereits angedeutet hatte und seine Interpretatoren seit dem 13. Jahrhundert ausformulierten, der Natur ein teleologischer Perfektionierungsimpuls innewohnt, konnte ein Konzept entwickelt werden, dass die Emanationen aus der natürlichen Existenz und aus dem Naturrecht zu Verbesserungen führen würden. Dann wären die Hemmnisse dieser Entwicklung beiseite zu räumen. Wenn also die Natur als Bereich dynamischer Entfaltung und nicht als Fixum des Bestehenden gilt, dann müsse dafür gesorgt werden, dass sie das erreicht, wozu sie angelegt ist. Dann kann sie nicht als Residuum von defizitären Existenzformen gelten, sondern als Quelle des Guten und als Impuls des Besseren. Thomas von Aquin hat diese Vorstelllung vertreten, aber auch die Warnung ausgesprochen, dass der Mensch seine natürliche Veranlagung, die wandelbar sei, verleugnen und verwirken könne, ja er schrieb, dass in der Natur des Menschen selbst es auch angelegt sei, sich dem Naturrecht zu entwinden. ‚Natur' war kein statischer Zustand, sondern war evolutionärer Dynamik ausgesetzt. Die Ergebnisse seien nicht determiniert. Thomas von Aquin schrieb: *Natura hominis est mutabilis. Et ideo id quod naturale est homini potest aliquando deficere*. Um so mehr sei die Urteilskraft der Menschen herausgefordert, um so mehr sei die Normierung der Normsetzung verlangt, damit das Ziel der Gerechtigkeit erreicht werde, das heisst die Gleichheit herzustellen, soweit dies

---

81 Gagnér, Studien, S. 109.
82 Decretum I, dis.t 1, prol, Sp. 1; ohne expliziten Verweis auf Lev. 19,35; Luk. 7,61, Matth. 7,12.

dem Menschen möglich sei.[83] Das Naturgesetz gab die Richtung vor, wie Gesetze eingerichtet werden müssten und wie sie dazu beitragen könnten, das allgemeine Wohl zu steigern und das Leben der Menschen zu verbessern.

Der Gewinn an Freiheit, der in der Ablösung aus den Fesseln der Tradition bestand, konnte durchaus bedrohlich sein und traf auf Kritiken, die dem Mensch als Demiurgen des Rechts mit Misstrauen begegneten, weil sie ihm Verbesserungshandeln nicht zutrauten.[84] Die *lex naturalis*, weil sie als im höchsten Grad vernunftgemäß angesehen und an die göttliche Vernunft angebunden wurde und weil die *lex aeterna* sie eng einfasste, wie dies Thomas von Aquin ausführte,[85] war ein Hindernis und zugleich ein Ansporn für die Neuschöpfung von Gesetzen, vor allem wenn sie grundlegende Neuerungen hervorbrachten. Die humane Selbstaffirmation, die darin bestand, Gesetze zu schaffen und sich von vorgeformten Gesetzen abzulösen, welche durch Tradition bestimmt waren, schöpfte aus der Geltung des Naturrechts. Wenn dieses als göttlich begründetes Recht aufgefasst war und als Richtschnur der Gesetzgebung galt, war die göttliche Einsetzung des Rechts erweitert, war nicht auf einen isolierten Akt des Ursprungsetzens bezogen, sondern dehnte sich zeitlich aus und war der stets gültige legitimatorische Grund für Neuerungen.[86]

An die Gesetzgebung waren Anforderungen gestellt. Gesetze sollten extra-legale Werte verwirklichen, seien es die der Moral oder die des Glücks. Moral und Recht waren gewiss nicht deckungsgleich, umso weniger als im späten Mittelalter die Fortschritte einer Innerlichkeit und Selbstdisziplin einfordernde Moral diese über die Rechtssphäre weit hinaushob. Eine Reduktion des Rechts und der Gesetze auf eine Implantierung einer reinen Verfahrensordnung ohne moralische Fundamentierung blieb im Mittelalter ausgeschlossen, so dass Ansprüche geweckt wurden, Verhalten und Leben zu bessern. Dazu sollten die Gesetze beitragen.[87]

Recht und Moral verlangten Tugenden. Eine von ihnen war die Gerechtigkeit. Sie war persönliche Anforderung und zugleich Organisationsprinzip von Gesellschaft und staatlicher Verfassung. In letzter Bedeutung hatte Gerechtigkeit zwei Ausformungen: Sie war die Konformität mit den Gesetzen, und sie war die Normativität der Gesetze. Daraus folgte, dass die Frage zu klären war, welche Ziele Gerechtigkeit anstreben solle. Platon hatte die Gerechtigkeit in das Zentrum seines Werkes ‚Politeia' gestellt und sie als Inbegriff der guten Staatsverfassung verstanden. Gerechtigkeit sieht von persönlicher Nutzenmehrung ab, beruht folglich nicht auf

83 Thomas von Aquin, Summa theologiae, secunda secundae, q. 57, art. 1 u. 2, S. 3–8.

84 Dupré, Louis, Passage, S. 124, 270; Perkams, Matthias, *Lex naturalis vel ius naturale*. Philosophisch-theologische Traditionen des Naturrechtsdenkens im 12. und 13. Jahrhundert, in: *Lex* und *Ius*. Beiträge zur Begründung des Rechts in der Philosophie des Mittelalters und der Frühen Neuzeit, hg. v. Fidora, Alexander et alii, Stuttgart 2010, S. 89–119.

85 Thomas von Aquin, Summa theologiae, prima secundae, q. 91, art. 2 u. 93, art. 1, S. 155, 162f.

86 Höffe, Politische Gerechtigkeit, S. 89–95.

87 Markl, Dekalog, S. 20–23.

Interessenausgleich und Kompromiss, ist damit keine Verfahrensordnung, sondern begründet eine Werteordnung. In ihr soll jedem das ihm Zugehörige zukommen. So können die Teile des Staates zu einem Ganzen zusammengefügt werden.[88] Nach Thomas von Aquin besteht das Ziel des Staates in der Herstellung des allgemeinen Wohls (*bonum commune*), dessen Definition wiederum auf die Glückseligkeit (*felicitas*) verweist, die begrifflich allerdings ebenfalls nur vage gefasst wird. Die Gerechtigkeit sollte der Hebel sein, die Ziele zu erreichen. Sie galt seit der Antike als eine der sieben Tugenden und eine der vier weltlichen Kardinaltugenden und sollte von Untertanen wie Herrschern verwirklicht werden. Leisteten die ersten die Gerechtigkeit durch Gehorsam, so die letzteren durch die Schaffung von guten Gesetzen. Wenn sie den im Naturrecht grundgelegten Regeln folgen würden, so seien sie gerecht, so wie dies am Ende des 13. Jahrhunderts der Augustiner-Eremit Aegidius Romanus in seinem Fürstenspiegel ‚De regimine principum' schrieb. Diese Auffassung einer ethischen Fundierung der Gesetze schien nur wenig Entfaltung für Veränderung und Neuerung zu belassen. Gleichwohl hat auch Aegidius ihre Berechtigung erörtert, ohne zu eindeutigen Aussagen zu gelangen, wohl aber Denkformen und Argumentationsweisen zur Diskussion gestellt.[89]

Wie hier nur angedeutet, soll in den folgenden Ausführungen eine Vielstimmigkeit zum Klingen gebracht werden, die dissonante Töne hervorbringt, die nicht in ein Korsett evolutionären Fortschritts eingepasst werden. Behauptet wird in diesem Buch also nicht eine einheitliche Vorstellung über das Recht und seine Begründung im Mittelalter und eine gleichgerichtete Entwicklung während des Mittelalters. Beide Tendenzen, der Beharrung und der Veränderung, traten hervor. Es soll vor allem danach gesucht werden, ob und wie die Bereitschaft bestand, das Bestehende durch das Bessere zu ersetzen, also einen Fortschritt im Recht als Mittel und den Fortschritt als Ergebnis von Gesetzgebungen einzufordern. Dass der Begriff ‚Fortschritt' erstens ambivalent ist und zweitens nicht leicht als eine Vorstellungskategorie des Mittelalters eingeführt werden kann, sei eingestanden, und ebenso ist festzuhalten, dass die Vorstellung eines Fortschrittes stets widersprüchlich ist, weil für den Geschichtsverlauf Steigerung und Verbesserung anzuheften oder gar säkulare Vorgänge einer anwachsenden Säkularisierung anzunehmen, der Gefahr ausgesetzt ist, einer idealen und idealisierten Grundannahme zu folgen, die realiter eine nur schwache Fundierung hat.[90] Dies steht einer Frage nicht entgegen, ob selbstbestimmtes, pro-aktives Verbesserungshandeln und die Zuversicht, tatsächlich Verbesserungen weltlicher Existenz erreichen zu können, auf Gesetzgebungen einwirkten. Mehr als Resultate stehen Intentionen im Zentrum, sowohl der zeitgenössisch-mittelalterlichen als auch der eigenen Überlegungen.

---

88 Platon, Staat, 433e–437a.

89 Die Analyse seiner Erörterungen unten im Kapitel VII.2; zum Begriff der Gerechtigkeit: Lambertini, Peter of Auvergne.

90 Siehe hierzu die Überlegungen von Joas, Hans, Die Macht des Heiligen. Eine Alternative zur Geschichte von der Entzauberung, Frankfurt a. M. 2019.

Wie über Gesetze und Gesetzgebungen im Mittelalter theoretisch nachgedacht und wie sie in der Praxis gestaltet wurden, wie Veränderungen gerechtfertigt und auch zurückgewiesen wurden, wie sie auf das Leben einwirkten und einwirken sollten, ob und wie sie Verbesserungen des Lebens erzielten und erzielen sollten, welchen Normen die Gesetze selbst unterlagen – dies sind die Themen, die auf den folgenden Seiten erörtert werden.

II. Gott und seine Gebote für die Christen

II.1 Gott als Gesetzgeber in den Büchern Moses

Die Überlegungen dieses Buches handeln vom Mittelalter. Sie behandeln auch Voraussetzungen, die vor seiner Zeit bestanden, aber in seine Zeit einwirkten. Dies betrifft auch die Vorstellungen über Gesetze. Sie werden faktisch von Menschen gestaltet und können von ihnen geändert oder durch neue ersetzt werden. Wenn aber die Vorstellung bestand, dass Gott die Gesetze schuf, wären sie der Verfügung der Menschen entzogen. Ihnen blieb dann nur Gehorsam und Vollzug. Göttliche Einsetzung schirmte das Gesetz vor Veränderungen ab. Es lässt sich aber auch eine andere Deutung begründen: Wenn die göttliche Einsetzung von Geboten und Gesetzen als Begründung einer Potentialität, einer Werteordnung begriffen wird, ist deren Konkretisierung den Menschen aufgetragen, die Anstrengungen auf sich nehmen müssten, sich einem Ideal göttlicher Normierung anzunähern. Verlangt sind in diesem Fall zeitlich markierte Etappen der Angleichung, und Verbesserungen folgen einem Prozess, den Gottes Willen angestoßen habe.

Beide Vorstellungen sind in der Bibel formuliert. Das biblische Buch Exodus zeigt Gott als Gesetzgeber (Ex. 20,2–17). Er gibt Moses die Gesetzestafeln, auf denen die Zehn Gebote eingeschrieben sind. Der Text ist heilig, fasst den Willen Gottes in Worte, verlangt Gehorsam, er schließt Veränderungen aus. Im dritten und vierten Buch Moses, in den Büchern Leviticus und Numeri, redet Gott mit Moses, damit dieser wiederum zu den Israeliten spreche und ihnen die Gesetze verkünde. Die Gesetze sind stets als die Gesetze Gottes bezeichnet, von ihm gemacht und den Israeliten auferlegt, nicht von diesen eingerichtet. Die Aufforderung an Moses, vor dem Volk zu sprechen und die Gesetze zu verkünden, ist standardisiert und steht jeweils am Anfang einer Vielzahl von Anweisungen, die Gott erlässt (unter anderem in Lev. 27,1, Num. 1,1, Num. 2,1, Num. 3,11, Num. 3,14). Auch im fünften Buch Moses, im Deuteronomium, ist Moses der Sprecher, der das sagt, was Gott will, dass es das Volk Israel höre und befolge. Gott, nicht ein Mensch befiehlt. Was Gott anweist, steht in den Gesetzen, die Moses den Israeliten verkündet (Deut. 1,6; Deut. 5,32; Deut. 6,1). Moses selbst schafft keine Gesetze, auch die Juden nicht. Nichts, was Gott anordnet, dürfen die Israeliten ändern, nichts sollen sie hinzufügen, nichts davon wegnehmen (Deut. 13). Das Veränderungsverbot macht menschliche Gesetzgeber entbehrlich. Die Gesetze treten in Beziehung zu den Menschen nicht in der Weise, dass diese kreativ, sondern dass sie reaktiv sind. Die fünf Bücher Moses, die um die Mitte des fünften vorchristlichen Jahrhunderts geschrieben und kompiliert wurden, bilden den Kern eines auch für die Christen gültigen Anweisungs- und Narrationsgefüges, der das richtige Tun aus den Handlungen und den Worten Gottes ableitet. Der biblische Text fixiert das Recht. Dass faktisch Beeinflussungen und Wandlungen bestanden, wie die moderne Bibelexegese herausarbeitete, war für das mittelalterliche Verständnis belanglos.[91]

Die Totalität der Lebensgestaltung, die dem mosaischen Gesetz innewohnt, machte im Judentum Verästelung der praktischen Anwendungen und Vielfalt ihrer Deutungen notwendig,[92] im christlichen Verständnis bildete sie eine Norm, die – weil sie nicht weiterentwickelt werden durfte – zur Disposition gestellt werden konnte. Die Auswirkung auf das Mittelalter führte in zwei Richtungen: in eine Konservierung des Gesetzes, das Moses von Gott erhielt, und in eine partielle Distanzierung, wenn das Gesetz als ‚alt' bezeichnet und durch ein ‚neues' ergänzt und teilweise ersetzt wurde.

Die Präsentation des mosaischen Gesetzes unterschied sich so grundlegend von der Schaffung der Gesetze in den vorderasiatischen und ägyptischen Reichen, wo die Könige als Quellen des Rechts galten und sie die Kontrolle über es behielten und in seinen Bestand weiterhin eingriffen. Das Gesetz stützte die Macht der Könige, wurde ihren Bestrebungen angepasst, unterlag Veränderungen, weil das Ziel, für die Mächtigen nützlich zu sein, neue Anforderungen stellte. Deswegen war der Bestand des Rechts auch häufig von Präzedenzfällen und Gerichtsurteilen geprägt. In der biblisch-jüdischen Tradition war das Recht hingegen nicht das Ergebnis von nachträglichen Verallgemeinerungen von Einzelfallentscheidungen, sondern begründete allgemeine Geltungssätze, die Gott einrichtete und die prägnant formuliert waren. Gott befiehlt. Seine Gesetze sind abgelöst von besonderen Umständen. Das Gesetz der hebräischen Bibel entzieht den Königen eine in ihrer Willkür gestellte Rechtssetzungs- und Gesetzgebungskompetenz. Das Gesetz der Juden schützt vor der Gewalt der Mächtigen. Dass faktische Entlehnungen aus assyrischen Gesetzen bestanden, spielte für die Wirkungsgeschichte im europäischen Mittelalter keine Rolle.[93]

Das Volk der Juden empfängt die Gesetze, an ihrer Gründung ist es nicht beteiligt, es hat zu gehorchen. Eine Missachtung und eine Veränderung der Gesetze ziehen die Strafe und den Zorn Gottes nach sich. Sie binden auch die Anführer und Könige der Juden, denen Schranken auferlegt sind, Gehorsam von ihren Untertanen zu verlangen. Die Übermittlung des Gesetzestextes wird im Buch Exodus als komplizierter Vorgang erzählt, der Wiederholung erfordert und einen Instanzen-

91 Otto, Deuteronomium; Levinson, Bernard M., Deuteronomy and the Hermeneutics of Legal Innovation, Oxford/New York 1998; Finsterbusch, Karin, Deuteronomium. Eine Einführung, Göttingen 2012; Markl, Dominik, Gottes Volk im Deuteronomium (Beihefte zur Zeitschrift für alt-orientalische und biblische Rechtsgeschichte 18), Wiesbaden 2012; Gertz, Jan, Deuteronomy and the Convenant Code and their Cultural and Historical Contexts. Hermeneutics of Law and Innerbiblical Exegesis, in: Zeitschrift für Altorientalische und Biblische Rechtsgeschichte 25 (2019), S. 187–199.

92 Maier, Johann, Thora, Lex und Sacramentum, in: Lex et sacramentum, S. 65–83.

93 Detailliert nachgewiesen: Otto, Deuteronomium, S. 91–202.

weg der Verkündung einsetzt: Von Gott zu Moses, von ihm zu Aaron, dann zum gesamten Volk.[94] Dargestellt ist ein Vorgang, der das Politische aus der Theologie ableitet. Daraus entsteht ein Recht, das der Verfügung des Menschen entwunden ist, dessen Anwendung aber menschlicher Deutung offensteht. Die Entmaterialisierung Gottes ist kompensiert mit der Regulierungsdichte der von Gott eingerichteten Gesetze.[95]

Der Kontrast von gemachten zu empfangenen Gesetzen, den Jan Assmann herausgestellt hat,[96] prägte auch die christliche Konzeption der Gesetze. Die Anknüpfung an das mosaische Gesetz war auch für die Christen, trotz aller Beteuerung der Neuheit, die das Wirken Christi in die Welt gestellt habe, fester Bestandteil des Glaubens.

Wie Gott der Schöpfer aller Dinge ist, so ist er auch der Schöpfer der Gesetze, denen die Juden unterworfen sind. Waren die polytheistischen Götter schwache Götter, weit davon entfernt, allmächtig zu sein, in Konflikte mit konkurrierenden Göttern verwickelt und auch Niederlagen ausgesetzt, so war der jüdische und später christliche Gott einer bewegten Geschichte enthoben, war gefeit gegen äußere Einwirkungen. Sein Glauben an ihn und die Befolgung seiner Gebote setzen nicht die Unterwerfung unter weltliche Herren voraus. Dies war die große Errungenschaft der jüdischen Religion. Gott, nicht ein Mensch herrschte, er strafte, er verbreitete Furcht, er versprach, er teilte Gaben, er erließ Gebote und Anweisungen, er schuf Gesetze.

Die Berechtigung des Gesetzes entsprang der Religion, und diese war durch das Gesetz gestaltet. Das Gesetz hatte eine große Anwendungsbreite. Es zielte auf die Gesamtheit des Lebens. Die Regulierungsdichte schloss Unterscheidungen von Immanenz und Transzendenz des Lebens aus, drang vielmehr in die praktische Lebensgestaltung und in die Verehrung Gottes ein. Dass die Zehn Gebote und das Deuteronomium kein Gesetzbuch seien, sondern ein Lehrbuch, wie Georg Braulik behauptet,[97] ist – selbst wenn man seiner Auffassung folgen würde – für die spätere Rezeption, auch unter den Christen, unerheblich, da die normative Wirkung über die einer pädagogischen Intervention weit hinausging und im Mittelalter neben der Gewissensreligion den Weiterbestand einer Gebotsreligion implantierte, darüberhinaus die Basis von Rechtsprechung und Gesetzgebung formte.[98] Ein irgendwie gearteter „Konvent" als Gesetzgebungsorgan, das eine „nationale Verfassung" er-

---

94 Koschorke, Albrecht, Exodus. Gesetzgebung und Landnahme im kulturellen Gedächtnis Europas, in: Grenzen der Antike. Die Produktivität von Grenzen in Transformationsprozessen, hg. v. Heinze, Anna et alii (Transformationen der Antike 28), Berlin/Boston 2014, S. 27–38, S. 33f.; Markl, Dekalog.

95 Assmann, Jan, Herrschaft und Heil. Politische Theologie in Altägypten, Israel und Europa, 3. Aufl., München 2003, S. 29f.

96 Id., Exodus. Die Revolution der Alten Welt, München 2015, S. 39–45.

97 Braulik, Georg, Das Buch Deuteronomium, 6. Aufl., Stuttgart 2016.

98 Zur mittelalterlichen Rezeption und Unterrichtung: Röthlisberger, Kirche, S. 43–78.

lassen habe, dessen Existenz moderne Exegeten wie Roland Clements und Graham Davies behaupten,[99] ist auszuschließen, und nicht einmal eine Zustimmung des Volkes durch konkluentes Handeln trägt irgendetwas zur Geltung bei. Nichts davon wird in den Büchern Moses erzählt. Und selbst wenn man dieser Auffassung folgen wollte, hätte sie für das Mittelalter keine Auswirkung, da es allein die exegetische Deutung, nicht aber eine historisch-kritische Analyse gab.[100] Die Wiederholung der Bestimmungen, wie im Fünften Buch Moses, im Deuteronomium (Deut. 5) dargestellt, setzt ebenfalls keinen Konsens des Volkes voraus. Geleistet wird hingegen eine Aktualisierung des bestehenden Gesetzes, das erneut eingesetzt wird und dessen Gültigkeit unabhängig von menschlichen Entscheidungen besteht, stattdessen Anerkennung, Gehorsam und Vollzug verlangt.[101]

Die Zehn Gebote und die Gesetze der anderen mosaischen Bücher legen den Juden Forderungen auf, deren nicht zu bestreitende Geltung darauf beruht, dass sie nicht das Ergebnis dessen war, was ein Herrscher anordnete. Das Königtum war im Alten Testament schwach legitimiert, anders als das Gesetz, das dem König zu gestalten vorenthalten war. Das Volk der Juden hat die Einrichtung eines Königtums durch Bitten an den von Gott gesandten Propheten Samuel abgetrotzt. Die Schädigungen, die die Könige über das Volk bringen würden, hat dieser unmissverständlich dargelegt, was aber das Beharren darauf, es anderen Völkern gleichtun zu wollen und ebenfalls einen König zu haben, nicht verhinderte. Das biblische Buch Samuel verschweigt nicht das Unrecht, das das Volk von seinen Königen erdulden müsse. Gott indes fordert Samuel schließlich doch auf, dem Verlangen nachzugeben. Aber die Juden werden gewarnt: So wie sie seit der Flucht aus Ägypten nicht

99 Clements, Ronald, Exodus, Cambridge 1972, S. 111; Davies, Graham, A critical and exegetical commentary on Exodus 1–18 in two volumes, London 2020, S. 50.

100 Dormeyer, Detlev, Die Bibel. Entstehung und Zusammenstellung eines Textcorpus, in: Neues Handbuch der Literaturwissenschaft, Bd. 4: Spätantike, hg. v. Engels, Lodewijk u. Hofmann, Heinz, Wiesbaden 1997, S. 89–120; Buc, Pouvoir; Löser, Freimut, Bibel (-auslegung, -übersetzung, -dichtung), in: Literaturwissenschaftliches Lexikon. Grundbegriffe der Germanistik, hg. v. Brunner, Horst u. Moritz, Rainer, Berlin 1997, S. 43–48; Lobrichon, Guy, La Bible au Moyen Âge (Les médiévistes français 3), Paris 2003; Vogtherr, Thomas, Auf der Suche nach dem rechten Text. Die Bibel und ihr Wortlaut in der Zeit der Karolinger, in: Das Buch, ohne das man nichts versteht. Die kulturelle Kraft der Bibel, hg. v. Steins, Georg, Münster 2005, S. 49–62; Die Bibel als politisches Argument. Voraussetzungen und Folgen biblizistischer Herrschaftslegitimation in der Vormoderne, hg. v. Pecar, Andreas u. Trampedach, Kai (Historische Zeitschrift. Beiheft 43), München 2007; Gorman, Michael M., The Study of the Bible in the Early Middle Ages (Millennio medievale. Strumenti e studi NS 15), Firenze 2007; Iogna-Prat, Dominique, Usages de la Bible. Interprétations et lectures sociales, Saint-Denis 2008; Dahan, Gilbert, L'exégèse chrétienne de la Bible en Occident médiéval, XIIe–XIVe siècles, Paris 1999; id., Interpréter la Bible au Moyen Âge. Cinq écrits du XIIIe siècle sur l'exégèse de la Bible traduits en français, Paris 2009; id., Lire la Bible au Moyen Âge. Essais d'herméneutique médiévale, Genève 2009.

101 Braulik, Georg, Die deuteronomischen Gesetze und der Dekalog. Studien zum Aufbau von Deuteronomium 12–26, Stuttgart 1991, S. 11; Markl, Dekalog, S. 250–254.

davon abgelassen hätten, fremden Göttern anzuhängen, so meinten sie nun, sich der unmittelbaren Herrschaft des einzigen Gottes entziehen zu wollen, indem sie einen König einsetzten, hierbei dem Vorbild der anderen Völker nacheifernd. Samuel beschreibt auf göttliche Weisung hin die unabwendbaren Schädigungen, die mit der Herrschaft eines Königs verbunden seien: Dieser werde alle zu Untertanen machen, sie seinem Willen unterwerfen; er werde die Söhne des Volkes in seinen Dienst nehmen; er werde sie für seine Pferde arbeiten lassen und sein Gespann zu schleppen befehlen. Einige werde er zu Anführern bestellen, andere zum Pflügen seiner Äcker und zum Ernten der Früchte, manche zum Herstellen von Waffen und Streitwagen einsetzen. Der König werde die Töchter des Volkes an seinen Hof holen, damit sie für ihn kochen, backen und Salben anrührten. Der König werde seinen Untertanen die besten Felder, Weinberge und Olivengärten wegnehmen und sie seinen Beauftragten übergeben. Er werde vom Ertrag der übrigen Felder und Weinberge den zehnten Teil einziehen, um seine Hofleute und Diener zu entlohnen. Genauso werde er von den Schafen und Ziegen der Untertanen den zehnten Teil einfordern. Deren Sklaven werde er in seinen Dienst nehmen und sie für sich arbeiten lassen. Den König, wenn er einmal eingesetzt sei, wieder abzusetzen, sei nicht mehr möglich. Gott um Hilfe gegen ihn anzuflehen, sei dann vergeblich. Gott werde dem Volk in seiner Bedrängnis nicht helfen. Die Warnungen bewirkten nichts. Die Juden bestanden auf der Einsetzung eines Königs. Von ihm erwarteten sie, dass er Recht spreche und sie im Krieg verteidige. Dass der König Gesetze schaffen könne, war nicht erwähnt (1 Sam. 8). Einen König einzusetzen, lässt die Autorität Gottes zwar unangetastet; aber die Unterwerfung unter einen König errichtet eine unterhalb Gottes bestehende Gewalt, die dazu führt, das Leiden der Menschen zu vermehren, was überdies auch noch selbstverschuldet ist.[102] Das Königtum gilt als eine Institution, die, obwohl sie in den Psalmen oft als Analogon zur göttlichen Herrschaft bezeichnet wird (Ps. 24,7–10; 29,9–10; 47,8–9; 88,25; 99,1–3; 103,19; 145,11–13), Gott gemäß dem ersten Buch Samuel nur widerwillig einzusetzen bereit ist. Weil sie als ein Analogon Gottes mit großer Macht ausgestattet ist, gilt sie als ein mächtiger Verursacher der Übel in der Welt.[103]

Die Plagen, die die Könige über die Menschen verbreiten, beschreiben die vielen königlichen Zuständigkeiten. Unter ihnen fehlt bezeichnenderweise die Gesetzgebung. Nur die Rechtsprechung ist als Aufgabe des Königs genannt. Das Gesetz steht auch gemäß dem biblischen Buch Samuel außerhalb der königlichen Gewalt.

---

102 Crüsemann, Frank, Der Widerstand gegen das Königtum. Die antiköniglichen Texte des Alten Testaments und der Kampf um den frühen israelitischen Staat, Neukirchen-Vluyn 1978; Eslinger, Lyle M., Kingship of God in Crisis. A Close Reading of 1 Samuel 1–12, Sheffield 1985; Wénin, André, Samuel et l'instauration de la monarchie. Une recherche littéraire sur le personnage, Frankfurt a. M. 1988; Kraus, Heinrich u. Küchler, Max, Saul. Der tragische König, Stuttgart 2010.

103 Schmidt, Werner H., Alttestamentlicher Glaube in seiner Geschichte, 11. Aufl., Neukirchen-Vluyn 2011, S. 154.

Das mosaische Gesetz entspringt weder einer königlichen Einsetzung noch einer Gestaltung durch einen Weisen oder durch mehrere von ihnen, noch einer Einsetzung durch eine Volksversammlung. Das Gesetz ist ohne menschliche Setzung begründet und ist menschlicher Einwirkungsmöglichkeit entzogen. Neuerungen wären dann nichts anderes als Abweichungen vom rechten Weg des Gehorsams gegenüber den Geboten, die Gott erteilte und die er zeitlich unbegrenzt und ohne Möglichkeiten des Ausweichens seinem Volk, dem der Israeliten, auferlegte.

Die Ableitung der Gesetze von Gott war indes nicht nur ein isolierter Akt. Die Schöpfung der Gesetze durch Gott konnte ausgeweitet werden, auf alle Völker, auf alle Gesetze. Wenn Menschen Gesetze einrichteten, waren sie an eine Norm gebunden, die Gott selbst einrichtete, d.h. an die Gesetze, die Moses von Gott empfing und den Israeliten kündete, umfassender noch an die ethnische und ethische Verallgemeinerung dieser Gesetze. An der Wende zum 17. Jahrhundert wird der spanische Jesuit und Rechtsphilosoph Francisco Suárez Gott ausdrücklich als Gesetzgeber bezeichnen, der indes nicht allein mit den Zehn Geboten, sondern auch aufgrund des allgemeinen Liebesgebotes, das ebenfalls im Alten Testament und dann im Neuen Testament angeordnet war, Gesetze schuf, die als übergeordnetes Recht in zweierlei Weise auf das positive Recht, das Menschen schaffen, einwirkten: als inhaltliche Appellationsinstanz und als bewirkende Normierungsinstanz.[104]

II.2 Geltung und Überwindung des Gesetzes in den Texten des Neuen Testaments

Die Gesetze, die Gott den Juden gab, gelten auch für die Christen. Sie entfalteten Wirkung auch außerhalb des religiösen Dogmas und der religiösen Praxis. Der Anspruch des Neuen, den die Christen erhoben, zog indes die Frage nach sich, ob diese Gesetze stets gültig seien – auch für die neue Zeit. Wenn die Bindungskraft der mosaischen Gesetze gemindert würde, war der Entfaltungsraum für normfreies Handeln erweitert und ebenso auch die Möglichkeit, Gesetze nicht aus den von Gott erlassenen Gesetzen abzuleiten, vielmehr aus selbst gesetzten Zielen und selbst erkannten Notwendigkeiten. Menschen könnten sie gestalten und sie verändern.

Das Heilsversprechen, das das Neue Testament verkündete, stellte der Bindung an die mosaischen Gesetze etwas Neues entgegen. Geltung der Gesetze und deren Überwindung standen bei den Christen in einem Spannungsverhältnis. Gesetzestreue verlor angesichts der Erwartung, dass das Weltende unmittelbar bevorstehe, so wie es die Evangelien verkündeten (Mark. 13,30; Matth. 16,28), an normativer

104 Suarez, Francisco, *De legibus ac Deo legislatore*, in: Ausgewählte Texte zum Völkerrecht – lateinisch-deutsch, hg. v. Vries, Josef de (Klassiker des Völkerrechts 4), Tübingen 1965, S. 28–79.

Geltung. Nicht das Gesetz, sondern das Wirken Christi werde das Heil bringen. Andererseits blieb die Gültigkeit des mosaischen Gesetzes weiterhin intakt. Die im Judentum verlangte Bereitschaft, in den Bund mit Gott einzutreten und seine Anweisungen zu befolgen, begründet eine Religiosität, die nicht nach irdischen Vorteilen Ausschau hält. Dies ist auch der Kernbestand der neutestamentlichen Texte. Weil das Ende der Welt nicht eintrat, war die Hoffnung auf ein nahes Heil auf eine ferne Zeit verschoben. Die Christen stellten sich auf eine Verzögerung ein. Die Ferne des Heils verlangte, den irdischen Angelegenheiten vermehrt Aufmerksamkeit zu schenken und für sie Gebote und Gesetze einzurichten.

Den Gesetzen, die Gott Moses übergeben hatte, stand im Kontrast das Neue entgegen, das das Neue Testament vorstellt, das als ‚neues Gesetz' gilt und eine Steigerung und letztlich eine Überwindung des legislatorischen Wirkens Gottes unter den Menschen darstellt. Es befiehlt, von einer wörtlichen Auslegung der alten Gesetze abzusehen, da dabei das ‚Wichtigste' nicht befolgt würde, nämlich die Urteilsfähigkeit, die Barmherzigkeit und der Glaube, so wie es das Matthäusevangelium formuliert (Matth. 23,23). Nicht allein sei das ‚neue Gesetz' besser als das ‚alte', sondern auch die Menschen, die jenem folgten, da sie nunmehr – mit dem neuen Gesetz – einer strikten Unterwerfung unter das alte Gesetz entwunden seien, stattdessen in Liebe mit Gott und untereinander in Beziehung träten. Aus der Regelarmut des neuen Gesetzes entstehe ein Gewinn an Freiheit. Prägnant stellten die Paulusbriefe die alte Gesetzesbefolgung und die neue Befreiung vom Gesetz gegenüber, besonders der Galaterbrief, der empfahl, die Gesetze des Alten Testaments in gewissen Fällen nicht zu befolgen, so die Beschneidung der Knaben nach ihrer Geburt. In diesem Brief war einerseits die weitere Geltung der Gesetze verlangt, die von Gott eingesetzt und nicht aufgehoben und wegen der Sünden notwendig seien – als Zwangsmittel gegen die fehlbaren Menschen. Andererseits stünden die Christen nicht mehr unter dem Zwang der Gesetze, weil die Gnade Gottes sie zu seinen Kindern erhoben habe. Christus habe vom Gesetz befreit. Die Gesetzestreue war als Vorform des Gehorsams gegenüber Gott anerkannt, damit aber zugleich abgewertet. Paulus bezeichnete das Gesetz als Vorbereitung hin zum Leben im Glauben: „Ehe der Glaube kam, waren wir vom Gesetz behütet, bis der Glaube offenbar würde. So ist das Gesetz unser Erzieher auf Christus hin geworden." Wer die Gerechtigkeit im Gesetz suche, hat mit Christus gebrochen und habe die Gnade verloren (Gal. 5,4). Der erste Thessalonikerbrief, der erste von Paulus überlieferte Brief, stellte die gesetzestreuen Juden gar als diejenigen dar, die die Anhänger Gottes verfolgen würden (1 Thess. 2,14–16). Die Unterwerfung unter das Gesetz sei eine Knechtschaft; nun aber seien die Christen zur Freiheit berufen. So wie die Knechtschaft von Hagar, der Nebenfrau von Abraham, der Freiheit seiner Gattin Sarah entgegenstehe, so sei das alte Gesetz, das Gott auf dem Berg Sinai gegeben habe, von der Verheißung, die Jesus geoffenbart habe, verschieden. Hagar repräsentiere den Berg Sinai, Sarah Jerusalem (Gal. 4,21–31). Die Christen seien nicht Abkömmlinge der Knechtschaft, sondern der Freiheit. Von den vielen Gesetzesbestimmungen bleibe nur das eine, das ganze Gesetz: Liebe deinen Nächsten wie dich selbst. Dieses Gebot ist ein Zitat aus dem dritten Buch Moses, welches die vorangestellten Einzelanweisungen zum gerechten Handeln zusammenfasst und die Gesetzestreue zu einem religiösen Menschheitsideal weiterführt. Im Brief an die Galater, so wie auch in anderen Passagen des Neuen Testaments, ist dieses Gebot aber nicht die Zusammenfassung aller anderen Gebote, sondern hebt die Unterwerfung unter das Gebote des Gesetzes auf (Gal. 1,14; 2,16; 3,15–25; 4,24; 5,14). Die Intention des Galaterbriefes bestand ja gerade darin, den nicht-jüdischen Neu-Christen die religiösen Markierungen der Juden, wie Beschneidung und Essensgebote, nicht aufzuerlegen. Die neue Offenbarung und die Gewährung der Gnade heben indes das alte Gesetz nicht auf, sie führen es zu einer Vollendung, die mit dem Wirken Jesu erreicht sei. Die Gnade, so im Galaterbrief, erfülle das Versprechen, das einst Abraham gegeben worden sei (Gal. 3,18). Prägnant formuliert der Römerbrief von Paulus: „Ihr seid nicht unter dem Gesetz, sondern unter der Gnade" (Röm. 6,14).[105] Die mosaischen Gesetze waren alt und gerade deswegen unvollkommen. Sie galten als Hinführung zu einer neuen, gesteigerten Gottesverehrung, die sie überwand, freilich nicht außer Kraft setzte.

Der spätantike Kirchenvater Augustinus hatte der Strenge und der Bestrafung, die von den alten Gesetzen ausgehen würden, die Liebe und die Gnade, die das neue Gesetz spendeten, entgegengestellt.[106] Spätere Theologen haben diese Auffassung übernommen, die Geltungskraft auch der ‚alten Gesetze' aber ebenso wenig wie Augustinus in Frage gestellt.[107] Die mosaischen Gesetze behielten ihre Gültigkeit. Sie formten die Gesetzgebungen. Auch außerhalb der theologischen Deutung blieb die normative Geltung des Gesetzes des Alten Testaments im Bereich der Rechtsentwicklung im Mittelalter intakt.

Im Alten Testament regulierten die Gesetze detailreich die Lebensführung. Die frühe Geschichte des Christentums führte hingegen dazu, rigide Anforderungen zum Glauben aufzuerlegen. Die Dogmatisierung des christlichen Glaubens, die durch das vom Konzil von Nicaea 325 dekretierte Glaubensbekenntnis eine kano-

---

105 Broer, Ingo, Antisemitismus und Judenpolemik im Neuen Testament. Ein Beitrag zum besseren Verständnis von 1 Thess 2,14–16, in: Biblische Notizen 20 (1983), S. 59–91, 63–73; Haufe, Günter, Der erste Brief des Paulus an die Thessalonicher, Leipzig 1999, S. 44–49; Pollefeyt, Didier u. Bolton, David J., Paul, Deicide, and the Wrath of God. Towards a Hermeneutical Reading of 1 Thess 2:14–16, in: Paul's Jewish Matrix, hg. v. Casey, Thomas G. u. Taylor, Justin (Bible in Dialogue 2), Roma 2011, S. 229–257.

106 Aurelius Augustinus, De spiritu et littera, hg. v. Vrba, Karl F. u. Zycha, Joseph (CSEL 60), Turnhout 1913, S. 186f.

107 Marschler, Thomas, Der Vergleich von Altem und Neuem Gesetz im Spiegel ausgewählter scholastischer Kommentierungen von 3 Sent., d. 40, in: Das Gesetz, hg. v. Speer u. Guldentops, S. 334–349; Markl, Dekalog, S. 279.

nische Form erhielt, stand oberhalb der Regulierung der Lebensgestaltung.[108] Die legislatorische Norm des Lebens trat hinter die Fixierung der Glaubensinhalte. Die Alterität, die die Christen gegenüber dem Judentum behaupteten, verlangte einerseits Neubeginn und Distanzierung vom mosaischen Gesetz, andererseits war sie darauf angewiesen, an dieses anzuschließen, ja Treue gegenüber der Überlieferung und gegenüber der Geltung des Gesetze zu beanspruchen und anzumahnen.[109] Auch das Neue unterlag einem Ewigkeitsgebot, das nicht allein eine Weiterentwicklung in der Zukunft hemmte, sondern auch eine Ablösung von der Vergangenheit problematisch machte, um auszuschließen, das Wirken Gottes situativ zu relativieren.

Das Problem, welche Geltung die Gesetze des Alten Testaments einnehmen sollten, haben Theologen während des Mittelalters erörtert. Zu ihnen gehörte Petrus Lombardus (um 1095–1160). Sein Werk entfaltete weitreichende Wirkung und besaß große Autorität. Er hat in der zur Mitte des 12. Jahrhundert von ihm zusammengestellten und kommentierten Kirchenväterliteratur die Furcht, die das alte Gesetz einflöße, als Mangel, die Überwindung dieses Mangels als Ergebnis des Willens und des Wirken Gottes bezeichnet, welche Christus den Menschen verkündet habe. Gesetzestreue war abgewertet. Dies betraf alle Gesetze. Von den weltlichen Herrschern sei nicht zu erwarten, dass sie, wenn sie Gesetze schüfen und anwendeten, das Leben verbessern würden, was aber nicht verhindere, dass ihre Herrschaft berechtigt und daher gerecht sei. Selbst wenn sie den Untertanen ihr Eigentum wegnähmen, selbst wenn sie sie, ohne dass die Untertanen sich eines Verbrechens schuldig gemacht hätten, bestraften, sei dies hinzunehmen, seien dies doch gerechte Strafen, verhängt über die schuldigen Menschen und drohend gegenüber allen Menschen. Gerecht sei dieses Handeln, weil es als Folge des Sündenfalls notwendig sei.[110] Gerechtigkeit ist bei Petrus Lombardus die Negation des guten Lebens. Aus dem geschlossenen Kreis von Unterwerfung, Bestrafung und Akzeptanz der Herrschaft gibt es kein Entrinnen. Es gibt keine Option, Gesetze zu verbessern, da sie als Reaktion auf die Sünde der ersten und aller Menschen

---

108 Lyman, J. Rebecca, Heresiology: The invention of ‚heresy' and ‚schism', in: The Cambridge History of Christianity 2: Constantine to c. 600, hg. v. Casiday, Augustine Michael, Cambridge 2007, S. 296–314.

109 Tilly, Michael, „Wir sind anders". Juden, Griechen, Ägypter, Christen und ihre gegenseitige Wahrnehmung im Spiegel der antiken literarischen Quellen, in: Apologie, Polemik, Dialog. Religionsgespräche in der Christentumsgeschichte und in der Religionsgeschichte (Studien zur christlichen Religions- und Kulturgeschichte 29), hg. v. Delgado, Mariano et alii, Basel/Stuttgart 2021, S. 41–57, S. 50–52.

110 Petrus Lombardus, Sententiae in quatuor libris distinctae (Spicilegium Bonaventurarium 4), Grottaferrata 1971, pars I, S. 362, 541, 578f.; Rief, Josef, Die moraltheologische Konzeption in den Sentenzen des Petrus Lombardus, in: Theologische Quartalschrift 144 (1964), S. 290–315; Friedman, Russell, Peter Lombard and the development of the ‚Sentences' commentary in the 13th and 14th centuries, in: Pietro Lombardo. Atti del XLIII Convegno storico internazionale. Todi 8–10 ott. 2006, Spoleto 2007, S. 459–478.

hervorgegangen seien und da die Gesetze, um gerecht zu sein, nichts zur Verbesserung ihres Lebens beitragen müssten. Die pessimistische Sicht auf die Resultate menschlichen Handelns hatte langfristige Wirkung und tränkte die Vorstellungen in den folgenden Jahrhunderten. Weitreichende Anwendung fand auch das Rechtsbuch ‚Decretum Gratiani', ungefähr zur selben Zeit verfasst, das die Summe der göttlichen Anweisungen, als *lex*, als *ius naturale* bezeichnete und auf diese Weise den isolierten Akt göttlicher Einsetzung für das auserwählte Volk auflöste und zu einem umfassenden Menschheitsgesetz machte, zu dem auch, wie im ‚Decretum' formuliert, die Evangelien und die Prophetenbücher gehörten. Das *ius naturale* war konzentriert auf die Anweisung, anderen nicht das anzutun, was man selbst nicht wolle, dass andere es ihm antun und entbehrte damit einer inhaltsreichen Fülle normativer Festlegungen.[111]

Wilhelm von Auvergne (1180–1249), der Pariser Universitätsgelehrte und Bischof dieser Stadt, folgte dieser Auffassung, indem er die Geltung der Gesetze des Alten Testaments ausweitete und sie als allgemein gültige, von Gott eingesetzte Anweisungen für alle Menschen vorstellte und er deren Befolgung sogar von religiöser Zugehörigkeit ablöste, sie nicht allein für Juden und Christen gültig ansah, sondern für alle Menschen, auch die Nicht-Gläubigen. Wilhelm hat die Gesetze, die Gott zuerst den Juden gab, als Fortsetzung seines Schöpfungswerkes und als Ausfluss seiner Weisheit gedeutet und als Gebote für alle Menschen erachtet. So wie die Schöpfung betraf das Gesetz die gesamte Menschheit. Die geschaffene Welt und das von Gott eingesetzte Gesetz seien beide vernünftig geordnet. Die göttlichen Gesetze seien der Natur der Menschen angemessen – aller Menschen, womit Wilhelm dazu beitrug, einen neuen, seit dem Beginn des 13. Jahrhunderts sich abzeichnenden Diskussionsstand in Gang zu setzen, indem die – gemäß dem biblischen Text – den Juden auferlegten Gesetze universalisiert und rationalisiert wurden. Wilhelm beharrte daher auf der nicht aufhebbaren Geltung der Gesetze des Alten Testaments – und zwar für jeden Menschen, gleich welcher Religion er angehörte, weil jeder Mensch von Gott mit Vernunft ausgestattet war. Das Gesetz war damit nicht mehr religionsstiftend, sondern menschheitsdefinierend. Schöpfung und Gesetzesschöpfung waren gleicherweise gut, weil von Gott hervorgebracht. Verbesserungen waren nicht möglich.[112]

Hat Wilhelm von Auvergne die Geltung der Gesetze des Alten Testaments zeitlich, ethnisch und religiös verallgemeinert und in die Nähe der natürlicherweise jedem Menschen auferlegten Verpflichtung gerückt, von der es für niemanden Abweichungen geben solle, haben andere Theologen und Philosophen eine Differenzierung vorgenommen. Sie behandelten die zeitliche Abfolge von Stufen der Gesetzesgeltung, die Stufen einer Höherentwicklung seien. Das Erlösungswerk Christi und das Neue Testament, das als neues Gesetz galt, wurden für den his-

---

111 Decretum, I, dist., prol., Sp. 1.

112 Wilhelm von Auvergne, Tractatus de fide et legibus, S. 19f., 46–50.

torischen Prozess in der Welt reklamiert, der dynamisiert und für die Gesetzgebung auch im säkularen Bereich nutzbar gemacht wurde, so wie dies Theologen im 13. Jahrhundert ausführten. Der Dominikaner Thomas von Aquin (1185–1274) hat das Neue Testament als Geschenk der Gnade des Heiligen Geistes vorgestellt. Es führe nicht zu einer Aufhebung oder Minderung, sondern zu einer Steigerung der Wirksamkeit des Gesetzesvollzuges, und es bringe auch eine Verbesserung der Gesetze selbst hervor – und dies nicht durch Vermehrung der Regulierungen und der Sanktionierungen, sondern aufgrund der Verbesserung der menschlichen Tugenden.[113] Mehr noch hat der Zeitgenosse und Franziskanergeneralminister Bonaventura da Bagnoregio (1221–1274) die Dynamisierung der Existenzbedingungen herausgestellt, die zur Verbesserung des menschlichen Lebens und des Menschen selbst führen würden. Statt durch Strafen würden die Menschen zunehmend durch Belehrung geleitet. Dieser Vorgang setze sich in der Zukunft fort, so dass die Menschen besser handeln und sich Gott annähern würden.[114] Das bessere Leben war religiös definiert, verwirklichen ließ es sich aber schon auf Erden. Antriebskräfte seien nicht zwingende Gebote, sondern Anleitungen.

Obwohl die Gesetze des Alten Testaments gültig blieben, lag in der Opposition von Alt und Neu eine Entwicklungsrichtung, die Steigerung und Fortschritt hervorzubringen versprach. Eine Überwindung des Alten war in Aussicht gestellt, die in die Zukunft und bis zur Erlösung im Jenseits ausgeweitet werden konnte. Die Geltung des mosaischen Gesetzes war deswegen unangetastet, weil es die Grundlage für die Erlösungstaten Gottes war und den Anfang einer Entwicklung zu höheren Stufen der Gottesnähe darstellte.

Der Franziskaner Bonaventura da Bagnoregio entwickelte im 13. Jahrhundert eine Vorstellung einer Weiterentwicklung, die heraustrat aus der Gesetzestreue und zur vollkommenen Nachfolge Christi und der Apostel führe, die er in seinem Orden verwirklicht sah.[115] Der Nachfolger als Franziskanergeneral, Matteo d'Acquasparta (ca. 1240–1302), konkretisierte die Auffassung und bezog sie auf den Wandel der Gesetze. Er schrieb, dass das Alte Testament und speziell die Zehn Gebote nicht unmittelbar als juristische Norm aufgefasst werden sollten. Er schuf Raum für legislative Kreativität, die ein starkes Zutrauen in die Dynamik des göttlichen Wirkens in der Welt voraussetzte, das markante Etappen und starke Aufbrüche zum Besseren hervorbringe und auch die Gesetze dem Wandel unterwerfe. Oberhalb der Gesetze des Alten Testaments stand die *lex aeterna*. Sie war unwandelbar. Sie beruhe auf der rational geordneten Weltschöpfung, die Gott eingerichtet habe. Ihr unterstellt und veränderlich seien hingegen alle anderen Gesetze. Zu ihnen gehörten auch die Zehn Gebote und die anderen Gesetze in den Büchern Moses. Diese

---

113 Thomas von Aquin, Summa theologiae, prima secundae, q. 1, S. 6–16.

114 Bonaventura, Liber III Sententiarum, hg. v. Bello, Leonardus M. (Opera theologica selecta), Quaracchi 1941, S. 897b.

115 Bonaventura, De perfectione evangelica, V, S. 117–198, bes. S. 147.

begründeten das Gebieten und das Gehorchen. Genauso täten dies auch die unter ihnen stehenden weltlichen Gesetze. Diese Gesetze, von Menschen gemacht und den Menschen auferlegt, berücksichtigten zeitliche Umstände und kannten Veränderungen. Trotz ihrer Wandlungsfähigkeit hätten auch sie Anteil an der göttlichen Vollkommenheit, weil auf sie die göttliche Weisheit strahle und einwirke. So könne die Beeinflussung durch Gott größer werden, die Gesetze besser, die Menschen gleichfalls, ihr Leben tugendhafter. Die Opposition zwischen *lex aeterna*, von Gott eingerichtet, und *regula,* von Menschen eingerichtet und in vielfältigen Formen bestehend, sei aber nicht überbrückbar. Jedes eingerichtete Gesetz stehe außerhalb des ewigen Gesetzes. Für Matteo d'Acquasparta ist daher auch das mosaische Gesetz, obwohl von Gott gegeben, keineswegs vollkommen, vielmehr auf die jeweils aktuelle Situation in der Geschichte des jüdischen Volkes ausgerichtet und daher veränderbar und anpassungsbedürftig auf andere Epochen und Umstände. Die geschichtliche Entwicklung lasse das Alte als nicht mehr brauchbar zurück. Das mosaische Gesetz sei wie eine Anleitung für Kinder und Knechte, die des vollen Besitzes des Verstandes entbehrten. Im Vergleich zu den Evangelien sei das Gesetz der Zehn Gebote unvollkommen. Das neue Gesetz, das Christus begründet hatte, verlange nicht Gehorsam, sondern es belehre. Er zitiert aus dem Galaterbrief von Paulus: *Lex paedagogus fuit in Christo.*[116] Die zeitliche Dynamik, die Matteo dem Wirken Gottes unterlegt, bringt Fortschritte bei den Gesetzen hervor, belässt ältere Formen – sogar die Zehn Gebote – als unvollkommen hinter sich. Der Unterschied zu Wilhelm von Auvergne, der eine göttliche und naturrechtliche Fundierung vorgenommen hatte, die keiner Korrektur und Revision bedürfe, besteht in der Option zur Veränderung. Gesetz meint bei beiden Autoren keineswegs nur die Stiftung von religiösen Geboten, sondern ist erweitert auf jede Normsetzung, auch im weltlichen Bereich.

Die Geltung der Zehn Gebote war durch terminologische Unschärfen belastet. *Lex* bedeutete mehr als nur juristisches Gesetz, war es doch auch der Auftrag Gottes an die Menschen und transponierte die Gesetzgebung und den Gesetzesvollzug in das Heilsgeschehen, so dass es unmöglich war, dass das von Gott geschaffene Gesetz, *lex,* von den Menschen nachgeahmt werden könnte. Kirchenrechtliche Satzungen des Mittelalters haben auch durchweg den Begriff *lex* vermieden, stattdessen *decretum* oder *canon* verwendet, um so eine hierarchisch tiefer stehende Regulierungskompetenz zum Ausdruck zu bringen. *Lex* verwies im Unterschied dazu weit mehr als auf ein legales Konzept, sondern war der Begriff für den Bund zwischen Gott und den Menschen.[117] Die terminologische Mehrdeutigkeit, die bereits dem Urtext des Alten Testaments zugrunde liegt, der mehrere

116 Matthaeus ab Acquasparta, Quaestiones de legibus, S. 443–451, 508–531.

117 Zenger, Erich u. Frevel, Christian, Einleitung in das Alte Testament, 9. Aufl., Stuttgart 2015, S. 149–152.

Termini verwendet,[118] war durch die sprachliche Uniformierung in der Vulgata, der kanonischen lateinischen Bibelübersetzung seit dem 5. Jahrhundert, durch die ausschließliche Verwendung des Wortes *lex* nicht eindeutig gemacht, rief vielmehr eine widersprüchliche Bedeutungsfülle dieses Wortes hervor.

Das Wirken von Jesus ist im Neuen Testament als Setzung eines Anfanges vorgestellt, und dieser Anfang enthält die Potentialität des Überwindens – von alten Regeln, die überflüssig werden, gänzlich wegfallen oder auf eine höhere Stufen der Besserung der Menschen emporgehoben werden könnten. Die fehlende regulatorische Präzisierung der Botschaft des Neuen Testaments lockert die Bindungswirkung der Gesetze. Überdies gibt es keine Erzählung, wie Gesetze entstehen. Die Texte des Neuen Testaments bieten keine Modelle gesetzgeberischen Handelns an – weder was die Instanzen des Gesetzgebers noch was die Zielsetzungen von Gesetzen betrifft, noch was den materiellen Gehalt der Gesetze bestimmt. Das diesseitige Leben erhält einzig Bedeutung, sofern es zur Erfüllung im Jenseits geführt wird, die keines Gesetzes bedarf. Die einmalige Erlösungstat Christi setzt keinen Vorgang der Besserung irdischer Existenz in Gang, fordert vielmehr den vollen Einsatz für die Vorbereitung der überirdischen Erlösung, deren Realisierung aber in göttlicher Entscheidung verbleibt. Die neue Religion verheisst einen abrupten Übergang in ein anderes, ein neues Leben, das sich nicht aus dem Leben in der Welt heraus entwickelt, sondern durch die Gnade Gottes den Menschen gewährt wird und zugleich das gute Handeln der Gläubigen verlangt. Die Erlösung ist das Werk Gottes, nicht der Menschen. Den Menschen ist es nicht möglich, sich selbst zu vervollkommnen, selbst Erlösung zu erlangen, noch weniger selbst bessere Lebensbedingungen zu schaffen, selbst durch politische Ordnung das Gute zu errichten.[119] Der Gesetzesvollzug ist abgewertet, die Neuschöpfung von Gesetzen ebenso.

Aber es gab auch andere Deutungen, die die Geltung der Gebote des Alten Testaments bewahrten. Die Aussage des Ersten Johannes-Briefes, dass die Gebote, denen die Christen folgen müssen, alt seien und von Anfang an bestanden hätten, war freilich kontrastiert mit der Aussage, dass gleichwohl die Gebote neu seien. Neu seien sie, weil das Licht neuer Kenntnis den Menschen ausgebreitet sei (1 Joh. 2,3–11). Nicht die Geltung des Gesetzes, sondern das vermehrte Wissen von diesem seien hinzugekommen. Die Unterwerfung unter das Gesetz, das Gott Moses überreichte, blieb auch für die Christen bestehen. Der zweite Thessalonikerbrief, dessen Autorschaft des Paulus umstritten ist,[120] nennt denjenigen, der das Gesetz missachtet, einen Widersacher Christi (2 Thess. 2,1–12). Das Gesetz, so schärft es

118 Braulik, Georg, Die Ausdrücke für ‚Gesetz' im Buch Deuteronomium, in: id., Studien zur Theologie des Deuteronomiums, Stuttgart 1988, S. 11–38.

119 Angenendt, Geschichte, S. 93.

120 Dewey, Arthur J. et alii, The Authentic Letters of Paul. A New Reading of Paul's Rhetoric and Meaning, Salem, OR 2010; Nassauer, Gudrun, Decline and Ascension. Paul's Apostolic Self-Definition in 2Cor 12,1–10, in: Zeitschrift für die neutestamentliche Wissenschaft 10 (2019), S. 238–265.

der originäre paulinische Römerbrief ein, stammt von Gott, ist heilig und verlangt Gehorsam (Röm. 7,12; 22). Der eschatologische Enthusiasmus vom ersten Thessalonikerbrief, der die nahe Erwartung der Erlösung vorstellt, weicht einer Treue der Gläubigen, die dem Gesetz unterworfen sind. Sie sollen sich vor der Gesetzlosigkeit, die der Antichrist hervorbringen würde, wappnen.[121] Der Gehorsam gegenüber den Gesetzen ist weit ausgedehnt und betrifft alle Gesetze, auch diejenigen ausserhalb der mosaischen Überlieferung. Christus, so der Paulusbrief, habe alle Schuld der Menschen auf sich genommen und die Erlösung für das Jenseits versprochen, aber dem irdischen Leben die Verkettung in Schuld und Strafe und damit die Unterwerfung auch unter die weltlichen Gesetze belassen. Die weltliche Gewalt müsse ertragen, ihr gehorcht werden, auch wenn sie zur Verbesserung des Lebens der Menschen unnütz sei.[122] Die Erlösung bedarf keiner Gesetze, die von Menschen geschaffen werden, hebt ihre Geltung aber auch nicht auf. Erlösung ist im Gesetz des Neuen Testaments grundgelegt, das regelfern konzipiert ist und sich einer juristischen Anwendung entwindet und nichts zum guten Leben im Diesseits beitragen soll.[123] Das Böse behält aber nicht das letzte Wort. Es wird erst im Jenseits überwunden. Die zum Heil berufenen Menschen werden durch den Tot Christi, der alle Sünden sühnt, erlöst und im Jenseits zur Erfüllung der Existenz geführt. Für die Lebensverbesserung in der Welt besteht kein Bedarf.

Die Autorität weltlicher Gewalten war gerade deswegen unangetastet, weil sie als unerheblich für das Heilsgeschehen galt, wie der Apostel Paulus im Römerbrief formulierte, und nicht in den Kernbereich des Erlösungsgeschehens vordrang. Selbst den Heiden sei es möglich, dank ihres Gewissens die Gebote des Gesetzes, wie es den Juden auferlegt wurde, zu kennen und zu beachten (Röm. 2,14). Christen durften die Erlösung durch die Gnade erwarten. Die Zugehörigkeit zu sozialen Gruppen war bedeutungslos für das Seelenheil, genauso wie die Gesetze menschlicher Herrscher und Gemeinschaften. Der Paulus-Brief an die Galater verlangte am deutlichsten die Distanzierung von weltlichen Ordnungsvorstellungen: „Denn wo der Glaube herrscht, ist weder Jude noch Grieche, weder Knecht noch Freier, weder Mann noch Weib" (Gal. 3,28). Aus eventuellen Verbesserungen der Gesetze etwas für die Verbesserung des Lebens der Menschen und der Menschen selbst zu erhoffen, sei eine Illusion und an sie zu glauben, für Paulus eine Gefahr, denn einzig die Hoffnung auf eine jenseitige Erlösung dürfe den Menschen erfüllen. Das Gesetz, das Gott schuf und Moses übermittelt hatte, gelte weiterhin, werde nun aber durch

---

121 Jenks, Gregory C., The Origins and Early Development of the Antichrist Myth (Beiheft zur Zeitschrift für die neutestamentliche Wissenschaft 59), Berlin/New York 1991, S. 208–210.

122 Affeldt, Werner, Die weltliche Gewalt in der Paulus-Exegese Röm. 13,1–17 in den Römerbriefkommentaren der lateinischen Kirche bis zum Ende des 13. Jahrhunderts (Forschungen zur Kirchen- und Dogmengeschichte 22), Göttingen 1969; Kosuch, Andreas, Abbild und Stellvertreter Gottes. Der König in herrschaftstheoretischen Schriften des späten Mittelalters, Köln et alii 2011, S. 111–113.

123 Röthlisberger, Kirche, S. 18–26.

das Wirken Christi in einen Zustand der Freiheit überführt. Diese Freiheit hebe die Unfreiheit im irdischen Leben aber nicht auf. Knechte sollten ihren Herren, Frauen ihren Gatten, alle den weltlichen Herren untertan sein, wie mehrere Briefe von Paulus mahnten (Eph. 5,26; 6,5; Kol. 3,18–33; Röm. 13,1–7).[124]

Die Christen waren weltlichen Gesetzen unterworfen, und die frühen Theologen verlangten Gehorsam ihnen gegenüber. Aber günstige Wirkung erwarteten sie von ihnen nicht. Die Staatsferne der Christen war wegen der historischen Situation, gegeben durch die Verfolgungen mehrerer römischer Kaiser, auch in der Zeit nach der Abfassung der neutestamentarischen Texte, also seit dem ersten Jahrhundert n. Chr., geboten. Frühchristliche Texte forderten Distanz zum Staat und formulierten moralische Verurteilungen der Herrscher, ohne ihre Berechtigung zur Herrschaft aber zu verneinen. Christen sollten der Autorität und den Gesetzen des römischen Reiches unterstehen. Der frühchristliche Märtyrer und Verfasser einer Verteidigungsschrift des Christentums, Justin, wies auf die Vernunftwidrigkeit der Verfolgungen der Christen durch die Kaiser hin, weil doch die Christen treue Untertanen des Reiches seien. Sie verübten keine Verbrechen, denn die Furcht um das ewige Heil hielte sie davon ab.[125] Andere christliche Autoren positionierten die Gläubigen aber doch deutlicher in Gegensatz zum Römischen Reich. Tertullian (ca. 150–ca. 230) stand unter dem Eindruck der die Christen verfolgenden Kaiser, Beamten und Soldaten. Aus Karthago stammend und in der intensiv christianisierten Provinz *Africa* lebend, speiste sich seine anti-römische Grundhaltung wohl auch aus der Opposition der Provinzialen gegenüber der kaiserlichen Verwaltung. Er war offensichtlich juristisch ausgebildet und war mit den rechtlichen Anforderungen des Reiches vertraut.[126] Er erachtete das Römische Reich als spezielle Emanation einer universell anzutreffenden und überall und zu allen Zeiten wirksamen bösartigen Herrschaft, der zwar insofern zu gehorchen befohlen sei, als sie auf Gottes Einsetzung beruhe, der aber Widerstand geleistet werden müsse, sofern die Herrscher sich göttliche Eigenschaften anmaßten. Tertullian schrieb, dass alle Reiche durch Kriege und Zerstörungen errichtet worden seien. Die Herrscher knechteten die Völker. Den verfolgten Christen sei aufgetragen, im Martyrium ihre Glaubensstärke zu beweisen. Ausgeschlossen war aber nicht, dass Christen im Staatsdienst tätig sein könnten. Nur sollten sie nicht erwarten, dass mit dem staatlichen Handeln die den Christen auferlegte Liebe verwirklicht werden könnte. Der Ort der Liebe, so Tertullian, sei die *res publica*. Dieses Wort meint aber nicht das bestehende Römische Reich. Die Bedeutung ist vielmehr entpolitisiert, sie verweist

---

124 Angenendt, Geschichte, S. 220f.

125 Justin der Märtyrer. Apologia (prima), Erste Apologie, in: Frühchristliche Apologeten und Märtyrerakten (Bibliothek der Kirchenväter 1, 12), München 1913, S. 65–138.

126 Wilhite, David E., Tertullian the African. An Anthropological Reading of Tertullian's Context and Identities, Berlin 2007.

auf die Gemeinschaft der Christen, die beständig wächst, aber gleichwohl nicht in eine weltliche Herrschaft mündet und diese auch nicht anstreben soll.[127]

Seit der Konversion von Kaiser Konstantin und der Anerkennung christlicher Religionsausübung seit Anfang des 4. Jahrhunderts wandelte sich die Konzeption der Gesetzestreue, die nicht mehr ein Abseitsstehen bei der Schaffung weltlicher Normen, sondern eine Beteiligung an ihrer Gestaltung verlangte. Unabhängig von Vorgaben und Vorbildern, auch ohne Anlehnung an göttliche Anweisungen die weltlichen Angelegenheiten zu formen, selbst auch die kirchlichen, war möglich.

Die Erwartung, dass das Kommen des Messias in Kürze bevorstünde, – die Parusie-Vorstellung[128] – hatte es als entbehrlich erscheinen lassen, Regeln aufzuerlegen. Die Erlösung bedurfte ihrer nicht. Die zunehmende zeitliche Distanz zum Geschehen, das die Evangelien erzählten, und die unerfüllte Hoffnung der baldigen Erlösung riefen dann aber das Bedürfnis nach Kompensationen der regulatorischen Schwäche der Texte des Neuen Testaments hervor, die das frühe und mittelalterliche Mönchtum durch eine hypertrophe Steigerung der Regelbindung und Regeltreue auch tatsächlich forderte und realisierte. Für die gesamte Christenheit errichteten die Legislationen der gesamt-römischen Konzilien seit dem Konzil von Nicaea im Jahre 325 eine hohe Regulierungsdichte. Die Legalisierung der christlichen Religion und Religionspraxis durch Kaiser Konstantin hatte eigene Gesetzgebungen der Kirche möglich gemacht. Hinzu kamen weltliche Gesetze, die ebenfalls Anliegen der Kirche gestalteten. In den spätantiken Ketzergesetzen, die Zwang und Strafe vorsahen, um die auf den Konzilien definierte Rechtgläubigkeit gegen Abweichungen zu schützen, verbanden sich theologische Argumente mit kaiserlicher Machtausübung.

Aber das Ideal der Regelferne blieb erhalten. „Liebe und tue, was du willst", forderte Augustinus in zwei Textstellen seiner Werke. Diese Befreiung aus Regulatorien und die Sprengung rechtlicher Normierung hatten aber keine Auswirkung auf institutionelle Gestaltungen von Kirche und weltlicher Lebensform, sondern waren auf kleine exklusive Kreise von Männern und Frauen beschränkt, die abseits weltlicher Pflichten und Zwänge ein Gott geweihtes Leben führten, das zwar durchaus als Ferment einer christlichen Lebensführung für alle wirkte, nicht aber zur Überwindung rechtlich geformter Beziehungen führte. Die Aussage von Augustinus galt nicht außerhalb der Lebensbereiche, die religiöse Höchstleistungen, von Menschen, praktizieren sollten, und selbst in den Klöstern wurde eine Befreiung von Regeln ausgeschlossen, so dass letztlich ein Ideal, keine regulatorische Bestimmung formuliert wurde. Die Aussage von Augustinus wurde oft im Mittel-

127 Tertullian, Apologeticum. Verteidigung des Christentums, hg. u. übers. v. Becker, Carl, München 1952, S. 149f.; Georges, Tobias, Tertullian. Apologeticum, Freiburg i. Br. et alii 2011, S. 455–635; Zur erlaubten Beteiligung von Christen am Staats- und Militärdienst: Amarelli, *Vetustas – Innovatio*, S. 37f.

128 Gräßer, Erich, Das Problem der Parusieverzögerung in den synoptschen Evangelien und in der Apostelgeschichte, Berlin/New York 1977.

alter rezipiert und gedeutet; aber die Verbindung von Liebe und Freiheit hatte keine Auswirkung auf die Bewertung der Macht, hatte keinen Einfluss auf Schaffung und Befolgung von Regeln und Gesetzen, war vielmehr Aufforderung, von den Zwängen des weltlichen Treibens Abstand zu nehmen und Zuflucht in den Klöstern zu suchen.[129]

Das Christentum stellte in Aussicht, die menschliche Existenz emporzuheben und deren Üblichkeiten zu überwinden. Die Bewahrung des Bestehenden hatte dagegen keinen anerkannten Wert, und das, was das Alte Testament festlegte, war als vorläufig und als Vorbereitung gewertet. Die lineare zeitliche Bewegungsrichtung beruhte auf Ablösung, Versprechen und Erfüllung und verlangte eine umfassende Erneuerung von jeder Aktivität und jeder Situation und trug den Keim in sich, auf alle Lebensbereiche ausgeweitet zu werden.

II.3 Gnade, Zwang und Gesetz

Dem gläubigen Christ ist in Aussicht gestellt, dass ihm im jenseitigen Leben Gott Erlösung gewährt. Für die Menschen kann es keine Selbsterlösung geben. Vielmehr gewährt sie die Gnade Gottes. Die Selbstwirksamkeit ist negiert. Das Zutrauen, aktiv das eigene Leben zu gestalten, ist gemindert. Die Gnadenlehre des Kirchenvaters Augustinus hat die Willkürlichkeit bei der Auswahl der Erlösten besonders deutlich herausgestellt. Die Menschen sind Gottes Entscheidungen ausgeliefert. Augustinus verschärft die Vorstellung, dass menschliches Handeln ohnmächtig sei, nichts vermöge, so dass die Befolgung von göttlichen Geboten, wie sie auch die Paulusbriefe verlangten, nicht zur Erlösung führe. Allein Gott entscheide – unabhängig von der Befolgung der Gebote – über die Gewährung des Heils. Eine Bewertung der Taten der Menschen war damit hinfällig. Nur wenigen werde die Gnade Gottes gewährt, führte Augustinus aus, was letztlich auf eine Teil-Erlösung der Menschheit hinauslief. Das jenseitige Heil war damit individualisiert und zugleich personell limitiert.[130] Das gute Leben, im Diesseits illusorisch, war nur wenigen im Jenseits beschieden. Der Ansporn, in Liturgie und Lebensführung sich Gott zu nähern und von ihm gerettet zu werden, war damit aber nicht gemindert. Auch wenn der religiösen Praxis die gesicherte Aussicht auf Belohnung im Jenseits fehlte, entfaltete die Liturgie ein Ensemble von Zeichen, die auf ein Anderes verweisen, das das gegenwärtige Leben transzendierte. Bezeichnenderweise waren die häufigsten im Lateinischen verwendeten Begriffe für die Liturgie *officium* oder *opus*. Sie bezeichneten „Techniken", „Verfahren", „Mechanismen" (Arnold

---

129 Constable, Augustinian Precept.

130 Aurelius Augustinus, De diversis quaestionibus ad Simplicianum. Die Logik des Schreckens. Augustinuns von Hippo: Gnadenlehre von 397, hg. v. Flasch, Kurt (Excerpta classica 8), Mainz 2012; Flasch, Kurt, Augustin. Einführung in sein Denken, Stuttgart 1980.

Angenendt).[131] Die Hoffnung auf die Gnade sollte die Total-Anspannung nicht mindern. Die Bewertung des Handelns am Ende aller Tage sollte intakt bleiben.

Das göttliche Weltgericht, das am Ende der Welt zwischen den Erlösten und Verworfenen unterscheiden würde, war in Analogie zu einem juristischen Verfahren konzipiert. Damit trat während des Mittelalters die Beurteilung der Taten der Menschen in den Vordergrund. Die grundsätzliche Anerkennung des göttlichen Gnadenaktes blieb bestehen, hielt gleichwohl die didaktisch-pastorale Intention intakt, mittels des Hinweises auf das letzte Gericht die Christen zur Normbefolgung anzuhalten und die Anstrengung für gute Taten wachzurufen. Das Heilsgeschehen führe zur letzten Etappe, dem Gericht Gottes. Durch die erste Sünde hätten alle Menschen ihren ursprünglichen Zustand der Gerechtigkeit, die der Gesetze nicht bedurft gehabt hätte, verloren. Wenn das Leben ohne Sünde wieder hergestellt sein werde, würde dies die Gesetze erneut beseitigen, dies aber erst nach dem Ende der Zeiten und nur für die Erlösten im Himmel. Sofern Gesetze von Menschen gemacht worden seien, trügen sie nicht zur Erlösung bei. Einzig die *lex nova*, die vom Neuen Testament verkündet wurde, ist allem Wandel entzogen, denn dieses Gesetz löse das Versprechen ein, dass die Gnade Gottes den Menschen Erlösung verheiße und sie zum ewigen Heil führe.[132]

Das Christentum minderte den Wert der Normsetzungen für weltliche Angelegenheiten. Sie seien nur der vergängliche Tummelplatz für Ehrgeiz, Begierde und Reichtum, wie der Erste Johannes-Brief verkündete (1 Joh. 2,12–17). Andererseits war die weltliche Existenz der Kirche auf Normen angewiesen. Sie waren allein deswegen von den kirchlichen Amtsträgern erbeten und von den weltlichen Herrschern erlassen, um den Bestand der Rechtgläubigkeit zu schützen. Gesetze entstanden, die vorsahen, gegen die Ketzer Gewalt einzusetzen.

Augustinus billigte die Zwangsmaßnahmen, die die Kaiser durch ihre Gesetze einführten. Er empfahl, die bereits erlassenen kaiserlichen Gesetze gegen die Ketzer, die später im ‚Codex Theodosianus' im Abschnitt ‚De haresibus' gesammelt wurden, anzuwenden, so dass die Gesetze, die einst gegen die Christen gebraucht worden seien, um sie vom rechten Glauben abzubringen, nun zu deren Schutz erlassen und vollstreckt werden. Auch Augustinus hat, so wie dies die kaiserlichen Ketzergesetze begründeten, Vergehen gegen die rechtgläubige Religion mit Vergehen gegen den Kaiser gleichgesetzt.[133] Augustinus wandte seine Polemik insbesondere gegen die Donatisten, denen er vorwarf, die weltliche Ordnung, einschließlich der Sklaverei, nicht anzuerkennen und sie zu bekämpfen.[134] Augustinus hat also am

131 Angenendt, Geschichte, S. 351f.

132 Boerner, Bruno, *Par caritas par meritum*... Studien zur Theologie des gotischen Weltgerichtsportals in Frankreich am Beispiel des mittleren Westeingang von Notre-Dame in Paris (Scrinium Friburgense 7), Freiburg 1998, S. 79–114.

133 Aurelius Augustinus, Contra Cresconium, hg. v. Petschenig, Michael (CSEL 52), Wien 1909, S. 452f.

134 Ibid.

Ende seines Lebens Abstand genommen von seiner in anderen Schriften, besonders in dem Werk ‚De civitate Dei' formulierten Nutzlosigkeit des Staates in den Angelegenheiten des Glaubens. In einem ausführlichen Brief an den hohen römischen Beamten Bonifatius legte er dar, dass neue Gesetze des römischen Reiches Gutes für den Schutz der Rechtgläubigkeit und der Rechtgläubigen hervorbringen würden. Die im Werk ‚De civitate Dei' ausgeführte Geringschätzung der Wirkungen staatlichen Handelns wich einer Würdigung staatlicher Gesetze und Gesetzgebung. Das Gute könne, außer durch Predigten, auch durch die Gesetze christlicher Herrscher geschaffen werden. Auch bessere Gesetze könnten entstehen. Sie seien ein Mittel gegen die Lügen der Häretiker. Diese würden vor dem Gesetz in Furcht verfallen, die Verständigen ihm folgen und damit den wahren Glauben bekennen. Zugunsten der Einheit der Kirche wirkten die Gesetze, die die christlichen Kaiser, unter ihnen ausdrücklich Theodosius I., erlassen hatten. Mittels dieser Gesetze könnten die Ketzer bekämpft werden. Die kaiserlichen Gesetze ermöglichten, die Irrenden aus ihrer Sekte herauszuziehen, wo die Dämonen und die Lügner so viel Übles lehrten. Verfolgungen gegen die Feinde der Kirche seien notwendig und von den Gesetzen befohlen, und diese seien daher gut und notwendig. Glücklich seien nur die wahren Märtyrer, die um der Wahrheit willen Verfolgungen erlitten, verworfen aber diejenigen, die in Ungerechtigkeit und Irrglauben verharrten und deswegen verfolgt werden müssten. Falsch sei, so Augustinus, das Gegenargument, dass die Apostel keine Unterstützung durch weltliche Gesetze erfahren hätten. Zur Zeit der Apostel hätten die Herrscher nicht Gott verehrt, weswegen deren Gesetze den Unglauben nicht abwendeten, ihn vielmehr förderten. Die Zeiten hätten sich geändert, da nun die neuen Herrscher Bekenner der christlichen Religion geworden seien. Ihnen, die Gott verehrten, falle die Aufgabe zu, durch ihre Gesetze die Kirche zu beschirmen und die Menschen vor Verfehlungen zu bewahren. Auch den Besitz der Kirche schützten die neuen Gesetze. Augustinus wies den Herrschern sogar die Aufgabe an, die Christen zu belehren, und dies kraft ihrer Gesetze. So wie die Untertanen Gott dienten, indem sie ein Leben im Glauben führten, so dienten die Kaiser Gott, indem sie Gesetze mit geziemender Strenge schüfen. Geistliche seien Arme und Machtlose; sie könnten nicht mit Zwangsmaßnahmen die Abweichler zur Einheit mit der Kirche zwingen. Dies sei hingegen den christlichen Kaisern möglich und ihnen von Gott aufgetragen. Augustinus zeichnet eine Entwicklung, die schlechte Gesetze durch bessere ersetzte. Eine Verbesserung irdischer Existenz hat er freilich nicht in Erwägung gezogen. Aus den Gesetzen entstünden, dies leugnet Augustinus nicht, Bedrückung und Unterjochung, Furcht und Schrecken. Die neuen Gesetze schlügen gleichwohl zum Vorteil der Menschen aus, aber die Besserung bestehe allein im Hinblick auf die Verwirklichung des Seelenheils, das zwar nicht durch Gesetzestreue garantiert werde, wohl aber mittels der Gesetze institutionelle Voraussetzungen erfahren solle, weil der wahre Glauben beschützt werde. Staatliches Handeln bedrückt, verbreitet Schrecken, verhängt Sanktionen. Sie sind auch einzusetzen, damit die Menschen nicht vom Streben nach dem ewigen

Heil ablassen. Nicht die Lebensgestaltung in der Welt, im römischen Reich, in der Bürgergemeinde und ebensowenig die Glückseligkeit der Menschen stellten einen Wert dar, den die Gesetze fördern sollten.[135]

Augustinus empfahl auch in anderen Briefen und Schriften die Anwendung staatlicher Zwangsgewalt gegen die Häretiker. Ausdrücklich korrigierte er in einigen der Briefe seine frühere Auffassung, dass niemand zur Einheit mit Christus gezwungen werden dürfe und dass nur mit dem Wort und im Gespräch die Irrenden zu bekämpfen seien.[136] Die Veränderung der Auffassungen von Augustinus erfolgte schrittweise und kann nicht mit einem präzisen Datum versehen werden. Denn schon vor dem Jahre 404, als Augustinus frustrierende Erfahrungen hinsichtlich der Konversion von Ketzern machte, empfahl er Zwangsmaßnahmen gegen sie, sah er vor, Gewalt, Zwang und Abschreckung gegen Glaubensfeinde und Verbrecher einzusetzen.[137] Bereits in der um das Jahr 395 verfassten Exegese zur Bergpredigt verteidigte Augustinus die Verhängung von Strafen, einschließlich von Todesstrafen, um die Gläubigen vor ihren Feinden zu schützen und diese von weiteren Abirrungen abzuhalten.[138] Wie widerstrebende Kranke und wie ungezogene Schüler seien die Häretiker zu bezwingen.[139]

Der von Augustinus geforderten Gewalt römisch-administrativer Instanzen gegen die Ketzer entsprachen die Ketzergesetzgebungen, die nach seinem Tod in den ‚Codex Theodosianus' aufgenommen wurden. Diese Gesetzessammlung, die auf Anweisung von Kaiser Theodosius II. kompiliert wurde, nach-konstantinisches Recht aufnahm und im Jahre 438 erlassen wurde, suchte einer Gefahr zu begegnen, nicht aber eine Erfüllung des Lebens und eine Steigerung des Nutzens in der Welt zu erreichen. Ein Normen-Utilitarismus entfiel, statt diesem war eine Negationsstrategie auszuführen. Die staatliche Anerkennung des Christentums führte nicht zu einem legislativen Programm praktischer Verbesserungen. Hingegen wa-

135 Aurelius Augustinus, Epistulae, Nr. 185, Kap 8, 9, 13, 23,24, 36.

136 Id., Epistulae LVI–C, nr. CCIII, S. 179; Epistulae I–LV, nr. XXXIV, S. 71f.

137 Siehe hingegen Schreiner, Klaus, ‚Duldsamkeit' (*tolerantia*) oder ‚Schrecken' (*terror*). Reaktionsformen auf Abweichungen von der religiösen Norm, untersucht und dargestellt am Beispiel des augustinischen Toleranz- und Gewaltkonzeptes und dessen Rezeption im Mittelalter und in der frühen Neuzeit, in: Religiöse Devianz. Untersuchungen zu sozialen, rechtlichen und theologischen Reaktionen auf religiöse Abweichung im westlichen und östlichen Mittelalter, hg. v. Simon, Dieter, Frankfurt a. M. 1990, S. 159–210, S. 165–175, der eine erst späte Befürwortung von Augustinus hinsichtlich von zeitlich limitierten Gewaltmaßnahmen gegen Häretiker annimmt.

138 Zur religiös motivierten Gewalt von Christen in der Spätantike: Gaddis, Michael, There is no Crime for those who have Christ. Religious Violence in the Christian Roman Empire, Princeton 1999; Sizgorich, Thomas N., Violence and Belief in Late Antiquity: militant devotion in Christianity and Islam, Philadelphia 2009; Buc, Philippe, Heiliger Krieg: Gewalt im Namen des Christentums, Darmstadt 2015, bes. S. 18f., 100–108 zur späten Antike.

139 Aurelius Augustinus, De utilitate ieiunii, in: id., Opera 13,2, hg. v. Van den Hout, Michael P. J. et alii (CCSL 46), Turnhout 1969, S. 229–241, S. 239f.

ren Verschärfungen von Sanktionen vorgesehen, deren Rigidität und Bedrückung nicht in Abrede gestellt wurden, die aber notwendig seien, um zu verhindern, dass die kaiserliche *clementia* über Gebühr missbraucht werde. Abweichungen vom Glauben, so wie er vom Konzil von Nicaea definiert worden war, galten als *crimen laesae maiestatis*, da gegen die göttliche Majestät gerichtet (XVI,5,40).[140]

Später, zu Anfang des 6. Jahrhunderts, bestätigte und erweiterte der ‚Codex Iustinianus' die kaiserlichen Verfügungen gegen Häretiker.[141] Die Gesetze schufen Instrumente, um die Rechtgläubigkeit und die Abweichung von ihr zu bestrafen. Schäden galt es abzuwenden, die die Häretiker verursachten. Legislative Neuerungen folgten aus den Bedürfnissen der kirchlichen Hierarchie, die eine dogmatische Uniformierung anstrebte. Das bereits erreichte Gute der christlichen Lehre war vor dem Abgleiten in das Schlechte der Irrlehre zu verteidigen.

Auch die kirchlichen Institutionen selbst schufen Recht. Sie erließen Gesetze. Dies geschah auf den Synoden, besonders denjenigen, zu denen die Bischöfe aus dem gesamten Römischen Reich einberufen wurden und deren Beschlüsse für das gesamte Reichsgebiet galten. Diese Reichskonzilien, die auf Befehl der antiken Kaiser stattfanden, zuerst in Nicaea im Jahre 325 und dann weitere bis 451 in Konstantinopel, Ephesus und Chalcedon, erließen Dekrete, die die Rechtgläubigkeit definierten und die Kirchenverfassung festlegten. Da diese römischen Kirchenversammlungen als ökumenische Konzile galten, ging von ihnen große Legitimität für die späteren Epochen der Christentumsgeschichte aus und sie waren eine bedeutende Quelle des kirchlichen Rechts.[142]

In der Frühphase staatlich anerkannter Existenz der Christenheit waren die Definition des Dogmas und Abgrenzung gegenüber dessen Abweichungen verlangt. Gefahrenabwehr war vordringlich. Verbote wurden erlassen. Die neue Zeit bedeutete das Ende der Verfolgungen durch Heiden. In ihr traten aber auch neue Feinde der Kirche auf – Arianer und andere Ketzer. Die Kaiser sollten dafür sorgen, dass die Kirche von Verfolgungen befreit werde. Dies verkündeten die in Konstantinopel im Jahre 381 versammelten Bischöfe.[143] Durch Dekrete der Kirchenversammlungen sollte das Leben gestaltet werden, damit es zum ewigen Leben hinführen könne. Die Konzilsbeschlüsse waren defensiv. Sie suchten einen Bestand des nicht Antastbaren – des dogmatischen Bestandes und der organisatorischen Stabilität – zu verteidigen. Veränderungen wurden ausgeschlossen. Was in Nicaea an Dekreten geschaffen worden war, dürfe nicht aufgehoben werden, wurde verfügt. Ja, alle Bestimmungen der vorangegangenen allgemeinen Konzile sollten unverändert in

140 Codex Theodosianus, I, S. 862–865, 868, 870, 873; zur insgesamt geringen Rezeption der Rechtssammlung in der späten Antike und im frühen Mittelalter: Kroppenberg, Der gescheiterte Codex.

141 Corpus iuris civilis, 2: Codex Iustinianum, hg. v. Krüger, Paul, Berlin 1892, I,5, S. 50–53.

142 Dekrete der ökumenischen Konzilien, S. 1–104; Pietras, Henryk, Council of Nicaea (325). Religious and Political Context, Roma 2016.

143 Dekrete der ökumenischen Konzilien, S. 22–26.

Kraft bleiben, wie der erste Kanon des Konzils von Chalkedon im Jahre 451 festlegte.[144] Angesichts des unverrückbaren Bewahrens des Richtigen konnte es keine Entwicklung zu Verbesserungen geben. Gesetzliche Neuerungen, die die Konzilsdekrete vorsahen, reagierten einzig auf neue Bedrohungen.

Der südfranzösische Mönch Vincenz von Lérins († 450) hat in seinem Werk ‚Commonitorium' die unwandelbare Wahrheit herausgestellt, die die Dekrete der Konzile aufgeschrieben hätten. Grundsätzlich hätten die Konzile nichts Neues geschaffen. Alles, was die Kirche in den Konzilsdekreten definiert habe, sei auch schon zuvor geglaubt und befolgt worden; was als sicher gelte, habe mit den Dekreten nur größere Bestimmtheit erhalten; was mit wenig Aufmerksamkeit beachtet gewesen sei, habe durch die Dekrete mehr Geltung gewonnen; was schon vorher getan worden sei, sei mit größerem Eifer befestigt worden; was zuvor durch die mündliche Überlieferung der Vorfahren empfangen worden sei, sei schriftlich festgelegt und so besser der Kenntnis der Nachwelt anvertraut worden. Aber, durch die Häretiker aufgeschreckt, hätten die Konzile die unwandelbar vorhandene Wahrheit definieren müssen. Die Konzile leisteten, so Vincenz, nichts anderes, als bereits Vorhandenes zu bestätigen. Die Verbesserung, auch der kirchenrechtlichen Normen, bestehe lediglich in der Sicherung des Wissens und in der Steigerung der Wirksamkeit unter den Gläubigen. Neues zu erfinden, hätten die Konzilsväter als Anmaßung verdammt. Solche Anmaßung kennzeichne die weltlichen Veränderungen, nicht aber das Handeln in der Kirche. Die Bischöfe wiesen sie zurück. Vincenz von Lérins schrieb: *Profanae vero novitatis adinventa damnarent*. Neuerungen seien unheilig; die *novitates profanas* seien zu verwerfen, falls doch eingeführt, müssten sie beseitigt werden, meint Vincenz an mehreren Stellen seines Werkes. Einen Brief von Papst Sixtus III. aus dem Jahr 433 zitierend, tritt Vincenz grundsätzlich, nicht allein im kirchlichen Bereich, Neuerungen entgegen, die dem Alten hinzugefügt würden, wo doch Neuerungen nur schädliche Vermischungen mit dem Guten herbeiführen würden. Die Erfinder von Neuerungen würden nur ihre persönliche Meinung kundtun. Neuerungen würden das Alte angreifen und unterdrücken. Deswegen müsse das Alte vor den Neuerungen geschützt werden. Vincenz verteidigt insbesondere den unwandelbaren Bestand des Glaubens. Weder die Bestimmungen der Apostel (*apostolica definita*) noch die Gesetze der Kirche (*ecclesiastica definita*) dürften missachtet und geändert werden. Missachtung meint nicht nur Ungehorsam gegenüber den bestehenden Gesetzen, sondern auch Schaffung neuer Gesetze. Glaube und Recht seien unantastbar. Das Neue sieht er als Feind des Guten an. Schlimmer noch: Neuerungen gelten ihm als häretisch.[145]

Das Bestehende erscheint bei Vincenz von Lérins als unverrückbar. Entwicklungen in der Kirche und solche im Römischen Reich unter der Leitung der christlichen Kaiser hat er negiert. Die heftigen Konflikte und die kontroversen Debatten,

---

144 Dekrete der ökumenischen Konzilien, S. 86f.

145 Vincenz von Lérins, Commonitorium, S. 304–311, Kap. 30–33.2.

die vor, während und nach den Konzilien ausgefochten wurden, hat er ausgeblendet. Eine monolithische Festigkeit stellt er dar. Das Recht, das die Konzilien festlegten, hat er den Glaubenswahrheiten angeglichen und so vor Veränderungen abgeschirmt.[146] Vincenz, der abseits des turbulenten Geschehens auf den Konzilien, in der Abgeschiedenheit auf den lerinischen Inseln vor der provenzalischen Küste ein monastisches Leben führte, beurteilte aus der räumlichen Ferne die Geltung des kirchlichen Rechts. Einfluss auf das Mittelalter hatte seine Schrift offenbar nicht. Handschriften aus dieser Zeit sind nicht überliefert.[147] Seine Auffassung zeigt aber ein in dem monastischen Milieu des Eremitentums verankertes Bewusstsein, den dogmatischen Wahrheitsanspruch auf die rechtliche Gestaltung auszuweiten. Beide müssten unverändert bewahrt werden, beide seien vor Abweichungen zu schützen. Dogma und Recht waren gleichermaßen fixiert.

II.4 Regel in den Klöstern als Mittel zur Vollkommenheit

Die Auffassungen von Vincenz von Lérins zur Konservierung von Lehre und Praxis waren exemplarisch für das frühe Mönchtum. Mönche und Nonnen sahen ihre Aufgabe darin, die Wahrheit der Glaubenslehre und die Richtigkeit der Lebensführung vor dem Wandel zu bewahren, der mit Verfall gleichgesetzt wurde. Gottes Willen zu erfüllen, war das Ideal, das keine Veränderung duldete. Um sich vor dem Wandel zu schützen und um Beständigkeit zu erreichen, suchten Mönche und Nonnen sich von den Zumutungen weltlichen Lebens zu distanzieren, Abstand zu halten von den Unbeständigkeiten der ‚Welt' und einen abgesonderten Lebensbereich im Kloster einzurichten. Die Berufung auf Gründerfiguren und Gründerzeiten sollte das Gute und Richtige von Lebensführung im Kloster garantieren. Diese Vergangenheitsverehrung prägte das Selbstverständnis. Veränderung konnte nur als Wiedergewinnung verlorener Idealformen des Lebens im Kloster gerechtfertigt werden.[148]

Ein Alternativraum wurde in den Klöstern etabliert. Er beließ die Autorität weltlicher Gewalten intakt. Sie war gerade deswegen unangetastet, weil sie als unerheblich für das Heilsgeschehen galt, wie der Apostel Paulus in den Römerbriefen formulierte, und nicht in den Kernbereich des Erlösungsgeschehens vordrang. Die Zugehörigkeit zu sozialen Gruppen war bedeutungslos für das Seelenheil, genauso

146 Hamman, Adalbert G., Vicenzo di Lérins, in: PL 3, hg. v. Di Berardino, Angelo, Casale 1983, S. 517–521; Guarino, Thomas, Vincent of Lérins and the Hermeneutical Question, in: Gregorianum 75/3 (1994), S. 491–523; id., Vincent of Lérins and the Development of Christian Doctrine, Grand Rapids 2013; Fraisse-Coué, Christiane, Von Ephesus nach Chalcedon. Der „trügerische Friede" (433–451), in: Die Geschichte des Christentums, Bd. 3, Der lateinische Westen und der byzantinische Osten (431–642), hg. v. Piétri, Luce, Freiburg i. Br. et alii 2010, S. 3–89.

147 Vincenz von Lérins, Commonitorium, S. 12–16, 125f.

148 Melville, Welt, S. 271–318.

wie die Gesetze menschlicher Herrscher und Gemeinschaften. Die Staatsferne der Christen war wegen der historischen Situation, gegeben durch die Verfolgungen mehrerer römischer Kaiser, geboten. Aber sie war von vornherein, wie der Paulus-Brief vorsah, unumgänglich. Dies deshalb, weil das Neue Testament verlangte, die Ordnungen herrscherlicher Gewalt und sozialer Einteilungen beiseite zu schieben (Gal. 3,28). Aus den eventuellen Verbesserungen weltlicher Regeln etwas für die Verbesserung der Menschen zu erhoffen, war eine Illusion und an sie zu glauben, für Paulus eine Gefahr.

Anders als das Judentum und der Islam bestand die christliche Religion nicht auf der rigiden Befolgung von Geboten und Verboten, die bis in die Details des Alltagslebens reichten und es umfassend regulierten. Die Trennung der Botschaft Christi von den Angelegenheit der Welt ermöglichte die Autonomie weltlicher Normsetzung. Der Freiraum, der auf diese Weise offen blieb, konnte in der späten Antike und im Mittelalter mit unterschiedlichen institutionellen Regulierungen aufgefüllt werden. So waren die Normtexte des regularen Lebens zwar vor zeitlichen Veränderungen abgeschirmt, aber in den vielen monastischen Einrichtungen verschieden.[149]

Normtexte waren für das Mönchtum detailliert ausgeformt und kompensierten die Regulierungsarmut des Neuen Testaments. Die Ordensregeln, die Begründungstexte darstellten und mehr waren als nur Anweisungen, waren vor Änderungen gefeit. Neuerungen konnten nur als Abweichungen von dem Ursprung aufgefasst werden. Neue Normtexte waren nur als Bekräftigungen der Ordensregeln möglich und waren in *consuetudines*, Konstitutionen und Statuten festgelegt, die aber keine inhaltlichen Neuerungen darstellen sollten, sondern Präzisierungen und situative Anwendungen. Das ursprüngliche Ideal sollte vor Veränderung gefeit sein, was durch die unveränderliche und unverbrüchliche Regeltreue garantiert werden sollte. Aber mehr als nur eine Überhöhung der Vergangenheit, die Legitimität stiftete, war aufgerufen, vielmehr bedurfte die Aufwertung der Lebensform der Männer und Frauen, die in Klöstern und Stiften lebten, einer unverrückbaren und unantastbaren Grundlage. Adaptationen waren nur durch interpretative Zusätze möglich, die die Kerntexte der Klosterregel umso mehr stärkten. Dank der rigiden Unterwerfung unter Ordensregeln waren Mönche und Nonnen als Menschen ausgewiesen, die den anderen Christen überlegen sein sollten und ein ausgeprägtes Elitenbewusstsein kultivierten. Aus der elitären Distanzierung von der ‚Welt' und der intendierten Opposition zu ihr war freilich der Weg versperrt, die nur für die Klöster und Orden geltenden Regeln und die auf ihnen aufbauenden Statuten, Konstitutionen und Gewohnheiten zu Gesetzen zu formen, die für große gesellschaftliche Formationen oder für die gesamte Kirche gelten sollten. Ledig-

149 Ausgeführt ist die Fülle von monastischen Lebensformen und Lebensregeln in: Jenal, Georg, Italia ascetica atque monastica. Das Asketen- und Mönchtum in Italien von den Anfängen bis zur Zeit der Langobarden (ca. 150/250–604), 2 Bde., Stuttgart 1995.

lich die Konformitäten, bzw. Diskrepanzen zwischen Ordensregeln, Ordenskonstitutionen und Ordensstatuen einerseits und dem allgemeinen kanonischen Recht andererseits waren zu klären und boten reichlich Gelegenheiten für Erörterungen von kirchenrechtlich geschulten Ordensangehörigen.[150]

Die Ordensregeln waren aber faktisch keine abschließende und endgültige Wegweisungen zur Vollkommenheit des monastischen Lebens. Die Benediktregel, die um 540 erstellt wurde, räumte im letzten Kapitel ein, dass sie nur ein Minimalprogramm geistlicher Anweisung sei. Sie stellt erhabenere Leistungen der Lehre, Askese und der Tugenden in Aussicht, die künftig errungen werden könnten. Aber deren Voraussetzung ist der Gehorsam gegenüber der Regel. Er wird auch in Zukunft nicht aufgehoben und entwertet. Die Regel reguliert en detail das Leben, erfasst alle Bereiche klösterlicher Existenz, richtet das Kloster als eine totale Institution ein, ist ein Rechtstext, der Kompetenzen definiert, vor allem aber Gehorsam gebietet, die dem Abt gebührt.[151] Die Gebote sind als von Gott eingesetzt vorgestellt. Die Regel zitiert Passagen aus dem Alten und aus dem Neuen Testament, um die Geltung aus den biblischen Texten abzuleiten. Die Regel ist Menschenwerk, gestaltet als die Lehre des ‚Meisters', aber konform zu dem, was Gott an Gehorsam verlangt. Er erteilt Befehle, vermittelt vor allem über die Texte der Propheten und über die Evangelien. Am Beginn des Regeltextes, im Prolog, sind diese Begründungssätze in großer Dichte aneinandergereiht.[152]

Gottes Gebote sind es, die die Klosterregel gestalten. Nicht einmal die Liebe, die Einvernehmen und spontane Verbundenheit hervorbringt, wendet den regulatorischen Überschuss ab. Die Aussage von Augustinus, „Liebe und tue, was du willst", galt nur für kleine Gemeinschaften, die, weltlicher Pflichten und Zwänge entledigt, sich dem Dienst für Gott widmeten.[153] Der Chronist und Zisterzienser Otto von Freising schrieb zur Mitte des 12. Jahrhunderts, dass die Mönche die himmlische Ordnung präfigurierten, indem sie über sich selbst wachten, sich gegenseitig in Lie-

---

150 *De ordine vitae*. Zu Normvorstellungen, Organisationsformen und Schriftgebrauch im mittelalterlichen Ordenswesen, hg. v. Melville, Gert (Vita regularis 1), Münster i. W. et alii 1996; id., Zum Recht der Religiosen im ‚Liber Extra', in: ZRG KA 87 (2001), S. 165–190; Dannenberg, Lars-Arne, Das Recht der Religiosen in der Kanonistik des 12. und 13. Jahrhunderts (Vita regularis 39), Münster 2008; Lutter, Christina, Geistliche Gemeinschaften in der Welt. Kommentar zur Sektion ‚Individuum und Gemeinschaft – Innen und Außen', in: Innovationen durch Deuten und Gestalten: Klöster im Mittelalter zwischen Jenseits und Welt (Ergebnisse der Internationalen Tagung ‚Innovationen durch Deuten und Gestalten: Klöster im Hochmittelalter zwischen Jenseits und Welt', 4.– 6. 10. 2012, Mainz), hg. v. Melville, Gert, Schneidmüller, Bernd u. Weinfurter, Stefan, Regensburg 2014, S. 145–160; Oexle, Otto Gerhard, *Koinos bios*. Die Entstehung des Mönchtums, in: Die Wirklichkeit und das Wissen. Mittelalterforschung – Historische Kulturwissenschaft – Geschichte und Theorie der historischen Erkenntnis, hg. v. von Hülsen-Esch, Andrea et alii, Göttingen 2011, S. 470–495.

151 Benedicti regula, cap. 73, S. 164f.; Melville, Welt, S. 35–39.

152 Benedicti regula, Prolog, S. 1–9.

153 Constable, Augustinian Precept.

be ermahnten und eventuelle Schwächen demütig als Verfehlungen bekennen würden.[154] Eine radikale De-Institutionalisierung und Entmächtigung der bestehenden Einrichtungen, wie sie an der Wende zum 13. Jahrhundert der süditalienische Abt Joachim von Fiore konzipierte, wären künftige Errungenschaften, die den Menschen in den Klöstern vorbehalten waren. In seinem Kommentar zur Benediktregel stellte Joachim dar, dass die Mönche, weil sie bereits in vollkommener Harmonie mit ihren Mitbrüdern und gemäß dem Willen Gottes lebten, keiner Institution, keiner Regel und keiner Anweisungen bedürften. So erreichten die Mönche durch Ent-Disziplinierung und Ent-Legalisierung die Vervollkommnung ihres Lebens.[155] Diese Normennegation formulierte ein Ideal, das die Rigidität von Regelbefolgung in den Klöstern nicht in Frage stellte, sondern einen künftigen Zustand monastischer Perfektion in Aussicht stellte. Die affektive Harmonie zwischen den Klosterangehörigen und die enge Bindung an Gott minderten nicht Gehorsam und Regelbefolgung. Die Verpflichtung zum Gehorsam gegenüber der Regel und gegenüber dem Abt war ein Gelübde, das den Kernbestand monastischer Existenz ausmachte.[156] Die Normregulierung war umfassend. Dies betraf auch die Dauer der Geltung. Normen zu verändern, war schwierig zu begründen und war dem Vorwurf ausgesetzt, Abweichungen von dem ursprünglichen Ideal zuzulassen. Das Ideal war das eines vollkommenen Lebens. Es bedurfte der Regeln. Diese waren umso unverrückbarer, je mehr das Ideal religiös aufgeladen war.

Gesetzgebungen, da sie auf lebenspraktischen Bedürfnissen fußten und sie zu regulieren suchten, hatten hingegen keinen Vollkommenheitsanspruch. Doch auch sie knüpften an Traditionen an. Sie hatten Wurzeln, die tief in die Vergangenheit reichten. Neben Inhalten biblischer Texte wurden im Mittelalter auch Konzepte zur politischen Organisation und Normsetzung, die in der Antike entstanden waren, aufgegriffen und zur Legitimierung und Begründung von Gesetzen und Gesetzgebungen eingesetzt.

---

154 Otto von Freising, Chronica, S. 456f.

155 Joachim von Fiore, Opera omnia, Bd. 4,4: Tractatus in expositione vite et regula beati Benedicti, hg. v. Patschovsky, Alexander u. Lerner, Robert (Fonti per la storia d'Italia medievale. Antiquitates 24), Roma 2008.

156 Felten, Franz, Herrschaft des Abtes, in: Herrschaft und Kirche. Beiträge zur Entstehung und Wirkungsweise episkopaler und monastischer Organisationsformen, hg. v. Prinz, Friedrich (Monographien zur Geschichte des Mittelalters 33), Stuttgart 1988, S. 147–296.

III. Polis, Staat und Gesetz in der Antike

III.1 Antike Philosophie: Politik und Gesetze für das gute Leben

Texte und Überlegungen antiker Philosophen beeinflussten die Vorstellungen im Mittelalter. Die Einwirkungen folgten unterschiedlichen Überlieferungssträngen. Dies geschah zu verschiedenen Zeiten. Die Einflüsse auf die politische Theorie seit dem 12. und 13. Jahrhundert, besonders durch die Entdeckung, Übersetzung und Kommentierung der philosophischen Texte von Aristoteles, hat die Forschung umfassend dargelegt, und sie sollen hier nicht weiter ausgeführt werden.[157] Eine Erörterung zu antiken Theorien zu Entstehung, Veränderung, Nutzen und Verbesserung von Gesetzen ist aber notwendig für den Gang der weiteren Überlegungen. Denn im antiken Griechenland wurden Gesetze nicht mehr allein hinsichtlich ihrer Übereinstimmung mit der Tradition akzeptiert, nicht mehr allein als Ergebnisse göttlicher Einwirkungen. Sie wurden nicht mehr ohne Bewertung hinsichtlich ihres aktuellen Nutzens anerkannt. Sie wurden kritisiert, wenn sie zu dem, was unter Gerechtigkeit verstanden werden konnte, in Widerspruch standen. Gegen Gesetze zu handeln, sollte sogar geboten sein, wenn sie einer außerrechtlichen Ethik widersprachen.[158] Der Normenkonflikt führte zur Dramatik. Sophokles (497–406 v. Chr.) hat in seiner Tragödie ‚Antigone' indes nicht die Berechtigung von Gesetzen in Frage gestellt, vielmehr deren Missachtung gerechtfertigt, wenn weltliches Recht dem Willen der Götter widerspreche. Die Titelheldin widersetzt sich unter Einsatz ihres Lebens den Gesetzen der Stadt Theben und verkündet, dass es unrecht sei, sie anzuwenden. Ohne die Geltung der Gesetze zu bestreiten, stellt sie ihnen ein höheres Gut entgegen, das auf ihrem Rechtsempfinden beruht. Sie folgt aber mehr

157 Grabmann, Martin, Studien über den Einfluß der aristotelischen Philosophie auf die mittelalterlichen Theorien über das Verhältnis von Kirche und Staat (Sitzungsberichte d. Bayer. Akad. d. Wiss., Phil.-hist. Abt. 1934, Heft 2), München 1934; Van Steenberghen, Fernand, Aristotle in the West: the origins of Latin Aristotelianism, Louvain 1955; Wieland, Georg, The Reception and Interpretation of Aristotle's Ethics, in: The Cambrigde History of Later Medieval Philosophy from the Rediscovery of Aristotle to the Disintegration of Scholasticism 1100–1600, hg. v. Kretzmann, Norman et alii, Cambridge 1982, S. 657–672; Wieland, Rezeption; Nederman, Cary J., Aristotelianism and the Origin of ‚Political Science' in the Twelfth Century, in: Journal for the History of Ideas 52/2 (1991), S. 179–194; Flüeler, Christoph, Politischer Aristotelismus im Mittelalter, Einleitung, in: Vivarium 40 (2002), S. 1–13; id., Rezeption; id., Der Einfluß der aristotelischen ‚Politica' auf die philosophische Begründung politischer Herrschaft, in: Gewalt und ihre Legitimation im Mittelalter, S. 65–78; Simonetta, Stefano, Searching for an uneasy Synthesis between Aristotelian Political Language and Christian Political Theology, in: Christian Readings of Aristotle from the Middle Ages to the Renaissance, hg. v. Bianchi, Luca (Studia Artistarum 29), Turnhout 2011, S. 273–286.

158 Höffe, Politische Gerechtigkeit, S. 11.

als einer subjektiven Einschätzung, einem allgemein gültigen Menschheitsgebot, das die göttliche Weltordnung spiegelt. Dabei war nicht Verbesserung des Lebens, vielmehr Geltung der unabänderlichen Rechtsordnung verlangt.[159] Der Ton war aber in Athen und Griechenland angestimmt, nach der ethischen und rechtlichen Begründung des bestehenden Rechts zu suchen und darüber nachzudenken. An die Gesetze wurden Anforderungen gestellt. Gerechtigkeit und Gesetz wurden dissoziiert.

Philosophen erörterten die Normbindung der Gesetze. Platon (428–347 v. Chr.), der in seinen Werken ‚Politeia', ‚Nomoi' und ‚Timaios' das Thema der Gesetze behandelte, band die Bewertung der Gesetze an die Darlegungen ihrer Entstehung. Der Entwurf Platons, den er in seiner ausführlichen Schrift ‚Politeia' darlegt, ist ein Abbild der Idee, nicht der konkreten organisatorischen Einrichtung des guten Staates. Die beständige Ordnung des Guten bedarf keiner Entwicklung, sondern des guten Ursprungs. Von ihm leitet sich die Scheidung von gut und schlecht ab. Das Ziel des Guten sieht Platon in dem friedlichen Zusammenleben der Bürger, das dann gelingt, wenn sie gut leben, was bedeutet, dass sie ihre Tugenden verwirklichen und ihre Tugenden für die Polis einsetzen. Zwei Arten der Entstehung der Gesetze unterscheidet Platon. Entweder entspringen sie erstens göttlicher Einsetzung und göttlicher Einwirkung oder zweitens den Launen von Gewaltherrschern und den wankelmütigen Meinungen von Volksversammlungen. Platon setzt nicht voraus, dass bei von Menschen gemachten Gesetzen vernünftige Gründe für ihre Akzeptanz oder für ihre Nützlichkeit vorausgesetzt worden wären. Gesetze einzurichten sei ein Akt, der, sofern er gute Gesetze hervorbringt, der Religionsstiftung ähnele. So entsteht eine holistische Struktur aller Bindungen der Bürger, die einen umfassenden Normkomplex hervorbringen. Platon stellt die Erziehung als Voraussetzung der guten Polis dar. Erzogen werden sollen die Herrscher und die Bürger; die ersteren damit sie, philosophisch geschult, Kenntnis erlangen vom guten Staat und den guten Gesetzen, die zweiten, damit sie das gute Tun, das an ihrem sozialen Platz verlangt wird, ausüben können, und um den Gesetzen zu gehorchen. Platon empfiehlt, Veränderungen der Gesetze zu vermeiden. Die zeitlich unbegrenzte und unbestimmte Geltung von guten Gesetzen folgt einer grundlegenden, unwandelbaren Einsetzung, die unvorgreiflich und unantastbar besteht und die in einer unveränderten Staatsform idealiter erhalten bleibt. Das stets gleich Seiende gilt dem Veränderlichen überlegen. Veränderung entwertet Platon als einen Verlauf des Verfalls und der Verschlimmerung, so insbesondere wenn sie zur Tyrannis führt. Platon erachtet Veränderungen von Gesetzen nur dann als günstig, wenn die aufgehobenen Gesetze aus Willkür und Eigennutz entstanden seien. Wenn Platon hingegen das Ideal der Gesetze vorstellt, erübrigt sich die Erzählung einer Entwicklung. Das gute Gesetz entsteht zeitgleich mit der Gründung des Staates, es bedarf keiner Verbesserung, wohl aber des Schutzes vor Verschlechterung. Denn nur

159 Sophokles, Antigone, griechisch-deutsch, hg. v. Zink, Norbert, Stuttgart 1981, Vers 471–473.

aus defizitären Gesetzgebungen entspringen Veränderungen, die aber Merkmale des ursprünglich bestehenden Fehlerbehafteten nicht abstreifen, vielmehr Gefahr laufen, weiteren Verfehlungen anheimzufallen. Den Übergang in die Tyrannis beschreibt Platon indes nicht in der Form einer institutionellen Verfallsgeschichte, sondern leitet sie aus den persönlichen Fehlern eines tyrannischen Menschen ab, der einem von Platon beschriebenen Typus des Tyrannen entspreche und der in die Gesetze eingreife, um sie vom guten Ursprung zu entfernen.[160] Die politische Organisation kann nicht durch Gesetzgebung und institutionelle Veränderung verbessert werden, sondern durch pädagogisches Handeln bei Kindern, die als die künftigen Gestalter der Polis anzuleiten sind. Aber auch dann ist das Ideal des Vollkommenen nicht möglich auf Erden. Platon stellt es in den Himmel.[161]

Platon erörtert ausführlich die Normsetzung auch in seinem Werk ‚Nomoi'. Bereits der Titel verweist auf die Gesetze. Er eröffnet das fiktive Gespräch zwischen gelehrten Athenern mit der Frage nach dem Urheber der Gesetzgebung. Dieser sei ohne Zweifel und unleugbar ein Gott, ausdrücklich kein Mensch. Mit dieser Aussage scheinen die Gesetze fixiert, dem menschlichen Einwirken, gar der Verbesserung enthoben zu sein.[162] Freilich, in der weiteren Entfaltung des Gesprächs wird die Unwandelbarkeit zugunsten einer im historischen Ablauf auftretenden möglichen Veränderlichkeit aufgegeben, die auf politischen Ereignissen beruhen. Königreiche und Stadtgemeinden entstehen, verfallen, verlieren an Macht, gehen zugrunde. Der anfangs behaupteten Starrheit des Gesetzes stellt Platon die Bewegtheit der Geschichte entgegen. Eine Fülle unterschiedlicher Verfassungen ist die Folge. Zeitlich und räumlich bringen Menschen verschiedene gesetzliche Ordnungen hervor. Aber die Veränderungen entspringen nicht einem Wunsch nach Verbesserung und führen auch nicht zu ihnen. Eine unübersehbare Fülle von Peripetien greifen in die Geschicke der Menschen ein, sind wechselhaft, folgen Launen und Interessen und haben keine Auswirkung für die Bewertung von Gesetzen. Platon unterlegt der Geschichte gleichwohl eine Bewegungsrichtung: von den ursprünglichen, einfachen Gruppen von Hirten, die wenigen Gewohnheiten folgen, hin zu städtischen und bevölkerungsreichen Gemeinschaften, die Gesetzen unterstehen. Im Verlauf der Zeit und bei allmählicher Vermehrung des Menschengeschlechts entwickelten sich die gegenwärtigen Zustände zunehmender Komplexität. Die Lebensbedingungen der Vergangenheit waren freilich nicht schlechter. Keine Steigerung menschlicher Tugenden habe im Lauf der Zeit stattgefunden. Obwohl mit weniger Kenntnissen ausgestattet, lebten die Menschen einst, am Anfang der Geschichte, tugendhafter. Die Zunahme von Wissen und Fertigkeiten hätten, so Platons argumentativer Gesprächsführer Kleinias, zur Vermehrung von Rechtsstreitigkeiten

---

160 Platon, Staat: zur Gerechtigkeit: Buch I, Gerechtigkeit als Tugend neben Weisheit, Besonnenheit und Tapferkeit: Buch IV; Entstehung der Tyrannis aus der Demokratie: Buch IX.

161 Ibid., 540d–541a; 592b.

162 Platon, Gesetze, S. 1.

und Kriegen geführt, die wiederum die Existenz von Staaten in Gefahr bringen könnten und tatsächlich oft beendet hätten.[163] Eine Vermehrung von Kompliziertheiten, von unentwirrbaren Verwicklungen, von Streit sei in der Geschichte aufgetreten. Das Bedürfnis nach Gesetzen entstehe aus der Unordnung gesellschaftlicher Verhältnisse, die von uneindeutigen und konfliktträchtigen Beziehungen zwischen den Menschen behaftet seien. Gesetze könnten diese Unordnung nicht beheben. Vielmehr trieb eine sich gegenseitig verstärkende Wechselwirkung Gesetzgebung und Konflikte an.[164] Auch wenn die Intention der Gesetzgebung gut sei, gerate das Ergebnis in die Gefahr, Verschlechterungen hervorzubringen. Menschen schüfen Gesetze, damit alle – unabhängig von ihren familiären Nahbeziehungen – den gleichen Anweisungen folgten. Der Widerspruch zu den Einleitungssätzen in dem Werk ‚Nomoi', in denen auf göttliche Satzung verwiesen wird, wird gemildert, indem Platon die Diskutanten und auch Kleinias, der offensichtlich seine eigene Auffassungen darlegt, die Meinung vertreten lässt, dass die Gesetzgeber oft unter göttlicher Eingebung gehandelt hätten.[165] So wird die göttliche Setzung vermittelt über die Menschen zur Realisierung gebracht. Platon warnt erneut davor, Gesetze zu verändern. Verbesserungen seien aus dem Wandel nicht zu erwarten. Die Gesetze an den Ursprung anzubinden, sei noch am günstigsten für das gute Gelingen der politischen Ordnung.[166] Ein Garant dafür sind die Gesetze aber nicht, denn – so der berechtigte Einwand eines Gesprächsbeteiligten – sie könnten sowohl zum Erhalt des Staates als auch zu seinem Untergang führen.[167] Letztlich sind die Gesetze, so notwendig sie für die Staaten und das Leben der Menschen auch sind, unerheblich für das gute Leben. Dieses hat andere Ursachen, die Platon in der kontemplativen philosophischen Beschäftigung sieht, die auch praktisch für die Politik genutzt werden soll, um die Bürger zu belehren und anzuleiten.

Unabhängig von der Bewertung der Gesetze ist ihre Geltung unverrückbar. Was Platon in seiner Schrift ‚Politeia' untersucht, ist nicht die Arbeit an den Gesetzen, vielmehr die Anleitung durch sie, die aufgrund des utopischen Charakters dieser Schrift vollkommen, d. h. gut und wirksam sein sollte. Die Kenntnis dieser Vollkommenheit sei aber nicht in den gesellschaftlichen Verhältnissen grundgelegt, sondern nur wenigen Menschen vorbehalten, die als Leiter der öffentlichen Angelegenheiten eingesetzt werden sollten und die Platon als die besten Kenner der Gerechtigkeit vorstellt. Der Gehorsam den Gesetzen gegenüber sei daher die Pflicht der unteren Gruppen. Die Gesetze seien ihnen nützlich, weil sie in arbeitsteiligen Tätigkeiten ihre spezifischen Befähigungen zum Wohl aller Gruppen einsetzten, was aber nur gelinge, wenn die Gemeinschaft gut geordnet sei, also unter einer

---

163 Platon, Gesetze, S. 74–78.
164 Ibid., S. 79.
165 Ibid., S. 82.
166 Ibid., S. 86f.
167 Ibid., S. 89.

starken und unwidersprochenen Anleitung stehe, die mittels der Gesetze die Bürger lenke.[168]

Für das Mittelalter besonders einflussreich war der Dialog ‚Timaios', den Platon am Ende seines Lebens verfasste. Er behandelt Themen, die am frühesten und am ausführlichsten im Mittelalter kommentiert wurden und Denkanstöße vermittelten. Der Dialog ‚Timaios' zeigte Gründe für ein Festhalten an bestehenden Gesetzen. Argumente waren erstens der von übergeordneten Bewegkräften gesetzte Ursprung und zweitens das Unvermögen der Menschen, durch Abweichen vom Ursprung, durch eigene Aktivität, Besseres zu schaffen. Es wird dargelegt, dass die Gesetze die Ergebnisse und Auswirkungen einer kosmologischen und natürlichen Ordnung seien, aber dass sie nur unvollkommenen Anteil an deren Vollkommenheit hätten. Aber ohne diese Ableitung der Gesetze von einer höheren Ordnung büßten sie ihren Wert ein. Das Werk beginnt mit Ausführungen zur Einrichtung von Gesetzen, die der natürlichen Beschaffenheit des Menschen und der ihnen zugrundeliegenden, die gesamte Welt lenkenden Kräfte angemessen sein sollen. Anders als im ersten Abschnitt des Buches ‚Nomoi' tritt eine unmittelbare göttliche Kreation der Gesetze zurück zugunsten einer Ableitung aus einer kosmischen Gesamtordnung. Für legislatorische Veränderungen gibt es in diesem Argumentationszusammenhang keine Berechtigung, denn sie würden die Ordnung zerstören, Streit unter den Bürgern einpflanzen, den Staat schädigen, dem die Harmonie, die von der kosmischen Ordnung entstamme, fehlen würde. Die Unwandelbarkeit der natürlichen Ordnung setzt sich in der gesellschaftlichen, durch Gesetz geregelten Verfassung fort.[169]

Ein rechtliches Optimierungsprogramm konnte aus den Gesetzgebungen nicht entspringen, und die mittelalterlichen Kommentierungen von Platons Schrift ‚Timaios' folgten dieser Auffassung. Wilhelm von Conches (um 1080–1154), der einen Glossenkommentar zum neuplatonischen Kommentar des antik-römischen Autors Chalcidius zu ‚Timaios' verfasste, suchte nach einer naturrechtlichen Begründung, die er auf der Basis des platonischen Textes entfaltete und zur Rechtfertigung unabänderlicher Ordnung einsetzte. Die von den Menschen erfundenen Gesetze gelten hingegen als Risiken, die die gute Ordnung des Rechts, das der Natur und dem Kosmos entspreche, zerstören könnten. Sie seien nicht gerecht. Der Gegen-

168 Pohlenz, Max, Staatsgedanke und Staatslehre der Griechen, Leipzig 1923; The Republic and the Laws of Plato. Proceedings of the First Symposium Platonicum Pragense, hg. v. Havlíček, Aleš u. Karfík, Filip, Praha 1998; Piérart, Marcel, Platon et la cité grecque. Théorie et réalité dans la constitution des ‚Lois', 2. veränd. Aufl., Paris 2008; Jinek, Jakub, Gerechtigkeit zwischen Tugend und Gesetz. Platons Gerechtigkeitslehre in der ‚Politeia', Saarbrücken 2009, S. 107–111; Bobonich, Christopher, Plato's Utopia Recast. His later Ethics and Politics, Oxford 2002; Politischer Platonismus, hg. v. Eckl, Andreas u. Kaufman, Clemens, Würzburg 2008.

169 Platon, Timaios, übersetzt v. Susemihl, Franz, in: Platons sämtliche Werke, Bd. 3, 8. Aufl., Darmstadt 2004, S. 91–191; St. 3A–28; St. 3 A; Schäfer, Lothar, Das Paradigma am Himmel. Platon über Natur und Staat, Freiburg i. Br. 2005.

satz von dem Recht, das aus einer übergeordneten Harmonie entspringe, und dem positiven Recht, das Menschen einrichteten, sei zugleich der zwischen einem guten und einem unvollkommenen Recht. Nur letzteres ist Veränderungen ausgeliefert. Die unaufhebbare Abwertung neuer Gesetze verlange von den Herrschern, sich dem Drängen nach Wandel entgegenzustellen. Den triebhaften Unbeständigkeiten der ungerechten Herrscher und der launenhaften Untertanen stellt Wilhelm von Conches die *naturalis iustitia* entgegen. Auf Platon sich berufend, kann für Wilhelm die natürlich begründete Ordnung aber nur in abgeleiteter und folglich abgeschwächter und unvollkommener Weise auf Erden verwirklicht werden. Diese mögliche Gesetzesordnung sei vor Instabilität nicht gefeit, und sie sei stets gefährdet, in die Wirrnisse gesetzlicher Neuerungen abzugleiten. Sie abzuwehren, sei die Aufgabe der Könige, die durch Zwang die Dauerhaftigkeit zu bewahren versuchen müssten.[170]

Die faktische Neuschöpfung von positivem Recht, die nach dem Rechtshistoriker Sten Gagnér erstmals dank der Rezeption der platonischen Texte und seit dem 12. Jahrhundert im okzidentalen Europa gedanklich erfasst und von Philosophen wie Hugo von Saint-Victor (um 1097–1141) und Kanonisten wie Alanus Anglicus († ca. 1210) erörtert worden sei,[171] hat nicht zu einer positiven Würdigung rechtlicher Neuerungen geführt. Die abwertende Beurteilung von legislatorischen Veränderungen blieb bestehen, auch wenn ihre Faktizität eingeräumt und auch legitimiert wurde, insofern den Gesetzen gehorcht werden müsse. Dem Leben, das die Gesetze regulieren, wurde aber eine Aussicht auf Verbesserungen vorenthalten.[172] Den Einfluss der Texte Platons, vermittelt auch durch neu-platonische Texte wie die von Pseudo-Dionysius, auf politische Konzepte im Mittelalter hat die historische Forschung auf die Etablierung und Berechtigung von Hierarchien bezogen. Damit war eine relationale Konstellation vorgegeben, die auf Personen und Personengruppen beruhte. Die hierarchische Ordnung war insofern für die Gesetzgebung bedeutsam, als sie Ordnungsfigurationen fixierte, die Regeln bewahrten. Die Gesetze hatten keine Geschichte. Eine Kontinuität, die keiner Umformung bedurfte, existierte ohne aktuelle Einwirkung, es sei denn, sie ginge von defizienten Anliegen und Menschen aus, die dann aber nur Verschlimmerungen hervorbringen würden. Die unwandelbare normative Geltung haben die politischen Erörterungen

---

170 Wilhelm von Conches, Glossae super Platonem, hg. v. Jeauneau, Edouard A. (CCCM 203), Turnhout 2006, S. 23–25, 233–254; Speer, Andreas, Die entdeckte Natur. Untersuchungen zu Begründungsversuchen einer *scientia naturalis* im 12. Jahrhundert, Leiden 1995, S. 130–221; Palmer, Nigel F., Wilhelm von Conches, in: Verfasserlexikon. Die deutsche Literatur des Mittelalters, 2. Aufl, hg. v. Ruh, Kurt, Berlin/New York 1978–2008, Bd. 11, Sp. 1663–1668.

171 Gagnér, Studien, S. 212f., 229–235, 250f.; Coing, Handbuch, S. 524.

172 Platonismus in der Philosophie des Mittelalters, hg. v. Beierwaltes, Werner, Darmstadt 1969; id., Platonismus im Christentum (Philosopische Abhandlungen 73), Frankfurt a. M. 2014.

Platons nahegelegt, da sie einen fixierten Idealzustand beschrieben und begründeten, dessen Vollkommenheit sich der Veränderung entwand.[173]

Einen ertragreicheren Nährboden für Konzepte, mittels von Gesetzgebungen auf das Leben der Menschen günstig einzuwirken und durch neue Gesetze Verbesserungen der profanen Existenz zu erzielen, boten Texte der politischen Philosophie von Aristoteles, allein schon deswegen, weil er von einen von den Göttern initiierten, dem menschlichen Handeln sich entziehenden Verlauf von Geschichte absah, keinen Idealzustand vorstellte und stattdessen Ziele und Zwecke der politischen Organisation behandelte, die auf rational und empirisch abgestützten Abwägungen und Entscheidungen beruhten und die praktischen Bedürfnissen angemessen sein sollten. Aristoteles verwies mehr auf Absichten als auf Ursprünge, mehr auf autonomes menschliches Handeln als auf Auswirkungen kosmologischer Harmonien, mehr auf Verbesserungen als auf göttliche Einsetzungen. Auf dem Fundament der Überlegungen von Aristoteles waren Gesetze weniger als Ableitungen einer unvorgreiflichen und zeitlich unbestimmten Gerechtigkeit zu verstehen, als vielmehr als Kreationen von Menschen gedeutet, die Gerechtigkeit selbst herstellten. Der Nutzen, der mit der Gesetzgebung für die Polis angestrebt und erreicht wurde, waren die Themen von Aristoteles, der kein Ideal, wie sie Platon in den Schriften ‚Nomoi' und besonders ‚Politeia' vorstellte, sondern die Praxis der politischen Aktivität darlegte und Anweisungen zum richtigen und guten Handeln erörterte.

Aristoteles stellte in seinem Werk zur Politik die Gesetzgebung in die Verfügung der Menschen, die sich nicht an das, was unvorgreiflich vorhanden war, anzupassen hätten, also nicht an einen als Naturrecht vorgestellten vorgesetzlichen Zustand anknüpfen müssten. Aristoteles bindet die Gesetze vielmehr an ein Ziel, das darin besteht oder bestehen soll, die Bürger glücklich zu machen. Der von ihm eingeführte zentrale Begriff der ‚Eudaímonie' kann übersetzt werden mit der Lehre vom gelingenden Leben und ebenso mit der Glückseligkeit, die, im Mittelalter als *felicitas* bezeichnet, eine innerweltliche Bewertung vorstellt, deren Definition Aristoteles als Verwirklichung der Tugenden bestimmt. Das gelungene Leben ist die Steigerung des bloßen Überlebens, meint eine Selbstverwirklichung des Bürgers und eine Sinnerfüllung seines Strebens. Eudaímonie verweist auf Ziele, ohne sie zu präzisieren, bestimmt stattdessen die Anstrengung, sie zu erreichen, als wesentlich für die Glückseligkeit. Aristoteles setzt für sie in seinen beiden Schriften ‚Nikomachische Ethik' und ‚Politik' die Autarkie voraus, die mehr als eine ökonomische Absonderung nach außen, vielmehr die soziale und politische Kooperation innerhalb der Polis verlangt. Damit wird zugleich die Glückseligkeit an Verfassung und Gesetzgebung angebunden.[174]

---

173 Ullmann, Walter, The Principles of Government and Politics in the Middle Ages, New York 2010, S. 46–49; Struve, Entwicklung, S. 78f.

174 Aristoteles, Nikomachische Ethik, I, 5, 1097b6–21; id., Politik, VII 6, 1326b27–30.

Aristoteles kritisiert Platon, der die Aufgabe des Gesetzgebers darin sehe, den ganzen Staat glücklich zu machen. Aber – so der Einwand von Aristoteles – dies könne nur gelingen, wenn die meisten Teile oder alle oder doch wenigstens einige sich des Glückes erfreuten. Das Glücklichsein der Gesamtheit der Polis setze die Summe des Glücklichseins der Bürger, die in der Polis leben, voraus.[175] Das Glück ist nicht kollektiv, d.h. in einen Seinsbereich des generalisierten Ideals eingestellt, sondern verweist auf individuelle Zustände des Glücks. Kollektiv wird es allein durch die Organisation, die es zu realisieren hilft und zur Summierung der individuellen Zustände führt. Aristoteles entwickelt eine maximalistische Konzeption der politischen Institution, die mehr als nur das bloße Überleben, vielmehr das gute Leben der Bürger anstreben soll. Mehr als die Überwindung des menschlichen Mängelwesens, vielmehr die Herstellung seiner Glückseligkeit ist das Ziel. Damit dies gelingt, damit individuelle Glückseligkeiten entstehen, bedarf es des sozialen Verbands; Glückseligkeiten können nicht sozial isoliert vorhanden sein. Die Glückseligkeit bedarf folglich einer politischen Untersuchung, die Aristoteles vornimmt.[176] Sein Gelingen ist nicht allein Sache des individuellen Wollens und Handelns, sondern hängt von Umständen ab, darunter von den Gegebenheiten des gemeinschaftlichen Lebens und der Verfasstheit der öffentlichen Institutionen, die die Summe menschlicher Handlungsmöglichkeiten und Handlungsorientierungen in eine politische Ordnung stellen. Diese Ordnung wird von Gesetzen gestaltet. Selbstloses Verhalten in der Polis wird nicht allein erreicht, indem es Ansehen und Ehre unter den Mitbürgern verschafft, sondern auch indem es normativ gefordert ist. Gesetze sollen individuelle Mängel kompensieren, damit diese nicht das Gelingen der Polis gefährden, um das Glück der Einzelnen möglich zu machen. Das Ziel und die Definition des Glücks verweisen auf die Tugend. Um sie zu verwirklichen und zu verbessern, bedürfe sie der Unterstützung durch den Gesetzgeber. Tugend setzt die Einbindung in soziale Zusammenhänge und damit in das politische Handeln voraus, und Tugend bringt dieses Handeln hervor. Damit die Gesetze beachtet werden, gibt es nicht allein Sanktionen, sondern die Gesetze implizieren ein Erziehungsprogramm, das die Tugenden fördert und in einem reziprok sich verstärkenden Vorgang auf Vermehrung und auf Verbesserung angelegt ist. Das Gelingen des Lebens, nicht die Mehrung materieller Güter sei das Ziel. Falls diese das Ziel wäre, wären Gesetze nichts anderes als Vereinbarungen interessegeleiteter Menschen, würden Habgier befriedigen, entbehrten der starken Normsetzung, leisteten nichts zur Hervorbringung der Tugenden. Das von Aristoteles konzipierte höchste Gut, das des guten, gelungenen, tugendhaften, nach Zielen strebende Leben, ist im Diesseits zu erreichen.[177]

---

175 Aristoteles, Nikomachische Ethik, I, 1264b, S. 21f.
176 Ibid., 1094–b11.
177 Ibid., 1180a; id., Politik, 1280a5–1281a10, S. 62–63, 5–6.

Gesetze müssten oberste Autorität haben, nicht einzelne Amtsleute. Auch diese unterstehen den Gesetzen. Der Primat des Gesetzes erweist sich auch darin, dass nicht die persönlichen Qualitäten einzelner Männer (für Aristoteles kommen Frauen als Gesetzgeberinnen nicht in Frage) garantieren, dass sie gute Gesetze schaffen, vielmehr eine Zusammenarbeit vieler oder mehrerer, die sie einzurichten in der Lage sind.[178] Wenn Schöpfer von guten Gesetzen nicht ihren Willen durchsetzen, vielmehr ihre Vernunft einsetzten, waren Gesetze vor Willkür geschützt. Aber Gesetze zu machen, schließe ein, das sie auch Neuerungen hervorbringen, *adinventiones*, wie es in der durch Wilhelm Moerbeke zur Mitte des 13. Jahrhunderts vorgelegten lateinischen Übersetzung heisst. Der Gesetzgeber hat die Aufgabe, das Bessere im Hinblick auf die Seele und ihre Tätigkeiten zu erreichen und dafür die Gesetze zu verbessern. Entgegen dieser Anforderung hätten es in Wirklichkeit aber, so bedauert Aristoteles, die Gesetzgeber oft versäumt, die Gesetze auf das oberste Ziel, das in der Steigerung von Tugend und Glück bestehe, auszurichten, und danach gestrebt, sie in ungenügender Weise für leibliche Genüsse und zur Steigerung ihrer eigenen Macht zu verbiegen. Die Bürger der Polis sind nicht glücklich, wenn sie im Krieg siegen, ihnen Eroberungen gelingen und sie die Nachbarn beherrschen, denn dann entsteht die Gefahr, dass der Beherrschungsdrang sich auch gegen die eigenen Bürger richtet. Glücklich sind diejenigen, die die Tugenden der Seele verwirklichen. Für Aristoteles bestehen sie darin, dass sie einen harmonischen Ausgleich von Antrieben, Wünschen und Handlungen hervorbringen und Exzesse des Wollens ausschließen.[179]

Gute Gesetze zeichnen sich dadurch aus, dass sie lange Bestand haben, was gelingt, wenn die Gesetzgeber die Umstände sozialen Lebens berücksichtigen, so dass Anpassungen nur selten notwendig sind. Die Spannung zwischen dem Verbessern und dem Beharren kann nicht leicht aufgelöst werden, da Aristoteles die beiden gegensätzlichen Pole als gleichwertig erachtet.

Auch im Werk zur Rhetorik behandelt Aristoteles die Gesetze. Sie schützen den Frieden und tragen somit dazu bei, dass die Bürger in Zusammenarbeit und Freundschaft mit ihren Mitbürgern die Tugenden fördern und steigern. Gute Gesetze bingen die Glückseligkeit hervor. In der lateinischen Übersetzung wird der Begriff mit *felicitas* wiedergegeben. Soweit die *felicitas* das Leben in der politischen Organisation betrifft, besitzt sie zwar eine geringere Wertigkeit gegenüber der *felicitas speculativa*, die aus dem philosophischen Nachdenken entspringt, aber die *felicitas politica* ist ebenfalls anzustreben und muss das Ziel der Gesetzgebung sein. Gesetze sollen verbessert werden, um die Tugenden der Bürger zu steigern. Diese Vorstellung war es, die seit der Mitte des 13. Jahrhunderts, seit der Übersetzung durch Wilhelm von Moerbeke und der Kommentierung durch Albertus Magnus, einen kräftigen Impuls anstieß, um legislatorische Optimierungen einzufordern

178 Aristotels, Politik, 1282b, 1286a5–a25, S. 70, 79f.
179 Ibid., 1333a 11, S. 241–243.

und vorzusehen, die zur Verbesserung der politischen Glückseligkeit und auf ihr beruhend zur weiteren legislatorischen Vervollkommnung führen würden.[180]

In dem Werk der Rhetorik entfaltet Aristoteles eine Gesetzgebungslehre, die mehr als nur Korrektive einfordert, sondern innovative Optimierungen, die auf die individuelle Tugendsteigerung zielen.[181] Das gute Recht entspringt für Aristoteles den Gesetzen, nicht den Gerichtsurteilen. Es ist, so führt er im Werk zur Rhetorik aus, leichter, wenige weise Gesetzgeber zu finden, als viele Richter, die die Urteile fällen. Die Glückseligkeit in der Polis stellt Aristoteles als Ziel der politischen Rede vor, die Verständigung anstrebt durch den Austausch von Argumenten. Die deliberative Rhetorik entfaltet sich in der höchsten Ausprägung, wenn die Gesetzgebung in der Bürgergemeinde erörtert wird. Weil die Gesetze nicht vorgegeben sind, nicht allein befolgt werden müssen, sondern geschaffen werden, sind sie als Ergebnisse schöpferischen Tuns gedeutet, das gemeinsame Beratungen und Beschlüsse einschließt. So werden Gesetze von der Vernunft abgeleitet. Weil die Gesetze das Ergebnis der Kommunikation in der Polis sind, folgen sie den Regeln der Rhetorik. Die Gesetze sind in einen Prozess eingewoben, der sie selbst Normen unterwirft. Für Aristoteles impliziert dieser Vorgang aber nicht einen Verlauf sich wiederholender Etappen der Vervollkommnung, sondern eher ein Prozedere des aktuell zu realisierenden praktischen Tuns, dessen Ergebnisse keinen Fortschritt einleiten, sondern Momente begrenzter Optimierungen hervorbringen. Nicht die Zuversicht auf künftig zu erhoffende Ideale, sondern die Bewährung der Gesetze anhand ihres Nutzens ist der Movens ihrer Schaffung und ihrer Veränderung. Sie sind zu bewerten und die Vorteile ihrer eventuellen Veränderung gegenüber Nachteilen abzuwägen. Die Gesetze müssen dem Erhalt des Gemeinwesens dienen, Bedrohungen der Stadt abwehren, Zerstörungen abwenden. Das Schaffen guter Gesetze folgt nicht einer epochalen Zukunftserwartung und auch nicht einer idealisierten Konzeption, sondern einer Bewertung ihrer aktuellen praktischen Erfordernisse. Daher sind nicht zeitliche Entwicklungen auszugestalten, sondern räumlich-institutionelle Vergleiche für die Gesetzgeber nützlich. Gesetzgebung verlangt Sachkenntnis über die Gesetze anderer Städte, damit deren Errungenschaften als Vorbild und deren Verfehlungen als Warnungen dienen können.[182] Aristoteles geht weder von Ursprüngen noch von Zukunftserwartungen aus. Er verwirft gerichtete zeitliche Evolution zugunsten situativ fundierter Entscheidungsfindung.

Gute Gesetze entspringen nicht übergeordneten Prinzipien, sondern guten Verfahren. Das natürliche Recht, das als ein ungeschriebenes, allgemein bei allen Menschen gültiges Recht gilt, ist daher für Aristoteles, so im ersten Buch der Nikomachischen Ethik, nicht der unveränderliche Schutzschirm der Gerechtigkeit und kein zu bewahrender Garant des guten Lebens, sondern ist erweiterungsbedürftig,

---

180 Albertus Magnus, Ethicorum libri, S. 757.
181 Aristoteles, Rhetorik, 1368b6; Gagnér, Studien, S. 202, 253f.; Fieback, *Necessitas*, S. 140f.
182 Aristoteles, Rhetorik, 1354a31–1354b, 1359b–1360b.

ist in den verschiedenen Stadtstaaten zu ergänzen durch gesetzte Rechte. Aristoteles weist dem Naturrecht keine normative Bindungswirkung auf die Legislation zu. Gesetzesänderung ermöglicht die Freisetzung nicht allein innovativer Potentiale der materiellen Gesetzgebung, sondern auch die wenn auch nur zögerlich eingeräumte Option auf legislatorische Verbesserungen. Im Werk der Nikomachischen Ethik, die mehr noch als die genuin politiktheoretische Schrift der ‚Politeia' die Glückseligkeit des Individuums in den Vordergrund stellt, gelten die Gesetze als Mittel, um diese Glückseligkeit in den irdischen Dingen zu verwirklichen und um die Tugenden zu födern. „Wie kann man Menschen gut machen?" fragt Aristoteles. Er gibt die Antwort: nicht allein durch Worte und Ermahnungen, sondern auch durch Gesetze. Dass die Tugenden durch natürliche Veranlagung bereits bestünden, gilt, so meint Aristoteles, nur für wenige Menschen. Erziehung soll daher dazu beitragen, dass Menschen befähigt werden, gute Gesetze einzurichten und ihnen zu gehorchen. So bringen sie Gewohnheiten hervor, die Normsetzung und Normerfüllung möglich machen. Ermahnung und Gesetz stehen in einem Wechselverhältnis. Dass Gesetze zur Tugend auffordern, genügt aber nicht, sie müssen auch Strafen festlegen gegen die widerspenstigen Menschen, die sich nicht durch Worte ermahnen lassen. Der Gesetzgeber muss vor allem den Wunsch haben, Menschen durch seine Fürsorge besser zu machen, und sich nicht darauf beschränken, sie von bösen Handlungen abzuhalten. Zu den Voraussetzungen eines politischen Amtes gehören auch Wissen und Können, die Aristoteles nicht weiter präzisiert, außer dass sie durch Erfahrung gewonnen werden können. Aristoteles erörtert das Thema der Gesetzgebung ausführlich am Ende des zehnten Buches der Nikomachischen Ethik. Er setzt eine komparatistische Steigerung voraus – ohne sie allerdings an eine zeitliche Abfolge anzubinden: Vermehrungsfähig ist das Gute, die Tugendfähigkeit, die Belehrung durch Erziehung und die Wirkung der Gesetze. Die besseren Gesetze machen die besseren Menschen. Sie sind besser, weil sie tugendhafter sind. Die Pädagogik ist normativ im doppelten Sinne: als vom Gesetz angeordnetes Verfahren und als Anweisung gegenüber den Heranwachsenden. Die Wirkung ist ebenfalls eine doppelte: Verbesserung der Tugend und Aktivierung der Tugend zur Gesetzgebung.[183]

In dem zweiten und dritten Buch der ‚Politeia' behandelt Aristoteles ebenfalls ausführlich die Gesetze und die Gesetzgebung. Er unterscheidet Gewohnheit und Gesetz. Erstere ist umfassender, reguliert mehr Lebensbereiche als die schriftlichen, durch einen Gesetzgeber erlassenen Gesetze. Die Bürger bedürften nicht vieler Gesetze. Die Gesetze sind nach Aristoteles dann gut, wenn sie die Bürger glücklich machen, was dann geschieht, wenn sie nicht so sehr den materiellen Wohlstand fördern, was letztlich nur die Habgier anstachelt, sondern die Tugenden der Bürger vermehrt. Das Glück der Polis beruht auf dem Glück der meisten oder gar aller Bürger, was auschließt, dass, so wie Platon dies in seinem Werk ‚Politeia'

---

183 Aristoteles, Nikomachische Ethik, 1179a34–1181b24, 1134a17–1136a9.

fordert, die Vergemeinschaftung von Gütern und Sexualpartnern, also kollektives Eigentum und kollektive Verfügung über die Frauen, eingeführt werden.[184] Weil Aristoteles die Autonomie der individuellen Verfügung über die materiellen Güter und der Lebensgestaltung in den Familien verteidigt, bewertet er die Steigerung des Glücks für den einzelnen Bürger, dessen Wohlergehen nicht in eine gesamthafte Wertigkeit, die der Polis zugute kommt, aufgehen kann und soll. Die Anforderungen, die Aristoteles an die Gesetzgeber und an die politischen Vereinigungen stellt, sieht er in vorbildlichen Personen verwirklicht, Solon in Athen, Lykurg in Sparta, Philolaos in Theben, die alle der mittleren Gesellschaftsschicht angehörten – auch Lykurg, bevor er König wurde, – so dass ein Modell besteht, dass alle Teile der Gesellschaft an den Gewinnen, die gute Gesetze hervorbringen, und an den Handlungen, die sie schaffen, beteiligt werden und eine aristokratische Exklusivität der Vorteile, die die schlechten Gesetze bereiten, ausgeschlossen ist. Mit den einzelnen Gesetzgebern sind aber nur Frühformen der Legislation benannt. Die Gesetzgebung setzen die Bürger mittels ihrer Institutionen der Polis fort. Da Aristoteles keinen Prozess der vermehrten Zivilität, d. h. der Fähigkeit, die politischen Angelegenheit selbst zu gestalten, voraussetzt, sondern nur einen gleichzeitig auftretenden Kontrast zwischen den zu politischer Aktivität Befähigten einerseits und den barbarischen, zur Unfreiheit verdammten Menschen andererseits feststellt, gibt es nur die von allen Zeitumständen abgehobenen Hinweise zur Gerechtigkeit, die jedem das ihm Zustehende zuweist.[185] Die Gesetzgebung soll zur Verbesserung des Lebens der Bürger führen, was die Gerechtigkeit herstellt, die das Naturrecht ohne legislatorische Anstrengung allein nicht hervorzubringen vermag. Die Gerechtigkeit ‚im politischen Sinne' muss die Lebensumstände berücksichtigen, vernachlässigt aber in den Texten von Aristoteles die der Unfreien, der Kinder und der Frauen, die in einem un-politischen Sozialgefüge eingewoben sind, das der tyrannischen Hausherrschaft untersteht.[186]

In dem Werk zur Politik erörtert Aristoteles knapp die Möglichkeit, dass neue Gesetze eingerichtet und diese bessere Gesetze sein könnten, so wie in anderen Wissensgebieten und Tätigkeiten der Bruch mit der Tradition größeren Nutzen gestiftet habe. Als Beweis für eine solche Auffassung könnte man angeben, dass die alten Gesetze einfach und barbarisch gewesen, d.h. dem Leben in einer verfassten Gemeinschaft der Polis mit Arbeitsteilung und politischer Gestaltungsmöglichkeit unangemessen seien. Aristoteles präsentiert die Meinung, sich nicht nach dem Überlieferten, sondern nach dem Guten zu richten. Darauf folgt unmittelbar die Widerlegung: Eine Veränderung gefährde die Akzeptanz, die durch lange Gewohnheit hergestellt wird. Aristoteles rechtfertigt eine Veränderung der Gesetze

184 Kraut, Richard, Aristotle's critique of False Utopia, in: Aristoteles: Politik, hg. v. Höffe, Ottfried, Berlin 2011, S. 49–62.

185 Aristoteles, Politik, Buch 2, hg. v. Schütrumpf, Eckart, Darmstadt 1991, Kapitel 5, 11; Buch 3, Kapitel 9, 13, 15f.

186 Aristoteles, Politik, 1319b37–1320a; id., Rhetorik, 11368b6, 1373b4–8.

nur, wenn sie eine Ausnahme bleibt. Auch die historische Untersuchung und der Vergleich von Gesetzen in verschiedenen Staaten, die Aristoteles ausführlich darlegt, ändern nichts an dieser Auffassung, zeigen doch die Unterschiede letztlich nichts anderes als eine willkürliche Sammlung von Bestimmungen, denen Aristoteles eine Verbesserungsintention und ein Verbesserungsresultat vorenthält.[187]

Indem Aristoteles die Gesetze aus den Händen der Götter entwindet, die Platon noch in ihrer Verfügung stehend zumindest erörtert und als Ursprungsgeschichte in den Dialogen der argumentierenden Personen seiner Schriften einführt, wird die Gesetzgebung zur praktischen Tätigkeit, Teil der menschlichen Lebensführung, zu ihrer höchsten Form, zur Essenz der „human condition“, wie Hanna Arendt in ihrem berühmten Werk, das diesen Titel trägt, ausführt.[188] Weil Aristoteles die Gesetze nicht in göttliche Höhen emporhebt, sind ihre inhaltlichen Vorgaben auf das irdische Leben ausgerichtet, nüchtern auf Nutzen bezogen, abgelöst von utopischen Erwartungen, umso mehr, als das Ziel der Gesetze, die Glückseligkeit der Menschen zu ermöglichen, eigentümlich unbestimmt ist, weil es auch mit dem Verweis auf die Tugenden keine deutliche Kontur gewinnt. Gesetze zu machen, ist eine Kunst, vorgeführt von weisen Männern in der Vergangenheit und fortzuführen von vielen in der jeweiligen Gegenwart. Die verschiedenen Grundtypen politischer Verfassung, Monarchie, Aristokratie und Demokratie stellt Aristoteles nicht in eine Skala zunehmender, bzw. abnehmender Wertigkeit, lediglich in Abhängigkeit spezifischer Nützlichkeiten. Bewertungen negativer Art beziehen sich ausschließlich auf die den drei Verfassungstypen spezifischen Dekadenzformen, nämlich Tyrannis, Oligarchie und ‚Demokratie‘ (zu verstehen als ungerechte und gewaltsam durchgesetzte Herrschaft der unteren Volksgruppen zu Lasten der oberen).[189]

Die Rezeption von Texten von Aristoteles seit dem 12. und vor allem 13. Jahrhundert im okzidentalen Europa, erweiterte die Reflexion zu den politische Verhältnissen und den juristischen Normsetzungen. Die Texte waren verfügbar und beeinflussten Konzepte zu Gesetzen und Gesetzgebungen. Die Vorstellung, dass das Ziel des menschlichen Lebens die Glückseligkeit sei, begrifflich gefasst im Wort *felicitas,* trat neben die Aufforderung, das Heil in der jenseitigen Erlösung zu suchen. Das politische Glück war die Summe des Glücks der Einzelnen, aber es hing von kollektiver politischer Gestaltung ab und zugleich ermöglichte es die politische Aktivierung und damit die Existenz des politischen Verbandes. Das politische Glück galt aber auch im Mittelalter meist weniger wertvoll als das des kontemplativen Philosophen, denn nur diesem war vorbehalten, zu Erkenntnissen zu gelangen, die nicht allein steigerungsfähig, sondern generationsübergreifend zur Vervollkommnung geeignet sein würden, wohingegen das politische Glück, so bei Aristoteles und auch bei den meisten mittelalterlichen Philosophen, die an seine

---

187 Aristoteles, Politica, 1268b–1274b.
188 Arendt, Hannah, The Human Condition, Chicago/London 1958.
189 Aristoteles, Politik, Buch 4, hg. v. Schütrumpf, Eckart, Darmstadt 1996, Kapitel 4, 11, 14.

Überlegungen anknüpften, in situative Zustände eingefasst blieb, ohne die Aussicht der langfristigen Verbesserung. Das politische Glück war im Mittelalter vor allem weniger wertvoll als das Glück, das durch die Erlösung im Jenseits verwirklicht würde und oft mit dem Wort *beatitudo* bezeichnet war. Das politische Glück war dennoch ein würdiger Gegenstand des Nachdenkens und galt als Begründungsbegriff des Handelns in den politischen Organisationen und für das Schaffen von Gesetzen. Es wurde zum Thema rechtlicher Normierungen – von Urkunden und Gesetzen. Mit der Vorstellung von Glück in der Welt waren Anforderungen formuliert, die das gesamte Spektrum des öffentlichen Handelns erfassten und die Beziehungen in Herrschaft und Gemeinschaft gestalten sollten. Die Schaffung neuer Gesetze sollte zur Entstehung von Glück und Nutzen führen.

III.2 Gründungsgeschichten und Gründungsmythen zu den Gesetzen der Römer

Götter und gottähnliche Wesen inspirierten Gesetzgebungen. Davon berichteten in der paganen römischen Antike mythische Erzählungen, die die Anfänge Roms aus einer fernen Vergangenheit ableiteten und aus der Vergangenheit Legitimität für die Gesetze Roms begründeten. Gesetze entstanden, als Könige am Beginn der römischen Geschichte regierten. Die Könige waren Gesetzgeber, aber sie handelten nicht allein, sie wurden geleitet von göttlicher Beratung und erhielten göttlichen Beistand und folgten Anweisungen von gottähnlichen Wesen. Andererseits haben römisch-antike Autoren ausschließlich bedeutende menschliche Gründergestalten als Gesetzgeber angegeben. In beiden Fällen sollen Gesetze vor den Launen der Mächtigen abgeschirmt werden.

Die Gesetze seien in einem einmaligen Akt der Ursprungsgeschichte geschaffen worden, wie Titus Livius (59 v. Chr. – 17 n. Chr.) in seinem Werk zur römischen Geschichte schreibt. Gründung der Stadt und Einrichtung von Gesetzen stellt er als die Initialereignisse der römischen Geschichte dar. Sie waren Schöpfungen des Guten, denn sie legten den Grund für die spätere Größe Roms. Dem Anfang wohnt eine Singularität inne, die Wiederholung ausschließt und Verbesserung des Bestehenden unmöglich macht. Titus Livius nennt den ursprünglichen Gesetzgeber Roms: Numa Pompilius, den zweiten der römischen Könige. Er sei ein ausgezeichneter Kenner des Rechts, sei von keinem Menschen beeinflusst worden. Vielmehr habe seine eigene natürliche Befähigung ihm vortreffliche Eigenschaften verliehen, die ihm möglich gemacht hätten, gute Gesetze einzurichten. Er habe keine fremden Lehren angenommen. Zeitlich und räumlich ist die Gesetzgebung abgeschottet, auf die Stadt Rom zur Gründerzeit bezogen. Nachdem Numa Pompilius die Königswürde erlangt habe, habe er durch Recht, Gesetze und Gewohnheiten die Stadt, die zuvor durch Waffengewalt gegründet worden sei, erneut gegründet. Stadtgründung und Rechtsgründung formt Titus zu einer Einheit. So sei dem König gelungen, aus einer Ansammlung von Menschen ein Volk zu formen, der Gruppe eine geordnete Einheit aufzuerlegen und dem beständigen Streit Frieden entgegenzustellen. Die Zusammengehörigkeit sei außer durch Gesetze auch durch religiöse Kulte gefördert und geformt. Dazu habe Numa Priester und Priesterinnen eingesetzt, die die Verehrung der Götter und zugleich die Liturgien zelebrierten, um die Römer zu einer konsensuellen Einigkeit zu führen. Es sei die Hinwendung der Menschen zu den Göttern, die den Riten und den Gesetzen Wirkung verlieh, so dass mehr die Frömmigkeit vor den Göttern als die Angst vor den Strafen alle zum rechten Tun und zur Beachtung der Regeln geleitet hätten. Die Gesetze besäßen Wirkung dank göttlicher Einwirkung. Aber die Götter waren nicht als Erfinder der Gesetze vorgestellt. Die Schaffung der Gesetze *ex nihilo* – ohne die Anknüpfung an Vorbilder – sei dank der Tat eines außerordentlichen Menschen, einer Gründergestalt, geleistet worden.[190] Die Darstellung von Titus Livius sucht in der Frühgeschichte Roms nach Voraussetzungen für den Aufstieg des römischen Reiches, das sich zu seiner Lebenszeit, d. h. während der Regierungszeit von Kaiser Augustus, über den gesamten Mittelmeerraum erstreckte.[191]

Die große Tat von Numa Pompilius schuf das Recht, es war bereits von Anfang an vollkommen, legte den Grundstein für die Größe von Rom in den folgenden Epochen. So sieht es auch der Zeitgenosse Virgil (70–19 v. Chr.) in seinem Werk ‚Aeneis': Zum Gründungsmythos, den das Werk darstellt, gehört auch die Tat des ersten Gesetzgebers, auch hier des Königs Numa Pompilius. Auch er ist Gründer – durch die Gesetze, die er schafft. Weisshaarig und weissbärtig ist er als alter Mann dargestellt, der weise ist in seinen Taten. Das an die Anfänge der römischen Geschichte gestellte Gesetz ist die Voraussetzung der Macht des späteren Imperiums. Das Gesetz bedurfte keiner Veränderung, um Rom zur Machtfülle und um das Menschengeschlecht, das unter der Herrschaft Roms steht, zum Glück zu führen.[192] Der erste Gesetzgeber sei mächtig und klug genug, um die Menschen unter das Gesetz zu zwingen, und dieses Gesetz habe er zukunftsfähig gemacht. Vom ersten Gesetzgeber leitet sich die Legitimität des römischen Gemeinwesens und des römischen Reiches ab, die nicht durch Neuerungen beschädigt werden sollte. Die mythischen Ursprünge, selbst wenn sie ohne Götter auskamen, schirmten vor Veränderungen ab.[193] Cicero schreibt zur selben Zeit, dass Numa Gesetze erlassen

---

190 Titus Livius, Ab urbe condita, hg. v. Hillen, Hans Jürgen, München/Zürich 1987, I, 18–21, S. 52–61.

191 Lentano, Mario, Il re che parlava alle ninfe. Miti e storie di Numa Pompilio (Imago iuris 7), Pisa 2019, S. 191f.

192 Vergil, Aeneis, hg. v. Perret, Jacques, Paris 2015, S. 310: VI, 808–812.

193 Dilcher, Gerhard, Normen, S. 85f.

habe, die bis zu seiner Gegenwart gültig seien.[194] Das Alte hatte Dauer, weil es Autorität besaß und rechtliche Vollkommenheit hervorrief.

Numa Pompilius hatte Beistand von gott-ähnlichen Personen. So stellten es andere Autoren dar. Eine Göttin, wenngleich niederen Ranges, die Nymphe Egeria, die Geliebte von Numa, inspirierte ihn, so stellten es die Zeitgenossen von Titus Livius, nämlich Ovid in den Fasti und Plutarch in der Lebensbeschreibung von König Numa, dar. Egeria habe in den Diensten der Göttin Diana gestanden, habe Zugang zu einem Wissen, das die Götter hüteten, besessen. Die Nymphe habe die Göttin angefleht, ihr ihre Kenntnisse zu künden. Ihre Bitte sei erhört worden. Egeria habe die Menschen zum Gehorsam an die Götter geleitet, und diese hätten bei der Schaffung der Gesetze geholfen. Zeichen des Himmels hätten sie herabgesandt, das Schwert von Mars sei vom Himmel auf die Erde gefallen, und eine übernatürliche Stimme habe ertönt, die indes nichts zu den Inhalten der Gesetze kündete, wohl aber die künftige Größe Roms vorhersagte. Die Gesetze, die Egeria empfahl, nahmen die ursprüngliche Wildheit der Römer hinweg, ersetzten sie durch die Beachtung von Regeln und durch die Furcht vor den Göttern. Mit den Gesetzen sei der Willkür der Stärksten, die sich alle Macht aneigneten, ein Ende gesetzt worden. Die Gewalt sei der Verehrung der Altäre und dem Gehorsam gegenüber den Gesetzen gewichen. Kult und Gesetzestreue seien eingerichtet worden. Ovid rühmte die frühen Gesetze als Hebel der Zivilisierung und Gewalteindämmung. Sein Werk ‚Fasti' war der Verehrung der Götter gewidmet und zeigte ihre Taten. Das Werk stimmte zugleich das Loblied auf die Vortrefflichkeit Roms an und schloss in diese Vortrefflichkeit auch die Gesetze ein, die in der literarischen Überhöhung mehr als in der historiographischen und Faktentreue beanspruchenden Nüchternheit eines Titus Livius die Mitwirkung der Götter vorsahen.[195] Plutarch stellte in seiner Sammlung griechisch-römischer Doppelbiographien Lykurg und Numa Pompilius nebeneinander. Beide waren Gesetzgeber und richteten religiöse Riten ein. Plutarch bezeichnete die Einwirkung aus dem Göttlichen, in Gestalt einer Nymphe, indes als eine Fiktion. Numa habe behauptet, dass er mit ihr Gespräche geführt und sie ihm Erkenntnisse mitgeteilt habe. Aber ohne göttliche Aufforderung erließ Numa das Gesetz. Es beendete die unzivilisierten Sitten. Es verbot den Römern, ihre Kinder zu verkaufen. Plutarch minderte die göttliche Beteiligung an der Schaffung der Gesetze. Sie wurde zur Erzählung, sollte nicht Realität widergeben, die aber geeignet gewesen sei, dass die Römer die Gesetze akzeptierten.[196] Der Mythos der göttlichen Einwirkung war wirksam. Fiktion hat funktioniert.

Valerius Maximus erweiterte die Geschichte, die die göttliche Einwirkung auf den Schöpfungsakt der Gesetze erzählte. Er, der in der ersten Hälfte des ersten

194 Cicero, De re publica, lateinisch-deutsch, hg. v. Nickel, Rainer (Sammlung Tusculum), Berlin 2012, S. 172f.

195 Ovid, Fasti, hg. v. Schilling, Robert, Paris 1992, 3.260–382, S. 72–77.

196 Plutarch, Les vies des hommes illustres, hg. v. Amyot, Jacques (Bibliotèque de la Pléiade), Paris 1951, Numa, cap. 14 u. 30, S. 141f., 155.

Jahrhunderts n. Chr. eine Sammlung anekdotischer Erzählungen zur römischen Geschichte schrieb, hob Egeria über den Status einer Nymphe empor und stellte sie in die Reihe der Göttinnen. So war die Gesetzgebung enger an die göttliche Sphäre angebunden, die Autonomie menschlichen Handelns aber insofern weiterhin beibehalten, als auch Valerius die Götter keine inhaltlichen Bestimmungen festlegen ließ, sie somit als Legitimitätsstifter, nicht aber als Textgestalter einsetzte. Der spätantike Anonymus, als Aurelius Victor bezeichnet, wertete Egeria ab. Numa habe vorgegaukelt, dass er im Auftrag von Egeria die Gesetze geschaffen habe.[197]

Wenn Egeria als eine Nymphe bezeichnet war, galt sie nur als eine schwache göttliche Gestalt. Sie war ein weibliches göttliches Wesen niederen Ranges, eine Personifikation von Naturerscheinungen, andererseits auch eine Inhaberin von Wissen und Fähigkeiten.[198] Die göttliche Einwirkung auf die Gesetzgebung war ein Surrogat für eine Inspirationsquelle, die in späteren Epochen nicht präzisiert werden konnte, gleichwohl als rechtlicher Gründungsakt von Rom seine narrative Notwendigkeit besaß. Nymphen schlugen Brücken zwischen den Göttern und den Menschen.

Die inhaltlichen Gestaltungsprinzipien von Gesetzen hat Tullius Cicero in dem Buch ‚De legibus' erörtert und den Ursprungsmythos als Legitimationsquelle eingesetzt. Mit dem Mythos war die Unwandelbarkeit begründet. Cicero verweist auf den Vollzug der Gesetze, nicht auf deren Bewertung. Für ihn stand vielmehr die Verbindung von Tugenden und Gesetzen im Vordergrund, die stets aufrechterhalten werden müsse, damit die Republik nicht Gefahr laufe, den Angriffen der Tyrannen zu erliegen. Aber die historische Entwicklung habe, so Cicero, genau zu diesem Resultat geführt. Gefährdet seien die Tugenden, weil die Menschen schlechter geworden seien. Gesetze sind für Cicero Abwehrinstrumente, um dem drohenden Niedergang von Tugend und Pflichterfüllung für den Staat entgegenzuwirken. Das Übel der schlechten Gewohnheiten zerstöre die den Menschen natürlicherweise eingegebene Bestrebung tugendhaft zu leben. In der Förderung der Tugend bestehe der Nutzen der Gesetze. Diesen Nutzen vom Gesetz zu trennen, wie es in der Vergangenheit bei den Griechen tatsächlich nicht selten geschehen sei, so Cicero, sei der Ursprung allen Verderbens und habe zum Ende der unabhängigen Existenz der griechischen Stadtgemeinden geführt. Rom drohe ebenfalls das Ende der Republik. Im historischen Verlauf verfehlten oft die Gesetze – Cicero nennt diejenigen, die die Tyrannen eingerichtet hatten – ihre Bestimmung, die sie vernünftigerweise haben sollten, nämlich die *res publica,* die öfffentliche Angelegenheit, zu befördern. Wenn die Gesetze einzelnen Personen und nicht dem Staat nützten, führten sie ins Verderben. Rechtsentwicklung erachtet Cicero als

197 Valerius Maximus, Facta et dicta memorabilia, hg. v. Briscoe, John, Stuttgart 1998, Kapitel 1.2.1. Ps. Aurelius Victor, Liber de illustribus viris urbis Romae, hg. v. Fugmann, Joachim, Darmstadt 2016, I, 3.

198 Speyer, Wolfgang, Enß, Elisabeth, Nymphen, in: Reallexikon für Antike und Christentum, Bd. 26, Stuttgart 2015, Sp. 130.

Dekadenzprozess. Wenn die Gesetze, die langes Alter haben, missachtet würden, sei das Gemeinwesen gefährdet. Rechtsstabilität bewahrt hingegen das gute Gesetz, das keiner Änderung bedarf. Denn die Gesetze seien von Anfang an dazu da, um das Wohl der Bürger und der Bürgerschaft zu fördern, so dass die Bewohner den Frieden und das Glück genießen könnten. Ehrenhaft und glücklich sollten sie leben: *honeste beateque viverent.* Gemeint ist damit offensichtlich, dass sie die Tugenden verwirklichen. Falls Gesetze diese Ziele nicht förderten, könnten sie im eigentlichen Sinne nicht als Gesetze bezeichnet werden. Entwicklungen, die neue Gesetze hervorbringen würden, sieht Cicero nur in dem Falle vor, dass diese den unterschiedlichen politischen Verfassungen angepasst werden. Da Cicero aber als die beste Verfassung diejenige mit begrenzten Amtszeiten, Wahl der Amtsleute und dem Vorrang der erfahrenen und reichen Mitglieder des Staates erachtet, konzipiert er ein gleichbleibendes Ideal, das nicht verbessert werden könne. Das Gute ist im Gründungsakt des politischen Verbandes von vornherein existent. Es ist vor Verfall zu schützen. Die beste Verfassung und die besten Gesetze bestehen bereits. Sie müssen nicht erst neu eingerichtet werden.[199]

Die Gesetzgebung war eine initiale Gründung und entstand mittels göttlicher Einwirkung. Dies schloss die Vorstellung ein, die Gesetze als Voraussetzungen tugendhaften Lebens auf Erden zu erachten. Hinzu trat die Belehrung durch weise Männer und die gegenseitige Unterstützung von Freunden, um die Menschen zur Tugend anzuleiten. Legitimität speiste sich damit aus dem Nutzen, nicht allein aus dem Ursprung. In der griechischen und römischen Antike entstand mit der philosophischen Richtung der Stoa seit ca. 300 v. Chr. eine ethisch begründete Anforderung an die Gesetze, die sowohl ihre Entstehung als auch ihren Vollzug erfassten und sie an Tugenden banden, die Individuum, Familie und Individuen dazu geleiten sollen, ein selbstbestimmtes, freies Leben zu führen, darüberhinaus aber auch das grundsätzlich richtige und gerechte Verhalten einforderten, ohne dass Opportunität und persönlicher Nutzen das Handeln bestimmten. Das Gute war vielmehr deontologisch festgelegt, abgeleitet von Tugenden und Pflichten. Sie zu bestimmen, erforderte geistige Anstrengung, setzte einen Vorgang in Gang, die Welt rational zu verstehen und dieses Verstehen zur Einsetzung von Gesetzen, die mit der Weltordnung übereinstimmen, zu führen.[200] Die Folge war eine legislatorische Fixierung, wie sie Cicero, einer der römischen Protagonisten der Stoa, vorsah, damit Ethik und Gesetz miteinander verknüpft würden. Gesetze zu verändern, würde riskieren, die Verbindung aufzulösen. Um sich dagegen zu wappnen, sollten die Götter helfen. Sie setzte Cicero nicht als Schöpfer, sondern als Bewahrer ein,

199 Cicero, De legibus, S. 36–38, 46–48, 64, 80–82, 150.

200 So bereits Bultmann, Rudolf, Das Urchristentum im Rahmen der antiken Religionen, 2. Aufl., Zürich 1949, S. 147, 182; jüngere Forschungen: Brennan, Tad, The Stoic Life, Oxford 2005; Forschner, Maximilian, Die stoische Ethik. Über den Zusammenhang von Natur-, Sprach- und Moralphilosophie im altstoischen System, 2. Aufl., Darmstadt 1995; id., Die Philosophie der Stoa. Logik, Physik und Ethik, Darmstadt 2018, S. 206f., 247–268.

überdies als diejenigen, die die Befolgung der Gesetze einforderten. Cicero sah im Göttervater Jupiter den Garant, damit die Lehre vom richtigen Leben aus den Gesetzen abgeleitet werde. So sollte gesichert werden, dass von dem stets Richtigen nicht abgewichen werde. Die Gesetze müssen beständig und unverändert bleiben und mit der höchsten Vernunft (*ratio summa*) übereinstimmen.[201]

Die Auffassung Ciceros hatte Einfluss in der Epoche des Mittelalters. Texte und Textteile von Cicero wurden im Mittelalter rezipiert. Eine Ethik für das Handeln im Staat wurde im Rückgriff auf Cicero begründet. Das Schlusskapitel seines Buches ‚De re publica', mit dem Titel ‚Somnium Scipionis' versehen, war zusammen mit dem Kommentar des spätantiken Autors Macrobius (ca. 385–ca. 430) in mittelalterlichen Handschriften enthalten.[202] Wilhelm von Conches (ca. 1080–1154) übernahm für seinen dem späteren englischen König Heinrich II. gewidmeten Fürstenspiegel wörtliche Zitate aus Ciceros Buch ‚De officiis', Johannes von Salisbury (1125–1180) für sein Hauptwerk der politischen Reflexion Policraticus und Giraldus Cambrensis für seinen Fürstenspiegel.[203] Der Text ‚Somnium Scipionis' formte Reflexionen zum politischen Handeln und zur Motivierung der tugendhaften Anführer, denen für ihren Dienst ein künftiges Seelenheil in Aussicht gestellt war, was den Text anschlussfähig für Christen machte. Nützlichkeit und Tugendhaftigkeit waren mit den Gesetzen zu verbinden. Damit unterlagen die Gesetze selbst, nicht erst ihre Befolgung einer Bewertung. Diese Bewertung war das Thema von christlichen Texten, die auf Cicero Bezug nahmen.[204] Die Nähe der Gesetze zu den Göttern wurde umgeformt zu einer göttlichen Inspiration bei der Gesetzgebung und damit mit dem christlichen Glauben vereinbar gemacht. Dies setzte

---

201 Cicero, De legibus, I, 6, 18, S. 65.

202 Ambrosius Theodosius Macrobius, Commentarii in Somnium Scipionis, hg. v. Willis, Jacobus, 2. Auf., Leipzig 1970; Barker-Benfield, Bruce C., A ninth-century Manuscript from Fleury. Cato de senectute cum Macrobio, in: Medieval Learning and Literature. Essays presented to Richard William Hunt, hg. v. Alexander, Graham J. J. et alii, Oxford 1976, S. 145–165; Hüttig, Albrecht, Macrobius im Mittelalter. Ein Beitrag zur Rezeptionsgeschichte der Commentarii in somnium Scipionis, Frankfurt a. M. 1990; Huglo, Michel, La réception de Calcidius et des Commentarii de Macrobe à l'époque carolingienne, in: Scriptorium 44 (1990), S. 3–20; Zintzen, Clemens, Bemerkungen zur Nachwirkung des Macrobius in Mittelalter und Renaissance, in: Athen – Rom – Florenz: ausgewählte kleine Schriften, hg. v. id., Hildesheim 2000, S. 302–322; Kempshall, Matthew, ‚De re publica' I,39 in Medieval and Renaissance Political Thought, in: Cicero's Republic, hg. v. North, John u. Powell, J. G. F., London 2001, S. 99–135; Bruggisser, Philippe, Macrobius, in: Reallexikon für Antike und Christentum 22, Stutgart 2010, S. 831–856.

203 Delhayee, Philippe, Une adaptation du ‚De officiis' au XIIe siècle, in: Recherches de théologie ancienne et médiévale 16 (1949), S. 227–258; 17 (1950), S. 5–28; Caldini Montanari, Roberta, Tradizione medievale ed edizione critica del Somnium Scipionis, Firenze 2002.

204 Fuhrmann, Horst, Cicero und das Seelenheil, oder wie kam die heidnische Antike durch das christliche Mittelalter?, München et alii 2003; Mews, Constant J., Cicero and the Boundaries of Friendship in the 12th Century, in: Viator. Medieval and Renaissance Studies 38/2 (2007), S. 3–24.

freilich die Anerkennung eines Guten voraus, den staatliche Einrichtungen hervorzubringen in der Lage seien.

III.3 Gesetze der Römer und Glaube der Christen

Die Christen der Antike haben Gutheit von Staat, Gesetzen und Herrschern nicht vorausgesetzt. Bereits in der Antike begannen Christen, Gesetze und Gesetzgebungen zu untersuchen. Die Christen, die im römischen Reich lebten, waren konfrontiert mit einer kaiserlichen Reichsherrschaft, die ihnen zuerst feindlich gegenübertrat. Dann, seit der Einsetzung des Christentums als dominante Religion, die die Edikte Kaiser Konstantins im Jahre 312 einleiteten, waren sie herausgefordert, die Gesetze des Reiches mit ihrer Religion vereinbar zu gestalten. Eine göttliche Einwirkung auf die Gesetzgebung der alten Römer mussten die Christen allein schon wegen der Ablehnung der Existenz der paganen Götter und der gottähnlichen Gestalten als nichtig erachten. Nur als literarische Fiktion konnte die Beteiligung der Nymphe Egeria an der Entstehung der ersten Gesetze Roms hingenommen werden, wie dies Arnobius der Ältere († 330) in seiner christlich-apologetischen Schrift ‚Adversus nationes gentiles' tat. Er stellte Egeria und den König Numa als gemeinsam handelnde Gestalten in seine Darstellung der römischen Geschichte ein und gewann damit Anschluss an eine pagane historiographische Erzählung, die ja zum Teil bereits die Fiktionalität herausgestellt hatte. Die Erzählung von der Gesetzgebung war Fiktion und somit aus der Geschichte entfernt worden.[205]

Es war auch nur konsequent, dass der spätantike Kirchenvater Augustinus (354–430) die zerbrechliche Basis der altrömischen Gesetze aufzudecken versuchte, indem er auf die illusionäre und einwirkungslose Pseudo-Existenz der Götter hinwies und die Beratung durch die Nymphe Egeria als nichtig erachtete. Augustinus, der in seinem Werk ‚De civitate Dei' die Frühgeschichte Roms erzählte, negierte jedwede tatsächliche Weisung der Götter, die allein deswegen nicht vorhanden sein konnte, da die Römer ihre ersten Gesetze von dem Athener Solon übernommen hätten – durchaus in Widerspruch zur Darstellung von Titus Livius. Die Gesetze des Spartaners Lykurg als Vorbild einzusetzen, hätten die Römer – so Augustinus – zurückgewiesen, weil selbst sie, obwohl Götzendiener, nicht glaubten, dass diese Gesetze im Auftrag Apollos gegeben worden wären. Es sei nicht berichtet worden, wie Augustinus insistiert, dass König Numa seine Gesetze von Gottheiten empfangen hätte, womit Augustinus nunmehr der Darstellung von Titus Livius folgt. Für Augustinus waren die Gesetze der Römer weder göttlich noch vernünftig, noch gerecht. Nichts trügen sie zur Mäßigung der Wildheit der Römer bei. Ironisch fragt er, was daran gerecht gewesen sein sollte, die sabinischen Frauen zu

205 Arnobius, Adversus nationes, hg. v. Blasii, Amata, www.thelatinlibrary.com/arnobius/htlm: 5.1.

rauben. Rom sei von Anfang an, dies der Grundtenor des Werkes ‚De civitate Dei', ein Staat, nicht anders als jeder andere, der auf der Gewalt, dem Unrecht, der Ausbeutung und der Unterwerfung anderer Völker beruhe. Für Augustinus ist jeder Staat eine Räuberbande. Indem Augustinus sowohl Räuberbande als auch Staat durch ein *pactum* der Beteiligten grundlegt, verwendet er für beide einen juristischen Terminus, um sie zu charakterisieren. Die Angleichung von Räuberbande und Staat besteht, weil die Gerechtigkeit fehlt. Die Formulierung *iustitia remota* meint, sofern dieser *ablativus absolutus* als Kausalbeziehung aufgefasst wird, dass die Gerechtigkeit nicht das Recht begründet. Dies würde die Menschen aber nicht aus dem Gehorsam gegenüber den Gesetzen entlassen; indes ist das Zutrauen, dass die Gesetze die Menschen zum individuellen Wohl und den Staat zur politischen Größe führen würden, verfehlt.[206] Gesetze zu schaffen und Recht zu gestalten, sei nichts anderes als ein Handeln in den Niederungen des profanen Seins, das in den Fallstricken sündiger Existenz gefangen und unter der Herrschaft der *civitas terrena* steht, welche keinen Anteil haben kann an dem im Geheimen, nur Gott bekannten Voranschreiten der *civitas Dei*, in die einzig die von Gott zum ewigen Heil vorherbestimmten Menschen eintreten werden. Der irdische Staat ist der Ort der Sünde, aus dem es kein Entweichen gibt. Augustinus setzt einen zur Ethik unfähigen Staat voraus, an den folglich keine normativen Anforderungen hinsichtlich der Gerechtigkeit gerichtet werden könnten. Die Gesetze sind ethisch und religiös irrelevant hinsichtlich der Herstellung des guten Lebens im Diesseits und im Jenseits. Gleichwohl beruhen die Gesetze auf einer Notwendigkeit, die Gott den Menschen auferlegt hat, und daher ist die Existenz von Gesetzen das Ergebnis des göttlichen Willens, ohne dass aber der Inhalt der Gesetze die Heilspläne Gottes befördern würde. Weil Gesetze nichts zum guten Leben, auch nicht in der Welt beitrügen, sei es unnütz, Gesetze zu verändern. Dies zu versuchen, würde zu Streit über die Gestaltung der Gesetze führen.[207] Ein ewiges Gesetz bestehe, das

---

206 Aurelius Augustinus, De civitate Dei, S. 16–17, S. 47f., S. 101f.; Conybeare, Catherine, *Terrarum orbi documentum*: Augustine, Camillus, and Learning from History, in: Augustine Studies 30/2 (1999), S. 59–74; Ruokanen, Miikka, Theology of Social Life in Augustine's ‚De civitate Dei', Göttingen 1993; Fortin, Ernest L., Justice as the Foundation of the Political Community. Augustine and his Pagan Models, in: Augustinus. De civitate Dei, hg. v. Horn, Christoph, Berlin 1997, S. 41–62; Burt, Donald X., Cain's City. Augustine's Reflections on the Origins oft the Civil Society, in: ibid., S. 195–210; Tornau, Christian, Zwischen Rhetorik und Philosophie. Augustins Argumentationstechnik in ‚De civitate Dei' und ihr bildungsgeschichtlicher Hintergrund, Berlin/New York 2006, S. 251–254; Mayer, Matthias, Augustinus' ‚De civitate Dei'. Philosophie der Geschichte oder Geschichte der Philosophie, in: Freiburger Zeitschrift für Philosophie und Theologie 61 (2014), S. 412–429; Thielen, Thorsten, Friede und Recht. Studien zur Genese des frühmittelalterlichen Herrscher- und Tugendideals in der lateinischen Literatur der römischen Antike und des frühen Mittelalters, Frankfurt a. M. 2017, S. 41–62.

207 Aurelius Augustinus, De baptismo contra Donatistas, S. 228; id., Epistulae 36, S. 32; id., De civitate Dei, I, 21, S. 23.

auf der göttlichen Vernunft und dem göttlichen Willen basiere. Aber die menschlichen Gesetze hätten keinen Anteil an dem göttlichen Gesetz. Die Verschiedenheit der weltlichen Gesetze hat Augustinus folglich nur als temporäre, regionale und ethnische Varietät gefasst, ohne eine Höherentwicklung der Gesetze zur Tugendmehrung in Erwägung zu ziehen.[208] Gesetze als Verbesserungsinstrumente einzusetzen, lag Augustinus gänzlich fern, da sie dann der beständig waltenden, göttlich eingesetzten Ordnung entsprechen müssten, was aber als Ergebnis menschlichen Tuns, selbst desjenigen der gerechten jüdischen Könige David und Salomon, ausgeschlossen sei. Da die weltlichen Einrichtungen, die der *civitas terrena* angehörten, nichts zum guten Leben der Menschen beitragen können, sind für Augustinus die Gesetze nichts anderes als Zwangseinrichtungen. Sie hemmen die Menschen, führen zu ihrer Unterdrückung, sollen sie in Furcht halten, sind nicht einmal gerecht, verhindern nicht die Gewalt, sind Ausfluss herrscherlichen Machtstrebens. Nur der Eindämmung des bösen Handelns der Untertanen dienen sie, indem sie ein Abgleiten der Menschen in zügellose Willkür Einhalt gebieten. Daher sind die Gesetze nützlich. Diese Bewertung beruht auf einer Negation des Guten. Je bedrückender die Gesetze, desto angemessener sind sie.[209]

III.4 Die Überwindung des Alten im spätantiken römischen Kaiserrecht

Die negative Bewertung von Augustinus zum Nutzen der Gesetze war nicht frei von Widersprüchen. Gesetzliche Zwangsmaßnahmen gegen Ketzer hat er empfohlen und sie als notwendig erachtet, um Kirche und Glauben zu schützen.[210] Aber mehr als nur Ausnahmen zuzugestehen, war verlangt in einer Zeit, als Christen die römische Administration und die kaiserliche Gewalt ausübten. Gesetzgebungen mit dem Willen Gottes in Verbindung zu bringen, wurde nun auch bei Christen vorstellbar, sobald sie selbst Gesetze gestalteten, schufen und in Sammlungen einstellten. Es war die Frage zu beantworten, ob die Christen darauf drängen sollten, das bisher geltende Recht an ihre nunmehr dominante Religion anzupassen. Sollte das Recht legitimiert werden, indem es als göttlich eingesetztes Recht behauptet wurde? Wie waren die Taten, auch die Rechtssetzungen der christlichen Kaiser zu bewerten? War in das Recht mehr als nur die gesetzlich abgestützte und geforderte Ketzerbekämpfung einzuführen, wie sie vom ‚Codex Theodosianus' vom Jahre 438 kodifiziert wurde?[211] Oder war es möglich und erstrebenswert, das Recht und

208 Aurelius Augustinus, De civitate Dei, XIX, 6, 7 u. 12, S. 670f. 675–678.
209 Id., Contra Faustum Manichaeum, hg. v. Zycha, Joseph (CSEL 25,1), Prag/Wien/Leipzig 1891, xxii, 27, S. 591–707, bes. S. 691–695.
210 Siehe Kapitel II.3.
211 Codex Theodosianus; Kroppenberg, Der gescheiterte Codex.

die Gesetze umfangreich und grundlegend mit dem Christentum in Einklang zu bringen und daher zu erneuern und zu verbessern?

Die Auswirkungen der christlichen Religion, deren Anhänger in das Zentrum der Macht eindrangen, bedeutete mehr als nur Angleichung an die neue Situation, mehr auch als nur Überwindung der durch die paganen Religionen begründeten Praktiken, sondern verlangte einen bewussten Akt des Neuanfangs, der das Leben der Menschen von bisher rechtlich anerkannten Gewohnheiten, Vorstellungen und Regelungen reinigen und zu höheren Stufen des Lebens emporheben sollte, was die Voraussetzung wäre, um sich auf das himmlische Heil vorzubereiten. Die Stärkung der kirchlichen Institutionen war verlangt. Neue Gesetze des Römischen Reiches schufen in der Tat Privilegien für die Kirche und sie schützten die christliche Glaubenspraxis. Sie sahen u. a. die Abschaffung alter Gesetze vor, die die einseitige Auflösung von Ehen vorgesehen hatten, das Verbot des Konkubinats für verheirate Männer und ebenso die Anerkennung asketischer Ehelosigkeit, was die Aufhebung von Erwerbsbeschränkungen für Unverheiratete nach sich zog, und das Verbot von Gladiatorenspielen. Verbesserungen auch des diesseitigen Lebens waren vorgesehen. Das Elend der Menschen, hervorgerufen durch lange Gerichtsverfahren, sollte abgestellt werden. Der Nachfolger Konstantins I., Konstantin II., erließ ein Gesetz, mit dem er die *superstitio* verbot. Die fehlende Konkretisierung, was der Begriff bedeutete, schloss nicht aus, dass damit die Überwindung von bisherigen Denk- und Handlungsformen, die Überwindung heidnischer Glaubensinhalte gemeint war. Gegen das Veraltete, die *vetustas*, wurde die *innovatio* gestellt.[212] Die Gemeinschaft der Christen sollte das Römerreich gestalten und das Leben aller Untertanen zu einer höheren Stufe der Gerechtigkeit führen.[213] Von dem bedrohlichen Schrecken, die frühere Gesetze verbreitet hätten, seien, so ein im ‚Codex Theodosianus' überliefertes Gesetz Konstantins, befreit worden. Das alte Recht sei aufgehoben. Unverheirateten und Kinderlosen wurde nun keine Strafe mehr angedroht.[214] Die neuen Gesetze des Kaisers waren zahlreich, was als bedeutende Lebensleistung anerkannt wurde. Selbst das Geschichtswerk von Eutropius († 390),

212 Amarelli, *Vetustas – Innovatio*, bes. S. 59–55, 83–85; Chiusi, Tiziana J., Der Einfluss des Christentums auf die Gesetzgebung Konstantins, in: Kaiser Kontantin der Große. Historische Leistung und Rezeption in Europa, hg. v. Girardet, Klaus M., Bonn 2007, S. 55–63; Simon, Dietrich V., Zum Einfluß des Christentums auf die Gesetzgebung Kaiser Konstantins des Großen, in: Rom, Recht, Religion. Symposion für Udo Ebert zum siebzigsten Geburtstag, hg. v. Kühl, Kristian u. Seher, Gerhard, Tübingen 2011, S. 73–88; Noethlichs, Karl Leo, Christliche Ethik in der Gesetzgebung Konstantins?, in: Ethik im antiken Christentum, hg. v. Brennecke, Hanns C. u. Oort, Johannes van (Studien der Patristischen Arbeitsgemeinschaft 9), Leuven 2011, S. 59–76.

213 Ullmann, Walter, Public Law as an Instrument of Government in Historical Perspective: New Rome and old Rome in the Light of Historical Jurisprudence, in: Diritto e potere nella storia europea. Atti del quarto congresso intern. della Società Italiana di storia del diritto, Firenze 1982, S. 37–52; Dillon, John Noël, The Justice of Constantine. Law, Communication, and Control, Ann Arbor 2012.

214 Codex Theodosianus, lib. 8, 16,1., S. 418.

einem Rhetor, der die römischen Traditionen verteidigte und sie als Garanten der Größe des Imperiums ansah, berichtet über die neuen Gesetze, die aus guten und gerechten Gründen geschaffen worden seien, auch um manche überflüssigen und viele strenge Gesetze aufzuheben.[215]

Das Neue in den Gesetzen haben christliche Autoren wahrgenommen und es mit größerer Emphase gepriesen. Eusebius von Caesarea (ca 260–339/19), der eine Vita zu Kaiser Konstantin schrieb, bezeichnete ihn in dieser Schrift als Erneuerer der Gesetze. Er habe sie geändert im Hinblick auf das Heilige. Er habe die Gesetze aus ihrem alten Zustand in einen besseren gebracht. Unter anderem habe er verfügt, dass Anordnungen der Bischöfe, die sie auf Synoden erlassen hatten, durch kaiserliche Provinzstatthalter nicht aufgehoben werden können, denn Geistliche stünden über allen weltlichen Personen.[216] Eusebius verband die Heilsgeschichte mit der politischen Geschichte des Römischen Reiches und stellte Konstantin als denjenigen vor, der die Erlösungstat Christi fortsetzen würde. Der Tätigkeit im Staat wohne ein hoher ethischer Wert inne, der von Gott gestiftet und von Konstantin zur Aufführung gebracht werde. Das Lob Konstantins gipfelte in der Vorstellung, dass der Kaiser, Gott nacheifernd, die Gerechtigkeit, die Tugend, den Frieden und die Liebe durch sein Regierungshandeln allen Menschen beschert habe und weiterhin ihnen bringen werde. Alt und neu stellte Eusebius in Opposition und verband damit die Bewertung von schlecht und gut.[217] Eusebius stellte Kaiser Konstantin prominent in sein historiographisches Hauptwerk, die ‚Historia ecclesiastica', ein, das im Mittelalter ausgiebig rezipiert, zitiert, kompiliert und oft an den Anfang historiographischer Werke gesetzt wurde, vor allem auf der Grundlage der von Rufinus von Aquileia um das Jahr 400 erstellten lateinischen Übersetzung aus dem griechischen Original. Den Kaiser bezeichnet Eusebius als Erlöser und rückt ihn so in die Nähe zu Christus. Eine von Gott gewollte Ordnung auf Erden sei nun errichtet worden, schrieb er. Mit Konstantin habe die Epoche der Gerechtigkeit begonnen, die alle Christen und sogar die dem wahren Glauben ablehnenden Menschen beglückten. Ein von Gott legitimiertes Reich leite auf den Weg zur ewigen Glückseligkeit, verbessere aber schon auf Erden das Leben. Die Verehrung des wahren Gottes ermögliche es, bessere Gesetze zu schaffen. Diese machten das Leben der Menschen besser – auch das der Ungläubigen. Alle Untertanen des Reiches kämen in den Genuss der guten Regierung und profitierten von dem Bekenntnis des Kaisers zu Christus. Die religiöse Transzendenz strahlte auf das diesseitige Leben und

215 Eutropius, Breviarium ab urbe condita, hg. v. Santini, Carlo, Leipzig 1979, 10.8, S. 67; den Boer, Willem, Some Minor Roman Historians, Leiden 1972, S. 114–116.

216 Eusebius von Caesarea, De vita Constantini, hg. v. Schneider, Horst (Fontes Christiani 83), Turnhout 2007, IV, 26 u. 27, S. 436–441.

217 Eusebius of Caesarea, In Praise of Constantine: A Historical Study and New Translation of Eusebius' Tricennial orations, hg. v. Drake, Harold A., Berkeley et alii 1976, S. 83–102; O'Meara, Dominic u. Schamp, Jacques, Miroirs de prince de l'Empire romain au IVe siècle, Freiburg (Schweiz) 2006, S. 85, 89, 105, 120–125, 133f.

hüllte es in eine säkulare Transzendenz, die das Individuum aus der Begrenzung der eigenen Lebensspanne hinausführte.[218]

Die Verbesserung des Rechts war zunächst eine Verbesserung der Texte. Die Kompilationen, schon seit Kaiser Diocletian (284–305) erstellt, basierten auf Kasuistiken, sammelten Reskripte, d. h. rechtlich verbindliche Antwortschreiben der Kaiser auf Anfragen. Die Sammlung, die Kaiser Theodosius II. (408–450) durch zwei von ihm eingesetzte Kommissionen erstellen ließ, brachte eine thematische Ordnung in die Rechtsmaterien, als deren Ergebnis das als ‚Codex Theodosianus' genannte Werk entstand, das im gesamten römischen Reich Autorität erlangte und den Bestand der von den christlichen Kaisern erlassenen Bestimmungen in die älteren Rechtsmaterien einfügte. Eine verlässliche Basis der Gesetze war geschaffen, die eine Ordnung der Texte und damit auch des Rechts schuf.[219]

Weitreichende Wirkung auf das Mittelalter entfaltete das vom römischen Kaiser Justinian I. (527–565) in Kraft gesetzte und ebenfalls durch eine Juristenkommission gesammelte Recht, das seit dem 15. Jahrhundert als ‚Corpus iuris civilis' bezeichnet wurde und nach einer langen Zeitspanne, in der es im Okzident weitgehend in Vergessenheit geriet, seit dem Beginn des 12. Jahrhunderts von Juristen aus Bologna wiederentdeckt und zur Anwendung gebracht wurde. Die Rechtssetzung Justinians war als ein glanzvoller Sieg der wahren Religion vorgestellt. Die Sakralisierung des kaiserlichen Amtes und die Liturgisierung von dessen Präsentation setzten sich in der Legislation fort, die die Kaiser einrichteten. Den Katastrophen, die das Reich heimsuchten, war die koordinierte Ordnung von Kaiser und Kirche entgegenzustellen.[220] Die pathetische Überhöhung der Rechtssammlung in die religiöse Sphäre begründete die Entstehung der Sammlung und verlieh ihr Geltung. Derjenige Teil des *corpus*, der einzelne Gesetzestexte zusammenstellte und als ‚Codex' bezeichnet war, begann mit der Deklaration der wahren Religion, der des Christentums. Ein Traktat zur Trinität stand am Anfang. Er sollte die dogmatischen Festlegungen der Reichskonzile, die seit demjenigen von Niceae 325 in kirchenrechtliche *Canones* gefasst waren, in das weltliche kaiserliche Recht über-

218 Eusebius von Caesarea, Historia ecclesiastica (Bibliothek der Kirchenväter 2/1), hg. u. übers. v. Häuser, Philipp, München 1932, bes. S. 438, 443–460; Farina, Raffaele, L'impero e l'imperatore cristiano in Eusebio di Cesarea. La prima teologia politica del Cristianesimo, Zürich 1966; Sansterre, Jean-Marie, Eusèbe de Césarée et la naissance de la théorie „césaropapiste", in: Byzantion 42 (1972), S. 131–195, 532–594; Frank, Karl S., Eusebios von Kaisareia, in: LexMA, 4, München/Zürich 1989, Sp. 106f.; Kolb, Frank, Herrscherideologie in der Spätantike, Berlin 2001, S. 68; Drijvers, Jan Willem, Eusebius' Vita Constantini als vorstenspiegel, in: Lampas 37 (2004), S. 161–164; Drews, Wolfram, Höfert, Almut u. Gengnagel, Jörg, Sakralität und Sakralisierung in transkultureller Perspektive, in: Monarchische Herrschaftsformen der Vormoderne in transkultureller Perspektive, hg. v. Drews, Wolfram et alii (Europa im Mittelalter 26), Berlin/Boston 2015, S. 175–238, S. 182.

219 Leppin, Gesetzgebung, S. 458f.

220 Meier, Mischa, Das andere Zeitalter Justinians. Kontingenzerfahrung und Kontingenzbewältigung im 6. Jahrhundert n. Chr., 2. Aufl., Göttingen 2004.

führen. Die folgenden Abschnitte des ‚Codex' behandelten kirchlich-institutionelle Sachverhalte, wie den Schutz der Kirchen, ihre Privilegien, die Verfolgung der Ketzer oder die Gestaltung der Taufe. Der Sieg des Christentums im Römischen Reich verlangte ein neues Gesetzbuch.[221]

Die Gesetzgebung, ihre Verfahren und Absichten sind in einem selbstreflexiven Text erläutert. Er ist Bestandteil eines kaiserlichen Gesetzes von Justinian I., das nach seinem Anfangswort als Konstitution ‚Tanta' bezeichnet ist. Der Text stellt die bisherige Gesetzgebung Konstantins als eine seiner größten Leistungen dar. Justinian selbst verkündet in dieser Konstitution, dass er die Zeit der Wirren und Schwankungen des römischen Rechts, die auch kaiserliche Konstitutionen nicht verschont und heftige Streitigkeiten hervorgerufen hätten, beendet habe. Keine Widersprüche, keine Wiederholungen, keine Fallentscheidungen, die nicht allgemein gültig seien, sollen in das neue Gesetzeswerk aufgenommen werden. Justinian stellt seine Gesetzgebung in die Kontinuität der Rechtsentwicklung seit der Gründung der Stadt Rom und sieht sich als Vollender einer Harmonie, die, vom Recht geformt, sich auf die Gestaltung des Lebens in allen Bereichen erstrecke.[222] Das Recht der Vergangenheit solle dabei nicht in Vergessenheit geraten: Stellungnahmen der früheren Rechtsgelehrten sind im Buch der Digesten gesammelt, das Bestandteil des *corpus* bildet. Indes, das Recht der Vergangenheit war gesäubert, in eine Einheitlichkeit gebracht, vor allem sortierte es das, was verworfen, und das, was erhalten bleiben sollte, weswegen die Texte aller Rechtsgutachten, die keine Aufnahme in der Sammlung fanden, zerstört werden sollten. Das Erinnerungsverbot schirmte die rechtliche Innovation von älteren Schichten des Rechts ab, die ihr entgegenstehen könnten. Die Rigidität der Maßnahme zeigt an, dass mehr als nur bloße Textbereinigung angestrebt war, sondern eine neue Etappe des Rechts eingeleitet werden sollte. Die göttlichen Dinge waren in vollkommener Weise gut, die menschlichen mussten erst zum Guten hingeführt werden. Das Projekt sah Justinian nicht als abgeschlossen an, wie in der Konstitution ‚Tanta' verkündet wurde. Der Vorgang der Verbesserung sollte auch in der Zukunft fortgesetzt werden, denn nichts in der Welt habe dauernden Bestand, weil die Natur stets neue Formen hervorbringe und die Lebensbedingungen der Menschen sich veränderten. Das kaiserliche Amt habe auch weiterhin dafür zu sorgen, dass alles, was neu entstehen werde, im Recht verbessert werde. Die Gesetze haben keinen dauernden Bestand, so kündet es die Konstitution ‚Tanta'.[223]

Die Verbesserung des Rechts ist nicht das Ergebnis einer einmaligen Gesetzgebung, sondern eines Prozesses, der auf Neues reagierend neue Gesetze hervorbringt. So unbestimmt die Zukunft auch sei, so stark sei die Wirkung der Gesetze, so dass ein Abgleiten in Unordnung und Unfrieden verhindert werden könne. Ge-

---

221 Corpus iuris civilis: Codex, I, 1, S. 8–17 sowie I,1–6.
222 Konstitution Tanta, Prolog: Corpus iuris civilis: Codex, I,17,2, S. 70.
223 Ibid.

setzgebungen sind gemäß der programmatischen Aussage der Konstitution ,Tanta' aber nicht ein korrigierendes Eingreifen gegen neu auftretende Gefahren und Verbrechen, sondern die Realisierung eines Perfektionierungsprogramms. Um ein gutes Leben, was als Ziel der Gesetze ausdrücklich angegeben ist, zu ermöglichen, sei eine Fortentwicklung der Gesetze erforderlich. Das gute Leben könnten alte Gesetze nicht fördern. Die Rechtskompilation Justinians ist als das Ergebnis einer Innovation dargestellt und berechtigt zu weiteren Innovationen.[224] Die Gültigkeit des Gesetzgebungswerkes Justinians ist andererseits auf alle Zeit, *in omne aevum*, ausgedehnt. Dieses Gebot, am Ende der Konstitution ,Tanta' formuliert, schließt aber keineswegs legislatorische Veränderungen in der Zukunft aus, verlangt keinen definitiven Abschluss von Neuerungen, sondern zielt auf die beständige Geltung der juristischen Grundprinzipien, schließt somit Veränderungen und Emendationen ein, meint also eine garantierte legislatorische Performanz, keine Permanenz von deren Resultaten. Vorgesehen ist ein Prozess, nicht eine inhaltliche Fixierung.[225]

Justinian selbst hat mit dem Erlass neuer Gesetze, die, als *novellae* bezeichnet, bereits zu seinen Lebzeiten kollektioniert wurden und zu den Bestandteilen des *corpus* gehörten, das Vorhaben der fortlaufenden Verbesserung in Gang gesetzt.[226] In einer Novelle zum Prozessrecht und zum Verfahren des gerichtlichen Zeugnisses wird es als notwendig erachtet, zur Subtilität der Angelegenheit etwas zu ergänzen, um falsche Aussagen vor Gericht, so weit es möglich ist, zu verhindern.[227] Zum Nutzen der Untertanen behauptet Justinian mit dem Erlass von neuen Gesetzen zu handeln, denn nichts Schädigendes aus alter Zeit, nichts an schlechten Gewohnheiten, selbst wenn sie in langem Gebrauch gewesen seien, sollte bestätigt werden, vielmehr gelte es, den als ungerecht bezeichneten Praktiken, die einst rechtskonform gewesen seien, ein gutes und neues Gesetz entgegenzustellen.[228] Die Aufgabe des Kaisers, die Schwachen in Schutz zu nehmen, verlange, so eine weitere Novelle, mit Milde zu strafen, damit nicht durch die Anwendung alter strenger Gesetze die Untertanen über Gebühr und damit wider die Gerechtigkeit belastet würden. Die Fürsorge des Kaisers solle so allen offenbar werden. Alle sollten in ihren Genuss kommen, obwohl es nicht einfach sei, eine Einzelfallgerechtigkeit, die die Härten des Rechts durch Billigkeit mildert, in ein Gesetz zu fassen. Sie sollte gleichwohl angestrebt werden.[229]

Eine Konstitution im Buch des ,Codex' bestimmt, dass ein Gesetz abzuschaffen sei, das mit Unklarheiten behaftet ist und dem Empfinden des Herzens des Kaisers entgegensteht.[230] Obgleich diese Konstitution ein Reskript von Diocletian erneut

224 Konstitution Tanta, Prolog: Corpus iuris civilis: Codex, I,17,2, S. 70.
225 Ibid., S. 73f., Tanta, Nr. 23.
226 Leppin, Gesetzgebung, S. 462f.
227 Corpus iuris civilis: Novellae, nov. 90, praefatio, S. 445f.
228 Ibid., nov. 17, c. 1, 3, und 7, S.117f., 121f.
229 Corpus iuris civilis: Novellae, nov. 134, c. 13, 688f.
230 Corpus iuris civilis: Codex, IX,9,27 (28), S. 376.

in Kraft setzt, ist die legislatorische Kompetenz des christlichen Kaiser, der eine Rechtsveränderung verfügt, unmissverständlich ausgeführt und behält eine Gültigkeit, die über den Einzelfall und über die Anknüpfung an die Vergangenheit hinausreicht und in die Kompetenz aller Kaiser gelegt ist.[231]

Die Veränderlichkeit der Gesetze ist mehr als der Nachvollzug neuer Gegebenheiten, sondern die Verwirklichung eines Verbesserungsvorgangs der Gesetze, die, auf eine offene Zukunft ausgerichtet, durch die Legislationen der Kaiser zu formen sind, damit zugunsten der jeweiligen Gegenwart das Beste, was rechtlich möglich ist, geschaffen wird. Die nicht abgeschlossene Verbesserung besteht unterhalb einer nur dem Göttlichen vorbehaltenen Perfektion. Sie entzieht sich einem Verhaftetsein an eine Tradition. Nicht einmal wichtige Einrichtungen, in alten Gesetzestexten aufgeschrieben, bleiben von Aufhebungen und Veränderungen verschont; vielmehr werden sie korrigiert und in einen besseren Zustand geformt, so wie es der Kaiser meint: *hanc corrigendam esse putivimus et in melius restaurandam.*[232] Der voluntaristische Akt, der von der individuellen Auffassung des Kaisers ausgeht, verschont das Alte nicht. Auf die Menschen soll nicht das Gewicht alter Gesetze lasten, sondern sie sollen durch Gesetze, die der Kaiser zu neuem Glanz emporhebe, gefördert werden, wozu Gott seine Erlaubnis gegeben habe. Justinian beansprucht die einzigartige Leistung, dass er erstmals in der Geschichte den Menschen die Bürde alter und veralteter Gesetze abgenommen habe. So sollte eine Verbesserung des Lebens erreicht werden. Sie hätte niemand für möglich gehalten. Gelungen sei sie gleichwohl.[233] Der Stolz des Erneuerers meldet sich zu Wort, genauso die Erwartung, auch in der Zukunft das in der Vergangenheit noch niemals Erreichte zu verwirklichen und das Verbesserungswerk fortzusetzen. Dies geschehe dank göttlicher Einwirkung. Die neuen Gesetze sind zu befolgen, die alten sollen, sofern sei als ungünstig bewertet werden, beiseite geschoben werden.[234] Das Gute liege nicht allein in der Textverbesserung, sondern in der Gestaltung der Dinge. *Propter utilitatem rerum* seien die Gesetze zu verändern.[235]

Kaiser Justinian und seine Nachfolger waren legitimiert, neue Gesetze zu schaffen. Die *novellae* waren Teil der justinianischen Gesetzes- und Rechtsammlung. Die Einleitungen für diese meist knappen Bestimmungen haben aber selten eine programmatische Begründung, sie verweisen meist auf Korrekturen – sowohl des bestehenden Rechts als auch der Lebensumstände –, so dass aus der Überwindung von nicht mehr zeitgemäßen Gesetzen und aus der Beseitigung von zeitaktuellen Missständen eine günstige Einwirkung angestoßen werden soll. Die siebente Novelle, die eine Angelegenheit des kirchlichen Besitzes regelt, stellt dann doch eine allgemeine Konzeption vor: Der Kaiser beabsichtige, ein einheitliches Recht zu

231 Corpus iuris civilis: Codex, IX,9,27 (28), S. 376.
232 Konstitution Tanta, nr. 10: Corpus iuris civilis: Codex, I,17,2, S. 72.
233 Ibid., S. 70f.
234 Ibid., S. 73.
235 Konstitution Tanta, nr. 10: Corpus iuris civilis: Codex, I,17,2, S. 72.

schaffen, das die vorangehenden erneuern und verbessern solle und das wegnehme, was überflüssig, und das hinzufüge, was notwendig sei.[236] Die Verbesserung ist zunächst rechtsimmanent, bedeutet eine Textverbesserung. Aber auch die Verbesserung der Lebensumstände, in diesem Fall zugunsten der Priester der Kirche, ist beabsichtigt. Die Gebote der christlichen Religion und die Erfordernisse der Kirche verlangen Neuerungen. Diese werden aus Notwendigkeiten abgeleitet. Die Novellen Justinians setzten die Gesetzgebung mittels Einzelfallentscheidungen fort, die wiederum in eine Sammlung eingefügt und somit zum allgemeinen Gesetz wurden.[237]

Indem die Gesetze von den Zwängen der Tradition teilweise abgelöst wurden, waren Argumente bereitgestellt, sie zur Verbesserung des Lebens aller Untertanen einzusetzen. Die Bindung an die Tradition bestand nur noch, insofern sie die Voraussetzung darstellte, von der aus neue Formen hergestellt werden konnten. Aber es wurde festgehalten: Instrumental-praktisch sollten die Gesetze auf die Individuen und ihre gesellschaftlichen Verbindungen einwirken. Das durch die Christianisierung des Römischen Reiches angestoßene Erneuerungsbedürfnis erfasste die Maßnahmen des Staates und seine Gesetzgebungen, die aber nicht in einem isolierten Akt des Neuanfangs die als veraltet und unangemessenen bewerteten Gesetze aufhoben und ersetzten, sondern dazu antrieben, die Gesetze kontinuierlich zu erneuern, um ihre soziale Funktionalität zu erhalten. Die legislative Dynamik setzte sich über das Alte hinweg und bezog ihre Berechtigung aus dem Nutzen, den die Gesetze stifteten, steigerten und künftig noch steigern würden. Das in der Vergangenheit gesetzte Recht verlor seine Unantastbarkeit. Der Kaiser als Gesetzgeber gewann daher Gestaltungskompetenzen, die ihn nicht als Bewahrer und Schützer des Bestehenden, sondern als Stifter des Neuen einsetzten, das dazu bestimmt sei, das Recht und das Leben an die christlichen Religion anzugleichen und deswegen ein gutes Leben – bereits auch auf Erden – zu ermöglichen. Das Ziel, das durch neue Gesetze erreicht werden soll, wird als *legum veritas* bezeichnet. Die Normierung der Norm verweist auf einen Wert, den der Wahrheit. Worin sie besteht, ist nicht konkretisiert. Wichtig ist die formale Übereinstimmung mit dem Akt, Gutes zu schaffen. Die Berechtigung der legislativen Innovation ist aber weniger intentional als kausal gefasst. Sie ist religiös begründet: Jesus Christus habe dem Kaiser die Möglichkeit verliehen, Gesetze zu korrigieren und zu schaffen. So verkündet es die Konstitution ‚Tanta'.[238]

Es galt eine Auswahl zu treffen zwischen dem, was erhalten, und dem, was verbessert werden sollte. Die Gesetze gegen die Ketzer, die auch Privilegien für die Kirche waren, sollten unumstößlich bestehen bleiben. Die Strenge des Gesetzes

---

236 Corpus iuris civilis, 3: Novellae, 7, S. 48.

237 Honsell, Heinrich, Römisches Recht, Zürich 2001, S. 17f.; Kunkel, Wolfgang u. Schermaier, Martin, Römische Rechtsgeschichte, 14. Aufl., Köln et alii 2005, S. 208–223.

238 Konstitution Tanta, Prolog: Corpus iuris civilis: Codex, I,17,2, S. 70–74.

war unwiderruflich, denn die Häretiker, diese als schändlich bezeichneten Menschen, seien in nichts hinsichtlich der Sitten und in nichts hinsichtlich der Gesetze mit den übrigen Menschen gleich. Die Ketzer wurden in eine rechtliche Ausnahmeposition gestellt. Von den günstigen Wirkungen von Gesetzen, die ansonsten angestrebt waren, insbesondere von der behaupteten Milde, sollten sie ausgeschlossen sein. Für sie – wie auch für die Sklaven – bestand keine Aussicht, dass die Gesetze ihnen förderlich sein sollten.[239]

Die Dynamik der in den Gesetzen angelegten Verbesserungspotentialität führte zu einer Bewertung der Gesetze, die nicht nur hinsichtlich des Textes und auch nicht nur inhaltlich, nach ihrem materiellen Gehalt, beurteilt wurden, sondern den Vorgang des Veränderns selbst als Kennzeichen einer besseren Qualität der Gesetze angab. Der Schutzbereich eines zu erhaltenden Rechtsbestandes ist eng gefasst. Der Teil des *corpus*, der als ‚Institutiones' bezeichnet und als Handbuch der Rechtslehre konzipiert ist, unterstellt die natürlichen Vorgänge der Selbsterhaltung und der Fortpflanzung sowie die Gestaltungsautonomie des eigenen Lebens unter das natürliche Gesetz. Dieses hat aber nur wenige juristische Weiterungen.[240] Die Bestimmung des Naturgesetzes ist nicht einmal Garant des Unveränderlichen. So ist insbesondere die Fähigkeit der Menschen, nach eigenen Entscheidungen das Leben zu gestalten, also frei zu sein, nicht davor geschützt, abgeschafft zu werden. In den ‚Institutiones' wird behauptet, dass Gewalt und ein von ihr abgeleitetes Recht dieser Freiheit ein Ende setzen können. Im Widerspruch zu der *natura*, dem Naturzustand, ist die *constitutio* der Unfreiheit eingerichtet, so dass der Unfreie dem Freien unterworfen ist. Durch Gesetze werden bestimmte Menschen ihrer Freiheit beraubt. Gesetze verschlechtern den Status von Personen. Wegen der Gesetze werden die Lebensumstände herabgedrückt. Sie legitimieren das, was durch Gewalt zustande kommt. Die Sklaverei entsteht aus Krieg und Kriegsgefangenschaft und wird zum rechtlich legitimierten Zustand.[241]

In den Rechtsgutachten römischer Juristen, die im Buch der Digesten gesammelt wurden und Bestandteil des ‚Corpus iuris civilis' waren, definieren einige Texte das Gesetz, indem sie die Intentionalität, die die Gesetze verfolgen, die Ursprünge, aus denen sie hervorgehen, und die Wirkung, die sie entfalten, darstellen. Unter anderem gilt das Gesetz als Mittel gegen das Unrecht. Es hat allgemeine Gültigkeit. Es reguliert das, was häufig vorkommt. Es entsteht aus einem gemeinsamen Beschluss der Bürgerschaft. Es wird auch geschaffen durch den Senat. Es muss durch Gerichtsurteile ergänzt werden. Neue Gesetze werden in den Digesten als durch ältere begründet angesehen, werden von ihnen abgeleitet, gewinnen damit eine weitere Legitimierung, die aus einer Dynamisierung der Tradition entsteht,

239 Corpus iuris civilis: Codex, I, 5, S. 50–53.
240 Corpus iuris civilis: Institutionen, hg. v. Behrends, Okko et alii, 2. verbesserte Aufl., Heidelberg 1997, I, 1,1–4; 2,1–11, S. 1–5.
241 Ibid., I, 3,1–4, S. 6.

die ihre unvergängliche Geltung aufhebt, sie aber als Ausgang der Neuerungen würdigt. Deutungen der Gesetze sollten beständig sein, ihre Änderungen hingegen selten: *Minime sunt mutanda, quae interpretationem certam semper habuerunt.* Aber ältere Gesetze durch neuere zu ersetzen, ist nicht ausgeschlossen. Neue gute Gesetze gelten mehr als die früheren. Der Kaiser hat eine Gesetzgebungskompetenz. Verbesserungen des Lebens sind in den Digesten aber nicht vorgestellt. Sie begründen vielmehr Verfahren von Rechtsangleichungen an geänderte Bedingungen und Bedürfnisse.[242]

Ausgedehnt ist die Kompetenz des Kaisers, dem das alte Recht nur wenig Schranken setzt, so dass er für Verbesserungen von Recht, Gesetz und Leben sorgen kann. Die Zuständigkeit beruht auf Gottes Einsetzung. Die Auffassung in den alttestamentlichen Büchern eines von Gott übergebenen Gesetzes fehlt in den Texten, die unter den Begriff ‚Corpus iuris civilis' zusammengefasst sind. Die Gesetze stehen vielmehr in der Verfügung des Herrschers. Die justinianische Gesetzgebung setzt sich auch von einer römisch-paganen Tradition ab, die die göttliche Einwirkung auf das Finden und Erlassen von Gesetzen als Beratung und Belehrung der Nymphe Egeria berichtet hatte.

Die Legislationskompetenz des Kaisers machte die justinianische Gesetzessammlung attraktiv für die mittelalterlichen römischen Kaiser seit der Wende zum 12. Jahrhundert, nachdem Heinrich V. in Kontakt zu Bologneser Rechtsgelehrten getreten war, die Texte aus dem ‚Corpus iuris civilis' nach Jahrhunderten der Vergessenheit im okzidentalen Europa wiederentdeckten.[243] Neben den Kaisern suchten auch die Könige sich als Legislatoren zu betätigen, indem sie die Rechte wie die eines Kaisers innerhalb ihrer Königreiche in Anspruch nahmen, so wie dies Papst Innozenz III. in der Urkunde ‚Per venerabilem' dem französischen König Philipp II. 1202 zugestand.[244] Das römische Recht war ein fruchtbarer Boden, aus dem Gesetzgebungskompetenz der Kaiser und Könige seit dem 12. Jahrhundert entstand.

---

242 Corpus iuris civilis. Digesten, hg. v. Okko Behrends et alii, Heidelberg 1995–1998, S. 111–117.

243 Lange, Römisches Recht, S. 35–53.

244 Pennington, Pope Innocent's III Views; Hageneder, Anmerkungen zur Dekretale ‚Per venerabilem'.

IV. Entstehung und Bewahrung von Recht im Mittelalter

IV.1 Der gerechte König

Mit der Einrichtung von germanischen Königreichen im Westen des Römischen Reiches entstanden neue Bedingungen und Ansprüche an die Gesetze. Die Aufgaben des Königs waren festzulegen, auch als Gesetzgeber. Die Rechtsentwicklung entfernte sich seit dem 6. Jahrhundert zunehmend von dem durch das ‚Corpus iuris civilis' begründeten Anspruch, kraft der Gesetze Gerechtigkeit herzustellen. Das Ideal einer ent-institutionalisierten Gerechtigkeit wurde entwickelt, weil sie als Tugend verstanden wurde, die eine Person kennzeichnen sollte. Damit waren Vorstellungen aufgegriffen, die Cicero formuliert hatte, der die Gerechtigkeit als die größte Tugend eines Mannes vorstellte.[245] Der christliche Kirchenvater Ambrosius (ca. 330–397) hatte den Terminus *virtutes cardinales* eingeführt und ihnen die *iustitia* zugeordnet. Wer gerecht ist, sei dem Nutzen aller zugetan, führte Ambrosius aus. Gerechtigkeit war von Personen gefordert und sollte Personen zugute kommen, ohne dass institutionelle rechtliche Ordnungen die Gerechtigkeit herstellen würden.[246]

Vorstellungen von Augustinus haben diese Entkoppelung von Recht des Staates und Gerechtigkeit der Personen gefördert. Er hatte die Gerechtigkeit bereits aus einem staatlichen Zusammenhang herausgenommen, vielmehr von den Geistlichen der Kirche gefordert, konsequenterweise in seiner ekklesiologischen Schrift, betitelt ‚De moribus Ecclesiae catholicae'. Nur ausserhalb von Staat und weltlicher Organisation, in der Verehrung für Gott und in Liebe zu ihm gebe es Gerechtigkeit. Sie hat ihren Platz unter den Menschen, die in der Kirche Ämter ausüben. Die Mahnung im Matthäus-Evangelium, dass niemand zwei Herren dienen könne (Math. 6,24), ist die Begründung, dass Gerechtigkeit in Angelegenheiten der weltlichen Institutionen nicht einmal angestrebt werden solle. Augustinus stimmt der Auffassung von Cicero zu, dass die Gerechtigkeit die höchste Tugend sei.[247] Aber das Ziel, Gerechtigkeit mittels der Gesetze zu verwirklichen, könne nicht verwirklicht werden. Gerechtigkeit zeichnet die Person aus, ist hingegen illusorisch hinsichtlich einer guten Rechtsordnung. Überdies stehe Gerechtigkeit unterhalb der

---

245 Marcus Tullius Cicero, De officiis, hg. v. Nickel, Rainer, Berlin/Boston 2011, I, 20, S. 24: *iustitia in qua virtutis splendor est maximus. Iustitia est* [...] *virtutum omnium maxima.* Dieser Festlegung stimmt Augustinus zu; Aurelius Augustinus, Contra Iulianum, 35, S. 36.

246 Ambrosius, Expositio evangelii secundum Lucam, hg. v. Adriaen, Marcus u. Ballerini, Paolo A. (CCSL 14), Turnhout 1957, V, 62, S. 157f.

247 Aurelius Augustinus, De moribus Ecclesiae catholicae, hg. v. Rutzenhöfer, Elke, Paderborn et alii 2003; Id., Contra Iulianum, 35, S. 36.

Gnade Gottes. Nur diese verheißt die Erlösung im Jenseits. Nicht die Gerechten heilen ihre Sünden, sondern Gott tue dies. Augustinus vergleicht ihn mit einem Arzt, der die Kranken und nicht die Gesunden heile.[248] Aber den Herrschern sind Pflichten auferlegt, gerecht zu handeln. Mögen ihre Taten auch nichts zu einer gerechten Staatsordnung beitragen, so haben die Herrscher, so wie alle Christen, Nächstenliebe zu erweisen und folglich gerecht zu handeln. Augustinus weist auf einige christliche Kaiser hin, ausdrücklich nicht auf alle, vielmehr nur auf die Kaiser Konstantin und Theodosius, denen es gelungen sei, das Bekenntnis zum christlichen Glauben mit einem tugendhaften Leben zu verbinden.[249] Die augustinische Anschauung entpolitisierte Gerechtigkeit. Weder zur Bewertung noch als Motor von rechtlichen Verbesserungen eignet sie sich.

Die Auffassungen zur Gerechtigkeit als Tugend waren im Mittelalter außerdem geprägt durch die Allegorisierung der Tugenden im Lehrgedicht ‚De nuptiis philologiae et Mercurii' von Martianus Capella, der um die Wende zum 6. Jahrhundert die Viererzahl der Tugenden mit der der vier Weltalter in Beziehung setzte und die Gerechtigkeit als höchste Errungenschaft der Tugenden darstellte.[250] Auch in diesem Text löste sich der Begriff *iustitia,* Gerechtigkeit, aus einem engen rechtlichen Zusammenhang, wurde zu einer ethischen Norm, zu einer Pflicht, die das Verhalten von Individuen anleitete. Nicht die Gesetze waren gerecht, sondern die Person und das Handeln eines Herrschers.

Im Mittelalter gab es eine Ethik der Gerechtigkeit, die den Herrschern auferlegt war, welche über das Recht verfügten und es anwenden sollten. Gerechtigkeit beruhte auf einer personalen Beziehung, die hierarchische Differenz und ungleiche Macht voraussetzte. Es war die persönliche Tugend, die Auswirkungen auch auf das Recht und auf die Herrschaft hatte. Die Sakralisierung des Königtums, gekennzeichnet durch die Salbung und die Krönung, beides liturgische Akte, die die Mitwirkung von Bischöfen verlangten, führte zu einer Annäherung von Kirche und Königtum. Die Kirche bot sowohl Legitimierung des Königs an als auch dessen Belehrung.[251] Herrscher galten als Vollstrecker göttlicher Anweisungen und waren in die Nähe einer geistlichen Würde eingestellt. Gerechtigkeit war damit über die personalen Beziehungen auf Erden hinausgehoben und bezog die Beziehung

248 Aurelius Augustinus, De moribus ecclesiae catholicae, hg. v. Bauer, Johannes B. (CSEL 90), Wien 1992, S. 29f., 51f., Kap. 15 und 24.

249 Id., De perfectione iustitiae hominis, hg. v. Vrba, Karl F. u. Zycha, Joseph (CSEL 42), Wien 1902, S. 46–48; id., De civitate Dei, S. 160–163.

250 Martianus Capella, De nuptiis philologiae et Mercurii, hg. v. Dick, Adolf, Leipzig 1925, VII, S. 170, 369.

251 Höfler, Otto, Der Sakralcharakter des germanischen Königtums, in: Das Königtum. Seine geistigen und rechtlichen Grundlagen (Vorträge und Forschungen 3), Lindau 1956, S. 75–104; von See, Klaus, Kontinuitätstheorie und Sakraltheorie in der Germanenforschung. Antwort an Otto Höfler, Frankfurt a. M. 1972; Erler, Adalbert, Königsheil, in: Handwörterbuch zur deutschen Rechtsgeschichte 2, Berlin 1978, Sp. 1040; Erkens, Franz-Reiner, Herrschersakralität im Mittelalter. Von den Anfängen bis zum Investiturstreit, Stuttgart 2006.

zwischen Gott und Herrscher ein. Indem sich politische Reflexion in der Form einer ethischen Belehrung des Königs vollzog, begründeten die Gestaltung und die Anwendung von Gerechtigkeit die Affirmation eines guten Königs. Ihm war das Gute zugeschrieben, sofern er gerecht handelte. Gerechtigkeit war in erster Linie ein ethischer Wert, der dem abverlangt war, der herrschte. Sie war hingegen kein rechtlich gestaltetes Prinzip. Sie hatte daher keine Auswirkung, das Leben der Beherrschten zu verbessern.

Trotz der Personalisierung der Gerechtigkeit erfasst sie die institutionelle Gestaltung. Gute Könige bewiesen, dass sie gerecht waren, indem sie nicht nur gerechte Urteile fällten, sondern auch gute Gesetze machten. Die Bedeutung von *iurisdictio* schließt Gerichtsurteil und Gesetzgebung gleichermaßen ein, beide gelten als Aufgabe des Herrschers. Aber mehr die Bewirkung, also die Schaffung durch eine Person, weniger das Ergebnis war die Grundlage für die Bewertung von Urteilen und Gesetzen. Eine individuelle Morallehre wurde an die Könige des frühen Mittelalters herangetragen.

Die Veränderlichkeit der Gesetze forderte zu Rechtfertigung auf. Sie bestand darin, dass die Könige als Gesetzgeber Belehrungen erhielten. Geistliche Autoren gaben sie. Isidor von Sevilla (ca. 560–636) gehörte zu ihnen. Insbesondere durch sein zahlreich kopiertes und umfangreich zitiertes enzyklopädisches Werk der sogenannten ‚Etymologiae' hatte er auch außerhalb des Hofes der westgotischen Könige, in deren Umfeld er wirkte, großen, auch für folgende Epoche weitgedehnten Einfluss. Der Autor, der in der – auch durch die kurzfristige Eingliederung in das Römische Reich durch Kaiser Justinian nach 552 – intensiv romanisierten einstigen Provinz *Baetica*, im Süden der iberischen Halbinsel, lebte, seit 600 Bischof von Sevilla war, unter der Herrschaft der seit 587 von der arianischen zur katholischen Konfession konvertierten Könige der Westgoten stand, die Kultur der Antike und die Rechtgläubigkeit, wie sie die ökumenischen Konzile dogmatisch festgelegt hatten, verteidigte und die Kooperation mit dem königlichen Hof suchte und fand,[252] verfasste diese Schrift, um ein breit aufgefächertes Wissen zusammenzustellen, das er an Wörtern anheftete, mittels deren etymologischen Ableitungen er die Wesensbestimmungen der Dinge aufzudecken beanspruchte.[253]

Indem Isidor das Wort *rex* in der Weise definiert, das es denjenigen bezeichnet, der recht handeln soll – *recte agenda* –, verwendet er auch an dieser Stelle eine Argumentationsweise, die von der Etymologie auf den Begriffsinhalt schließt. Die Ableitung aus dem Wort *regendo*, an anderer Stelle von Isidor vorgeführt, ist nicht weniger geeignet, Anforderungen an den König zu begründen, insofern etymo-

---

252 Diesner, Isidor; Henderson, John, The Medieval World of Isidore of Seville. Truth from Words, Cambridge 2007.

253 Borst, Arno, Das Bild der Geschichte in der Enzyklopädie Isidors von Sevilla, in: DA 22 (1966), S. 1–62; Diesner, Isidor; Kindermann, Udo, Isidor von Sevilla (560–636 n. Chr.), in: Lateinische Lehrer Europas. Fünfzehn Portraits von Varro bis Erasmus von Rotterdam, hg. v. Ax, Wolfram, Köln 2005, S. 273–290; Kampers, Isidor von Sevilla.

logisch und für Isisor damit auch semantisch die Bedeutung des rechten Handelns dem Königtum eingeschmolzen ist. Das rechte Handeln gelingt dem König, indem er es seinen Untertanen befiehlt. Das Befehlen erfolgt durch die vom König erlassenen Gesetze, die die Verfehlungen der Menschen korrigieren und sanktionieren. Aus dem richtigen Handeln des Herrschers leitet Isidor das Gesetz ab. Es ist die Manifestation des stets gleichen und religiös fundierten richtigen Handelns der Könige. Dieses Handeln ist ein Interagieren mit den Untertanen, die, so Isidor, gehorchen, weil sie den König fürchten und genauso auch die Gesetze fürchten. Diese sind einschränkende, keine förderlichen Einrichtungen, weil sie nur so als gute Gesetze gelten können.[254]

Dass der König nicht frei über das Recht verfügt, vielmehr zur Verwirklichung der ihm mehr als anderen auferlegten Tugend der Gerechtigkeit angehalten ist, zeigt Isidor in dem Abschnitt zu den Gesetzen. Seine Argumentation verbindet Recht mit Ethik. Er kategorisiert das Recht, nimmt die Lehre der römischen Juristen auf, die in dem Buch ‚Institutiones' des ‚Corpus iuris' zusammengefasst ist, und unterscheidet zwischen den ewigen Gesetzen, die räumlich, ethnisch und zeitlich bei allen Menschen gleich seien, dann das von der Natur des Menschen abgeleitete *ius naturale,* das vor jeder Gesetzgebung vorhanden sei und damit letztlich ausserhalb einer legislativen Erfindung bestehe, und schließlich den je nach Königreichen unterschiedlichen Rechtssetzungen, die veränderlich und variantenreich seien, aber keine Verbesserungen erführen, vielmehr als Adaptationen an unterschiedliche Lebensbedingungen aufzufassen seien. Aus einer langen Gewohnheit entstehe das Gesetz. Indem es aufgeschrieben werde, entstehe die *constitutio*, die als langwirkende Norm aufzufassen sei. Die Vielzahl der Gesetzgeber, die Isidor auflistet, angefangen mit Moses und fortgesetzt u.a. mit Solon, Numa und Justinian, hätten jeweils für ihre Völker gewirkt. So habe jedes Volk sein eigenes Gesetz erhalten. Isidor ergänzt die ethnische Differenz mit einer zeitlichen Abfolge der Gesetze. Diese seien in der römischen Geschichte die Ergebnisse von Gewaltausbrüchen und Bürgerkriegen gewesen. Die Abolge von Gesetzesneuerungen hätte nicht zur Verbesserung geführt. Da sie Mittel gegen Gewalttaten, Missbräuche und Verfehlungen seien, müssten sie mit Zwang dem Volk auferlegt werden. Sie hätten nicht zu einem besseren Leben geführt, wohl aber den Schutz des Lebens an sich durchgesetzt und seit der Anerkennung des Christentums als dominante Religion im Römischen Reich auch zum Schutz der christlichen Religion beigetragen. Wenn der König das Recht zur Abwehr gegen Angriffe auf die Kirche und gegen Gewalthandeln einsetze, errichte und schütze er den Frieden, nicht aber das gute Leben der Menschen.[255] Unterschiedliche Gebote würden je nach Regionen erlassen und

---

254 Kampers, Isidor von Sevilla, VIII, 6,22; Stürner, *Peccatum*, S. 34, 98; Buc, Pouvoir, S. 691–713; id., L'ambiguïté du livre: prince, pouvoir, et peuple dans les commentaires de la Bible au Moyen Âge, Paris 1994, S. 108–117, 141, 225, 237, 345.

255 Isidor von Sevilla, Etymologiae, hg. v. Lindsay, Wallace M., Oxford 1911, IV,iv–1–2.

diese seien zu befolgen. Isidor gibt keine Bewertung ihrer Qualität, dies allein deswegen nicht, da es in den irdischen Dingen keine Vollkommenheit geben könne. Der menschliche Wille könne nichts dagegen ausrichten. Die guten weltlichen Dinge würden von Gott geschaffen, nach seinem Gutdünken gewährt oder verweigert (*Bona quoque temporalia* [...] *a deo creari, eiusque dispensatione singulis quibusque vel tribui vel negari*).[256] Isidor beeinflusste im Mittelalter die Auffassung, dass Gesetze Sanktionen vorsehen und den Menschen Freiheit nehmen sollen. Gesetze schränken die Handlungsbefugnis ein. Das Naturrecht, inhaltsarm gestaltet, gewährt keinen Schutz gegenüber den erlassenen Gesetzen.

Was Isidor von Sevilla zu den Gesetzen schrieb, wurde unter anderem im baiuwarischen Volksrecht zitiert, womit die Gegenüberstellung von Gewohnheitsrecht und schriftlichem Recht, von ewigem zu unbeständigem Gesetz übernommen wurde. Isidor von Sevilla stellte die Grundlage dar, auch schon vor dem 12. Jahrhundert Gesetz und Gerechtigkeit theoretisch und praktisch in Beziehung zu setzen. Folgenreicher war noch, dass die grundlegende Sammlung des Kirchenrechts, das ‚Decretum Gratiani' um 1140, den isidorischen Text aufnahm. Das ‚Decretum' und das römische Recht, dessen Kenntnis vermehrt seit der Wende zum 12. Jahrhundert einsetzte, trugen dazu bei, dass hochmittelalterliche Philosophen eine Theorie des Naturrechts entwickelten, die den Bereich des Rechts, der variabler und innovativer Gesetzgebungskompetenz offenstand, einengte aber auch als Vorbild für Veränderungen des gesetzten Rechts einführte.[257]

Wenn Gott immer der Gesetzgeber und der Ursprung des Naturrechts ist, dessen Geltung oberhalb der eingerichteten Rechtsordnungen steht, kann Veränderung nur dann legitimiert werden, wenn das Naturrecht von einer inhaltlichen zu einer prozeduralen Norm geleitet wird, die Ziele statt Grundlagen vorstellt. Dies geschieht, wenn als vermittelnde Instanz zwischen Gott und Naturrecht die Vernunft eingesetzt wird, was die rechtliche Autarkie grundlegt und damit die Verfügungsberechtigung nicht allein über das Recht, sondern auch über ihre normative Anwendung einführt. Ausformuliert werden sollte diese Konzeption indes erst seit der Wende zum 13. Jahrhundert und im späten Mittelalter. Thomas von Aquin wird auf die natürlicherweise bestehende praktische Vernunft verweisen, die zum guten menschlichen Sein führt.[258]

---

256 Isidor von Sevilla, Etymologiae, V,1–V,3; id., De ecclesiasticis officiis, hg. v. Lawson, Christopher M. (CCSL 113), Turnhout 1989, S. 48f.

257 Miethke, Herrscherliche Gewalt, S. 277–280.

258 Thomas von Aquin, Summa theologiae, I–II, q. 94. A. 2, resp., siehe auch: Mandrella, Die Autarkie.

IV.2 Gesetze für die germanischen Königreiche

Die Rechtssetzungen in den germanischen Königreichen im frühen Mittelalter entstanden, als die Germanenvölker in Kontakt mit dem Römischen Reich traten und auf dessen Territorium eigene Herrschaftsformen etablierten. Deren Gesetze stellten nicht selten Erneuerung in Aussicht. Erneuerung ist indes als Wiederherstellung eines bereits bestehenden Guten zu verstehen. Beabsichtigt war, das Recht, das in Gefahr stand, vergessen und missachtet zu werden, durch die Beauftragung weiser Männer wieder zur Geltung zu bringen. Dazu waren Gesetzgebungen erforderlich.[259]

Das Recht der Germanenvölker überwölbte den Gegensatz zwischen einem Recht, das angeblich oder auch tatsächlich vor der Kodifikation bestanden hatte, und einer rechtlichen Neuerung, die auszugestalten nicht auf einen isolierten Gründungsakt limitiert war, sondern einen Vorgang umfasste, in dem die Gesetze repetitiv zu erneuern (*renovare*) waren. In den Rechtssetzungen wurde nicht behauptet, an das römisch-antike Recht anzuknüpfen, selbst wenn Anleihen faktisch bestanden. In den germanischen Königreichen und für die germanischen Völker war die Christianisierung eine entscheidende Wende, die Rechtsangleichungen und letztlich Rechtserneuerungen erforderte. Sie sollten die Norm selbst normieren. Indem die Rechtssetzung auch als Akt der Selbstermächtigung eines Volkes, das überdies als besonders verdienstvoll galt, vorgestellt wurde, war die Setzung eines Neuanfangs berechtigt, der den Verweis auf das Alte nicht überflüssig machte, aber ihn mit der Erzählung kontrastierte, dass das jeweilige germanische Volk dem römischen überlegen sei, was sich auch an den Gesetzen zeige. Das neue Recht sei besser. Indem das Recht schriftlich gefasst wurde – in lateinischer Sprache – war die Voraussetzung gegeben, sowohl Anknüpfung an angebliche oder tatsächliche Vorbilder als auch Fixierung in der Gegenwart und Weiterführung in die Zukunft vorzunehmen.[260]

Die ‚Lex Salica', das Gesetz für die salischen Franken, dessen älteste Textkerne um das Jahr 500 entstanden, enthielt im erst später geschaffenen Prolog die Aussage, dass das Gesetz eine Verschriftlichung eines bestehenden Rechts sei, wobei freilich die barbarischen, d. h. vor-christlichen Bräuche abgelegt worden seien. Vier weise Männer, die ausgewählt worden seien aus dem „Volk" der Franken, hätten den Text erstellt. Gebilligt sei er von dem „ganzen Volk" der Franken, in Kraft gesetzt durch ihren König. Alle strebten nach der Wahrheit und der Gerechtigkeit unter der Eingebung Gottes. Das Gesetz sei durch die nacheinander regierenden Könige weiterhin verbessert worden. Die Namen der beteiligten Könige, die Nachfolger von Chlodwig, variieren in den überlieferten Handschriften. Dies zeigt die Permeabilität des Gesetzes, das in einem Vorgang der sukzessiven Verbesserung

---

259 Dilcher, Gerhard, Gesetzgebung, bes. S. 27.
260 Schott, Die Entwicklung, S. 139–143.

gestaltet wurde, die auf einer zeitlichen und einer ethnischen Differenz beruhte. Das Recht der Franken sei besser als das der anderen Völker, da erstens die Franken die einstigen heidnischen Riten aufgegeben und den christlichen Glauben angenommen hätten und zweitens weil sie anders als einst die Römer nicht die frommen Christen verfolgt, sie verbrannt oder den wilden Tieren vorgeworfen hätten, sondern sie als heilige Märtyrer verehrten. Die Leichen der grausam gefolterten und getöteten Märtyrer seien nun – unter der Herrschaft der Frankenkönige – zur Verehrung emporgehoben, mit Gold und Edelsteinen geschmückt worden. Die Überlegenheit des Frankenvolkes sollte auch in den Gesetzen offenkundig werden. Die Schaffung des Gesetzes war als ein Finden vorgestellt. Aber das Gefundene wurde der Verbesserung übergeben. Ein evolutionärer Vorgang beließ das Gesetz nicht in der Starre einer einmalig gesetzten Errungenschaft. Die Verbesserung galt dem Text, zielte aber auch darauf, Gebräuche abzuwehren, die mit dem Christentum für unvereinbar gehalten wurden. Der Prolog der ‚Lex Salica' benennt weitere Absichten: den Frieden untereinander zu sichern, Streitigkeiten zu unterbinden, Gewalt zu verhindern, um so Kräfte freizusetzen, die zur Beherrschung anderer Völker verwendet werden können.[261] Neue Forschungen zeigen, dass der Prolog erst nachträglich das Gesetz mit einer Erklärung ausstattete. Der Prolog wurde vermutlich fast 300 Jahre später als die früheste Fassung des Gesetzes der Franken verfasst, wohl zur Zeit Karls des Großen, wodurch weniger ein Dokument der Rechtserneuerung geschaffen, vielmehr ein bereits nur noch als Relikt vorhandenes Recht als Legitimationsgrundlage für die Gesetzgebungskompetenz Karls eingesetzt worden wäre, so wie dies, nach den Forschungen von Karl Ubl, auch mit den noch vorhandenen Fassungen des antik-römischen Rechts des ‚Corpus Theodosianus' für die romanische Bevölkerung geschehen sei.[262] Der Prolog wäre dann erstens geeignet, aus einer alten Rechtsschöpfung aktuelle Neuerungen zu rechtfertigen. Der Prolog würde zweitens ein altes Recht legitimieren und es für die jeweilige Gegenwart anwendbar halten. Die beiden widersprüchlichen Zielsetzungen tragen in gleicher Weise dazu bei, Standards für den Nutzen von Gesetzen und für die Bedingungen ihrer Entstehung zu setzen.

Das zu Beginn des 6. Jahrhunderts geschaffene Gesetz des Volkes der Burgunder – das je nach Handschrift als Edikt von König Gundobad (480–516) oder von dessen Nachfolger Sigismund (516–523) angegeben wurde – sei geeignet, so der Prolog, den Nutzen des Volkes herzustellen. Die Liebe der Gerechtigkeit habe die Könige befähigt, zu herrschen und Gesetze einzurichten. Auf das Beste sei das Gesetz gemäß der Ehre, der Anstrengung (*disciplina*), der Vernunft und der Gerechtigkeit gestaltet. Die Errungenschaft, die das Gesetz leiste, wurde als Ergebnis einer

261 Lex Salica, hg. v. Eckhardt, Karl August (MGH LNG 4,2), Hannover 1969, S. 2–8, 197f.; Ubl, Karl, Sinnstiftungen eines Rechtsbuchs, Die Lex Salica im Frankenreich, Ostfildern 2017.

262 Schott, Clausdieter, Zur Geltung der Lex Alamannorum, in: Thesaurus historiae iuris, hg. v. Lück, Heiner et alii, Halle a. d. S. 2011, S. 39–70; Ubl, Karl, Die erste Leges-Reform, S. 84–86.

einmaligen Tat, des Gesetzesedikts des Königs, und als abgeschlossen bezeichnet. Verbesserung war kein Prozess. Sie war ein Einsetzungsakt.[263] Auch in diesem Fall entsprach das beste Gesetz dem besten Volk. Verbesserung war im Königreich Burgund und im Königreich der Franken von ethnischer Vortrefflichkeit abgeleitet. Dass das Gesetz des Königreiches Burgund faktisch nicht weiter entwickelt wurde, war nicht einem Verhaftetsein an die Tradition, vielmehr der Eroberung durch die Frankenkönige im Jahr 523 geschuldet, als deren Folge das *regnum* zwar dem Namen nach noch bestand, aber vollständig in das Frankenreich eingegliedert war, so dass für eine eigenständige Rechtsentwicklung die Voraussetzung fehlte.[264]

Die Situation stellte sich anders für das auf der iberischen Halbinsel etablierte westgotische Königreich dar, das bis zur Eroberung durch die Muslime im Jahre 711 eine lange Zeit rechtschöpferischer Aktivität kannte und in häufigen Rechtserneuerungen, die in den Varianten der handschriftlichen Überlieferungen hervortreten, Gesetze hervorbrachte, die trotz der realen Veränderlichkeit und langgestreckten Entstehung als Ergebnisse eines einzigartigen Gesetzgebungaktes des Königs dargestellt wurden. Die Phasen der Rechtsentwicklung lassen sich nur schwer rekonstruieren, deutlich ist das Ergebnis, das der ‚Liber iudiciorum' bietet. Als Begründer der Gesetze war dort der Westgotenkönig Eurich (451–484) angegeben. Mit ihm habe die Kunst begonnen, neue Gesetze zu schaffen, die aus der Wahrheit, dem vernünftigen Nachdenken und der Erfahrung entsprungen seien und die dem Nutzen des Volkes dienen sollten und nicht dem privaten Vorteil des Gesetzgebers. Die Könige Rekkeswinth (649–672) und Ervig (680–687) hätten das Gesetz erneuert. Der Prolog nennt die Anforderungen an den König und Gesetzgeber: Er müsse offen für Beratung sein, redegewandt, schnell in Entscheidungen, bedächtig im Urteilen. So könne er Schaden vom Volk abwenden. Das Heil des Volkes erfordere, dass es durch das Recht angeleitet werde. Die Gesetze, die das Recht definieren, gelten nicht als unumstößlich. Es sei sogar eher angebracht, Gesetze als die Sitten zu korrigieren: *leges ipsas corrigere debet antequam mores*. Neues und Altes, Gesetz und Laster werden in Opposition zueinander gestellt: *novitatem legum vetustas viciriorum exegit et innovare leges veternosas peccaminum antiquitas inpetrabit.*[265] Dabei gilt: Die gute Neuheit ist der schlechten Vergangenheit vorzuziehen.

Die zeitliche Flexibilität der Gesetze war akzeptiert. Erneuerungen galten sogar als Treiber der Verbesserung des Lebens der Untertanen, die aus den Üblichkeiten der Gewohnheiten, in denen Laster, Verbrechen und Sünde ihren Nährboden hatten, herausgeführt und in einen gesetzlichen Zustand des Friedens überführt werden sollten. Die Institutionalisierung von Normen durch die Gesetze sollte

263 MGH LNG 3,2: Leges Burgundionum, hg. v. de Salis, Ludwig Rudolph, Hannover 1892, S. 29; Desgrugillers-Billard, Nathalie, La loi burgonde: livre de loi de Gondebaud, Paris 2011, S. 8–12.

264 Kaiser, Reinhold, Die Burgunder, Stuttgart 2004, S. 179f.

265 Leges Visigothorum, S. 47f.

ein angeblich regelloses, dem Laster verhaftetes Leben beenden. Legitimität herstellende Gründergestalten waren tugendhafte Könige. Die guten Gesetze fußten auf den guten Eigenschaften derjenigen, die sie erließen, und der weisen Männer, die die Könige berieten. Die Moralisierung lag der Rechtsbegründung zugrunde und ebenso der Rechtsveränderung. Dass durch die repetitive Gesetzgebung eine Steigerung des Guten erreicht werden könne, war vorausgesetzt, wenn die Könige das Bestehende als ungenügend und der Verbesserung bedürftig erachteten. Dass die Gesetze veränderlich waren, änderte nichts – so der Prolog der westgotischen Gesetze von Rekkeswinth und Ervig – an ihrer in der Vergangenheit wie in der Gegenwart bestehenden Geltung, die von den Königen abgeleitet war, die als *artifices legum* bezeichnet waren. Die Varianten des westgotischen Gesetzes waren die offensichtlichen Zeugnisse der prinzipiell akzeptierten Veränderbarkeit der Gesetze. Sowohl die Vortrefflichkeit der Person, die die Gesetze verfertigte, als auch das Ziel, das sie erreichen sollten, machten gute Gesetze. Sie seien besser als das, was an Gewohnheit vor der Gesetzgebung vorhanden war. Erfahrungswissen und Verstand müssten eingesetzt werden, um den Vorgang der Verbesserungen anzustoßen und fortzusetzen. Die Gesetze des spanischen Königreiches der Westgoten knüpften eng an das späte römische Recht an und formulierten deutlicher als die der Burgunder, Franken und Langobarden Neuerungs- und Gestaltungsintention, so wie sie in der justinianischen Konstitution ‚Tanta' enthalten war.[266]

In den angelsächsischen Königreichen in Britannien war hingegen eine konservierende Tendenz vorherrschend. Rechtstexte waren meist nicht als Gesetzgebungen deklariert, sondern als Sammlung von Einzelfallentscheidungen. Gesetze waren nicht zu erfinden, vielmehr war das Recht anzuwenden. In dem Rechtsbuch, als ‚Domboc' bezeichnet, das der angelsächsische König von Wessex, Alfred der Große († 899, König von Wessex seit 871), verfasste oder für das er als dessen Urheber behauptet wurde, war die Beständigkeit des Rechts Garant für dessen Geltung. Das Buch bot eine unter den Gesetzen der Angelsachsen ansonsten seltene Reflexion an, ob und in welchem Umfang der König ältere Rechtstraditionen aufnehmen, bzw. verwerfen sollte. Es gab ein ideales Verfahren der Gesetzgebung: Im Buch Moses sei es dargestellt; Gott habe die Gesetze gestiftet. Das von Gott Gewollte galt es zu erkennen und im Rechtshandeln zur Wirksamkeit zu bringen. Gemäß diesem Anspruch handele König Alfred. Er habe befohlen, dass weise Männer die Gesetze der Vorfahren aufschreiben. Manches in ihnen habe dem König gefallen, manches nicht. Entscheidung und Auslese seien verlangt. Allein wolle dies der König aber nicht leisten, weshalb er sich von den rechtskundigen Männern habe beraten lassen. Er sei überzeugt gewesen, dass die Bestimmungen, die die Könige von anderen angelsächsischen Königreichen, sofern sie Christen waren, in Kraft gesetzt

266 Leges Visigothorum, S. 34–46; Dilcher, Gerhard, Gesetzgebung, S. 27; Kampers, Gerd, Geschichte der Westgoten, Paderborn et alii 2008, S. 252–256; Epp, Gesetzgebung; zur Konstitution Tanta siehe oben Kap. III.4.

hatten, bewertet und in das eigene Gesetzbuch aufgenommen werden sollten. Dem stimmten auch seine Ratgeber zu.[267] Neuerungen waren nicht vorgesehen, vielmehr Sammlungen des bereits Erprobten und Bewährten. Das Gesetz, das Gott Moses übergeben hatte, war der erste Ursprung aller Gesetze, und es war Vorbild. Die Unwandelbarkeit der Gesetze, die in der eigenen Epoche gelten sollten, war biblisch begründet.

Auch andere Rechtskodifikationen germanischer Königreiche waren mit dem Problem konfrontiert, wie altes Recht mit Rechtserneuerung kombiniert werden konnte. Es gab die Herausforderung, die Existenz der Königreiche in einem Umfeld römischer Rechtskultur und romanischer Bevölkerungsmehrheiten zu befestigen. Die vergangene heidnische Religion sowohl der Germanenvölker als auch des römischen Volkes galt es zu überwinden, was auch eine Erneuerung des Rechts nach sich ziehen müsse.[268] Dies war die Forderung, die im Prolog zum ‚Edictum Rothari', für die Langobarden in ihrem Königreich in Norditalien im Jahre 643 erlassen, formuliert war. Die Bedrückungen der Armen müssten beendet, die unnötigen Abgaben abgeschafft werden. Deswegen sei ein neues Gesetz geschaffen worden, um alles zu erneuern und zu verbessern. Es war aber vor allem eine Textverbesserung vorgesehen: Was nötig sei, solle hinzugefügt, das Überflüssige getilgt werden. Das Gesetz von König Rothar stand unter dem Vorbehalt der weiteren Geltung eines alten Gewohnheitsrechts.[269] Der Prolog zeigt die Fortsetzung einer Gesetzgebungskompetenz, die der römische Kaiser beansprucht hatte. Die teilweise wörtliche Übereinstimmung mit dem Prolog der Novelle sieben von Justinian zeigt aber weniger eine bewusste Absicht der Rechtserneuerung, als vielmehr eine Anbindung an legitimationsstiftende Verfahren der imperialen Gesetzgebung.[270] Die textimmanente und auf den Text limitierte Formung eines neuen Rechts war auch in den Prologen der Gesetze der Langobardenkönige Grimoald und Luitprand ausgeführt. Deren Gesetzgebung knüpfte explizit an das ‚Edictum Rothari' an, das dank göttlicher Eingebung geschaffen worden sei. Die Erneuerung des Rechts war als Ziel vorgegeben, und die Erneuerung wurde im Nachhinein zu einem Gründungsakt des Langobardenreiches erhoben. Indem der König die Aufgabe wahrnimmt, die Gesetze zu erneuern – *renovare leges* – verbessert er sie – *emendare leges*. Dass realiter das ‚Edictum' an römisches Recht anknüpfte, wie entgegen der älteren deutschsprachigen Rechtsgeschichtsforschung (u. a. von Otto

---

267 Wormald, Patrick, The Making of English Law. King Alfred to the 12th Century, Bd. 1: Legislation and its Limits, Oxford 1999, S. 277f.; Preston, Todd M., King Alfred's Book of Laws. A Study of the Domboc and its Influence on English Identity, Jefferson, NC 2012, S. 5–67.
268 Epp, Gesetzgebung.
269 Leges Langobardorum, hg. v. Bluhme, Friedrich (MGH LL 4), Hannover 1868, S. 1, 91; Dilcher, Gerhard, Normen, S. 266–273.
270 Vgl. mit anderer Gewichtung des Erneuerungsdiskurses: ibid., S. 266f.

Brunner) die Forschung feststellt,[271] änderte nichts daran, dass die Behauptung, durch die Gesetzgebung einen Neubeginn zu schaffen, den Anspruch manifestiert, sich von Vorbildern abzuwenden und zusammen mit dem Königreich auch ein neues Gesetz zu schaffen. Die auf Gott verweisende Entstehung soll die reale Affinität zu den römischen Gesetzen minimieren, Distanz zu ihnen halten, zugleich den hohen Wert des Gesetzes verkünden und seine Beständigkeit begründen. Das, was die *primati iudices* geschaffen hätten, sollte unveränderlich gelten. Nur Textverbesserungen seien künftig erlaubt. Die Erneuerung des Rechts war als einmalig vorgestellt, ließ sich nicht wiederholen.[272]

Die im fränkischen Reich geltenden Gesetze behaupteten ebenfalls ein Erneuerungsprogramm, das mit der Gesetzgebung als abgeschlossen bezeichnet wurde und künftig nur Textmodifikationen vorsah. Die im Reich der Franken lebenden Alamannen erhielten ein eigenes Recht. Die ‚Lex Alamannorum', vermutlich um die Mitte des 7. Jahrhunderts kodifiziert, behauptet, neues Recht zu sein, das ein älteres ersetzen würde. Inwieweit damit der ‚Pactus Alamannorum' gemeint war, der wohl wenige Jahrzehnte zuvor entstand, ist in der Forschung umstritten, ebenso wie die genauen jeweiligen Entstehungszeiten der beiden Rechtstexte. Der damalige Editor der Texte, Karl Eckhardt, meint, dass der ursprüngliche Titel ‚Lex renovata' gewesen sei. Trotz des damit angezeigten Erneuerungsprogramms wird eine Ausmerzung alter heidnischer Praktiken nicht erwähnt, selbst eine Textkorrektur wird nicht behauptet, so dass das *renovare* sich auf ein Wiedereinrichten der Rechtsgeltung beziehen kann, damit das alte Recht wieder zur Geltung komme. Dass faktisch ältere Rechtstexte der römischen Antike übernommen wurden, wie Raimund Kottje nachgewiesen hat, ist indes für die Neuerungsabsicht nicht relevant, verschweigen doch die alemannischen Gesetzestexte diese Entlehnungen.[273] Es ist anzunehmen, dass die Initiative zur Rechtssetzung von den fränkischen Königen ausging, die die legislative Kompetenz beanspruchten.[274] Auffällig ist, dass die Begriffe der Innovation wie *renovare* und ähnliche wie *emendare, corrigere, adicere* häufig genannt werden. Sie verweisen alle auf die Gestaltung des besseren Textes und sind nicht als Erneuerung der Lebensumstände aufzufassen.[275]

---

271 Cavanna, Adriano, Nuovi problemi intorno alle fonti dell'Editto di Rotari, in: Studia et documenta historiae et iuris 34 (1968), S. 269–361; Dilcher, Gerhard, Langobardisches Recht, in: Handwörterbuch zur deutschen Rechtsgeschichte, Bd. 3, 2. Aufl., Berlin 2005, Sp. 624–637.

272 Dilcher, Gerhard, Normen, S. 87.

273 Kottje, Raymund, Zum Geltungsbereich der Lex Alamannorum, in: Die transalpinen Verbindungen der Bayern, Alemannen und Franken bis zum 10. Jahrhundert, hg. v. Beumann, Helmut u. Schröder, Werner (Nationes. Historische und philologische Untersuchungen zur Entstehung der europäischen Nationen im Mittelalter 6), Sigmaringen 1987, S. 359–377; Schott, Die Entwicklung, S. 139–151.

274 Dilcher, Gerhard, Normen, S. 284.

275 Leges Visigothorum, S. 38–40.

Explizit nicht nur als Textkorrektur, sondern darüberhinaus als Abwendung von alten heidnischen Gewohnheiten und als Ergebnis der Annahme der christlichen Religion gab sich hingegen wiederum, ähnlich der ‚Lex Salica', die ‚Lex Baiuvarorium' aus, deren ausführlicher Prolog den Gegensatz von Tradition und Neuerung thematisierte und dabei die in Isidors von Sevilla Hauptwerk ‚Etymologiae' formulierte Definition von *consuetudo* und *lex* teils wörtlich zitierte. Die Kodifikation habe, so der Prolog, der Frankenkönig Theoderich, der Sohn und seit 511 Nachfolger von Chlodwig, angeordnet. Sie sei notwendig gewesen, damit die Gewohnheiten der einst heidnischen Baiuwaren dem nunmehr christianisierten Volk angeglichen würden. Theoderich, so der Prolog, hob einstige und veraltete Gewohnheit auf und schuf statt ihrer ein Gesetz. Die Neuerung war nicht einzigartig. Sie wurde wiederholt. Was Theoderich wegen der andauernden Anhänglichkeit des Volkes an heidnische Gebräuche nicht sofort habe ändern können, leisteten anschließend die nachfolgenden fränkischen Könige Childebert und Chlothar. Schließlich habe König Dagobert (629–639), so weiterhin der Prolog, eine Kommission von vier weisen Männern eingesetzt (die Analogie zur ‚Lex Salica' ist auch hier offensichtlich) und eine Rechtsreform durchgeführt, mit der er das Alte der Gesetze in einen besseren Zustand verwandelt habe (*et ommnia vetera legum in melius transtulit*). Seitdem sei das Gesetz unwandelbar, weil es vollkommen begründet sei. Auch wenn es durch schrittweise Verbesserungen in der Vergangenheit gestaltet worden sei, komme der Fortschritt in der Gesetzgebung zu einem Abschluss.[276] Die einstigen sukzessiven Verbesserungen seien zum guten Ergebnis geführt worden. Sie bedürften keiner Fortsetzung. Weitere Verbesserungen waren ausgeschlossen.

Auch in diesem Fall gibt es das Problem, die Zeit zu bestimmen, als der Prolog verfasst wurde. Im Lichte der neueren Forschung, insbesondere von Peter Landau, sei dieser erst um die Mitte des 8. Jahrhunderts den einzelnen Regulierungen vorangestellt worden, um die Kontinuität fränkischer Herrschaft über Bayern zu begründen. Dies sei auch der Anlass gewesen, eine zeitgenössische Gelehrsamkeit vorzuführen, die in der Lage war, den enzyklopädischen Text von Isidor von Sevilla zu kennen und zu zitieren. Auch gemäß dieser Datierung und Deutung behielt das Neuerungsverbot seine Berechtigung für die Zukunft. Der Bestand des Textes und die Wahrung seines Inhalts waren zu sichern.[277]

Die Kodifikationen in den germanischen Reichen setzen zwar neues Recht, minderten aber die Bedeutung der Neuerung, indem die Suche und das Finden älterer Rechtssätze behauptet wurden und als eine Angelegenheit rechtskundiger weiser Männer angegeben war. Neuerungen, deren materieller Gehalt wegen des fehlenden Vergleichs mit nicht nachgewiesenen Vorgängertexten nicht möglich ist, sind

276 Lex Baiwariorum, hg. v. von Schwind, Ernst (MGH LNG 5,2), Hannover 1926, S. 198–202.

277 Dilcher, Gerhard, Normen, S. 280f.; Landau, Peter, Lex Baiuvariorum. Entstehungszeit, Entstehungsort und Charakter von Bayerns ältester Rechts- und Geschichtsquelle (Bayerische Akademie der Wissenschaften. Philos.-hist. Klasse, Sitzungsberichte 3), München 2004.

vor allem als Manifestation einer Rechtssetzungskompetenz, die in den Germanenreichen die Könige beanspruchten, zu verstehen. Inhaltlich war die Neuerung als Konsequenz der Christianisierung und der Überwindung heidnischer Gewohnheiten legitimiert. Der Rückgriff auf ein letztlich fiktives älteres Recht minderte nicht die rechtssetzende Autorität der Könige, galten sie doch als Kontinuitätsgaranten in den neuen Königreichen der germanischen Völker. Die Anforderungen der christlichen Religion wurden zwar oft als Grund angegeben, pagane Sitten aus dem Recht auszuscheiden, aber diese explizit formulierten Korrekturen vermochten die grundsätzliche Berufung auf älteres Recht nicht beiseite zu schieben. Die in den Gesetzesprologen als Experten angegebenen Rechtsfinder waren ja nur deswegen nötig, weil ein altes Wissen gefunden, und bewahrt werden sollte, um Gesetze schriftlich zu formulieren. Die Altehrwürdigkeit des Rechts war gewahrt und oft ergänzt mit der Berufung auf Nützlichkeit und Vernunft, die Maßnahmen gegen Unordnung und Unfrieden verlangten. Selbst wenn Rechtsverbesserungen dargestellt wurden, waren sie entweder als Reaktivierungen aus der Vergangenheit ausgegeben oder als Errungenschaft bezeichnet, die eine Wiederholung von Neuerung und Verbesserung ausschließen sollte.

Der erste Frankenkönig aus der karolingischen Dynastie, Pippin I., begnügte sich, das älteste Recht der Franken, die ‚Lex Salica', im Jahre 764 auf einer Reichsversammlung zu verkünden, ohne materielle Veränderungen vorzunehmen. Nicht einmal Textverbesserungen waren vorgesehen. Als erster Angehöriger einer Dynastie, die die Königswürde erlangte, sollten offensichtlich kontinuitätstragende Elemente nicht angetastet werden. Karl der Große, der Sohn und Nachfolger Pippins, ging weniger zögerlich vor. Er trat als Gesetzgeber auf. Seine im Jahre 800 verliehene kaiserliche Würde sah er offenbar als Berechtigung hierzu an. Als er im Jahre 802 in Aachen einen Hoftag versammelte, nahmen Herzöge, Grafen und weitere Laien an ihm teil und mit ihnen, wie es in der Historiographie des Fränkischen Reiches hieß, *legislatores*. Allen Versammelten seien die bestehenden Gesetze vorgelesen worden. An den Stellen, die als verbesserungsbedürftig erachtet wurden, seien Korrekturen eingefügt worden. Sie seien aufgeschrieben worden, damit die Richter künftig aufgrund des geschriebenen Rechts Urteile fällen und Gerechtigkeit herstellen würden. Gerechtigkeit sollte also aus dem Text entstehen, war damit institutionell eingebunden, aber weiterhin personell legitimiert, da Karl der Große als derjenige vorgestellt war, der die Gesetze schuf. Textherstellung und Textkorrektur waren die Mittel, das Recht für die Menschen zu verbessern. Es war besser, weil es Einheitlichkeit herstellte. Diejenigen, die als *legislatores* bezeichnet wurden, waren offensichtlich Rechtsexperten. Sie galten nicht als Autoren des rechtsschöpferischen Aktes, sondern in Analogie zum salischen Gesetz war ihnen die Aufgabe von ‚weisen Männern' zugeschrieben, die Kenntnisse über das alte Recht hatten. So stellten die Lorscher Annalen den Ablauf dar.[278] Die Vita Karls des Großen, die

278 Annales Laureshamenses, S. 22–39, S. 39.

Einhard verfasste, wies ebenfalls auf Textverbesserungen hin: Zwei Jahre nach der Kaiserkrönung, habe Karl auf einer Synode in Aachen befohlen, in den Gesetzen der Franken Fehlendes einzufügen, Widersprüche anzugleichen, Verkehrtes und Unbrauchbares zu verbessern. Gelungen sei, so Einhard, das Vorhaben aber nicht. Lediglich einige Zusätze habe der Kaiser eingefügt. Neue Gesetze für die Franken wurden offenbar nicht akzeptiert. Hingegen sei die Einrichtung von geschriebenen Gesetzen für solche Germanenvölkern gelungen, die Karl erst kürzlich unterworfen habe. Es handelte sich offensichtlich um die Gesetze der Thüringer, Friesen und Sachsen. Einhard stellt die Maßnahme in den Zusammenhang von Sammlungen von literarischen Werken, von Korrekturen der Grammatik, von Normierungen und Uniformierungen von sprachlichen Termini. Neue Texte sollten geschaffen und alte verbessert werden.[279] Die Lorscher Annalen verweisen überdies auf die Kooperation Karls mit mächtigen Anführern der unterworfenen Völker. Außerdem beteiligte Kaiser Karl, so weiterhin die Lorscher Annalen, ebenfalls *legislatores,* die genauso wie für die Franken als Rechtsexperten eingesetzt waren, offensichtlich um ältere Rechte zu sichern oder zumindest zu behaupten, dass sie gesichert würden. Auch hier galt, dass einheitliche Gesetze entstehen sollten, die die Richter anwenden würden.[280] Die Gesetzgebungen sind als ein Akt integrativer Angleichung an das Frankenreich zu bewerten. Die Verbesserungen des Rechts zielten auf Texte von Gesetzen. Ihr guter Zustand galt als Garant der Gerechtigkeit, die allen zugute kommen würde. Verbesserungen des Lebens beruhte auf Sprachreform, so stellte es Einhard dar. Karl der Große setzte eine Gesetzgebung fort, die sich als Sammlung und Verbesserung des bestehenden Rechts ausgab. Die *leges* der germanischen Völker unterlagen den Eingriffen Karls, aber ein Scheitern der Eingriffe war nicht ausgeschlossen, wie Einhard berichtete. Dies lag nicht zuletzt daran, dass die Funktion eines Gesetzgebers rechtlich nicht abgesichert war, darüber hinaus daran, dass Neuerungen auf Widerstand stießen, den Karl nicht brechen konnte.[281] Die geringe handschriftliche Überlieferung der Gesetze – von der ‚Lex Thuringorum' gibt es nur eine mittelalterliche Abschrift – stellt in Frage, ob für die Völker des Reiches ein legislativer Akt gelungen sei, und stützt die Auffassung von Peter Landau, dass das Vorhaben in einem Gesetzgebungs-Programm steckengeblieben sei, ohne dass das Rechtsleben tatsächlich gestaltet worden wäre.[282]

Die „dynamischen Elemente", die Harold Berman hinsichtlich der Gesetze der germanischen Völker konstatierte, beruhten auf Angleichungen des Rechts an christliche Vorstellungen. Indes sei dieser Vorgang behindert gewesen durch die Schwäche der „Zentralgewalt", die das Recht nicht zur Verwirklichung christli-

279 Einhard, Vita Karoli Magni, hg. v. Holder-Egger, Oswald (MGH SRG 25), Ndr. Hannover 1965, S. 33.

280 Annales Laureshamenses, S. 22–39, S. 39.

281 Ubl, Die erste Leges-Reform, S. 75–83, 86.

282 Landau, Peter, Die Lex Thuringorum. Karls des Großen Gesetz für die Thüringer, in: ZRG GA 118 (2001), S. 23–57.

cher Vorstellungen habe einsetzen können, allein schon deswegen nicht, da ihr eine Vorstellung von der unabhängigen Einwirkung des Rechts gefehlt habe.[283] Dieser Aussage von Berman ist insoweit zuzustimmen, als die königliche und kaiserliche Macht nicht ausreichte, um Gesetzgebung durchzusetzen. Jedoch kann dies nicht allein einer mangelnden Stärke einer „Zentralgewalt" angelastet werden und noch weniger einem fehlenden Bewusstsein von der Wirkung des Rechts, vielmehr zeigt sich, dass Gesetzgebungen mitunter wegen der Vorstellung scheiterten, dass das Recht an Vorgaben und Gründerfiguren angebunden sein müsse und dass das Recht nicht in der Verfügung eines Herrschers stehe. Nicht eine fehlende Macht, sondern die selbst-referentielle Existenz und auto-legitimierende Begründung des Rechts standen legislatorischen Eingriffen entgegen.

Karl der Große versuchte, unterhalb der Legitimationsebene der *Leges* Normen zu schaffen, auf die er und seine Nachfolger offensichtlich größere Gestaltungsmacht ausübten, wobei aber die Akzeptanz und die Anwendung in den zeitgenössischen und auch späteren Quellen eine Leerstelle bildeten, was die Annahme berechtigt, dass die normative Durchsetzungskraft wahrscheinlich ebenfalls gering blieb. Die Rechtsbestimmungen, die Karl der Große und seine Nachfolger in Form von Einzelanweisungen erließen, die in Kapitel gefasst waren und später, aber auch schon zeitgenössisch als Kapitularien bezeichnet wurden, präzisierten Anforderungen in spezifischen Handlungsbereichen, die nicht die umfassende Regulierungsbreite der *Leges* abdeckten. Selbst die ‚Admonitio generalis' vom Jahre 789, die ebenfalls als Kapitular angesehen wird, normiert zwar viele Lebensformen, beschränkt sich aber in vielen Kapiteln darauf, lediglich Mahnungen, Anweisungen und Absichtserklärungen des Herrschers zu formulieren. Dieser Text hatte zwar – verglichen mit anderen Kapitularien – eine umfangreichere thematische Anwendungsbreite, war aber mit einer geringeren rechtlichen Durchsetzungskraft versehen. Die Anweisungen enhalten nur wenige Sanktionsdrohungen. Karl verkündet, das Notwendige zu richten und beständig die guten Werke zu tun. Der Text richtet sich vor allem an Geistliche, sucht insbesondere die kirchliche Disziplin zu verbessern und nur in wenigen Bestimmungen auch Angelegenheiten der Laien *in civitatibus* zu gestalten. Die Formulierung bedeutet, dass die Laien den verschiedenen Bistümern zugeordnet werden. Das Leben der Menschen zu verbessern, heißt, die Christianisierung zu fördern. Die Verbesserungsintention ist weniger legal als vielmehr pädagogisch ausgerichtet. Das Kapitular gleicht einer Predigt.[284]

Die meisten anderen Kapitularien verschriftlichten lediglich einzelne Maßnahmen, die der Herrscher anordnete, ohne in einen weiten Geltungsbereich von Normen auszugreifen. Zu den Ausnahmen gehörte das Kapitular für das Königreich

283 Berman, Recht und Revolution, S. 116f.

284 Die Admonitio generalis Karls des Großen, hg. v. Mordek, Hubert, Zechiel-Eckes, Klaus u. Glatthaar, Michael (MGH Fontes 16), Hannover 2012; Buck, Martin, Admonitio und Praedicatio. Zur religiös-pastoralen Dimension von Kapitularien und kapitulariennahen Texten (507–814), Frankfurt a. M. 1967.

Italien vom Jahre 801. Es sei gemäß der Erwägung der Dinge und der Zeit als Ergänzung all dessen vorgesehen, was die Vorgänger Karls des Großen – damit sind die langobardischen Könige gemeint, freilich nicht benannt – erlassen hätten. Der eigene Nutzen Karls und des Volkes Gottes sind als Ziele vorgestellt. Die religiöse Intention überwiegt, dies zeigen neben dem Prolog auch die einzelnen Bestimmungen. Die Verfügung über das Recht der Langobarden war das Ergebnis der Eroberung von deren Königreich durch Karl im Jahre 774 und beruhte auf einer bereits etablierten schriftlich fixierten Rechtskultur, unterschied sich daher von den Kapitularien, die den Sachsen auferlegt wurden, nachdem sie Karl unterworfen hatte. Die Normen, die für diese galten, sahen rigide Sanktionierungen von Regelabweichungen vor. Die Strafverfolgung gegen die die heidnischen Riten weiter praktizierenden und christliche Feiertage und Liturgien verweigernden Personen, wie sie das Kapitular ‚De partibus Saxoniae', wahrscheinlich um das Jahr 782 erlassen, anordnete, verfolgte, wie der Prolog ausführte, die Absicht, dass der *honor* und die *excellentia* der Kirche gestärkt werden. Offensichtlich riefen die Bestimmungen aber unter den gelehrten Klerikern am Hofe Karls des Großen, nachweislich durch Alkuin, Kritik hervor. Dieser mahnte in einem Brief an Karl im Jahre 796, dass Geduld angebracht sei, bevor den Sachsen alle Pflichten, die die Christen erbringen müssten, einschließlich der Leistung des Zehnten, auferlegt werden könnten. Die Sachsen seien zwar barbarisch, seien häufig ihrem alten Irrglauben verhaftet, seien wild und gewalttätig, aber auch sie könnten mit Milde regiert werden. Auch ihnen könnten Gesetze auferlegt werden, die ihnen günstig seien. Die Auffassung hat vermutlich den Erlass der weniger harten Strafandrohungen in dem ‚Capitulare Saxonum', am 28. Oktober 797, verfasst, nach sich gezogen.[285]

Dass Kapitularien Anweisungen des Königs, bzw. Kaiser waren, die vermutlich auf Reichsversammlungen beraten wurden, änderte nichts an ihrem schwachen

285 Capitularia regum Francorum, S. 68–78, 204–206; Alkuin, Epistolae, in: MGH Epp. Karol. 4,2, hg. v. Dümmler, Ernst, Berlin 1995, S. 1–481, Nr. 110, S. 157–159; Schubert, Ernst, Die Capitulatio de partibus Saxoniae, in: Geschichte in der Region. Zum 65. Geburtstag von Heinrich Schmidt, hg. v. Brosius, Dieter et alii, Hannover 1993, S. 3–28; Weikmann, Hans Martin, Hoheitliche Strafbestimmungen als Instrument fränkischer Eroberungs- und Missionspolitik, in: Hoheitliches Strafen in der Spätantike und im frühen Mittelalter, hg. v. Weitzel, Jürgen (Konflikt, Verbrechen und Sanktion in der Gesellschaft Alteuropas. Symposien und Synthesen 7), Köln et alii 2002, S. 153–174; Von Padberg, Lutz E., Capitulatio de partibus Saxoniae, in: Handwörterbuch zur deutschen Rechtsgeschicht, 2. Aufl., Bd. 2, Berlin 2008, Sp. 813–815; id., Christianisierung im Mittelalter, Darmstadt 2006, S. 77; Becher, Matthias, Der Prediger mit eiserner Zunge. Die Unterwerfung und Christianisierung der Sachsen durch Karl den Großen, in: Schwertmission, Gewalt und Christianisierung im Mittelalter, hg. v. Kamp, Hermann u. Kroker, Martin, Paderborn 2013, S. 23–52; Fried, Johannes, Karl der Große. Gewalt und Glaube, Eine Biographie, München 2013, S. 156–159; Goetz, Hans-Werner, Die Christlich-abendländische Wahrnehmung anderer Religionen im frühen und hohen Mittelalter (5.–12. Jahrhundert), Berlin 2013, S. 168f.; Flierman, Robert, Religious Saxons. Paganism, Infidelity and Biblical Punishment in the Capitulatio in partibus Saxoniae, in: Religious Franks. Religion

legislativen Gehalt. Rechtserneuerung oder Rechtsbesserung betrafen isolierte Bestandteile des Rechts, reagieren auf Situtationen und Konstellationen, setzten keine beständigen Normen ein. Überdies waren Kapitularien oft in der Form von Ermahnungen gehalten. Dies bestätigt das Kapitular, das von Kaiser Ludwig dem Frommen vermutlich zwischen 823 und 825 verkündet wurde. Es gibt an, dass es nach dem Vorbild der vorangegangenen Kapitularien, auch des Vaters und Vorgängers Karls des Großen, gestaltet sei und Mahnungen zur Frömmigkeit enthalte. Ausdrücklich werden diese Texte hier als *capitularia* bezeichnet. Nichts Neues, sondern Altes werde verkündet, damit das, was einst schon verbessert worden sei, nunmehr befestigt werde. Dafür sollen die Königsboten sorgen. Damit ist der normative Gehalt dann doch an Institutionen gebunden und beschränkt sich nicht auf eine predigtähnliche Ermahung.[286] Einige der Kapitularien enthielten auch normative Bestimmungen, die die bestehende Rechtsnorm änderten; manche – nach Steffen Patzold seien es insgesamt sieben – griffen in den Rechtsbestand der *leges* ein.[287] Die Besserung des Rechts war dabei zunächst textimmanent, war auf die Ausmerzung von undeutlichen Formulierungen, von Widersprüchen, von Unvollständigkeiten beschränkt.

Wenn die Entstehung des Gesetzes und der Anordnungsnormen in den germanischen Königreichen aus einem Akt des Findens und Nachdenkens vorgestellt wurde, erwies sich die Legislation als eine *ars*, als eine Kunstfertigkeit und Herstellung. Die westgotischen Gesetze haben diese Begrifflichkeit verwendet, auch den König als *artifex* bezeichnet. In den anderen germanischen Königreichen und für die anderen germanischen Völker war das Machen, welches Wissen, Können und Beratung erforderte, ebenfalls präsent. Das Beste sollte geschaffen werden. Dies war als möglich angegeben, da das jeweilige Volk als vortrefflich galt. Ethnische und legislative Optimierungen bedingten sich, und aus dieser angenommenen wechselseitigen Kausalität entsprangen die Vorteile des geschaffenen Gesetzes. Verfahrensordnungen und Verfahrensvoraussetzungen wie Beratung und Klugheit sollten das Finden, Erfinden und Gestalten zum guten Ergebnis führen. Neue Gesetze waren dabei aber nicht notwendigerweise mit neuem Recht gleichzusetzen, galten die Gesetze doch auch als Aufbewahrungs- und Erinnerungsmittel des al-

---

and Power in the Frankish Kingdoms. Studies in honor of Mayke de Jong, hg. v. van Espelo, Dorine et alii, Manchester 2016, S. 181–201.

286 Capitularia regum Francorum, Nr. 150, S. 303–307; Ganshof, François-Louis, Was waren die Kapitularien?, Darmstadt 1961; Schneider, Reinhard, Zur rechtlichen Bedeutung der Kapitularientexte, in: DA 23 (1967), S. 273–294; Mordek, Hubert, Karolingische Kapitularien, in: Überlieferung und Geltung normativer Texte des frühen und hohen Mittelalters (Quellen und Forschungen zum Recht im Mittelalter 4), Sigmaringen 1986, S. 25–50; Pössel, Christina, Authors and Recipients of Carolingian Capitulares 779–829, in: Text and Identities the Early Middle Ages, hg. v. Corradini, Richard et alii, Wien 2006, S. 253–276; Patzold, Steffen, Normen im Buch. Überlegungen zu Geltungsanprüchen so genannter ‚Kapitularien', in: Frühmittelalterliche Studien 41 (2007), S. 331–350; .

287 Ibid.

ten Rechts, selbst wenn es undeutlich gehalten war und textlicher Präzisierung bedurfte. Der Gegensatz von Alt und Neu kann gleichwohl nicht stets auf eine rein textliche Gestaltung reduziert werden, boten doch neue Gesetze *expressis verbis* auch die Voraussetzung, neue Bestimmungen, die zuvor nicht bestanden, in Kraft zu setzen. Dies galt insbesondere im Hinblick auf den Gegensatz zwischen einer heidnischen, unzivilisierten Vergangenheit und einer durch das Christentum geformten Normierung der jeweiligen Gegenwart. Das zu überwindende Alte wurde mitunter auch dem heidnischen Römischen Reich angelastet, so dass um so deutlicher die rechtliche und religiöse Erneuerung durch die germanischen Königsherrschaften hervortrat.

IV.3 Neues Recht als Ergebnis der Notwendigkeit

Nach der Herrschaft von Karl dem Großen († 814) und von seinem Sohn Ludwig dem Frommen († 840) teilten die darauf folgenden karolingischen Könige ihre Herrschaftsgebiete. Sie standen in Konkurrenz zueinander. Die königliche Gewalt war geschwächt. Es kam zu einem Rückgang der Gesetzgebungen der Könige.

Anders im kirchlichen Bereich. Synoden erließen in nicht gemindertem Umfang Dekrete. Ihre Zuständigkeit für die Gesetzgebung gestalteten sie in Kooperation mit den sie leitenden Bischöfen, Erzbischöfen und Päpsten. Sie schufen Normen.[288] Diese waren als Mittel angesehen, gegen schlimmer werdende Zustände und gegen zunehmende Vergehen der Christen vorzugehen. Die pessimistische Sicht auf die historische Entwicklung verlangte das Eingreifen mittels der Gesetze. Diese müssten Gegenmittel sein, um auf Veränderungen hin zum Schlechten zu reagieren. Die römische Synode im Jahre 826 nahm die Kompetenzen in Anspruch, die einst die Päpste Gelasius I. († 496) und Innozenz I. († 417) in Anspruch genommen hätten, nämlich gemäß der Notwendigkeit der Zeit alte Vorschriften zu ändern, zu mildern, zu verschärfen und neue einzusetzen. Der Brief von Innozenz I., auf den der Synodaltext hinwies, sah indes nur eine kurzfristig bestehende gesetzliche Regelung vor, die auf temporär begrenzte Notlagen reagieren sollte und keine neue generalisierende Normsetzung verfügte. Wenn die besonderen Bedingungen beendet seien, *cessante causa*, sollten die alten Gesetze, so der Brief von Innozenz, wieder in Kraft treten. Nicht Rechtsentwicklung, sondern Notstandsgesetzgebung hatte das Papstschreiben vorgesehen.[289] Papst Leo I. († 461) war es, der aus der kurzfristigen Notlage die Möglichkeit einer langfristigen Rechtsentwicklung ableitete,

288 Statuts synodaux.

289 MGH Conc. 2,2, hg. v. Werninghoff, Albert, Hannover 1908, S. 555; PL 7, Paris 1844, Sp. 924; Jaffé, Philipp u. Kaltenbrunner, Ferdinand, Regesta Pontificum Romanorum ab condita ecclesia ad annum post Christum natum 1198, 2. Aufl., Leipzig 1885, Nr. 924; Jaffé, Philipp u. Ewald, Paul, Regesta pontificum Romanorum ab Condita ecclesia ad annum post Christum

freilich unter dem Vorbehalt, dass ältere Bestimmungen erhalten blieben.[290] Die *necessitas temporum* war auch hierbei als Grund der Rechtssetzung angegeben. Sie wurde nunmehr zeitlich ausgedehnt, wurde als Auslöser beständig geltender neuer Gesetze angesehen. Gesetzgebung suchte Fehlentwicklungen abzuwenden oder zurückzudrängen. Gesetze waren reaktiv.

Die Notwendigkeit der Zeiten bedeutete meist die Not der Zeiten. Sie galt als bedrängend und bedrohte die Menschen. Regino von Prüm († 915), der am Ende der karolingischen Epoche in Lotharingien lebte, sah die Synoden in allen fränkischen Reichen dazu berufen, während der Zeiten des Verderbens und der Gefahr – er nannte *periculosa tempora* und *pessima tempora* – gegen die Entwicklung zum Schlechten mittels neuer Gesetze vorzugehen. Alte Gesetze würden nicht ausreichen, um das Abgleiten in das Verderben abzuwenden, da sie zu einer Zeit entstanden seien, in denen die nun um sich greifenden Schändlichkeiten noch nicht geschehen, nicht bekannt, nicht einmal vorstellbar gewesen seien. Regino greift die Aussage von Isidor von Sevilla auf, dass in verschiedenen Reichen und bei verschiedenen Völkern unterschiedliche Gebräuche und daher Gesetze gelten, und formt daraus das Argument, dass trotz der Einheit der Kirche, die Gesetze, die die Synoden schaffen, ebenfalls unterschiedlich sein könnten und vor allem im Zeitverlauf sich unterschieden, damit es gelinge, der Zunahme des Schlechten entgegenzutreten.[291]

Andere Autoren wiesen ebenfalls auf *die necessitas temporum* hin, um neue Gesetze zu rechtfertigen. Agobard, Erzbischof von Lyon († 840), Abt Adalbero von Fleury (†1008), Gerbert von Aurillac († 1003, seit 999 Papst Silvester II.) und andere verwendeten die im Laufe der Zeit eingetretenen Verschlechterung als Argument für die zeitliche Diversität der Gesetze, vor allem für die Notwendigkeit, neue zu schaffen.[292] Gefahrenabwehr war vorgesehen. Aber die Forderung, auf die zunehmende Schlechtigkeit der Menschen zu reagieren, begründete Reformen, die mehr forderten als eine Reaktion auf eingetretende Zeitumstände und mehr waren als eine Verhinderung der jeweils aktuellen Verfehlungen. Sondern sie sollten eine grundlegende und umfassende Korrektur auslösen und einen alten, als unverletzt geltenden Zustand wiederherstellen. Die jeweilige Gegenwart war von den Verschlimmerungen einer nahen Vergangenheit abzuwenden und sollte in Übereinstimmung gebracht werden zu den fernen Ursprüngen, die Garanten des idealen Zustandes sein sollten. So sollte eine Erneuerung in der Zukunft gelingen. Als Papst Gregor VII. (1073–1085) sein Vorhaben, Missstände abzustellen, verkündete, knüpfte er an die Tradition an und verlangte, sie wieder zur Geltung zu bringen. Moderne Histo-

---

1198, 2. Aufl., Leipzig 1888, Nr. 2796; Innocentius I papa, Epistolae et decreta, in: PL 20, Paris 1849, Sp. 463–639, Sp. 532; Fieback, *Necessitas*, S. 135.

290 S. Leonis epistolae, in: PL 54, Paris 1846, Sp. 532–1254, Sp. 1202.

291 Regino von Prüm, De synodalibus causis et disciplinis ecclesiasticis, hg. v. Wasserschleben, F. G., neue Aufl., Darmstadt 2004, S. 2.

292 Ausführlich hierzu: Kortüm, *Necessitas*.

riker haben diese Reparaturoperation als Erneuerungsprogramm gekennzeichnet, womit die Intention und das Ergebnis zutreffend bezeichnet, die Begründung aber nicht hinreichend gewürdigt wird.[293] Im *dictatus papae*, einer Zusammenstellung der vom Papst beanspruchten Rechte, behauptete Gregor seine Gesetzgebungskompetenz, die aus einer Notwendigkeit folge. Die Formulierung *illi soli licet pro temporis necessitate novas leges condere*[294] meint aber mehr als nur die Berufung auf eine befristete Notlage, sondern ausdrücklich die Monopolisierung einer durch sie begründeten Gesetzgebung, die folglich anderen Personen und Institutionen, die Herrschaft ausüben oder in der Kirche Zuständigkeiten haben, verwehrt ist. Die Möglichkeit, neue Gesetze zu schaffen, ist daher an zwei Bedingungen geknüpft: an die der Notwendigkeit und an die der Regelungskompetenz. Die Aussagen des *Dictatus papae* hatten indes keine Rechtskraft. Erst zur Wende zum 11. Jahrhundert fanden Zitate aus diesem Text Eingang in kirchenrechtliche Sammlungen und erweiterten die päpstlichen Kompetenzen.[295]

Die Notwendigkeit der Zeitläufte konnte nicht nur als Rechtfertigung und Voraussetzung für neue Gesetze angesehen werden, sondern auch als bindende Verpflichtung, um durch legislative Innovationen auf sie zu reagieren. Briefe der Päpste Gelasius I. und Nikolaus I. zitierend, behauptete der pro-päpstliche Autor Bernold von Konstanz (um 1050–1100), dass die *necessitas temporum* nicht nur neue Gesetze rechtfertige, sondern erzwinge, so dass der Papst die bestehenden kirchlichen Gesetze, die *canones* der Vorgänger, mildern, ändern und neu einrichten könne und überdies zu tun verpflichtet sei, zwar nach eigenem Ermessen, aber gleichwohl damit eine Pflicht erfülle. Dieses Argument, in einem seiner *libelli* und im Werk ‚De excommunicatis vitandis' ausgeführt, bindet Rechtsveränderungen an außerrechtliche Entwicklungen. Im Belieben der Päpste stand diese Kompetenz, auf sie zu regieren, nicht, vielmehr hatte die *necessitas temporum* eine normierende Wirkung, derer sich der Gesetzgeber nicht entziehen kann.[296] „Die Abhängigkeit des Rechts von den Zeitumständen [...] rechtfertigt die Loslösung vom überlieferten Recht", schreibt Hans-Henning Kortüm.[297] Diese Abhängigkeit unterstellt den Gesetzgeber selbst der Notwendigkeit. Die Formel *necessitas temporum* knüpfte Gesetzgebung an Bedingungen und zugleich an Forderungen.

---

293 Goetz, Hans-Werner, Tradition und Geschichte im Denken Gregors VII., in: Historiographia Mediaevalis. Studien zur Geschichtsschreibung und Quellenkunde des Mittelalters. Festschrift für Franz Josef Schmale, hg. v. Berg, Dieter u. Goetz, Hans-Werner, Darmstadt 1988, S. 138–148.

294 Gregorii VII Registrum, Nr. I, 47, S. 71ff.

295 Schieffer, Rechtstexte des Reformpapsttums, S. 56–62.

296 Bernold von Konstanz, Libelli, hg. v. Thaner, Friedrich, in: MGH L.d.L 2, Hannover 1892, S. 1–168, S. 140; id., De excommunicatis vitandis, de reconciliatione lapsorum et de fontibus iuris ecclesiastici (Libellus X), hg. v. Stöckly, Doris (MGH Fontes iuris Germanici antiqui in usum scholarum 15), Hannover 2000, S. 182.

297 Kortüm, *Necessitas*, S. 52f.

Gesetzesänderung galt freilich als Ausnahme. Der einflussreiche Kanonist Ivo von Chartes († 1115/16) hat die Stabilität der Gesetzesordnung verlangt, die *inconvertibilia* sein müsse und nicht verletzt werden dürfe, weswegen die *necessitas temporum* nur selten neue Gesetze rechtfertige: *Ubi non necessitas est, nullo modo violentur sanctoum Patrum statuta. Die necessitas temporum* war die notwendige Bedingung für Veränderung. Aber sie schirmte die Gesetze vor ihnen auch ab. Gesetzliche Neuschöpfung stand unter dem Verdacht, ein gewaltsamer und unrechtmäßiger Eingriff zu sein. Ivo hat die *necessitas* eng gefasst, sie sollte kein Motor der Rechtsentwicklung sein. Neue Regeln, die Bischöfe und Synoden beschließen, dürften die Geltung der alten nicht aufheben. Ivo hat nicht vorgesehen, dass einzig die Päpste über Gesetzesneuerungen gebieten könnten, die die *necessitas* fordern würde, erweiterte damit die institutionelle Basis, sie einzurichten, minderte aber die intentionale Berechtigung. Ivo stellte die *lex aeterna* den *prohibitiones mobiles* entgegen. Rechtsänderungen waren nicht einmal als Gesetze bezeichnet, sondern nur als isolierte Verbote. Die *varietatas temporum* genügte nicht, um die Schaffung neuer Rechtsbestimmungen zu rechtfertigen, es kam die Einsicht in deren Notwendigkeit hinzu. Die Erhaltung des Bestehenden war geboten, das lediglich durch peripher angelagerte Regelungen modifiziert werden dürfe.[298]

Die Formel *necessitas temporis* ist nicht nur eine Rechtfertigung für neue Gesetze, sondern ebenso eine Einschränkung zur Schaffung von ihnen. Dieser Aspekt wird in der Forschung nicht beachtet, so dass das innovative Potential, das der Formel innewohnen würde, überschätzt wird.[299] Die Berufung auf die *necessitas temporum* war ambivalent. Die Anbindung an das alte Recht war der Normalfall, genauer gesagt der normierte Zustand. Da aber eine Präzisierung dessen, was als Notwendigkeit angesehen war, nicht bestand, war die Ausnahme, den die Notwendigkeit hervorbrachte, durchaus erweiterungsfähig.

Die Verfügungsgewalt von Papst und päpstlicher Generalsynode wurde in der Tat erweitert und rechtlich verbindlich gemacht. Gesetzesneuerungen sieht das Dekret fünfzig des vierten Laterankonzils von 1215 vor, da die Notwendigkeit sowie der Nutzen sie verlangten. Das Konzilsdekret hat die Reparatur des Vergangenen mit dem Gewinn, der für die Zukunft erreicht werden sollte, verknüpft. Die prinzipielle Berechtigung rechtlicher Neuerung, die auch eine Verbesserung des Rechts und darüberhinaus den Eintritt in einen besseren Zustand der Kirche eröffne, wurde festgelegt. Selbst die Änderung göttlich eingesetzten Rechts sei erlaubt, so wie Jesus Christus es getan und dem Alten Testament ein Neues hinzugefügt habe.[300] Aus der Notwendigkeit trat die Gesetzgebung in die Überwindung des alten Rechts. Das Dekret des vierten Laterankonzils eröffnete die Möglichkeit, rechtliche Traditionen zu beenden. Es verweist insbesondere auf eine künftige Ent-

298 Ivo von Chartres, Decretum, in: PL 161, Paris 1855, Sp. 9–1036, Sp. 57.
299 So auch Kortüm, *Necessitas*.
300 Constitutiones concilii quarti Lateranensis, S. 90.

wicklung, beschränkt sich nicht mehr auf eine Abwehr vergangenen Unrechts und vergangenen Missstandes.

IV.4 Privilegienrecht

Die *necessitas temporum* als Grund für Gesetzesveränderungen einzusetzen, geschah auch außerhalb der päpstlichen Kurie. Gleichwohl war die Schöpfung neuen Rechts problematisch, wenn sie sich auf die Entstehung umfassender Gesetze erstreckte. Eine geringe gesetzgeberische Tätigkeit gab es im weltlichen Bereich vom 9. bis zum beginnenden 12. Jahrhundert. Rechtschöpfung geschah vielmehr, indem Einzelfälle rechtlich gestaltet wurden. Dies leisteten Urkunden. Die Entstehungsabsicht zielte auf die Konkretisierung eines isolierten, nicht auf die Festlegung eines umfassenden Rechts. Die Urkunden enthalten meist Privilegien, die nach Aussage der ‚Etymologiae' von Isidor von Sevilla und dem ‚Decretum Gratiani' nicht allgemeingültig sind, sondern in diesen beiden Texten als *privatae leges* bezeichnet werden und Einzelfälle regulieren.[301] Die für mittelalterliche Verhältnisse nicht angebrachte Unterscheidung von privat und staatlich macht freilich die Anwendung dieser Definition schwierig. Selbst das Handbuchwissen zur Urkundenlehre scheut vor einer klaren Begriffsbestimmung. Und der Verweis auf formale Kriterien, wie Einhaltung vorgegebener Gestaltungsregeln, vermeidet eine inhaltliche Bestimmung des Terminus ‚Urkunde'.[302] Hier soll die Definition vorgeschlagen werden, dass die Rechtswirkung von Urkunden eine spezifizierte Institution oder Person betrifft oder eine thematisch enge Rechtsbestimmung verbindlich macht. Oft zeigt bereits der Entstehungsvorgang von Urkunden die inhaltlichen Charakteristika. Er begann meist mit einem Antrag, der Bitte des Empfängers, mitunter durch die Fürsprache von Intervenienten unterstützt, damit der Urkundenaussteller ein bestimmtes Recht gewährt oder es bestätigt. Dass Urkunden bis hin zu ihren Formulierungen mitunter von den Empfängern konzipiert wurden und dass sie oft das Ergebnis von Eingaben, um Einzelfallentscheide zu erhalten – in der Form von Reskripten – darstellten, ist für das Mittelalter nachgewiesen, wenngleich der Umfang der Urkunden, die von den Empfängern initiiert wurden, schwer abzuschätzen und in der Forschung umstritten ist.[303] Die geringere inhaltliche und zeitliche Ausdehnung der Geltung der Urkunden, verglichen mit den Gesetzen, ist allein schon

301 Isidor von Sevilla, Etymologiae, V 18; Corpus iuris canonici, I, D 3 c3, Sp. 5.

302 Coing, Handbuch, S. 518f.; Frenz, Thomas, Urkunde (rechtlich), in: Handwörterbuch zur deutschen Rechtsgeschichte, hg. v. Erler, Adalbert et alii, Bd. 5, Berlin 1998, Sp. 574–576; Schulze, Geschichte, S. 167–169; Vogtherr, Thomas, Urkundenlehre, Hannover 2008, S. 9f.

303 Pitz, Ernst, Papstreskript und Kaiserreskript, Tübingen 1971; Kortüm, Hans-Henning, Zur päpstlichen Urkundensprache im frühen Mittelalter. Die päpstlichen Privilegien 896–1046 (Beiträge zur Geschichte und Quellenkunde des Mittelalters 17), Sigmaringen 1995, bes. S. 425; Pennington, Prince, S. 121.

daran erkennbar, dass die Empfänger von Privilegien darum nachsuchten, dass die jeweiligen Nachfolger der Aussteller sie am Beginn ihrer Herrschaft bestätigten. Damit war zwar nicht die Geltung der vorangegangenen Urkunden in Frage gestellt, wohl aber sollte eine Kontinuität der Texte hergestellt werden.[304]

Eine scharfe Trennlinie zwischen Gesetz und Urkunde lässt sich indes nicht ziehen. Beide werden sowohl mit *lex* als auch mit *privilegium* bezeichnet. Auch die Ausdehnung der rechtlichen Anwendung ist nicht eindeutig fixiert. Gesetze, die umfassende Regelungen vorsehen, sind ebenfalls in der Form von Urkunden gestaltet. Aber mehr als Gesetze zielten Urkunden auf die Abwehr von Unrecht und unrechter Gewalt oder den Ausgleich antagonistischer Ansprüche und reagierten auf Klagen, die das Ende eines als schlecht deklarierten Zustandes und einer Rechtsverletzung einforderten.

So normierte auch die üblicherweise in der wissenschaftlichen Literatur als „Lehnsgesetz“ bezeichnete Urkunde Kaiser Konrads II., mit der er 1037 die Ansprüche von Lehnsherren und Lehensmannen voneinander abgrenzte und definierte, einen Einzelfall in Norditalien.[305] Viele Urkunden zeigen Rechtsverfügungen, die auf die Situationen begrenzter Ausdehnung reagierten. Die Urkunde, die Kaiser Heinrich V. 1114 den Bügern der Stadt Worms gewährte, habe, so der Urkundentext, auf die jammervollen Klagen, die die Bewohner von Worms dem Kaiser vortrugen, reagiert. Ein schlimmer Zustand (*calumnia*) solle, so die Bitte der Wormser, beendet werden. Das Recht wurde daraufhin gebessert.[306]

Als Folge der Kenntnis und der Anwendung des antiken römischen Rechts seit der Wende zum 12. Jahrhundert war es möglich, auch Privilegien als Ergebnis kaiserlicher Gesetzgebungskompetenz vorzustellen. Als Kaiser Lothar III. 1136 auf den ronkalischen Feldern nahe der Stadt Mailand die rechtliche Gestaltung der Lehen – wiederum für Norditalien – verfügte, geschah dies auf neuen und anderen Grundlagen, als auf der Ausstellung von Urkunden, die auf Bitten reagierte und Einzelfälle gestaltete: Lothar beanspruchte, das antike Kaiserrecht anzuwenden; nach der Gewohnheit der alten Kaiser behauptete er zu handeln, um Gerechtigkeit und Frieden zu formen. Schaden, der dem gesamten Kaiserreich zugefügt würde, sollte abgewendet werden. Die Neuheit zeigte sich auch in der Präsentation des *publicum bonum*, das höherwertig gestellt wurde als die *commoda* von einzelnen Personen. Die Urkunde von Lothar unterscheidet sich deutlich von der Kaiser Konrads II., die als ‚Lehnsgesetz‘ bezeichnet wird. Weiterhin typisch für eine Urkunde wurde aber auch diese auf Eingaben hin ausgestellt, durch die der Kaiser erst über das zu korrigierende Unrecht informiert wurde, das er zu beenden be-

304 Beispiel für eine Privilegienbestätigung vom römischen König Friedrich I. zugunsten des Klosters Corvey: MGH DD Friedrich I., Nr. 11, S. 19–22.

305 MGH DD Konrad II., hg. v. Hausmann, Friedrich, Ndr. Hannover 1987, Nr. 224, S. 336f.

306 Quellen zur Geschichte der Stadt Worms, Nr. 62, S. 53f.

fahl. Eine allgemeine Gesetzgebung fand also weiterhin nicht statt.[307] Aber diese Urkunde näherte sich den Verfügungen an, die Kaiser Friedrich I. für Italien auf dem Hoftag zu Roncaglia 1158 anordnete und die er in einem umfassenden Sinne und grundsätzlich als Definition der kaiserlichen Kompetenz gestaltete. Zu dieser Kompetenz gehöre auch die Gesetzgebung. Das antik-römische Recht war dazu die Grundlage, ohne dass sie erwähnt wurde. Die Rechtsbestimmung war freilich in die Form eines Rechtsgutachtens gekleidet, war also noch keine Gesetzgebung, die aufgrund kaiserlicher Verfügung geschaffen war.[308]

Urkunden behielten weiterhin ihren Charakter als Reparaturinstrumente gegen Unrecht, als Perpetuierungsverfahren für bestehendes Recht und als Setzen von neuem Recht. Die Initialisierung bedurfte keiner Erneuerungsintention, noch weniger einer grundsätzlichen Verbesserungsabsicht, die über die Regelung eines Einzelfalls hinausgegangen wäre. Da kaiserliche, königliche und fürstliche Urkunden, die zu Einzelfallentscheidungen erlassen wurden, bis zum 12. Jahrundert nicht in Rechtssammlungen eingefügt waren, hatten sie abseits des behandelten Rechtsgegenstandes keine umfassende und generalisierende Geltung.

Gleichwohl konnten von für Einzelfälle erlassenen Urkunden umfassende rechtliche Wirkungen ausgehen. Dies galt für das Recht, das Wilhelm, Erzbischof von Reims, im Jahre 1182 zugunsten des Ortes Beaumont erließ. Es war als Urkunde und als Privileg gestaltet, reagierte auf Bedürfnisse und Anliegen der Bewohner. Die Summe der Einzelbestimmungen in der Urkunde war zu einer umfassenden Ordnung ausgeweitet, erfasste viele Lebensbereiche. Die rechtliche Ausdehnung geschah durch die spätere große geographische und zeitliche Anwendung des Rechts von Beaumont, die sich von der Loire bis an den Rhein erstreckte und die bis zum Ende des Ancien Régime am Ende des 18. Jahrhunderts in Geltung blieb. Zwischen formaler Gattungszugehörigkeit und inhaltlicher Gestaltung und Wirkung bestand ein Gegensatz.[309] Bei dem Privileg der Kyburger Grafen zugunsten der Stadt Freiburg (Schweiz) im Jahre 1249 trat diese Diskrepanz ebenfalls auf: Sie bestand zwischen Urkundenform und Setzung eines umfassenden Rechts, das eine große und detaillierte Regulierungsdichte für eine einzelne Stadt aufweist. Die Gattungsspezifik und den Inhalt eines der Stadtgemeinde gewährten und auferlegten Privilegs durch die Stadtherren wurde später negiert durch die deutsche Übersetzung dieser Urkunde, die ein führender Vertreter der Stadtgemeinde zu Anfang des 15. Jahrhunderts in Auftrag gab. Jeder Hinweis auf die gräflichen Urkunden-

---

307 MGH DD Lothar III., hg. v. von Ottenthal, Emil u. Hirsch, Hans, Ndr. Hannover 1987, Nr. 105, S. 170; Haverkamp, Herrschaftsformen der Frühstaufer, I, S. 90–102, II, S. 748.

308 Hierzu Kapitel VI.2.

309 Edition des Textes, bezeichnenderweise als Gesetz charakterisiert: Loi de Beaumont (texte latin inédit), hg. v. d'Arbois de Jubainville, Henri, in: Bibliothèque de l'École des chartes 12 (1851), S. 248–256; Cauchies, Jean-Marie, Les chartes-lois dans le comté de Hainaut (XIIe–XIVe siècle), in: La charte de Beaumont et les franchies municipales entre Loire et Rhin. Actes du colloque Nancy 22–25 sept. 1982, Nancy 1988, S. 185–205.

aussteller fehlte, statt der grammatikalischen Form des Aktivs der ersten Person, in der die Aussteller im lateinischen Original eingestellt waren, wurden nun das Passiv und die dritte Person eingesetzt. Was als Urkunde erlassen worden war, wurde zum städtischen Statut umgeformt. Die Mehrung des Nutzens sollte aus der Bürgergemeinde selbst hervorgehen. Mehr als nur eine andere Deutung, sondern ein neues Recht, das als Gesetz gestaltet war, wurde somit aufgeschrieben. Mit dem Gesetz war die Stadtgemeinde ermächtigt, Normen einzurichten.[310] Urkunde und Gesetz hatten nicht allein fließende Übergänge, sie waren auch transformierbar. Aus einem Privileg konnte ein Gesetz werden.

Dass einem Gesetz größere normative Wirkung als einer Urkunde beigemessen wurde, zeigt das Testament Kaiser Friedrichs II., das er kurz vor seinem Tod im Jahre 1250 aufsetzen ließ. Die detaillierten Bestimmungen sollten nach dem Tod des Testators gültig sein; der Macht des Kaisers sollte der Tod keine Grenze setzen. Um dies abzusichern, wurden Testamentsexekutoren eingesetzt, war die Autorität des Vaters über die Söhne vorgestellt und vor allem galt das Testament als ein Gesetz, eine *lex*, stets gültig und alle bindend. Dieses Gesetz sollte die Dauer der Herrschaft herstellen. Es sollte Unrecht, das auch der Kaiser selbst verursacht hatte, abstellen, diejenigen, die geschädigt wurden, entschädigen, die Steuerlast der Menschen in seinem Königreich Sizilien verringern, jeden aus der Gefangenschaft befreien, jedem die Geldschulden, die der Kaiser aufgenommen hatte, zurückzahlen. Das Testament sah die Kompensation des eigenen Handelns Friedrichs II. vor. Es sollte die Lebenssituation der Menschen verbessern.[311]

Die umfassende Gesetzgebung galt als günstiger als die Erteilung eines Sonderrechts. Die Vorteile betrafen die Einsetzungskompetenz der Norm und ihre rechtliche Reichweite. Gesetze stellten eher eine rechtliche Gleichheit her und legten damit auch Voraussetzungen, die Anwendung des Rechts zu verbessern. Die Regelungsbreite und die Regelungsweite der Gesetze erforderten mehr als dies bei Urkunden und Privilegien der Fall war, eine Systematisierung der einzelnen Bestimmungen, die im Mittelalter als Konkordanz bezeichnet war, aus der allein schon die Rechtsverbesserung entstehen solle, weil sie die ungeordnete Vielfalt von Einzelbestimmungen hinter sich ließ und größere Rechtssicherheit herstellte. Das Recht konnte damit besser in eine Ordnung überführt werden, mit der auch Verbesserungen des Lebens für viele möglich sein könnte.

---

310 Die Freiburger Handfeste von 1249. Edition und Beiträge zum gleichnamigen Kolloquium 1999, hg. v. Foerster, Hubert u. Dessonnaz, Jean-Daniel (Scrinium Friburgense 16), Freiburg (Schweiz) 2003; Haas, Walter, Zur Sprache der deutschen Übersetzung der Freiburger Handfeste, in: ibid., S. 341–376.

311 MGH Const. 2, Nr. 274, S. 382–389; Wolf, Gunther, Die Testamente Kaiser Friedrich II., in: ZRG KA 48 (1962), S. 314–352, S. 325–334.

IV.5 Begründung des Rechts durch den Verweis auf Vergangenheit und Zukunft

Handeln ist immer auf Erwartungen ausgerichtet, die in der Zukunft verwirklicht werden sollen. Gegenwärtiges Tun ist darauf angewiesen, Bedeutung in einer künftigen Zeit zu erwerben. Der promissorische Eid, wie er vor allem für Lehen und Bürgergemeinden vorgesehen war, begründete eine Relation zwischen den Menschen, die rechtlich genormt war und ein Verhalten für die Zukunft festlegte.[312] Das Recht schuf Voraussetzungen, damit das gegenwärtige Handeln die Zukunft formte. Um dem Recht der Gegenwart Dauer zu verleihen, war die Sicherung seines Erinnerns notwendig. Dem diente die schriftliche Fixierung. Sie bewahrte – und dies zeigen die Texte von Urkunden und von Statuten – nicht nur Informationen der Vergangenheit und leistete nicht allein die Fortführung von Traditionen, sondern weitete die Geltung der Normen auf die Zukunft aus. Die Promulgationsformeln in vielen Urkunden waren adressiert an die *modernis quam posteris universis* oder *tam futuris quam praesentibus*, welche die Anordnung erfahren und ausführen sollten.[313] Der Verschriftlichung war eine Stabilisierung anvertraut, die den unberechenbaren künftigen Veränderungen entgegengesetzt werden sollte. Die *temporum varietas* und die *rerum commutatio* sollten der künftigen beständigen Geltung des gegenwärtigen Maßnahmenhandelns nicht entgegenstehen.[314] Urkunden schaffen die Permanenz der Disposition. Dem Gedächtnis, von der Schrift gestützt, sollte die Festlegung künftigen Geschehens anvertraut werden: *Ad perpetuam rei memoriam*. Die *posteritas* war das Objekt der Verfügung, aus ihr entsprang die Legitimität.[315] Mögen auch die Dispositionen vieler Urkunden ihre Berechtigung aus der Wiederbelebung der Normen der Vergangenheit beziehen, mögen sie auch oft *more predecessorum* rechtliche Regelungen festlegen,[316] mag auch aus der Vergangenheit eine Fortsetzung abgeleitet werden, so ist es doch die Zukunft, die die gegenwärtige Urkundenausstellung und Gesetzgebung begründet.

---

312 MGH Const. 5, hg. v. Schwalm, Jacob, Hannover 1909–1913, Nr. 421, 649, S. 354–357, 512–514; Kolmer, Lothar, Promissorische Eide im Mittelalter (Regensburger Historische Forschungen 12), Kallmünz 1989.

313 Beispiele: Quellen zur Geschichte der Stadt Worms, Nr. 51, S. 46; MGH Const. 2, Nr. 54, 171, S. 189–190, 211–213; MGH DD Heinrich I., hg. v. Sickel, Theodor, Hannover 1879–188, Nr. 29, 30, 33; MGH DD Otto I., hg. v. Sickel, Heinrich, Hannover 1890–1894, Nr. 126; MGH DD Friedrich I., Nr. 6, 15, 19, 26, 29, 31, 42, 46, 54, S. 12–13, 27–28, 33–36, 44–46, 49–50, 52–54, 69–71, 76–77, 92–95.

314 MGH DD Friedrich II., T. 1, hg. v. Koch, Walter, Hannover 2002, Nr. 165, S. 320.

315 MGH Const. 1, Nr. 279, S. 384–386; MGH Const. 10, hg. v. Kühn, Margarete, Weimar 1979–1991, Nr. 491, S. 374–376; MGH DD Friedrich I., 1, Nr. 54, S. 92–94; Guyotjeannin, Olivier, Pycke, Jacques u. Tock, Benoît-Michel, Diplomatique médiévale (L'atelier du médiéviste 2), Turnhout 1993.

316 MGH DD Friedrich I., T. 1, Nr. 3, 5, 7, 29, 32, S. 6–7, 9–11, 13–14, 49–50, 55–58.

Das Gedächtnis sollte gewahrt werden. Die *memoria* war nicht allein auf die Vergangenheit bezogen, vielmehr auch ein in die Zukunft gerichtetes Vermögen, das dem gegenwärtigen Handeln erst Wirksamkeit verleihen würde. Der Inhalt des schriftlichen Textes konnte aber noch mehr sein als eine Erinnerungsstütze, die in der Zukunft bestehen sollte. Der Text selbst galt als fortdauerndes Subjekt, das selbstwirksam, gleichsam belebt, die rechtliche Situation gestalten würde. Er sollte die Schwäche menschlicher *memoria* kompensieren. In einer Urkunde Kaiser Friedrichs I. wurde die *humana memoria* als *labilis* bezeichnet und als ungenügend abgewertet, um in den Wirren der Ereignisse und im beständigen Fluss der Zeiten die Erinnerung an die gegenwärtige Verfügung in der Zukunft zu bewahren.[317] In der Stadtrechtsprivilegierung von Freiburg im Üchtland wird ausgeführt, dass die Kenntnis über das Gegenwärtige aus dem Gedächtnis zu schwinden drohe und dass, um diese Kenntnis zu sichern, die Geschehnisse der Schrift anvertraut würden. Deutlicher noch in der mittelalterlichen deutschen Übersetzung des Geschworenen Briefes der Stadt Luzern aus dem Jahre 1252: Wegen des Wandels der Welt gebe es die Gefahr, dass das, was die Menschen getan und gestaltet haben, verschwinden würde. Um dies zu verhindern, sei die Schrift erfunden worden, so dass die augenblicklich beschlossenen Dinge in eine „lebendige" Urkunde gegeben werden können. Leben meinte fortdauernde Existenz und Wirksamkeit.[318]

Aber auch in die andere Richtung der linearen Zeit, in die Vergangenheit, knüpfte das Recht an. Normative Texte, vor allem Gesetze und Gesetzessammlungen, von der Tradition abzuleiten und sie durch sie zu begründen, war ein häufiges Verfahren, um Legitimität zu erzeugen. Der Deutschenspiegel und der Schwabenspiegel, die um die Mitte des 13. Jahrhunderts verfasst wurden, gaben sich als Gesetze von Kaiser Karl dem Großen aus, so wie dies auch die ungereimten Kaiserchroniken berichteten, welche den Gesetzestexten in den meisten Handschriften zugefügt waren.[319]

Aber die Tradition allein konnte keine Legitimität stiften. Die Zukunft trat hinzu. Dieser Sachverhalt, den die wissenschaftliche Literatur angesichts eines angeblichen dem Mittelalter eigentümlichen Verhaftetseins an Traditionen meist übersieht,[320] erweist die Produktivität von Erwartungshaltungen für die Setzung von

---

317 MGH DD Friedrich I., T. 1, Nr. 279, S. 384–386.

318 Die Handfeste von Freiburg, S. 70; Die Rechtsquellen des Kantons Luzern, 1. Teil: Stadtrechte, 1. Bd., Stadt und Territorialstaat Luzern, Satzungen und andere normative Quellen (bis 1425), hg. v. Wanner, Konrad, Aarau 1998, Nr. 5, S. 10.

319 Studia Iuris Suevici: Urschwabenspiegel, hg. v. Eckhardt, Karl August (Bibliotheca rerum historicarum. Studia 4: Ius Suevicum 1), Aalen 1975; Studia Iuris Teutonici. Deutschenspiegel, hg. v. Eckhardt, Karl August (Bibliotheca rerum historicarum, Studia 3: Ius Teutonicum), Aalen 1971; Geith, Karl-Ernst, Carolus Magnus. Studien zur Darstellung Karls des Großen in der deutschen Literatur des 12. und 13. Jahrhunderts (Bibliotheca Germanica 19), Bern et alii 1977; Müller, ‚Schwabenspiegel' und ‚Prosakaiserchronik'.

320 Miethke/Schreiner, Innenansichten, S. 9–28.

Legitimität und Legalität. Die Tradition wirkte ja nur, wenn sie ihre Wirkung in die Zukunft verlängerte. Und die Zukunft griff umgekehrt in die Gestaltung der Gegenwart ein. Indes stand die Ungewißheit und Unformbarkeit der Zukunft einer normativen Regulierung, die in sie hineinreichen sollte, entgegen. Den gegenwärtig Handelnden entglitt der Einfluss auf das künftige Geschehen, über das sie nicht einmal Wissen besaßen. Und nach ihrem Tod hatten sie keine Gestaltungsmacht. Auch die Testamente am Ende des Lebens vermochten dem nicht abzuhelfen, auch nicht, wenn Kaiser Friedrich II. in seinen beiden Testamenten, die er kurz vor seinem Tod 1250 ausstellte, die illusionäre Vorstellung verkündete, dass alles so geschehen solle, als ob er noch zu leben scheine. Die Testamente sollten gültig sein wie ein Gesetz.[321]

Die Schrift als Erinnerungsträger konnte dieses Dilemma zwischen intendierter Zukunftsgestaltung und faktischem Nichtwissen über das künftige Geschehen nicht auflösen, weil die Schrift nicht realiter ‚lebendig' sein konnte. Lebendig waren die Menschen, und auf sie sollte die Schrift einwirken, und so sollte aus dem Text Handlung entstehen. Traditionen zu überwinden, wurde dabei nicht vorausgesetzt. Häufig sollten Traditionen vielmehr verlängert werden – aus der Vergangenheit in die Zukunft. Aus der Erwartung an die Zukunft entstand aber oft ein Anspruch, Traditionen zu überwindenden. Aus der Erwartung auf die Zukunft erhielt das Handeln erst Bedeutung. Ungewissheit über die Zukunft stand aber der Normierung der Zukunft entgegen.[322]

IV.6 Die Ordnung des Friedens

Der Frieden ist ein hoher Wert der Rechtsordnung. Die Gesetze der frühmittelalterlichen germanischen Völker suchten die Gewalt weniger durch Verbote und Bestrafungen, sondern durch den Ausgleich von Interessen und Entschädigungen zu verhindern. Die Relation von Täter und Opfer, bzw. zwischen deren Familien wurde festgelegt, damit Entschädigungen weitere Gewalthandlungen verhindern sollten. Gesetze der germanischen Völker, wie die ‚Lex Salica', die ‚Lex ribuaria' oder der ‚Pactus Alamannorum' quantifizierten Entschädigungsleistungen mittels standardisierter Werte, die in den Wehrgeldlisten angegeben wurden. Das ‚Edictum Rotarii', für die Langobarden im Jahre 643 erlassen, überließ den Gewalttätern und ihren Opfern und ihren Familien, die Höhe der Entschädigungen auszuhandeln. In

321 MGH Const. 2, Nr. 274, S. 382–389.

322 Schmidt, Hans-Joachim, Paradoxe Legitimität durch Zukunftserwartung und Zukunftsgestaltung, in: Paradoxien der Legitimation. Ergebnisse einer deutsch-italienisch-französischen Villa-Vigoni-Konferenz zur Macht im Mittelalter, hg. v. Andenna, Cristina u. Kehnel, Annette (Micrologus 35), Firenze 2010, S. 205–256.

jedem Fall sollte die Konfliktbelegung durch Einigung zwischen den Streitgegnern gelingen.[323]

Das hier knapp vorgestellte Repertoire des Austarierens von Entschädigungen wurde zunehmend überlagert durch Veränderungen im okzidentalen Europa – zunächst im Süden Frankreichs seit der ersten Jahrtausendwende –, die dazu führten, Gewaltanwendung grundsätzlich zu ächten und deren Urheber zu strafen, ohne dass es ihnen möglich gewesen wäre, durch ein Arrangement mit den Geschädigten Gegenmassnahmen abzuwehren. Gesetze wurden geschaffen, die den Frieden als von allen zu verteidigendes Gut angaben und seine Verletzung nicht allein als Beeinträchtigung von einzelnen Personen und Personengruppen, sondern als Missachtung der geordneten Relation aller in einer gesellschaftlichen Gruppierung, gar als Störung einer von Gott gewollten Ordnung des menschlichen Zusammenlebens zu begreifen begannen. Die religiös aufgeladene Konnotation von Frieden ließ Gewalt als abweichendes Verhalten erscheinen, deren Urheber ausserhalb der Gemeinschaft der Christen stünden und gegen die Sanktionen verhängt werden müssten, die als Konsequenz ihres Handelns ausgegeben wurden. Die Verfolgung des Urhebers der Gewalttat verlangte mehr als Entschädigung, vielmehr die Aussonderung des Gewalttäters aus der Gemeinschaft der Christen. So sollte die gestörte Ordnung wieder hergestellt werden.

Die Ordnungen des Friedens entstanden durch Einungen und wurden durch Eid vereinbart und banden diejenigen, die den Eid leisteten. Diese Bestimmungen waren in den ersten Gottesfrieden festgelegt, die gegen Ende des 10. Jahrhunderts im Süden des *regnum Francie*, fern von der effektiven Herrschergewalt des westfränkisch-französischen Königs, entstanden.[324] Die Initiative ging von Geistlichen

---

323 Brunner, Heinrich, Sippe und Wergeld nach niederdeutschen Rechten, in: ZRG GA 3 (1882), S. 1–86; His, Rudolf, Das Strafrecht des deutschen Mittelalters, Bd. 1, Leipzig/Weimar 1920, S. 302ff., 583ff.; Beyerle, Franz, Das Entwicklungsproblem im germanischen Rechtsgang, Bd. 1, Heidelberg 1915; Prinz, Friedrich, Europäische Grundlagen deutscher Geschichte (4.–8. Jahrhundert) (Gebhardt. Handbuch der deutschen Geschichte 1), Stuttgart 2004, S. 485–487; Schmidt-Wiegand, Ruth, Gebärdensprache im mittelalterlichen Recht, in: Frühmittelalterliche Studien. Jahrbuch des Instituts für Frühmittelalterforschung der Universität Münster 16 (1982), S. 363–379; ead., Rechtssprichwörter im Gericht. Zum Verhältnis von Mündlichkeit und Schriftlichkeit in mittelalterlichen Rechtsquellen, in: Rechtssprichwort und Erzählgut. Europäische und afrikanische Beispiele, hg. v. Scholler, Heinrich et alii, Berlin 2002, S. 9–24; Sonderegger, Stefan, Die Sprache des Rechts im Germanischen, in: Schweizer Monatshefte 42/3 (1962–64), S. 259–271; Steinbauer, Bernd, Rechtsakt und Sprechakt. Pragmaliguistische Untersuchungen zu deutschsprachigen Urkunden des 13. Jahrhunderts, Innsbruck 1989; Gewohnheitsrecht und Rechtsgewohnheit im Mittelalter, hg. v. Dilcher, Gerhard et alii (Schriften zur europäischen Rechts- und Verfassungsgeschichte 6), Berlin 1992; Althoff, Gerd, Genugtuung (satisfactio). Zur Eigenart gütlicher Konfliktbeilegung im Mittelalter, in: Modernes Mittelalter, hg. v. Heinzle, Joachim, Frankfurt a. M. 1999, S. 247–265; Althoff, Spielregeln.

324 Schneidmüller, Bernd, *Nomen patriae*. Die Entstehung Frankreichs in der politisch-geographischen Terminologie (10.–13. Jahrhundert) (Nationes. Historische u. philologische Untersuchungen zur Entstehung der europäischen Nationen im Mittelalter 7), Sigmaringen 1987.

aus – wie beim Frieden von Charroux in der Kirchenprovinz Bordeaux von 987, von dem als erstem die Statuten vorliegen. Geistliche sollten auch die Nutznießer der neuen Rechtsordnung sein. Gegen sie und kirchliche Gebäude Gewalt auszuüben, wurde verboten. Geschützt werden sollten auch all diejenigen, die keine Waffen trugen – implizit auch die Bauern mit ihrem Gut, Haus und Vieh. Sie waren die *pauperes*, die nicht in der Lage waren, mit eigener Gewalt sich zur Wehr zu setzen. Intendiert war also kein allgemeines Gewaltverbot, wohl aber eine Eindämmung der Gewalt. Diejenigen, die das Friedensgebot missachteten, waren mit der Strafe der Exkommunikation bedroht. Sie sollte freilich nur dann verhängt werden, wenn die Angreifer den Opfern eine Entschädigung verweigerten. Strafe war also noch eine subsidiäre Aktion, die erst dann eingreifen würde, wenn der Ausgleich zwischen den Beteiligten – den Angreifern und den Opfern – verweigert würde.[325] Gleichwohl, statt allein die personale Relation zwischen Gewaltausübenden und Gewalterleidenden zu regulieren, stand nun die Stabilisierung einer normativen Ordnung auf dem Plan. Sie zu missachten, zog den Ausschluss aus dieser normativ verfassten Gemeinschaft nach sich. Neue Gesetze sollten dies gewährleisten. Nicht allein die kirchlichen Institutionen sollten geschützt werden, sondern auch die Lebensbedingungen von definierten sozialen Gruppen waren zu verbessern. Die auf das Leben im Diesseits ausgerichtete Wirkung folgte einer religiösen Intention, die den Frieden anstrebte. Die Einheit der Christen sollte hergestellt und vor Konflikten und vor Gewalt beschirmt werden. Diese Einheit hat Papst Urban II. auf der Synode in Clermont 1095, als er zum Kreuzzug aufrief, als Voraussetzung bezeichnet, um gegen die Ungläubigen zu kämpfen und ihnen die Herrschaft über die heilige Stadt Jerusalem zu entreißen. Diejenigen, die einst wie Räuber gegen andere Christen gewütet hätten, sollten zu Kämpfern Christi werden. Die Friedensordnung, die auf der Synode beschlossen worden war, sollte eine räumlich weit gezogene Wirkung haben, bis nach Jerusalem.[326]

Die sakrale Legitimierung der Gesetze erforderte bei ihrer Schaffung die Anwesenheit der Heiligen in Gestalt ihrer Reliquien. Diese wurden ausgestellt auf den Synoden, die die Friedensordnungen beschlossen und sie wurden von Ort zu Ort transportiert und ausgestellt, um den Gehorsam ihnen gegenüber zu fördern. So geschah es in Flandern während des 11. Jahrhunderts, als die Gebeine des heiligen Ursmar in feierlichen Prozessionen durch das Land getragen und vorgeführt wur-

325 J. D. Mansi, Sacrorum Conciliorum nova et amplissima collectio, Firenze/Venezia 1759–1798, 19, S. 89–91; Hoffmann, Hartmut, Gottesfriede und Treuga Dei (Schriften der MGH 20), Stuttgart 1964, S. 25–27.

326 Althoff, Gerd, *Nunc fiant Christi milites, qui dudum extiterunt raptores.* Zur Entstehung von Rittertum und Ritterethos, in: Saeculum 32 (1981), S. 317–333.

den.[327] Sigebert von Gembloux beschrieb gleichfalls die Verfahren, um die Heiligen an der Setzung von Gesetzen zu beteiligen.[328]

Das Schreiben der französischen Bischöfe an ihre italienischen Kollegen von dem Jahre 1041 beschrieb die Merkmale des Friedens, der von „allen" versprochen wurde.[329] Adamar von Chabannes († 1034) berichtet, dass bei der Synode des Erzbischofs von Bordeaux die beteiligten Laien, unter ihnen besonders die Fürsten, den Frieden zu beachten und durchzusetzen versprachen. Das Versprechen wurde durch den Eid bekräftigt.[330] Er begründete eine *coniuratio*, die neues Recht schuf, weil sich die Eidgenossen diesem Recht unterwarfen, die Beteiligten sich selbst die Pflichten auferlegten und sie in gegenseitigem Versprechen verbindlich machten. Deswegen gab es auch kein Entweichen von den Geboten.

Das neue Recht entstand nicht aus einer Gesetzgebung durch eine hierarchisch übergeordnete Instanz – Bischof, König oder Fürst – vielmehr durch die Selbstbindung der Schwörenden, durch eine Eidgenossenschaft, die die Missachtung des Schwurs umso strenger ahnden musste, als nicht allein ein Abfall von dem, was jeder Einzelne versprach, verfolgt wurde, sondern auch der Abfall von der durch den Eid begründeten Friedensgemeinschaft geahndet wurde.[331] Die rechtliche Bindungswirkung der Friedensordnungen hat Ivo von Chartres († 115/16) ausdrücklich nicht von einem herrscherlichen Gesetz, das er als *communis lex* bezeichnete, abgeleitet, sondern ein *placitum* und ein *pactum* vorgestellt, welche den *consensus* der Personen, deren Vereinigung die *civitas* und die *patria* forme, herbeiführe.

Der Wandel in der Einstellung gegenüber Gewalt und Gewalttäter ersetzte die Relation zwischen Täter und Opfer durch die Relation zwischen normativ gesetzter Gemeinschaft und Individuum. Indem Handlungen moralisch und religiös legitimiert und de-legitimiert wurden, waren Kräfte freigesetzt, die ihrerseits Gewalt rechtfertigten, um die Störung der gesetzten Ordnung zurückzuweisen. Die Brutalisierung ging mit der Kriminalisierung einher.[332]

Der durch die Friedensordnung hergestellte Frieden galt als die Voraussetzung für ein allgemeines Gedeihen der christlichen Gemeinschaft; selbst die Natur würde aufblühen, brächte reichere Ernten hervor als Folge – oder zumindest in Paral-

---

327 Miracula S. Ursmari in itinere per Flandriam facta, hg. v. Holder-Egger, Oswald, in: MGH SS 15/2, Hannover 1887, S. 837–842.

328 Sigeberti Gemblacensis Chronographiae Auctarium Affligemense, hg. v. Gorissen, Pieter (Verhandelingen van de Koninklijke Vlaamse Academie voor Wetenschappen, Letteren en Scone Kunsten van Belgie. Klasse der Letteren 15), Bruxelles 1952, S. 113.

329 MGH Const. 1, S. 596f.; Huberti, Ludwig, Studien zur Rechtsgeschichte der Gottesfrieden und Landfrieden. Erstes Buch: Die Friedensordnungen in Frankreich, Ansbach 1892.

330 Adémar de Chabannes, Chronique, S. 194.

331 Oexle, Otto Gerhard, Friede durch Verschwörung, in: Träger und Instrumentarien des Friedens im hohen und späten Mittelalter, hg. v. Fried, Johannes (Vorträge und Forschungen 43), Sigmaringen 1996, S. 115–150.

332 Moore, Roger I., The Formation of a Persecuting Society. Power and Deviance in Western Europe 950–1250, Oxford 1987.

lele dazu – der durch die Friedenssynoden erreichten Besserung, wie der Chronist Radulfus Glaber darstellte. Bessere Gesetze machen das Leben besser – in allen Bereichen: dies ist die Schussfolgerung des Chronisten.[333]

Die Gesetzgebungen zur Herstellung des Friedens boten ein Einfallstor für Gesetzgebungen weltlicher Herrscher. Herzog Wilhelm V. von Aquitanien hatte den Frieden auf der Synode von Charroux im Jahre 1028 befohlen.[334] Indem König Ludwig VII. von Frankreich sich nicht allein – seit dem zweiten Kreuzzug 1148 und 1149 – am Kampf gegen die Ungläubigen, sondern auch an den Friedensbündnissen in seiner Heimat zu beteiligen begann, drang eine herrschaftliche Dominanz in die Friedenssicherung und die Gesetzgebung ein. Ludwig versammelte im Juni 1155 geistliche und weltliche Fürsten aus dem Norden und Osten des Königreiches in Soissons und erließ eine Urkunde zur Vereinbarung eines Friedens. Noch war es nicht allein die Kompetenz des Königs, die den Frieden einrichtete. Bitten des Klerus initiierten ihn, und er erhielt die Zustimmung der königlichen Lehnsmannen. Der Eid war ausdrücklich kein Gehorsamseid gegenüber dem König, sondern ein wechselseitiger Eid, der also ähnlich wie bei den Gottesfrieden eine Eidgemeinschaft konstituierte. Die Kombination von königlicher Gewalt und gemeinschaftlicher Rechtssetzung stellte einen Übergang dar zur Einrichtung genuin königlicher Gesetzgebung zur Sicherung des Friedens.[335] Die Könige befahlen den Frieden schließlich durch eigene Verfügungen und schufen Gesetze, die allgemein eine Ordung normieren sollten, die für alle Untertanen galt. Die Herrscher gewannen ein neues Herrschaftsinstrument, das ihnen ermöglichte, nicht allein Rechtsübertretungen festzustellen und zu ahnden und Gericht zu halten, sondern Gesetze zu schaffen.

Bereits früher schon und unabhängig von Friedensbündnissen agierten die angelsächsischen Könige als Gesetzgeber, um den Frieden in ihren Königreichen herzustellen – mehr noch: um ihn zu steigern, so in einem Gesetz, von König Aethelred um das Jahr 1000 erlassen. *Ad augmentum pacis* wurde das Recht geschaffen.[336]

Im römisch-deutschen Reich war die Herstellung des Friedens ebenfalls zu einer herrscherlichen Aufgabe geworden. Die Friedensordnung, die sowohl durch Verfügung Kaiser Heinrichs IV. als auch durch den Eid mehrerer der großen Reichsfürsten in Mainz im Jahre 1103 begründet wurde, übertrug die Sanktionsgewalt nicht allein dem Kaiser, sondern diese lag in den Händen aller, die den Frieden beschworen.[337] Der im folgenden Jahr in Fortführung des Mainzer Friedensbündnis-

---

333 Radulfus Glaber, Historiarum libri, hg. v. France, John, Oxford 1989, S. 194–197.

334 Adémar de Chabannes, Chronique, S. 189, 194.

335 Recueil des historiens des Gaules et de la France, Bd. 14, Paris 1806, S. 387f.; Sassier, Yves, Louis VII, Paris 1992, S. 257–269.

336 Die Gesetze der Angelsachsen, I,2, S. 216f.

337 MGH Const 1, S. 125f. Über den Frieden berichten mehrere erzählende Quellen; zum Kontext: Wadle, Elmar, Heinrich IV. und die deutsche Friedensbewegung, in: Investiturstreit und Reichsverfassung, hg. v. Fleckenstein, Josef (Vorträge und Forschungen 17), Sigmaringen 1973, S. 141–173, S. 153.

ses geschlossene schwäbische Frieden stand unter der Leitung des Herzogs Friedrich, war aber ebenfalls durch den Eid der anderen Adeligen in Kraft gesetzt.[338] Sofort nach seiner Königswahl 1152 erließ Friedrich I. einen Landfrieden. Der König setzte das Recht fest. Er reklamierte die Aufgabe, ein hohes Gut, den Frieden, zu schützen.[339] Die darüber ausgestellte Urkunde verlangte Gehorsam von den Fürsten, die nicht mehr als Mitwirkende, sondern als Adressaten der Verfügung vorgestellt wurden. Es war die Aufgabe des Königs, für den Frieden zu sorgen und den Frieden zu schützen. Dies geschah auch in Italien. Auf dem Hoftag zu Roncaglia bei Mailand im Jahre 1158 hat Friedrich den Frieden, der im *regnum Italiae* gelten sollte, befohlen.[340]

Die Einrichtung des Friedens war gleichwohl weiterhin kein königliches oder kaiserliches Monopol. Der Reichslandfrieden von 1235, den Kaiser Friedrich II. auf dem großen Hoftag zu Mainz verkündete, setzte voraus, dass er sich mit den Großen des Reiches beriet und ihre Zustimmung einholte. Glelchwohl: Seine Macht werde, wie der Prolog ausführt, dadurch gestärkt, dass er den Frieden bewahre. Das Gesetz schaffe neues Recht, weswegen die aus alten Zeiten überlieferten Gewohnheiten abgestellt werden sollten, die eher willkürliche Meinungen seien als schriftlich festgelegtes Recht.[341] Die Neuerung war dazu bestimmt, Rechtssicherheit hervorzubringen und den Frieden zu fördern.

Die Entwicklung, die von den Gottesfrieden zu den Landfrieden überleitete, war zugleich eine Entwicklung von der Schaffung eines Sonderrechts zu einem allgemeinen Gesetz.[342] Aus einer gleichberechtigten Bindung, die auf dem gegenseitigen Eid beruhte, formten die Herrscher Bestimmungen, die Gewalt eindämmen, den Frieden herstellen und den Nutzen der Untertanen mehren sollten. Nicht mehr die Gewährung von Privilegien und die Regelung von Streitfällen, sondern die Rechtssetzung für alle Personen und für viele Anwendungen waren das Ergebnis. Eine spezifische Form der Gesetzgebung entstand. Der Friede war das Ideal, dessen Verwirklichung das Leben verbessern sollte. Bereits die kirchliche Initialisierung der Friedensgesetze hat eine Verbesserung intendiert, die das irdische Leben betraf. Nicht allein das einträchtige und konfliktfreie Einvernehmen, das als Voraussetzung für den Kampf gegen die Ungläubigen galt, sollte hergestellt werden, sondern eine umfassende legislative Ordnung, als dessen Leitidee der Friede vorgestellt war.

---

338 MGH Const. 1, S. 613–615.

339 Fried, Johannes, Mündlichkeit, Erinnerung und Herrschaft. Zugleich zum Modus „De Henrico“, in: Political Thought and the Realities of Power in the Middle Ages, hg. v. Canning, Joseph P. u. Oexle, Otto Gerhard, Göttingen 1998, S. 9–32, S. 14.

340 MGH Const. 1, Nr. 140, S. 194–198; Wadle, Elmar, Frühe deutsche Landfrieden, in: id., Landfrieden, Strafe, Recht, Berlin 2001, S. 75–102.

341 MGH Const 1, Nr. 196, S. 246.

342 Gernhuber, Joachim, Die Landfriedensbewegung in Deutschland bis zum Mainzer Reichslandfrieden von 1235, Bonn 1952; Hattenhauer, Hans, Die Bedeutung der Gottes- und Landfrieden für die Gesetzgebung in Deutschland, Marburg 1958; Coing, Handbuch, S. 587–589.

V. Verheißung und Erwartung des Heils auf Erden

V.1 Geschichte und Erlösung der Menschen

Das Leben der Menschen war auf eine transzendente Existenz ausgerichtet, auf ein ewiges Heil oder auf eine ewige Verdammnis. Es gab ein gesichertes Wissen, über das Menschen zu verfügen glaubten: über das Weltende und über das Weltgericht. Die Verheißungen galten durch die Heilige Schrift verbürgt. War diese Sicherheit hinsichtlich der Zukunft auch auf das diesseitige Leben übertragbar? Es gab in der Tat neben den als Eschatologie bezeichneten Jenseitsvorstellungen auch Erwartungen, dass das Heil, von Gott eingerichtet, in naher oder ferner Zukunft den Menschen auch im irdischen Leben bevorstehe. Diese Vorstellungen entstanden vermehrt seit dem 12. Jahrhundert. Institutionen – der Kirche, der Herrschaft und des Rechts – würden in eine Dynamisierung eintreten, die die Statik einer Traditionsbindung aufbrach und eine in der Zukunft verwirklichte Neugestaltung und Verbesserung des Lebens vorsah. Die unwandelbar gültige göttliche Offenbarung würde sich in zeitlich distinkten Etappen vollziehen, die auch in die Zukunft reichten. Damit waren die Einrichtungen der Vergangenheit und Gegenwart abgewertet. Sie galten als mangelbehafte und unvollkommene Vorläufer, die wegfallen würden. Wenn der eindeutig definierte und kanonisierte Fundus von Offenbarungen erweitert und auf eine Entwicklung ausgedehnt wurde, waren eine größere Nähe zu Gott und eine gesteigerte Lebenswirklichkeit bereits auf Erden vorstellbar. Zukunft war aber nicht zu gestalten, sondern zu erwarten. In ihr würde ein Heil verwirklicht, das Gott den Menschen bereits in der Welt gewähren würde. Wenn neue Formen der Beziehung von Gott zu den Menschen vorgestellt würden, stünden die bestehenden Institutionen – auch die der Kirche – zur Disposition, da Vermittlungsinstanzen der Kommunikation hinfällig würden. Die Glückseligkeit der Menschen würde gesteigert, ihr Zusammenleben friedlich, ihre Kenntnis von Gott erweitert, ihr Leben in einen besseren Zustand überführt. Solche Auffassungen trugen seit dem 12. und 13. Jahrhundert dazu bei, Erlösungswünsche auf die irdische Existenz auszurichten. Chiliastische Erwartungen erfassten das mittelalterliche Europa. Die tatsächlichen Veränderungen und Expansionen von Bevölkerung, Produktion, Handel und Urbanisierung bildeten den Nährboden, auf dem Vorstellungen zu einem Fortschritt entstanden, der die Menschen zu höheren Seinsformen emporheben würde, der nicht einzig zum ewigen Heil führen, sondern bereits auf Erden zur Verwirklichung gelangen würde. Heilsgeschehen und die Geschichte irdischer Existenz wurden enger miteinander verknüpft, und diese Verbindung imprägnierte einen innerweltlichen Optimierungsprozess mit religiösen Vorstellungen, so wie umgekehrt weltliche Vervollkommnung in eine religiöse Exaltierung münden würde.

Die Auffassung, dass im diesseitigen Leben friedliches Zusammenleben und Eintracht zu erwarten seien, widersprach der Konzeption von Augustinus, die er in seinem Werk ‚De civitate Dei' ausführlich begründet hatte. Die Geschichte weltlicher Einrichtungen seien den Peripetien des weltlichen Treibens ausgesetzt. Augustinus nahm ihnen jeglichen Wert für das Voranschreiten der Gemeinschaft derer, die allein im Verborgenen, abseits irdischer Einrichtungen, zur Erlösung im Jenseits hingeführt würden.[343] Das Warten auf das Ende der Geschichte, so meldeten sich hingegen im 12. und 13. Jahrhundert Autoren zu Wort, berge auch die Zuversicht, in einen Zustand der Glückseligkeit auf Erden einzutreten, den Gott vorherbestimmt habe. Das ferne Heil, dessen Eintreffen in der Bibel nicht festgelegt war, sollte in einem irdischen Zustand, den einige christliche Autoren in der nahen Zukunft annahmen, einige auch noch zu datieren glaubten, vorbereitet werden, indem ein Zustand der Vollkommenheit einträte. Die Zeit des Weltendes und des Weltgerichtes galt als die Erfüllung der Zeit, welche durch ein Voranschreiten der Epochen, durch Veränderungen markiert war, die zu neuen und höherwertigen Stufen der Heilsgeschichte geleiten würden, die auf Erden sich ereigneten. Sicher war das Wissen vom Weltende, unsicher hingegen von der Zeit, wann es geschehe.

Im Evangelium nach Markus (Mk. 13,31–37) steht die Aussage zur Wiederkehr Christi und zur Parusie:

> Von dem Tage aber und der Stunde weiß niemand, auch die Engel im Himmel nicht, auch der Sohn nicht, sondern allein der Vater. Seht euch vor und wachet, denn ihr wisst nicht, wann die Zeit da ist. […] So wachet nun, denn ihr wisst nicht, wann der Herr des Hauses kommt, ob am Abend oder zu Mitternacht oder um den Hahnenschrei am Morgen.

Mit dem erhofften und zugleich befürchteten Weltenende war der Geschichte der Menschheit ein Ziel gesetzt. In der zeitlichen Abfolge der Ereignisse gab es ein Voranschreiten, nicht eine zirkuläre Entwicklung. Die Aufgabe des Menschen bestand in der Vorbereitung auf das überraschend bevorstehende Jüngste Gericht. Im biblischen Gleichnis der törichten und der klugen Jungfrauen war der Gegensatz vorgestellt zwischen denen, die unbesonnen von der unerwarteten Wiederkehr des Herrn schlafend angetroffen würden, und denen, die, allzeit wachend und stets bereit, den rechten Moment der Wiederkehr nicht versäumten (Math. 25,1–13). Dem Leben der Menschen war Sinn verliehen, weil jedes Handeln als Vorbereitung galt. Es war ein Handeln, bei dem die Menschen sich vor den Gefahren wappnen mussten, aber ein Einwirken auf den Zeitpunkt der Erfüllung allen Seins nicht möglich war.

Die Unbestimmtheit jeder Zukunft und noch mehr die eines kommenden Reiches Gottes auf Erden hinderte nicht, dass Projektionen konzipiert wurden. Otto von Freising († 1158) schrieb in seiner Weltchronik, die ein Gesamtkonzept der Menschheitsgeschichte von ihren Anfängen bis zu ihrem Ende ausbreitete, dass er

343 Aurelius Augustinus, De civitate Dei, S. 101–127.

die Ereignisse und die Übel menschlicher Geschichte darstelle, um zu zeigen, wie die Geschichte auf die ewige Herrlichkeit Gottes und der erlösten Menschen hinführe. Was als ein historisches Buch gestaltet ist, endet im Schlusskapitel nach dem Vorbild des biblischen Danielbuches und von Augustinus' Buch ‚De civitate Dei' in einer Prophezeiung, die die Ewigkeit der künftigen himmlischen Existenz der Erlösten darstellt. Otto hat Geschichte als eine auf ein Ziel gerichtete Ereignisabfolge beschrieben, die in eine Erlösung zum ewigen Heil mündet, deren Erfüllung er aber außerhalb der Geschichte situiert und von menschlicher Aktivität ablöst, weil alle Ereignisse eine von Gott eingesetzte Entwicklung zum Abschluss bringen würden. Verbesserungen in der Welt waren nicht vorgesehen. Aber Zukunft und Ewigkeit spendeten Legitimität für das aktuelle Handeln und verliehen ihm überhaupt erst Sinn, ohne den das Tun nichts als ein müssiges Schwirren und Flattern wäre. Die Geschichte erhielt einen Sinn, weil sie von der Zeit der Unbeständigkeit zur Zeit der Ewigkeit des vollkommenen Heils führe, und nur aus diesem erwarteten Wechsel konnte das Handeln in der Gegenwart nach Auffassung von Otto von Freising gerechtfertigt werden.[344]

Dass das Weltende und der Eintritt in das ewige Heil unabhängig von menschlichen Handlungen feststünden, dass sie einem vorgefertigten, von Gott verfügten Programm folgten, war die allgemein verbreitete Vorstellung. Es traten seit dem 12. Jahrhundert Auffassungen hinzu, dass das Heil bereits im diesseitigen menschlichen Leben eintreten würde. Das Wissen über dieses Programm könne erworben werden. Es war mehr als ein Wissen über das Ende der Zeiten und über das Jüngste Gericht; es war ein Wissen über die Zeit auch schon vor dem Ende der Welt. Weil es im christlichen Verständnis keine offene Zukunft am Ende der Zeiten gab, sondern Gewissheit, und weil die Erwartung gleichwohl kein passives Abwarten vorsah, sondern Vorbereitung, spornte die zeitliche Unbestimmtheit dazu an, die Frage nach der Zeit künftiger Ereignisse zu lösen zu versuchen, zeitliche Abfolgen festzulegen und zeitliche Fixpunkte zu setzen, um sich zu wappnen gegen künftige Gefahren und bereit zu sein für künftige Verheißungen. Nicht wenige Autoren präzisierten Daten, wann der Zustand des guten Lebens beginnen würde.[345]

Seit dem endenden 12. Jahrhundert intensivierten sich die Bestrebungen, für die Zukunft Daten zu ermitteln, also nicht wie zuvor wie in den apokalyptischen Texten von Adso von Montier-en-Der (910–992) oder von Rupert von Deutz (1070–1129) lediglich aus den Deutungen vergangenen Geschehens Extrapolationen zur Zukunft aufzustellen, ohne zu versuchen, Epochen und Epochengrenzen zu präzisieren.[346] Der Blick wurde nun auf die Zukunft gerichtet, die mehr als nur die

---

344 Otto von Freising, Chronica, S. 584–597; Goetz, Hans-Werner, Das Geschichtsbild Ottos von Freising. Ein Beitrag zur historischen Vorstellungswelt und zur Geschichte des 12. Jahrhunderts (Archiv für Kulturgeschichte, Beiheft 19), Köln/Wien 1984.

345 Fried, Aufstieg aus dem Untergang.

346 Adso de Montier-en-Der, De ortu et tempore Antichristi, hg. v. Verhelst, Daniel (CCCM 45) Turnhout 1976; Rupert von Deutz, De victoria verbi Dei, hg. v. Haacke, Hraban (MGH

Fortsetzung der Vergangenheit wäre, in der vielmehr ein Sprung in eine neue Entwicklungsstufe sich ereignen, ein Voranschreiten stattfinden und ein Fortschritt in der menschlichen Entwicklung eintreten würde. Der singuläre Akt, mit dem Christus die Menschheit erlöste, Neues schuf, einen Einschnitt in die Geschichte setzte, wurde in eine Vermehrung und Abfolge von mehreren Neuerungsakten transformiert, welche das Heil, das Christus den Menschen gebracht habe, steigerten. Dank des Einwirkens des Heiligen Geistes würden die Menschen in höhere Stufen der Gotteserkenntnis gehoben. Diese Auffassung stellte der Prämonstratenser Anselm von Havelberg zur Mitte des 12. Jahrhunderts vor. Geschichte sei eine dynamische Verwirklichung von Potentialitäten, die einst grundgelegt und in verschiedenen Epochen sukzessive aktualisiert würden – und dies in der Vergangenheit und weiterhin bis an das Ende der Zeiten. Diese Verbesserungen zeigten sich in der Entstehung neuer Formen des mönchischen und regularen Lebens, in der Gründung neuer Orden, einschließlich seines eigenen, desjenigen der Prämonstratenser. Die individuelle Vervollkommnung, die die Mönche leisteten, war erweitert zu einer menschheitsgeschichtlichen Steigerung der Fähigkeiten und Erkenntnisse. Der heilsgeschichtliche Prozess, der die gesamte Welt erfasse, verändere die humane Existenz. Dies geschehe in Etappen, die Manifestationen des Einwirkens des Heiligen Geistes seien. Die Erhöhung menschlicher Erkenntnis und Frömmigkeit setze sich auch in der Zukunft fort.[347]

V.2 Geistkirche und das kommende Reich des Friedens auf Erden

Das Entstehen einer grundsätzlich neuen Kirche, die nicht mehr auf dem Neuen Testament begründet sei, sondern auf einer unmittelbaren Inspiration des Heiligen Geistes beruhe, wurde vorgestellt, so dass die Amtskirche in einer nahen Zukunft enden würde, sobald die nahe Zeit des Umbruchs begänne. Diese Erwartung stellten die prophetischen Texte von Joachim von Fiore (†1204) vor, noch mehr die der pseudo-joachimitischen Texte, besonders die Schrift ‚In Hieremiam', zur Mitte des 13. Jahrhunderts verfasst. Sie stellten einen Fortschritt dar, den nicht das Handeln der Menschen anstoßen, sondern den der dem Weltgeschehen eingepflanzte Heilsplan Gottes zur Entfaltung hervorbringen würde. Die Trinität Gottes würde sich

---

Quellen zur Geistesgeschichte 5), Weimar 1970; id., De glorificatione Trinitatis et processione Spiritus Sancti, in: PL 169, Paris 1854, Sp. 13–200; id., Commentaria in Apocalypsin, in: ibid., Sp. 827–1214; McGinn, Bernard, Apocalypticism in the Western Tradition, Bd. 3, Aldershot 1994, S. 277; Rauh, Horst Dieter, Das Bild des Antichrist im Mittelalter: Von Tyconius zum deutschen Symbolismus (Beiträge zur Geschichte der Philosophie und Theologie des Mittelalters NF 9), Münster i. W. 1973, S. 206–233; Rusconi, Profezia, S. 54f., 68, 102f., 121; Van Engen, John H., Rupert of Deutz, Berkeley/Los Angeles 1983.

347 Anselm von Havelberg, Liber de unitate fidei et multiformitate vivendi, in: PL 188, Sp. 1139–1218; id., Dialogus, hg. v. Salet, Gaston (SC 118), Paris 1966.

in der Trinität der Epochen der Heilsgeschichte widerspiegeln und eine zeitlich gestaffelte und gesteigerte Offenbarung des Wissens über Gott und sich steigernde Heilung der Menschheit erbringen. Das Heil war in die Welt gestellt. Die nahe Zeit des Heiligen Geistes würde die Mächtigen zurückdrängen, Bedrängnisse beenden, Frieden stiften, Erkenntnisse hervorbringen. Was den Menschen aufgetragen war, war Wachsamkeit, um die Zeichen des nahen Eintritts in eine neue Zeit des größeren Wissens von Gott, der Harmonie unter den gläubigen Christen und ihres Sieges über die Glaubensfeinde zu erkennen und sich auf die neuen Verheißungen vorzubereiten. Gefordert waren das Deuten der Zeichen der Zeit und das Vorbereiten auf die neue Zeit. Menschliches Tun würde diese neue Menschheitsepoche nicht herbeiführen.[348]

Aber die Auswirkungen auf die Institutionen und das Handeln in den Institutionen waren bedeutend, denn mehr als Abwarten war verlangt, vielmehr Vorbereitung. Der Geschichtsverlauf strebte zu einer Immanenz, die religiös begründet, aber im Diesseits zur Verwirklichung gelangen würde.[349] Nicht wenige der Angehörigen der Bettelorden, die am Anfang des 13. Jahrhunderts entstanden, haben durchaus ein aktivistisches Eingreifen in das Zeitgeschehen begünstigen wollen und haben ihre Orden als die institutionellen Promotoren des bevorstehenden Heils propagiert, das bereits auf Erden geschaffen würde. Sie seien mehr als nur seine Verkünder und seine Vorzeichen, sondern diejenigen, die vorbereiten. Der Franziskaner Albert von Stade (ca. 1187–1264) konzipierte die Geschicke einer künftigen Christenheit, die ohne Papst existieren und durch einen Konsens, der

---

348 Benz, Ernst, Ecclesia spiritualis. Kirchenidee und Geschichtstheologie der franziskanischen Reformation, Stuttgart 1934; Töpfer, Das kommende Reich, S. 149–153; McGinn, Bernard, Influence and Importance in Evaluating Joachim of Fiore, in: Il profetismo gioachimita tra Quattrocento e Cinquecento. Atti del III Congresso Intern. di Studi Gioachimiti, S. Giovanni in Fiore 17–21 sett. 1989, hg. v. Potestà, Gian Luca, Genova 1991, S. 15–36, S. 30; Lerner, Robert E., Joachim of Fiore's Breakthrough to Chiliasm, in: Cristianesimo nella Storia 6 (1985), S. 489–512; Angenendt, Geschichte, S. 187f.; Guillemain, Bernard, Le sens de l'histoire au XIIIe siècle, in: 1274. Année charnière. Mutations et continuités. Colloque Lyon/Paris, 30 sept.–5 oct. 1975 (Colloques internationaux du C.N.R.S. 558), Paris 1975, S. 881–887; Reeves, Influence; Les textes prophétiques et la prophétie en Occident (XIIe–XVIe siècle). Actes de la table ronde, Chantilly, 30–31 mai 1988, hg. v. Vauchez, André (Mélanges de l'Ecole française de Rome – Moyen Âge 102), Roma 1990, S. 291–685; Emmerson, Richard Kenneth u. Herzman, Ronald B., The Apocalyptic Imagination in Medieval Literature (Middle Ages Series 11/1), Philadelphia 1992; The Apocalypse in the Middle Ages, hg. v. Emmerson, Richard Kenneth u. McGinn, Bernard, Ithaca, N.Y./London 1992; Crocco, Antonio, Gioacchino da Fiore e il gioachimismo, Napoli 1976; Haeusler, Martin, Das Ende der Geschichte in der mittelalterlichen Weltchronistik (Beihefte zum Archiv für Kulturgeschichte 13), Köln/Wien 1980, S. 85–72, S. 220–225; Brett, Edward Whalen, Joachim the Theorist of History and Society, in: A companion to Joachim of Fiore, hg. v. Riedl, Matthias, Leiden/Boston 2017, S. 88–107.

349 Herbers, Geschichtsverlauf.

keiner obersten Hierarchie bedürfe, gestaltet würde.[350] Selbst der franziskanische Generalminister Bonaventura (1221–1274) stand joachimitischen Verheißungen nahe, wenn er in mehreren Werken – ‚De perfectione evangelica', ‚Apologia pauperum', ‚Legenda sancti Francisci' und am ausführlichsten in der Schrift ‚Hexameron' – mit dem Entstehen der Bettelorden eine neue Zeit heraufziehen sah, die Franz von Assisi und Dominikus vorbereiteten und die sie zum letzten Abschnitt der Heilsgeschichte, zum Millenium harmonischer Eintracht vor der Ankunft des Anti-Christus, geleiteten. Es gebe einen Fortschritt; die *sapientia* der Christen nehme zu. Gott habe in den Anfängen der Kirche tatkräftige Menschen berufen, die durch Zeichen und Wunder wirkten; dies seien die Apostel und Jünger gewesen. In einer Zwischenzeit, *in medio tempore*, seien Männer aufgetreten, die in der Heiligen Schrift erfahren und von scharfsichtiger Vernunft geleitet seien. Personen der Amtskirche waren damit gemeint. In der Endzeit, die auf eine Epoche ausgedehnt wäre und deren Anfänge sich in seiner – Bonaventuras – Gegenwart bereits abzeichneten, sende Gott Männer aus, die freiwillig arm seien und von Bettel lebten. Und Gott habe dabei wohlgetan, denn durch die ersten habe er den Götzendienst besiegt, durch die zweiten die Ketzerei und durch die dritten die Habsucht. Da Armut das Fundament der geistlichen Vollkommenheit sei, erreiche die Kirche mit den Franziskanerbrüdern, die freiwillig Bettler seien, den *statum finalem* und zugleich die höchste Stufe des Wirkens Gottes auf Erden. Die Gnade Gottes sei in Gestalt von Franziskus erschienen, damit sie noch größer werde. Bonaventura bezieht die Formulierung des Titusbrief (Tit. 2,11), die mit dem Wirken Christi den entscheidenden Epocheneinschnitt verbindet, auch auf das Leben von Franziskus und lässt mit ihm einen neuen Abschnitt der Heilsgeschichte eintreten, der Fortschritt in Gotteserkenntnis, Liebe und freiwilliger Armut um Christi willen hervorbringe. Der Fortschritt geschehe bald: *in diebus istis novissimis*. Die Formulierung war zweideutig, was wohl auch beabsichtigt war. Sowohl neueste Zeit als auch Zeit vor dem Kommen des Weltgerichts konnte gemeint sein.[351] Franziskus wird mit dem in der Johannes-Apokalypse prophezeiten Engel in Verbindung ge-

350 Annales Stadenses auctore Alberto, hg. v. Lappenberg, Johann Martin, in: MGH SS 16, Hannover 1859, S. 271–379, S. 330–332; Wesche, Markus, Studien zu Albert von Stade, Frankfurt a. M. 1988.

351 Bonaventura, Collationes in Hexaemeron, hg. v. Delorme, Ferdinand (Bibliotheca Franciscana Scholastica Medii Aevi 8), Quarrachi 1934; id., De perfectione evangelica, V, S. 147f.; id., Apologia pauperum, in: ibid., VIII, S. 233–330, S. 272f.; id., Determinationes quaestionum, in: ibid., S. 337–374, S. 342f., 353f., 367; id., Legenda sancti Francisi, in: ibid., S. 504–582, S. 504, 509f., 547, 565ff.; McGinn, Bernard, The Significance of Bonaventure's Theology of History, in: Journal of Religion, Suppl. 58 (1978), S. 64–81; id., Influence and Importance, S. 30; Congar, Yves, Aspects ecclésiologiques de la querelle entre mendiant et séculiers dans la seconde moitié du XIIIe siècle et le début du XIVe, in: Archives d'histoire doctrinale et littéraire du Moyen Âge 28 (1961), S. 35–151. Eine die chiliastischen Elemente bei Bonaventura nur zögerlich einräumende Analyse bietet Ratzinger, Joseph, Die Geschichtstheologie des Heiligen Bonaventura, München/Zürich 1959; Schmidt, Legitimität, S. 371–391.

bracht, der nach Zerbrechen des siebenten Siegels emporsteige und der ein Sinnbild des Heraufziehens des Zeitalters der ewigen Glückseligkeit sei. Die Verbindung von Bettelorden und Geschichte dringe auf einen dramatischen Punkt zu, der die Erfüllung von Gottes Heilsplänen erwarten lasse.

Auch die Dominikaner beanspruchten, die Kirche zu renovieren, nicht allein zu reformieren. Sie verkündeten eine institutionelle Innovation, deren Berechtigung aber auch aus der Vergangenheit abgeleitet wird. Der Dominikaner Dietrich von Apolda (1230–ca. 1302) formulierte, dass sein Orden neu hinsichtlich seiner Organisation und zugleich alt hinsichtlich seiner Existenzberechtigung sei: *novus institutione, antiquus auctoritate.* Die institutionelle Entwicklung entsprang eines Ursprungs, der zu neuen Emanationen der Gefahrenabwehr (*temporum horum novissimoruim periculis*) und zugleich der Vervollkommnung führe.[352]

Deutlicher in der zukunftsoptimistischen Sicht war der Dominikaner Vincenz von Beauvais († 1264). Nach ihm träten die Dominikaner in der Endphase der Geschichte auf, in der sich die Kirche auf einen Zustand der Vollendung zubewege. So wie einst zur Zeit des Alten Testaments Gott Greise, dann zur Zeit des Neuen Testaments jugendliche Apostel ausgewählt habe, so seien nunmehr in seiner Gegenwart *pueri*, Kinder, gesandt, um auf den Straßen und Plätzen das Wort Gottes zu künden und die Wahrheit zu predigen. Sie würden dem Bestehenden und Alten neue Kräfte zuführen. Vincenz verknüpft den innovativen Schub mit einem Kult der Jugendlichkeit – ja der Kindlichkeit. Vincenz kehrt damit die seit Augustinus vertraute Vorstellung, dass nämlich die Menschheit mit dem Fortschreiten der Zeit altere und schwächer werde, in ihr Gegenteil.[353] Vincenz verlässt überdies die Metaphorik indvidueller Existenz und appliziert der Geschichte ein über-individuelles und generationenübergreifendes Verlaufsschema, das eine naturnotwendige Zunahme von Gebrechlichkeit verwirft und ihr die zunehmende Verjüngung entgegenstellt. Die Menschheit strebe zu einer Epoche, in der zwei neue Orden, einst von Joachim von Fiore vorausgesagt, die Ungläubigen anleiten und die letzte Etappe der Menschheit einleiten würden. Ein chiliastischer Endzustand, der Erkenntis und Frieden gewähre, sei verheißen und werde von den Dominikanern und Franziskanern vorbereitet.[354] Dass die Kinder den Erwachsenen überlegen seien, präsentiert Vincenz auch in dem Traktat ‚De morali principis institutione', der als Fürstenspiegel, mehr aber noch als Erziehungslehre konzipiert ist. Kinder gelten als die Promotoren des Fortschritts, diesmal in den Einrichtungen weltlicher Herrschaft. Die Einfachheit des Kindes befähige es, sich der Weisheit anzunähern. Vincenz zitiert eine Passage aus dem Salomon zugeschriebenen Buch ‚Ecclesiastes' (Eccl. 4,13): „Besser ist ein armer und weiser Knabe als ein alter und dummer König"

352 Theodoricus de Apolda, Acta Ampliora, Acta Sanctorum, Bd. 35, 4. Aufl., Paris/Roma 1867, S. 558–563.

353 Von den Brincken, Anna-Dorothee, Studien zur lateinischen Weltchronistik bis in das Zeitalter Ottos von Freising, Düsseldorf 1957, S. 92.

354 Vincenz von Beauvais, Speculum historiale, fol. 404^{r}–407^{r}, 488^{r}–490^{r} .

und stellt sie in Kontrast zur Klage im selben biblischen Buch (Eccl. 10,16) über ein Reich, dessen König ein Kind sei. Den Widerspruch löst Vincenz auf, indem er den Herrscher verpflichtet, sich zusätzliches und besseres Wissen anzueignen.[355] Kindheit ist sowohl biographisch als auch historisch in einen Fortschrittsprozess eingewoben, der durch die Mehrung des Wissens in Gang gesetzt wird, damit aus individueller Vervollkommnung eine politische im Königreich wird.

Die Inversion von Zeit, die mit ihrem Voranschreiten nicht Alter, sondern Jugend hervorbringe, bedeutet nicht eine zyklische Repetition von Zuständen. Vielmehr ist weiterhin das dem Christentum eigentümliche lineare Voranschreiten der Zeit vorausgesetzt, um in die neue, bessere Phase der Menschheitsgeschichte eintreten zu können. Die Reversion des Zeitablaufs, von Alter zu Kindheit, bedeutete die Progression, von Unvollkommenen zu Besserem. Jugendliche, gar kindliche Akteure waren als die kraftvollen Gestalter einer neuen, einer besseren Zeit auf Erden vorgesehen.

Die Historisierung von Prophezeiungen, also ihre Integration in die geschichtliche Entwicklung, war zugleich eine Profanierung. Sie verlangte Konkretisierung der agierenden Personen und Präzisierung von Daten des welthistorischen Progressionsprozesses. So ließ sich der Zukunft ihre Ungewissheit nehmen. Dies konnte aber nur gelingen, wenn ein Automatismus des künftigen historischen Ablaufes vorausgesetzt wurde, was einerseits die menschliche Handlungsfreiheit herabsetzte, andererseits die Aufforderung zu kraftvoller Tat und zum Eingreifen in das historische Geschehen anfachte, da die Zuversicht des Ergebnisses jeden Zweifel über sein Eintreten zerstreute. Die Zuversicht, Werkzeug des historischen Prozesses zu sein, würde den Erfolg verbürgen. Die Aufforderung zur Tat speiste sich aus einem Wissen, das vorgab, die Zukunft zu kennen, so dass einerseits die Selbstwirksamkeit der Menschen zur Verbesserung des Lebens herabgesetzt war, insofern sie als Objekte einer historischen Notwendigkeit galten, andererseits gesteigert vorgestellt wurde, indem die Zuversicht auf das gute Leben in der Zukunft auf der Verheißung, die Gott wolle, gesichert sei.[356]

Die Einsicht zur zukünftigen Entwicklung motivierte gelehrte Untersuchungen, um Daten zu ermitteln. Grundlagen der Datierung waren Texte der Bibel, Texte von Joachim von Fiore, von Pseudo-Methodius und der prophetischen Texte der Sybillen, deren Aussagen auf geschichtliche Ereignisse und Zustände zu beziehen seien. Kombiniert werden konnte die Textinterpretation mit kosmologischen Kalkulationen. Der franziskanische Philosoph Roger Bacon († 1292) hat in seinem ‚Opus maius' behauptet, dass es möglich sei, Daten des herannahenden Zeitalters

355 Vincenz von Beauvais, De morali principis institutione, hg. v. Schneider, Robert J. (CCCM 137), Turnhout 1995, XI, 15–18, S. 60.

356 Rauh, Horst Dieter, Eschatologie und Geschichte im 12. Jahrhundert. Antichrist-Typologie als Medium der Gegenwartskritik, in: The Use and Abuse of Eschatology in the Middle Ages, hg. v. Verbeke, Werner, Verhelst, Daniel u. Welkenhuysen, Andries (Medievalia Lovaniensia, Series 1, Studia 15), Leuven 1988, S. 333–358.

der Harmonie und der Gottesnähe zu ermitteln, und er hat andere Gelehrte zu den Berechnungen aufgefordert. Diese seien nützlich, um sich gegen die künftigen Gefahren zu wappnen. Er selbst verzichtete aber auf die Nennung von Daten.[357] Viele andere nicht. Die Vielzahl von Versuchen, Daten des künftigen Geschehens, des Beginns des Zustandes der Harmonie und der Gotteserkenntnis zu ermitteln, hat Johannes Fried als Ansporn für die Entstehung der Naturwissenschaften angesehen.[358]

Durch komplizierte Rechenoperationen Daten zu ermitteln, diese in Beziehung zum Weltende zu setzen, dieser Aufgabe widmete sich am Ende des 13. Jahrhunderts der Dominikaner Vincenz von Beauvais, genauso wie sein Ordensbruder Jean Quidort de Paris († 1306). Dass zu den angegeben Daten die angekündigten Ereignisse nicht eingetraten waren, ließ die Anstrengungen, neue Berechnungen anzustellen, nicht abbrechen. Jean Quidort räumte zwar ein, aus der Heiligen Schrift wenig Anhaltspunkte über das Ende der Welt vorzufinden, was ihn aber nicht davon abhielt, aus einer Kombination mehrerer Bibeltexte – der Apokalypse und des Buches Daniel – und ebenso von Textpassagen von Flavius Josephus und Beda Venerabilis Berechnungen vorzunehmen, die er mit kosmologischen Kenntnissen ergänzte. Das Ende der Welt breche herein, wenn der Sternenhimmel zu der Konstellation zurückgekehrt sei, die er bei der Erschaffung der Welt eingenommen habe. Jean Quidort verlässt gleichwohl einen zyklischen Geschichtsablauf, da das Erreichen des kosmologischen Anfangsstadiums eine entscheidende Neuerung der Geschichte einleite. Es ist die Zukunft, die vom Menschen Taten einfordert, ohne dass aber die Taten Einfluss auf das Weltgeschehen hätten, das in Gottes Verfügung stehe und nur durch die Deutung der Bibel und der kosmischen Konstellationen erkannt werden könne. Der Appell zum Handeln meint nicht, dass es auf den Ablauf der Geschichte oder auf die Gestaltung der menschlichen Gemeinschaften Einfluss hätte, sondern dient der persönlichen Vorbereitung, die ja nichts anderes war als das Arbeiten an einem festgelegten Ereignisprogramm.[359] Auch der Domkanoniker Nicolas de Lisieux († 1270) meldete in der Schrift, unter den Titel ‚Liber de Antichristo' gestellt – es gibt gute Anhaltspunkte, sie ihm zuzuschreiben –, dass das Weltende nahe und das Wirken des Antichrist unmittelbar bevorstehe und damit auch die darauf folgende Zeit der Erlösung, die schon das irdische Leben beglücke, beginnen werde.[360]

---

357 Roger Bacon, Opus maius, hg. v. Bridges, John Henry, Oxford 1897, S. 86; Schmolinsky, Sabine, Der Apokalypsenkommentar des Alexander Minorita. Zur frühen Rezeption Joachims von Fiore in Deutschland (MGH. Studien und Texte 3), Hannover 1991, S. 40–42, 48.

358 Fried, Aufstieg aus dem Untergang.

359 Vincenz von Beauvais, Speculum historiale, fol. 1324^{r}, ^{v}; Johannes Quidort de Paris, De Antichristo; Gerwing, Manfred, Vom Ende der Zeit, S. 268–362.

360 Das Werk ist fälschlicherweise Nicolas d'Oresme zugeschrieben: Nicolas d'Oresme, De Antichristo et eius ministris, in: Veterum scriptorum et monumentorum, hg. v. Durand, Ursin u. Martène, Edmond, Paris 1733, Sp. 1271–1446; Sickert, Ramona, Wenn Klosterbrüder zu

Der katalanische Mediziner und Philosoph Arnald von Villanova (1220–1311) ging das Problem der Datierung am gründlichsten an, vor allem in seiner Schrift ‚De adventu Antichristi'. Zunächst sah er sich zu einer Rechtfertigung gezwungen, dass es überhaupt möglich und erlaubt sei, die Endzeit der Geschichte zu berechnen, obwohl nach der Apostelgeschichte der auferstandene Christus verkündet habe, dass es den Menschen verwehrt sei, die Zeit seiner Wiederkehr zu kennen. Damit sei aber, so Arnald, nur ein tatsächliches Nicht-Wissen, nicht aber ein prinzipielles, allzeit bestehendes Nicht-Wissen-Können ausgedrückt. Ein Nachforschen über die Zeiten und Momente der letzten Epochen der Menschheit sei keineswegs verworfen worden, vielmehr sei es möglich, durch das Deuten von Texten und Zeichen das Nichtwissen aufzuheben. Wissen herzustellen und zu verkünden, sei notwendig, denn auf diese Weise sei die Wachsamkeit gesteigert, könne jeder sich wappnen, müsse niemand unvorbereitet dem neuen und besseren Zustand der Welt und dem Ende der Welt entgegenschreiten. Und dieses Nachforschen ergebe auch ein konkretes Resultat: das Jahr 1378 markiere den Beginn der letzten Ereignisse: Ankunft des Antichristen, die darauf folgende Zeit der Verfolgungen, dann ein langandauerndes Reich des Friedens, schließlich die Wiederkehr Christi und die Zeit des letzten Gerichts. Arnald kommt zu diesem Ergebnis, indem er mehrere Bibelstellen interpretiert, diese mit Texten prophetischen Inhalts, u. a. mit den ‚Revelationes' des Pseudo-Methodius, vor allem aber mit kosmologischen Beobachtungen verbindet. Sobald der Komet an seinen Ausgangspunkt zurückkehren würde, den er zur Zeit der Geburt Christi eingenommen habe, sei die Zeit reif für die letzte Epoche der Welt.[361]

Geschichte war als ein Ensemble von Zeichen aufgefasst. Die Historisierung der Eschatologie und der chiliastischen Projektionen über das Glück im Diesseits, das Weltengericht und das Weltenende waren nur zu erreichen, indem die historischen Geschehnisse symbolisch gedeutet wurden, damit also aus einer genuin historischen Immanenz und Rationalität herausgelöst wurden, was die innerweltliche Kausalität der Entstehung betrifft, hinsichtlich der Konsequenz indes auf die innerweltliche Aktivierungsbereitschaft einwirkt. Fortschritt, im Sinne einer Verbesserung des diesseitigen Lebens, gab es auch im Mittelalter, konnte aber angesichts langsamer Entwicklungsverläufe nicht als Ergebnis eigenen Handelns erfahrbar werden, nicht einmal im intergenerationellen Verlauf. Die Hoffnungen richteten

---

Jahrmarktsbrüdern werden. Studien zur Wahrnehmung der Franziskaner und Dominikaner im 13. Jahrhundert (Vita Regularis 28), Berlin 2006, S. 319.

361 Arnaldus de Villanova, Tractatus de tempore adventus antichristi, in: El text primitu del de mystero cymbalorum ecclesiae d'Arnau de Vilanoca, in: Arxiu de textos catalans antics 7/8 (1988/89), S. 134–169; id., Expositio super Apocalypsi, hg. v. Carreras i Artqau, Joaquim et alii (Scripta Spiritualia 1), Barcelona 1977; Manselli, Raoul, La religiosità d'Arnaldo da Villanova, in: Bullettino dell'Istituto Storico Italiano per il Medio Evo e Archivio Muratoriano 63 (1951), S. 1–100; Reeves, Influence, S. 315–317; McGinn, Bernard, Visions of the End. Apocalyptic Traditions in the Middle Ages, New York 1979, S. 223f., 334f.; Rusconi, Profezia, S. 74–75, 86.

sich daher auf eine Perfektionierung, die ein historischer Automatismus herstellen würde, den Gott eingesetzt habe.[362] Der Heilsplan Gottes würde das bessere Leben bereits auf Erden vorsehen. Geschichte wurde dynamisiert, auf Neuerungen ausgerichtet und auf eine Verbesserung des Lebens bereits im Diesseits hingeführt. Was von den Menschen gefordert war, war Vorbereitung, verlangte Akzeptanz gegenüber einem von Gott vorgegebenen Ablauf der Geschehnisse. Das Wissen von der Zukunft versprach Zuversicht. Die Verheißung auf ein diesseitiges Heil spornte das Handeln an, indem es Gewissheiten des guten Ergebnisses in Aussicht stellte.

Die Auffassung, die der Geschichte Kontingenz entzog, weil ihr ein Plan auferlegt sei, führte dazu, den Plan erkennen zu wollen. Wenn, wie Michel Foucault meint, ein Bewusstsein von Geschichte erst seit dem Ende des 18. Jahrhunderts mit der Akzeptanz der Kontingenz begänne,[363] wären die vorangegangenen Epochen dem Dilemma ausgesetzt, dass zwar ein Verlaufsplan eschatologisch und chiliastisch zu begründen und als wahr zu behaupten möglich gewesen wäre, über die Zukunft aber tatsächlich ein Nicht-Wissen bestünde. Aber ein Nicht-Wissen war im Mittelalter nicht selbstverständlich akzeptiert, wäre damit doch die geoffenbarte ‚Wahrheit' hinsichlich der göttlichen Gestaltung der Geschichte problematisch geworden. Nicht eine Abwertung der Kausalbeziehungen, sondern eine Durchdringung der gesamten Geschichte und der künftigen Geschichte mit einer Kausalität, die Gott eingerichtet habe, war die Voraussetzung, sich Gewissheit über die gegenwärtige Situation, auch in ihrer Relation zur Zukunft, zu verschaffen.[364] Aus der Zuversicht, dass es einen Ausbruch aus der gegenwärtigen Existenz, aus bedrückenden Verhältnissen gebe, entspross menschliche Anstrengungsbereitschaft, in die Geschicke des Lebens einzugreifen und einen inter-generationellen Fortschritt auszulösen. Erwartung war mit Gestaltung zu verbinden.

Die Opposition von Aktivierung von innerweltlichen Interventionen einerseits und von Vertrauen in ein garantiertes Resultat hat Thomas von Aquin (1225–1274) erläutert. Die Frage, was die innerweltliche Zukunft bereit halten würde, sei nicht zu beantworten, führte er aus. Er empfahl dennoch das aktive Eingreifen in die

362 Hahn, Alois, Soziologische Aspekte des Fortschrittsglaubens, in: Epochenschwellen und Epochenstrukturen im Diskurs der Literatur- und Sprachhistorie, hg. v. Gumbrecht, Hans-Ulrich u. Link-Heer, Ursula (Suhrkamp Taschenbuch Wissenschaft 486), Frankfurt a. M. 1985, S. 53–72; Schmidt, Hans-Joachim, Einleitung: Ist das Neue das Bessere? Überlegungen zu Denkfiguren und Denkblockaden im Mittelalter, in: Tradition, Innovation, Invention. Fortschrittsverweigerung und Fortschrittsbewusstein im Mittelalter, hg. v. id. (Scrinium Friburgense 18), Berlin/New York 2005, S. 7–24.

363 Foucault, Michel, Les mots et les choses. Une archéologie des sciences humaines (Bibliothèque des sciences humaines), Paris 1966, S. 230–231, 262–265, 323–354.

364 Ich widerpreche damit der Auffassung von Decorte, Jos, Geschichte und Eschatologie. Vom Nutzen und Nachteil der Historie für das mittelalterliche Leben, in: Ende und Vollendung. Eschatologische Perspektiven im Mittelalter, hg. v. Aertsen, Jan A. u. Pickavé, Martin (Miscellanea Mediaevalia 29), Berlin/New York 2002, S. 150–161, S. 151.

Lebensumstände, weil es den Menschen erschöpfe und dadurch seine inneren Leidenschaften beruhige, was der Vorbereitung auf die Kontemplation, die eine höherwertige Daseinsform sei, förderlich sei. Der Aktivität wurde ein garantiertes gutes Ergebnis auf Erden vorenthalten, aber sie sei gleichwohl geeignet, Vorteile zu erwerben, die der tätige Mensch aus seiner Tätigkeit selbst erlange. Die Ungewissheit, zu welchen Etappen die menschliche Geschichte voranschreite, de-legimiere nicht das Streben der Menschen zur Erlangung irdischer Güter und Vorteile. Es sei nicht nutzlos, entspringe nicht einem wahnhaften Vertrauen in die eigene Wirksamkeit. Die *vita contemplativa* mindere nicht den Wert der *vita activa*.[365] Die Auffassung von Thomas von Aquin ist der von Augustinus entgegengestellt, der in seinem monumentalen Werk ‚De Civitate Dei' nur die Heilsgeschichte als wahre und für die Christen bedeutsame Geschichte vorstellte im Unterschied zu den Peripetien des Machtkampfes und des unnützen Strebens nach Glück.[366] Sie könne nur Gott gewähren. Menschen sei es nicht möglich, sie selbst zu erlangen.[367] Thomas von Aquin hingegen wertet die menschliche Arbeit und deren Leistungen auf.

Die Aporie von zeitlich gerichteter und geplanter Handlung und ungewisser Zukunft könnte dann aufgehoben werden, wenn das geoffenbarte, in der Bibel niedergelegte oder durch prophetische Gabe erhaltene Wissen für den historischen Prozess nutzbar gemacht würde und damit auch geeignet wäre, Handlungen zu leiten, ja zwingend zu verlangen. Gleichwohl ließ sich die Paradoxie einer ins Ungewisse gerichteten Zukunftsplanung, die ihre praktische Anwendung aus einer prolongierten Kausalitätskette und ihre Berechtigung aus einem religiös verbürgten Wissen bezog, auch im Mittelalter nicht auflösen, insbesondere da das Misstrauen gegenüber konkreten Zukunftsdeutungen stets wach gehalten war, was biblisch gut begründet war, und da divergente Deutungen nicht ausgeräumt werden konnten.

Gleichwohl: Tradition verlor an legitimierender Wirkung, wenn die Aussicht bestand, in ein neues Reich des diesseitigen Heils einzutreten. Die authentische Glaubensverkündung durch Schrift und Tradition war nicht abgeschlossen, da ein neues, drittes Testament zu erwarten sei, mit Auswirkungen auf die institutionellen Bindungen der Menschen. Die Bedeutung des Religiösen war maximal ausgedehnt, erfasste alle Lebensbereiche, entließ die Gemeinschaft der Christen aus einer speziellen Existenzform, die in Opposition zu weltlichen Einrichtungen stand. Die Normenverminderung durch die chiliastischen Erwartungen schwächte die Berechtigung bestehender Gesetze, deren Ersetzung bevorstünde, ja die überflüssig würden. Andererseits bedeute die Entwertung von Regeln eine Freisetzung innovativer Lebensformen, die nicht unter dem Verdikt des falschen Lebens stünden.

---

365 Thomas de Aquino, Summa theologiae, secunda secundae, q. 182, art. 3, S. 443f.
366 Aurelius Augustinus, De civitate Dei, S. 98–163.
367 Ibid., S. 128.

In den Bettelorden trat dieser Innovationsdiskurs hervor, motivierte dazu, Erfindungen und Verbesserungen in allen Lebensbereichen für möglich zu erachten und sie einzufordern.[368]

Die technische Verbesserung des Produzierens und die Verbesserung des gesellschaftlichen Zusammenlebens waren geeignet, das Leben zu verbessern. Sie waren auch gerechtfertigt als Manifestationen einer von Gott den Menschen eingegebenen Erneuerungskompetenz. Der Dominikaner Giordano da Pisa stellte die Verbindung her zwischen Mehrung des Wissens über Gott und Mehrung der praktischen Fähigkeiten im weltlichen Leben. In einer seiner kurz nach 1300 in Florenz gehaltenen Predigten deutete er die Erfindung der Brille als Analogon und als Beweis der allgemein bestehenden Steigerung menschlicher Erkenntnisfähigkeit, die das Wissen von den Heilsplänen Gottes, die Tugenden christlicher Lebensführung und die technischen Erfindungen einschließe. Neues Wissen sei in der Vergangenheit gewonnen worden, und es sei in der Zukunft zu erwarten.[369]

Im Mittelalter gab es explizit Überlegungen, ob die Gesetze und die Neuschaffung von Gesetzen dazu eingesetzt werden könnten, einen zur Verbesserung des Lebens zielenden Prozess zu fördern. Selbst die Möglichkeit, die Eigenschaften des Menschen zu verbessern, d.h. seine Tugenden, Fähigkeiten und Kenntnisse zu steigern, wurde erörtert. Die Auffassungen hatten sich durchzusetzen gegen eine Traditionsbindung, die das Wahre, Gute und Richtige in der Vergangenheit verbürgt erachtete, und gegen eine pessimistische Sicht, dass aufgrund der ersten Sünde von Adam und Eva alle Menschen in Elend und in Knechtschaft verharren müssten und keine Aussicht auf Besserung im diesseitigen Leben hätten.[370]

Annahmen zur Realisierbarkeit von legislativen Verbesserungen beruhten darauf, dass ein Optimierungsprogramm vorhanden sei, das Gott angestoßen habe. Die Geschichte würde in einen Zustand eintreten, in dem Menschen zur Erlösung emporgehoben würden, in dem das Religiöse zur Totalität ausgedehnt wäre, in dem die Sonderung in distinkte Lebensformen überwinden würde. Diese chiliastischen Erwartungen erfassten Alles. Zwar würde die Unterwerfung unter Regeln und Institutionen überwunden werden, aber zugleich würde die Entwertung bestehender Normen und ihrer Begründungen zu neuen, besseren Lebensbedingungen führen, die den Fesseln der Tradition entwunden wären. Die religiöse Begründung von Innovationen schob Zweifel beiseite. Die Vergangenheit sollte nicht die Zukunft bestimmen. Aus der Zukunft sollten vielmehr Impulse der Veränderung und Verbesserung entspringen. Die Verheißung des nahenden Heils auf Erden stellte das Bestehende zur Disposition. Neue Gesetze und Einrichtungen würden das Leben verbessern.

---

368 Schmidt, Legitimität, S. 371–391; Dohrn-van Rossum, Novitas.
369 Giordano da Pisa, Quaresimale fiorentino 1305–06, S. 75.
370 Stürner, *Peccatum*.

VI. Die Wiederentdeckung der Gesetzgebungen seit dem 12. Jahrhundert

VI.1 Kirchliches Recht und kirchliche Rechtslehre

Gesetze traten seit dem 12. Jahrhundert in einen Prozess der Dynamisierung ein. Er entstand aus der Wahrnehmung eines Ungenügens, das nach Verbesserungen verlangte – sowohl der Rechtstexte als auch der Lebensbedingungen. Anforderungen stiegen, um das allgemeine Wohl zu mehren, ja die Glückseeligkeit des vergänglichen Lebens zu steigern. Dazu wurden zunehmend Neuerungen als notwenig erachtet. Ihre Berechtigung wie auch ihre Zurückweisung wurden erörtert.

Gesetze entstanden auch in der Kirche. Ihre Gesetze suchten die Existenz der kirchlichen Einrichtungen zu sichern, ihr gutes Funktionieren zu gewährleisten, die sozialen Beziehungen zu reglementieren, die Voraussetzungen zum Seelenheil zu schaffen. Ihre Geltung ragte weit in viele Bereiche der Lebensgestaltung ein, auch in die der Laien, insbesondere hinsichtlich der Familien, der Beweisführung in Gerichtsverfahren, der Abwehr von Gewalt. Indem das Recht der Kirche systematisiert wurde, auch um Zuständigkeiten hierarchisch zu kombinieren, entstanden Muster, die auch im weltlichen Bereich und für die Organisation von Staaten genutzt und für die Ausdehnung regulatorischer Verfahren eingesetzt wurden. Verbesserungen des kirchlichen Rechts führten wie bei einer Induktion zu Verbesserungen des irdischen Lebens, sowohl praktisch als auch konzeptionell.[371] Für das kirchliche Recht suchten Geistliche und Rechtsexperten nach Antworten zur Frage, ob das Recht geändert, ob neue Gesetze eingerichtet werden sollten.

Kirchen widmeten sich der Gesetzgebungen, und dies mehr als weltliche Herrscher und weltliche Institutionen, die erst seit dem endenden 12. Jahrhundert vermehrt als Gesetzgeber auftraten. Die kirchlichen Einrichtungen, die Gesetze erließen, waren seit der Antike die Synoden. Deren Beschlüsse suchten die kirchliche Tradition zu bewahren, aber auch auf neue Herausforderungen Antworten zu geben. Es war die Frage zu beantworten, wie das kirchliche Recht, das mehr als andere Rechte auf Gottes Willen verwies und den andauernden Bestand der Kirche zu sichern hatte, Wandel zulassen konnte, ihn tatsächlich gestaltete und ihn rechtfertigte. Aussagen zu bisherigen Lücken rechtlicher Normen, zu neuen Aufgaben, zu geänderten Notwendigkeiten, mitunter aber sogar zu intendierten Innovationen, die Besserungen und Steigerungen des kirchlichen Wirkens und auch des irdischen Lebens in Aussicht stellten, wurden vorgebracht und hielten das Normensystem in einem Fluss von Veränderung und Verbesserung, der sich seit dem 12. Jahr-

371 Berman, Recht und Revolution, S. 190f.

hundert beschleunigte. Kanonisten, die das kirchliche Recht kommentierten und analysierten, untersuchten Berechtigung und Zielsetzung seiner Veränderungen. Sofern Neuerungen Verbesserungen versprachen, waren sie in ein komplexes Gefüge von Bestimmungen, die zu unterschiedlichen Zeiten entstanden, einzustellen.

Eine zunehmend kräftiger fließende Quelle neuen Rechts waren die Briefe der Päpste, die meist auf Einzelfälle bezogen waren, auf Anfragen reagierten und Entscheidungen und Rechtsbelehrungen erteilten. Diese Bestimmungen wurden mitunter nachträglich als allgemeingültig erachtet, besonders wenn sie in Rechtssammlungen aufgenommen wurden und dann als Dekretale bezeichnet waren. Aber auch intentional gestalteten die Päpste rechtliche Entscheidungen, die umfassende, über einen Einzelfall hinausragende Wirkung haben sollten. Je allgemeingültiger und je entfernter von den Einzelumständen die Dekretalen waren, umso deutlicher war der Anspruch, Reformen für die Kirche zu erlassen, und umso mehr gewannen sie den Charakter von Gesetzen. Die Legitimität der Gesetzgebung war in diesem Fall gegenüber der Tradition und gegenüber konkurrierenden Regelsetzungskompetenzen zu verteidigen.[372]

Mit den Handlungen und Ansprüchen der Päpste, die seit den vierziger Jahren des 11. Jahrhunderts amtierten und die als Promotoren der ‚Kirchenreform' zu bezeichnen mit guten Grund üblich ist, erweiterten sie ihren Zuständigkeiten, indem sie beanspruchten, neue Gesetze zu schaffen.[373] Die Aussage Papst Gregors VII. (1073–1085), in dem Text des *dictatus papae* ausgeführt, dass die Päpste neue Gesetze einzurichten befugt seien, diente der Ausweitung päpstlicher Befugnisse, die auch bestehende Institutionen, insbesondere den Zuschnitt von Bistümern, ändern könnten. Der Text des *dictatus* war in den Registern der Briefe Gregors VII. verzeichnet und war zunächst nur innerhalb der päpstlichen Kurie bekannt. Textpassagen wurden erst zu Beginn des 12. Jahrhundert in kirchenrechtlichen Komplikationen vorgestellt und damit einer breiten Kenntnis zugänglich gemacht.[374] Die Innovationen, die Gregor VII. anstieß, geschahen einerseits durch Interventionen gegenüber einzelnen Kirchen und andererseits unter Berufung auf allgemeine Reformanliegen. Die auf den Einzelfall bezogene Regulierung schuf Recht, um große Ideale von Religion und Kirche zu verwirklichen. Gregor VII. stellte als Gegensatz zur Gewohnheit die „Wahrheit", zu deren Verteidiger er sich ausgab, wenn er ein besseres oder ein neues Gesetz schuf. Reform bedeutete Wiederherstellung. Das, was Gregor in seiner Zeit antraf, war oft Verfehlung und Abweichung. Gregor suchte die Kirche aus ihnen herauszuführen. Verbesserungen im Recht einzufüh-

372 Fransen, Les décrétales; Cairns, John W. u. Du Plessis, Paul J., Introduction, in: The creation of the ius commune, S. 7–56, S. 37–46.

373 Reinhardt, Volker, Pontifex. Die Geschichte der Päpste. Von Petrus bis Franziskus, München 2018, S. 259–325.

374 Gregorii Registrum, Nr. I, 47, S. 71ff.; Mordek, Hubert, ‚Dictatus papae' e ‚proprie auctoritates apostolice sedis'. Intorno all'idea del primato pontificio di Gregorio VII, in: Rivista di storia della Chiesa in Italia 28 (1974), S. 1–22; Schieffer, Rechtstexte des Reformpapsttums.

ren, sei den Kirchen vorbehalten. Die Könige seiner Zeit, Philipp I. von Frankreich und Kaiser Heinrich IV., seien dazu nicht in der Lage. Sie könnten auch nicht dazu beitragen, das Wohl ihrer Untertanen zu schützen oder gar zu mehren. Weltliche Herrschaft stand außerhalb jedes Verbesserungsvorhabens. „Das Königtum ist gegründet von Männern, die von Gott nichts wissen, die sich erdreisten, über ihre Mitmenschen Herrschaft auszuüben, wozu sie der Teufel angestiftet hat." Dies schrieb er an den Metzer Bischof Hermann.[375] Es sei den Geistlichen vorbehalten, für das Heil der Gläubigen und das Wohl der Menschen zu sorgen.[376]

Zunächst waren die Texte zu verbessern. Die disparaten Quellen des Kirchenrechts wurden in Sammlungen eingestellt, die ein Gefüge einrichteten, das zeitlich und sachlich begrenzte Regelungen in beständiges Recht umformte. Es perpetuierte und reaktivierte daher ältere Schichten der Rechtsentstehung und verstetigte eine Tradition, die als Quelle des Bewährten erhalten werden sollte. Kanonisten sammelten die unterschiedlichen Bestandteile des kirchlichen Rechts, um für sie Ordnung und Systematik zu schaffen. Mit der Sammlung ging eine Aufwertung der jeweiligen aufgenommenen Bestimmungen der Vergangenheit einher. Gewohnheiten waren als Basis des Kirchenrechts anerkannt, selbst wenn ihre Widersprüchlichkeit die Anwendung erschwerte. Indem die Rechtssammlungen sie ordneten und systematisierten, erhielten sie einen Kontext, der ihnen neue legislative Geltung zuwies.[377] Neu war zunächst die Systematisierung. In sie wurden aber auch inhaltliche Neuerungen eingefügt.

Die wichtigste und wirkmächtigste Sammlung war diejenige, die der Norditaliener Gratian verfasste. Eine *concordantia discordantium* zu errichten, war dessen erklärtes Ziel. Die Kirchenrechtssammlung, die er um das Jahr 1140 verfasste, war auch als *decretum* bezeichnet. Sie war der Ausgangstext für die weitere Entwicklung des Kirchenrechts.[378] Gratian erklärt die Gesetzgebung, die Typen der Gesetze und deren Veränderlichkeit. Verschiedene Gesetzesarten könnten, so führt er aus, unterschiedlich verändert werden. Gratian folgt den Aussagen von Isidor von Sevilla. Er definiert das göttliche Gesetz als die goldene Regel der Ethik, die von Christus verkündet wurde und die gebietet, dass man das für einen anderen tun soll, was man will, dass es der andere für einen tut. Die Aussage ist das Gesetz

---

375 Gregorii VII Registrum, S. 552.

376 Ibid., S. 14, 31, 33–36, 42f., 48, 56–58, 62, 83, 91, 105, 121, 145, 150, 163–165, 174, 196, 230, 246–256, 261–263, 270– 277, 290–299, 304–306, 312–314, 330–339, 353, 357, 364–378, 390, 401, 427f., 434, 462, 483–487, 522, 542–547, 552, 579, 587, 613, 620, 627f.

377 Köbler, Gerhard, Zur Frührezeption der *consuetudo* in Deutschland, in: Historisches Jahrbuch 89 (1969), S. 337–371.

378 Da es hier darum geht, Begründungen für Veränderungen zu untersuchen, soll nicht die Entwicklung des Kirchenrechts nachgezeichnet und auch nicht die Fülle der Literatur hierzu vorgestellt werden. Hingewiesen sei lediglich auf: Winroth, Anders, The Making of Gratian's Decretum (Cambridge Studies in Medieval Life and Thought IV), Cambridge 2000, bes. S. 177f. zu den expliziten Intentionen.

Gottes. So haben es die Evangelien und auf ihnen aufbauend Gratian formuliert: *hoc est enim lex* (Matth. 7,12; Luk. 6,31).[379] Das göttliche Gesetz ist mit der Ewigkeitsforderung ausgestattet. Von ihm ist jedes andere Gesetz abgeleitet. Das göttliche Gesetz bestimmt die Natur des Menschen, die als stets gleich erachtet wird, das menschliche Gesetz hingegen folgt den Gebräuchen, die zeitlichen Wandlungen unterliegen. Stabilität und Variabilität – räumlich, zeitlich und institutionell – entfalten sich unterschiedlich im *ius naturae, ius gentium, ius civile* und *ius publicum* mit jeweils aufsteigender Möglichkeit der verändernden Gestaltung.[380] Das *ius naturae* ist das Recht, das dem göttlichen nahesteht und im Gesetz des Alten Testaments und in den Evangelien enthalten ist, so am Beginn des Dekrets ausgeführt. In einer der folgenden Passagen wird göttliches und natürliches Gesetz gleichgestellt: *divinae vel naturalis legis*. Das göttliche Recht zu verändern, steht außerhalb menschlicher Handlungskompetenz. Der Mensch soll es vielmehr anwenden, was umso mehr gelingt, als seine Vernunft diesem Gesetz konform ist. Gesetze, die unterschiedliche Anwendungsbereiche erfassen und unterschiedlichen rechtssetzenden Instanzen zugeordnet sind, werden vom Kaiser und vom Papst geschaffen. Sie sind befugt, neue Gesetze zu schaffen: *liceat novas leges condere* – mit der Einschränkung, dass dies nicht entgegen dem Naturrecht und dem göttlichen Recht geschehen soll. Das ‚Decretum Gratiani' hat diesen Grundsatz mit langfristiger Auswirkung vorgestellt.[381]

Die Möglichkeit zur Veränderung in räumlicher, ethnischer und zeitlicher Differenz ist das Kennzeichen von Rechtstypen, die in einer hierarchischen Position untergeordnete Normsetzungen sind im Vergleich zu der göttlichen Setzung von Regeln. Je mehr die Gesetzestypen veränderlich sind, umso weniger gelten sie als gute Gesetze. Aber auch die den Völkern eigentümlichen und wandelbaren Gesetze sind angebunden an starke Ursprünge der Rechtssetzung, die ihnen Stabilität verleihen. Die erste *Distinctio* des ‚Decretum' leitet ihre Legitimität von Gründergestalten einer fernen, nicht-christlichen Vergangenheit ab, wie dem griechischen König Foroneus, von Mercurius Trismegistus, den Gesetzgeber für die Ägypter, von Lykurg in Sparta, von Solon dem Athener, von Numa Pompilius, dem römischen König, und von römischen Senatoren. Die Dignität der frühen Gesetzgeber – *als conditores legum* bezeichnet – verleiht den Gesetzen ihre große Autorität. Ähnlich wie Isidor von Sevilla stellt das Dekret das Gesetz als Werk außerordentlicher Perso-

379 Decretum Gratiani, D. 1, Corpus iuris canonici, I, Sp. 1008.

380 Dupré, Passage, S. 136, 272.

381 Decretum Gratiani, C. 25, q. 1, c. 6; D. 2, c. 1, 2 und 3; Corpus iuris canonici, I, Sp. 1008f.; Gaudemet, Jean, Contribution à l'étude de la loi dans la doctrine canonique du XIIe siècle, in: Études de droit contemporain (nouvelle série), Contributions françaises au 7e Congrès international de droit comparé, Uppsale 1966, Paris 1966, S. 19–25, S. 24f.; Lex and ius in the Twelfth and Thirteenth Centuries, in: Lex und Ius. Beiträge zur Begründung des Rechts in der Philosophie des Mittelalters und der Frühen Neuzeit, hg. v. Fidora, Alexander et alii, Stuttgart 2010, S. 1–27, S. 9–12.

nen vor. Aber das Alter der Gesetze macht sie anfällig, überholt und ungeeignet zu werden. Ihre *vetustas* garantiert nicht ihre Geltung, rechtfertigt vielmehr ihre Abänderung oder Aufhebung. Bereits die antiken christlichen Herrscher, Konstantin, Theodosius und Justinian, hätten sie verbessert und sie von paganen Irrtümern gereinigt. Aber damit sei der legislative Verbesserungsbedarf erschöpft. Noch weniger verändert werden dürften die Gesetze der Kirche, die auf denen beruhten, die Moses von Gott empfangen habe. Das ‚Decretum' schloss für sie die *mutabilitatem* aus. Das ‚Decretum' hat das Recht der Kirche fixiert, die Option einer Verbesserung verworfen.[382] Selbst die Existenz neuer Übel rechtfertige nicht, von den alten Gesetzen abzuweichen. Ihre Anwendung genüge, um gegen neue Gefahren vorzugehen. Den alten Gesetzen gebühre Verehrung; sie müssten erhalten bleiben. Wenn neue Gesetze hinzuträten, müssten sie mit den alten übereinstimmen. Nur bei der Gestaltung von Einzelfällen sei es möglich, neues Recht zu schaffen, welches wie die *privilegia* zugunsten einzelner Personen und Institutionen bestimmt sei, ohne freilich in Widerspruch zu den allgemein gültigen Dekreten der Bischöfe und Päpste zu treten. Die Gesetze der Kirche sollten nicht von wandelnden Gewohnheiten und Umständen abhängig sein. Im Gegenteil müssten die Gewohnheiten, die die *patres*, eingerichtet hätten, befolgt werden. Wer die *patres* sind, präzisiert die *Distinctio* nicht. Die Intention ist gleichwohl eindeutig: Die Geltung alter Rechtsschichten ist bekräftigt. Polemisch richtet sich der Text grundsätzlich gegen Änderungen: Sie seien lächerlich und abscheulich.[383] Indem Rechtentstehung in eine ferne Vergangenheit entrückt wird und Rechtsveränderung, auch der weltlichen Gesetze, entweder als in der Vergangenheit bereits geleistete notwendige Angleichung an die christlichen Gebote oder als Verbesserung des Textes ausgegeben ist, ist die Veränderung der rechtlichen Normen ausgeschlossen. Das Recht ist eingefroren. Es kann gesammelt, in einen besseren Text geformt, nicht aber in einen Vorgang des aktuellen oder künftigen Verbesserns überführt werden.

Trotz der konservierenden Tendenz, die Gratian vorsah, war das kirchliche Recht aber faktisch nicht fixiert. Päpste und Synoden schufen Gesetze, die dem bestehenden Recht hinzugefügt wurden, was Harold Berman mit großer Emphase als revolutionären Vorgang bezeichnet hat, insofern ein bewusster Vorgang der Neuschaffung von Recht, und dies bereits seit dem 11. Jahrhundert, eingesetzt habe. Mag die von Berman apodiktisch formulierte Dynamisierung des Rechts auch auf Kritik gestoßen sein, so ist doch ein Epocheneinschnitt anzunehmen, durch den aufgrund päpstlicher Regelsetzungen die Starrheit des bestehenden Rechts beginnt, aufgelöst zu werden.[384] Die Unwandelbarkeit des Rechts, selbst das Naturgesetz eingeschlossen, konnte grundsätzlich in Frage gestellt werden. Die ‚Summa Pari-

382 Decretum Gratiani, D. 1, Corpus iuris canonici, I, Sp. 2–16.

383 Decretum Gratiani, D. 8. Ähnlich auch die Aussagen in D. 4, D. 6 c. 3, D. 7 und D. 21, Corpus iuris canonici, I, Sp. 66–72.

384 Berman, Recht und Revolution; Schieffer, Papal Revolution.

siensis', eine Kommentierung der gratianischen Sammlung aus den siebziger Jahren des 12. Jahrhunderts, bot eine Deutung, die Abweichungen und Neuerungen, selbst Derogationen, also Abschaffungen von Rechtsbestimmungen, vorsah, aber keineswegs um die Voraussetzungen kirchlicher Disziplin zu stärken oder um Lebensumstände zu verbessern, sondern im Gegenteil um auf die zunehmende Dekadenz des Menschengeschlechts zu reagieren, das seit dem Verlust der ursprünglichen Freiheit mehr und mehr in den Zustand der Knechtschaft verfallen sei und weiter zunehmend verfalle, was eine größere Rigidität der Gesetze erfordere. Gesetzgebung war Kompensationshandeln im Hinblick auf defiziente Zustände; sie war hierzu sogar in gesteigerter Weise herausgefordert, weil die Defizite im zeitlichen Verlauf zunähmen.[385] Die ‚Collectio Parisiensis secunda', eine Sammlung von päpstlichen Dekretalen, die der Kanonist Bernhard von Pavia um 1170 erstellte, fügte einen Abschnitt ein, der mit *novis statutis* überschrieben ist. Die Möglichkeit neuer Gesetze war gegeben, realiter aber füllte er das Kapitel gerade einmal mit einem einzigen Text, einem Brief aus dem Register Papst Gregors I., also aus dem 6. Jahrhundert. Das Neue verwies nicht auf eine aktuelle Entstehung, sondern auf eine alte Normsetzung.[386]

Der Kanonist Huguccio, der am Ende des 12. Jahrhunderts einen weit rezipierten Kommentar zum Dekret schrieb, beharrte zwar auf der Unveränderbarkeit des Naturgesetzes, weil es nicht in der Verfügbarkeit von Gesetzgebern stand, was jede Derogation von ihm illegitim macht, aber auf den Ebenen unterhalb des Naturgesetzes öffnete er für Rechtsänderungen einen breiten Entfaltungsraum, der in der Vergangenheit bereits erprobt war und der soziale Ordnung und die Platzierung und die Definition von kirchlichen Ämter-Hierachien zur Disposition stellte. Er führte aus, dass die Knechtschaft nicht das Ergebnis einer fernen Rechtssetzung sei, die unverrückbar gälte. Er legitimierte sie mit dem Hinweis auf eine Rechtsentwicklung, die zu einer aktuellen Nützlichkeit geführt habe – nützlich für die Subsistenzsicherung der geistlichen Personen und Institutionen.[387] Die gesellschaftliche Dreiteilung, wie sie besonders Adalbero von Laon zu Beginn des 12. Jahrhunderts formulierte und für die Nachwelt als soziales Ordnungsmodell grundgelegt hatte, das den *laboratores* die Beschwerlichkeit einer unfreien, arbeitsreichen und armen Existenz aufbürdete, war als unwandelbar und gottgewollt konzipiert worden.[388] Huguccio begründete diese Ordnung anders: Sie sei durch Veränderungen des Rechts entstanden und sei nützlich in seiner Gegenwart. Die ideologische und

385 The Summa Parisiensis on the Decretum Gratiani, hg. v. McLaughlin, Terence P., Toronto 1952, S. 5.

386 Die Canones-Sammlungen zwischen Gratian und Bernhard von Pavia, hg. v. Friedberg, Emil, Leipzig 1897, S. 33.

387 Huguccio, Summa decreti, Città del Vaticano, Biblioteca Apostolica Vaticana, lat. 2280, fol. 5v.

388 Adalbéron de Laon, Poème au roi Robert, hg. u. übers. v. Carozzi, Claude (Les classiques de l'histoire de France au Moyen Âge 32), Paris 1979; Duby, Georges, Les trois ordres ou l'imaginaire du féodalisme, Paris 1978; Le Goff, Jacques, Note sur société tripartite. Idéologie

interessegeleitete Rechtfertigung der Unfreiheit gab diese als Verbesserung aus, freilich nicht für die Unfreien.

Ebenfalls am Ende des 12. Jahrhunderts behandelte Stephan von Tournai in seinem Kommentar zum Dekret die möglichen Rechtfertigungen, um das Recht und die Gesetze zu verändern, und unterschied dabei unterschiedliche Anwendungsbereiche. Arbiträre Festlegungen, wozu auch liturgische Gebräuche gehörten, könnten geändert werden. Dazu gehörte insbesondere das Gebot der Sabathruhe, das die Christen auf einen anderen Tag verlegt hatten. Angelegenheiten der Moral galten indes als von den Zehn Geboten reguliert, die Gott übergab und deswegen nicht geändert werden dürften. Das Naturrecht unterlag ebenfalls einem Ewigkeitsgebot. Wenn das *ius naturale* betroffen sei, seien Gesetzesänderungen nicht möglich – ansonsten aber durchaus, wenn sie durch den Konsens aller eingerichtet würden. Die Qualität der Gesetze ist von der Art ihrer Entstehung bedingt. Verbesserungen im Recht hat Stephan aber nicht vorgesehen, denn einzig das Wirken Christi habe ein Neues und Besseres geschaffen, was den Menschen aber nicht möglich sei und nicht wiederholt werden könne.[389]

Rechtsveränderungen, die aber keine Rechtsverbesserungen herstellten, hat ebenfalls der süditalienische Kanonist Rufinus († 1192) untersucht. Auch er schirmte weitgehend das von Gott eingesetzte und das natürliche Recht von Umformungen ab. Lediglich Empfehlungen und Konkretisierungen, die er als *demonstrationes* bezeichnete, könnten hinzugefügt werden, aber mit dem Ziel, dass damit das Naturrecht umso besser zu Geltung kommen solle, indem es den Zeitumständen angepasst werde. Es sei sogar mitunter durchaus notwendig, es zu modifizieren und auszuschmücken, damit gute Sitten gefördert würden. Aber ansonsten könne die Schwäche der Menschen wenig gebessert werden: *infirmitas nostra in bonam plenitudinem reformari minime praevaleret.* Nur mit Gottes Hilfe gelinge es, die bestehenden Gesetze zu befolgen; neue zu schaffen, um die Menschen zu bessern, sei illusorisch. Nur Christus habe ein neues Gesetz gebracht, das im Neuen Testament schriftlich niedergelegt sei. Auf dem Gesetz Christi beruhe die Hierarchie der kirchlichen Ämter, die in Eintracht verbunden seien und zusammenwirkten, indem sie von der Gerechtigkeit und von der richtigen Disziplin geleitet seien. Unwandelbar sei das Gefüge der Aufgaben und Ämter in der Kirche. Ansonsten könne es nur Ergänzungen im Kirchenrecht geben, sofern sie die geistlichen Personen beschlössen. Gratian habe, so Rufinus, mit seinem Werk nur das disparate Material geordnet, damit einen besseren Text erstellt, ohne tatsächlich neues Recht geschaffen zu haben.[390]

---

monarchique et renouveau économique dans la Chrétienté du IXe–XIIe siècle, in: id., Pour un autre Moyen Âge. Temps, travail et culture en Occident, Paris 1978, S. 80–90.

389 Stephanus Tornacencis, Die Summa des Stephanus Tornacensis über das Decretum gratiani, hg. v. von Schulte, Johann Friedrich, Giessen 1891, S. 7–9, 19.

390 Die Summa magistri Rufini zum Dekretum Gratians, hg. v. von Schulte, Johann Friedrich, Gießen 1892, S. 1–4; Tierney, Natural Law, S. 11.

Die Diskussion über Rechtsänderungen haben die Kanonisten Johannes Teutonicus und Bartholomaeus Brixensis zu Beginn des 13. Jahrhunderts in dem von späteren mittelalterlichen Juristen als ‚Glossa ordinaria' zum Dekret bezeichneten Werk in ähnlicher Weise weitergeführt. Auch sie schirmten die *moralia* von allen Rechtsänderungen ab, sahen diese ebenfalls nur als möglich an, sofern sie Gebräuche und Liturgien beträfen, deren rechtliche Festlegung die beiden Kanonisten als Oberfläche der Gesetze bezeichneten. Die Oberfläche sei durch geschriebene Texte geformt, sie neu zu formulieren, sei erlaubt. Aber bei allen Rechtssetzungen dürfe die unwandelbare Geltung des Naturgesetzes nicht angetastet werden. Verbesserungen, die das Recht hervorbringen könnte, haben die hier vorgestellten Autoren allein deswegen nicht vorgesehen, weil sie Veränderungen vornehmlich als Bedrohung des Guten, das das Recht zu bewahren hätte, erachteten, weswegen sie allein die durch die Erlösungstat Christi herbeigeführten Änderungen für die Menschen für berechtigt erachteten. Das Recht weiterhin umzuformen, sei hingegen nicht nützlich.[391]

In der Praxis war das Recht aber auch nach der Zusammenstellung im ‚Decretum Gratiani' unvollständig, bedurfte der Ergänzung, verlangte erneute Eingriffe, musste neue Umstände erfassen. Der Impuls ging von Gesetzgebern aus. Dies waren kirchliche Synoden. Das Synodalbuch des Bischofs von Nîmes aus dem Jahre 1252 erörterte Rechtsneuerungen. Es fügte Bestimmungen zum bestehenden Recht hinzu, damit die *simplicitas* und die *insufficientia* der Priester der Diözese korrigiert werden. Das neue Recht sei besser, weil es Angelegenheiten regele, die das bisherige vernachlässigt habe.[392] Die synodalen Rechtsbestimmungen legten den Gläubigen Normen auf, die sie vor Verfehlungen bewahren und zu neuen Anstrengungen anhalten sollten.[393] Neue Gesetze waren zunächst Abwehrmaßnahmen gegen Verschlechterungen.

Wichtiger noch als Initiatoren neuen Rechts und als Legislatoren waren die Päpste. Ein *ius novum* entstand aus den päpstlichen Rechtssetzungen zu Einzelfällen. Besonders die von der Wissenschaft als Konstitutionen bezeichneten päpstlichen Urkunden gehören im engeren Sinne zu den Gesetzgebungen, also zu denjenigen Texten, die – so Martin Bertram – die Verewigungsformel in *perpetuam* oder *futuram rei memoriam* enthalten und an keinen einzelnen Adressaten gerichtet sind.[394] Sie waren von vornherein allgemein gültige, über einen Einzelfall hinausreichende Gesetze. Die Päpste begannen sie zu erlassen, um Gefahren von der Christenheit abzuwenden. Dies galt vor allem für das Ketzergesetz *Ad abolendam* von 1184 – indessen in explizit formulierter Kooperation mit Kaiser Friedrich I. und im Kontext

391 Johannes Teutonicus, Bartholomaeus Brixensis, Glossa ordinaria, Venedig 1490, fol. 5r.

392 Statuts synodaux, II, S. 265.

393 Landau, Über die Wiederenteckung, S. 13.

394 Fransen, Les décrétales, bes. S. 12f.; Duggan, Charles, Decretal Collections from Gratian's Decretum to the Compilationes antiquae. The Making of the New Case Law, in: The history of medieval canon law, S. 246–292.

einer Synode in Verona erlasssen und schließlich zu einer gesteigerten legislativen Geltung erst durch die Einfügung in die Bestimmungen des vierten Laterankonzils von 1215 gebracht.[395] Die weitreichende Wirkung der nunmehr als päpstliche Dekretale gekennzeichneten Norm entsprang also mehr als nur einer exklusiven Gesetzgebungskompetenz der Päpste. Die Mitwirkung des Kaisers und die Befugnis des Konzils traten hinzu. Dieses Gesetz und weitere Ketzergesetze dienten der Gefahrenabwehr; sie waren als Perfektionierung der Repression gegen die Ketzer und damit als Schutz und Vermehrung der Rechtgläubigkeit konzipiert. Der Wortlaut – bereits in den Anfangssätzen – zielte auf Zerstörung, auf Ausmerzung. Die Gesetze sollten bewahren, sie waren defensiv.[396]

Die Gesetzgebung der Päpste erfasste zunehmend zahlreiche Bereiche. Die legislative Kompetenz entsprang einer unbegrenzten Allzuständigkeit, den seit der Wende zum 13. Jahrhundert der Begriff der *plenitudo potestatis* bezeichnete. Die Formel war in Opposition gesetzt zur Befugnis der dem Papst untergeordneten Bischöfe, denen die *pars sollicitudinis* anvertraut war. Das Begriffspaar hat zwar bereits der römische Bischof Leo I. (440–461) in einem Brief zur Kennzeichnung seiner Position herangezogen,[397] rechtliche Verbindlichkeit verlieh ihr aber als erster Papst Innozenz III. (1198–1216), der die Relation zwischen den kirchlichen Ämtern nicht allein als hierarchische Differenz deutete, sondern auch als funktionale Verknüpfung, die zur Einrichtung einer alle Christen umfassenden Befehls- und Regelungskompetenz notwendig sei. Gott habe den Nachfolger Petri – so wie einst den Propheten Jeremias – über alle Völker und Reiche erhoben: *super gentes et regna* (Jer. 1,10).[398] Der römische Bischof stehe über allen *proceres singularum provinciarum.*[399] Aus der räumlichen und sachlichen Allzuständigkeit entsprang auch die

---

395 Constitutiones concilii quarti Lateranensis, S. 47–51; Duggan, Anne J., Conciliar Law 1123–1215. The legislation of the Four Lateran Councils, in: The history of medieval canon law, S. 318–368.

396 Texte zur Inquisition, hg. v. Selge, Kurt-Victor (Texte zur Kirchen- und Theologiegeschichte 4), Gütersloh 1967, S. 26–29; Walther, Helmut G., Ziele und Mittel päpstlicher Ketzerpolitik in der Lombardei und im Kirchenstaat 1184–1252, in: Die Anfänge der Inquisition im Mittelalter, hg. v. Segl, Peter, Köln et alii 1993, S. 103–130, S. 107f.

397 Leo I. Epistula 14,1, in: PL 54, Paris 1846, Sp. 671.

398 Innocentius III papa, Epistolae, in: PL 216, Paris 1855, Sp. 1179–1182, 1241–1242; Regestum Innocentii III, Nr. 46, S. 13–17; Die Register Innocenz' III., hg. v. Hageneder, Othmar et alii (Publikationen d. Österreichischen Kulturinstituts in Rom II,1), Graz/Köln/Wien 1968, I, Nr. 316, 345, 410, S. 447–454, 515–517, 613–614; Maccarrone, Michele, Chiesa e Stato nella dottrina di papa Innocenzo III (Lateranum NS 6/3–4), Roma 1940; Packard, Sidney R., Europe and the Church under Innocent III, 2. Aufl., New York 1968, S. 9–11.

399 Regestum Innocentii III, Nr. 18, S. 46–51; Rivière, Jean, *In partem sollicitudinis*. Évolution d'une formule pontificale, in: Revue des sciences réligieuses 5 (1925), S. 210–231; Hof, Alfred, *Plenitudo potestatis* und *imitatio imperii* zur Zeit Innozenz' III., in: Zeitschrift für Kirchengeschichte 66 (1954/55), S. 39–71; Benson, Robert L., *Plenitudo Potestatis*: Evolution of a formula from Gregory IV to Gratian, in: Studia Gratiana 14 (1967), S. 193–217; Schatz, Klaus, Papsttum und partikularkirchliche Gewalt bei Innocenz III., in: AHP 8 (1970), S. 61–111;

Rechtssetzungskompetenz, die der Papst zwar nicht in allen Angelegenheiten ausübe, aber auszuüben befugt sei. Der Papst konnte das Recht ändern. Dies hieß keineswegs, dass die Päpste oberhalb der Gesetze stünden.[400] Weil die Päpste Treiber rechtlicher Neuerungen waren,[401] drängten sie kraft ihrer Autorität ältere Schichten des Kirchenrechts zurück. Innovationen entsprangen nicht mehr allein einer rechtlichen Reaktion auf neue Herausforderungen, waren nicht nur das Ergebnis von neu auftretenden Notwendigkeiten, sondern waren zunehmend begründet auf einer geänderten Machtverteilung in der Kirche, in der die Päpste ihre Spitzenposition nicht allein als Richter, sondern auch als Gesetzgeber einsetzten und damit ihre Aufgabe als Exekutoren des Rechts mit der als Demiurgen des Rechts erweiterten.

Auch die Generalkonzile, von den Päpsten einberufen und mit ihnen kooperierend, schufen neues Recht. Das vierte Laterankonzil von 1215 hat das Neue explizit herausgestellt. Der Kanon 50 legte fest, dass selbst das göttliche Recht Veränderungen nicht ausschließe, da Gott selbst einiges von dem, was er im Alten Testament statuiert hatte, in Neues umgewandelt habe. Deshalb sei es nicht zu schelten, wenn wegen der Veränderlichkeit der Zeiten Gesetze geändert werden, besonders wenn die Notwendigkeit und der offensichtliche Nutzen dies geböten. Neue Gesetze waren also als Nachvollzug von vergangenen Veränderungen, hinsichtlich des Nutzens aber auch als Vorgriff auf künftige Verbesserungen angegeben. Mehr als die Tradition zu schützen oder wiederherzustellen, war vorgesehen, vielmehr sollten auch neue, bisher unbekannte Verfahren in die Kirche eingepflanzt werden.[402]

Papst Innozenz III., der das vierte Laterankonzil einberufen hatte, und die Konzilsväter wendeten den Grundsatz sofort an. Um die monastische Disziplin zu erhöhen, sah das Konzil vor, dass im Rahmen der Kirchenprovinzen oder Königreiche die Klöster, sofern sie nicht bereits in reglementierte Orden eingebunden und einer externen Kontrolle unterstanden, Generalkapitel einrichten sollten, an die die Klöster Delegierte entsendeten. Die Generalkapitel sollten bindende Statuten erlassen, Anweisungen erteilen, Visitatoren beauftragen, die die Klöster beaufsichtigten und über ihre Tätigkeit Berichte erstatteten. Das Konzilsdekret bezeichnet das Verfahren ausdrücklich als eine *novitas.* Ohne Vorbild war die Neuerung dennoch nicht. Die Generalkapitel des Zisterzienserordens sind als Modell genannt, vier von deren Äbten sollten die Versammlungen der Klostervorsteher leiten. Im Unterschied zu den Zisterziensern, die keine regionalen Untergliederungen vorsahen, waren die vom Laterankonzil befohlenen Einrichtungen aber territorial

---

Kempf, Friedrich, Die Eingliederung der überdiözesanen Hierarchie in das Papalsystem des kanonischen Rechts von der gregorianischen Reform bis zu Innozenz III., in: AHP 18 (1980), S. 57–96; Marrone, John Thomas, The Ecclesiology of the Parisian Secular Masters, 1250–1320, Diss. phil. Cornell Univ. 1973, S. 22–26.

400 Pennington, Prince, S. 119–135.

401 Landau, Peter, Rechtsfortbildung im Dekretalenrecht. Typen und Funktionen der Dekretalen des 12. Jahrhunderts, in: ZRG KA 86 (2000), S. 86–131.

402 Constitutiones concilii quarti Lateranensis, S. 90.

organisiert. Entscheidend für die Bewertung der Neuerung, die nicht einmal als eine ,Reform' ausgegeben wurde, war der Nutzen. Er verlangte den Bruch mit der Tradition. Dieser im Kanon dreizehn verfügten Bestimmung stand die traditionsschützende Verfügung im zwölften Kanon entgegen, die die Gründung neuer Orden verbot, damit nicht eine *confusio* aus der zu großen *diversitas* der unterschiedlichen Ordensregeln entstünde. Unvermittelt standen Neuerung und Tradition gegenüber. Es war aber durchaus möglich, dass die Gesetzgebung die praktische Organisation veränderte und verbesserte und dies selbst in einem so stark durch die Rückbindung an Ursprungstexte und Ursprungsideale geformten Lebensbereich, den der Klöster. Und ebenso beschirmte das Konzil deren Existenzweise vor Neuerungen und verbot neue Klosterregeln.[403]

Die päpstlichen Dekretalen wurden gesammelt. Indem die Päpste Innozenz III. und Honorius III. die *compilatio tertia im* Jahr 1210, respektive die *compilatio quinta* im Jahr 1226 an die Bologneser Rechtsschulen sandten, verliehen sie diesen Sammlungen rechtliche Anerkennung, die über die der einzelnen Dekretalen hinausreichte. Die *compilatio quinta* hat die Kompetenz der Päpste, neue Gesetze zu erlassen, ausdrücklich von Bindungen an die Tradition abgelöst, machte so den Weg frei, Neuerungen zu rechtfertigen. Der Prolog der Einsetzungsbulle von Papst Honorius III. formulierte: Neue Dinge verlangen neue Entscheidungen und diese neue Gesetze. In der jeweiligen Gegenwart müssen diese oft geändert werden. Die Gesetze waren dazu bestimmt, neue Gefahren und neue Verfehlungen abzuwehren. Die Neuerungen waren als Heilmittel ausgegeben, die, ähnlich den Arzneien, die den Kranken gereicht würden, gegenüber den täglich neu auftretenden Gebrechen und den neuen Rechtsfällen anzuwenden seien.[404]

Die wichtigste Sammlung päpstlicher Dekretalen und konziliarer Dekrete, der ,Liber Extra', erhielt durch die Beauftragung, die Papst Gregor IX. dem Dominikaner und Juristen Raimund de Peñaforte erteilte, den Text zusammenzustellen, und durch die Übersendung der Exemplare von dessen Werk an die Universitäten Paris und Bologna noch stärker den Charakter eines Gesetzbuches, das aufgrund päpstlicher Befugnis erlassen war.[405] Die Promulgationsbulle von Papst Gregor IX. vom 5. September 1234 präsentiert die Sammlung als Mittel, um der bestehenden Konfusion, bedingt durch Widersprüche, Wiederholungen und Unsicherheiten in

---

403 Constitutiones concilii quarti Lateranensis, S. 60–62; Maccarrone, Michele, Riforma e sviluppo della vita religiosa con Innocenzo III, in: Rivista di Storia della Chiesa in Italia 16 (1962), S. 29–72; Schmidt, Hans-Joachim, *Iuxta morem exemplum Ordinis Cisterciensis*. Päpstliche Anweisungen zur kommunikativen Koordination von Klöstern (13. Jahrhundert), in: Die Ordnung der Kommunikation und die Kommunikation der Ordnungen, Bd. 2: Zentralität: Papsttum und Orden im Europa des 12. und 13. Jahrhunderts, hg. v. Andenna, Cristina et alii (Aurora. Schriften der Villa Vigoni 1,2), Stuttgart 2013, S. 145–168.

404 Quinque compilationes antiquae, hg. v. Friedberg, Emil, Leipzig 1882, S. 151.

405 Feine, Hans Erich, Kirchliche Rechtsgeschichte, Bd. 1: Die Katholische Kirche, Weimar 1950, S. 236f.; Grossi, Paolo, L'ordine giuridico medievale, Bari 2003, S. 207f.

den vorherigen Sammlungen, entgegenzuwirken. Aber mehr als nur eine geordnete Kompilation und mehr als eine Textverbesserung waren angestrebt, denn aus dem neuen Buch sollte eine Verbesserung des materiellen Rechts entstehen, um Streit zu verhindern und den Frieden zu sichern. Die Sammlung war als Kodifikation konzipiert. Ein neues Gesetzbuch war geschaffen. Es begründete ein Recht, das weiter reichte als die Summierung der zusammengestellten Rechtstexte, weil es systematisiert Neues schaffte. Der Papst, der der *vicarius Christi* sei, habe die Macht, so in einer Passage mit der Kapitelüberschrift *De constitutione,* Gesetze zu machen und sie zu ändern. Die legislative Gewalt erfasse die Zukunft und sei unterschieden von der richterlichen, die Angelegenheiten der Vergangenheit bestimme. Die Gesetze seien die Gestaltungsinstrumente des Papstes. Die Promulgationsbulle bezeichnet die Gesetze als Mittel, die schändlichen Gelüste zu begrenzen. Die Gesetze sollen aber auch darauf hinwirken, dass das Menschengeschlecht ehrenhaft lebt (*ut honeste vivat*), ohne dass indes das ‚Ehrenhafte' erklärt wird. Aber dies ändert nichts daran, dass nicht allein zu Defizit und Dekadenz das neue Gesetzbuch die Lösung bieten sollte, sondern auch Verbesserung des menschlichen Seins erzielen würde. Die gesammelten Gesetze sollen vorsehen, dass niemand geschädigt und dass jedem das Seine gewährt werde, womit ein Grundsatz des römischen Rechts aufgegriffen wird. Die Promulgationsbulle erwähnt keine Veränderung menschlicher Eigenschaften – weder zum Schlimmeren noch zum Besseren –, auf die die Gesetze reagieren müssten, erhob aber den Anspruch, das Leben der Menschen günstig zu gestalten und dies auch auf Erden zu verwirklichen.[406]

Die Sammlungen des Kirchenrechts, die Papst Innozenz IV. zwischen 1245 und 1253 anordnete, beschränkten den Nutzen auf die Bereitstellung des besseren Textes und auf die Einfügung von neuen Dekretalen dieses Papstes, um an den Universitäten und an den Gerichten nicht autorisierte Fassungen auszuschließen. Die Neuerung war die Sammlung. Sie verbesserte das Recht, ohne dass Innozenz IV. den Anspruch erhob, umfassende inhaltliche Verbesserungen vorgenommen zu haben.[407]

Papst Bonifaz VIII. verkündete ebenfalls in der Promulgation des neuen päpstlichen Gesetzbuches von 1298, das als ‚Liber Sextus' bezeichnet wird, die Ziele der Gesetzgebung. Hier war nicht Verbesserung und Aufstieg menschlicher Eigenschaften, sondern Verschlechterung und Abstieg verkündet. Der Verbesserung des Textes wurde die zunehmende Verderbtheit des Menschengeschlechts entgegen-

---

406 Corpus iuris canonici, II, Sp. 2f., 7f.; Kuttner, Stephan, Raymond of Peñaforte as editor. The decretales and constitutiones of Gregory IX, in: Bulletin of Medieval Canon Law 12 (1982), S. 65–80; Bertram, Martin, Die Dekretalen Gregors IX: Kompilation oder Kodifikation, in: Magister Raimundus. Atti del Convegno per il IV centenario della canonizzazione di San Raimondo de Penyafort (1601–2001), hg. v. Longo, Carlo (Dissertationes historicae fasciculus 28), Roma 2002, S. 61–86, S. 71f., 80.

407 Kessler, Peter Josef, Untersuchungen über die Novellen-Gesetzgebung Papst Innozenz' IV, in: ZRG KA 31 (1942), S. 142–320, S. 198–202.

gestellt. Juristische Evolution wurde mit der anthropologischen verknüpft. Beide liefen in entgegengesetzte Richtungen. Die Promulgationsbulle nennt die zunehmende den Menschen eigentümliche Amoralität als Begründung. Eine Steigerung menschlicher Entwicklungsmöglichkeiten und Tugenden schließt die Bulle aus, ganz im Gegenteil formuliert sie eine Dekadenzerfahrung und -erwartung. Die menschliche Erfindungsgabe führe zu neuen schlimmen Handlungen. Zwar seien die Menschen schon immer auf sie bedacht gewesen und hätten sie verübt, aber neue Schändlichkeiten träten hinzu, so dass neue Arten des Streits entfacht würden. Ja, es liege in der Natur des Menschen, stets neue Verbrechen und Skandale zu erfinden und zu verüben. Um die Schäden, die durch die Neuerungen entständen, zu bekämpfen, sei das neue Gesetzbuch geschaffen worden, das nicht darauf beschränkt sei, eine erweiterte oder verbesserte Textgestalt bereitzustellen, sondern dazu führe, realiter neues Recht zu schaffen. Dass der Papst neues Recht schuf, traf auf Widerspruch. Aus den Reihen von Kardinälen, die Bonifaz VIII. bekämpften, trat im Besonderen Pietro da Colonna hervor, der in einer Denkschrift, die er nach dem Tod des Papstes schrieb, diesem vorwarf, dass er Neuerungen eingeführt und Gesetze verändert habe. Die Kritik zeigt die innovative Intention an, die der Papst verfolgt hatte.[408]

Die Kritik an Neuerungen des Rechts verhinderte sie aber nicht. Dass Päpste neue Gesetze machen können, hat auch Papst Johannes XXII. behauptet. Er argumentierte ebenfalls, dass er gegen neue Verschlechterungen und neue Vergehen einschreiten müsse. Neue Bestimmungen seien notwendig, um neue schlimme Erfindungen des Bösen zurückzudrängen. Die Promulgationsbulle der als ‚Clementinae' bezeichneten und von ihm neu angeordneten Zusammenstellung von Dekretalen verkündete im Jahr 1317: Die menschliche Natur ist stets darauf bedacht, neue Arten des Bösen zu erfinden. Die Hinterlist der Menschen ist die Quelle der Veränderlichkeit der Sitten. Sich gegen diese Entwicklung entgegenzustemmen, ist die Aufgabe des Papstes. Der Dekadenz der Menschheit steht die legislative Neuerung entgegen. Diese verhindert sie nicht, versucht sie nur einzudämmen und zu kompensieren.[409] Die Päpste versprachen Schutz vor dem Unheil. Verbesserungen für die menschliche Lebensgestaltung waren nicht vorgesehen.

Die Kommentierungen der Gesetzessammlungen erörterten weitere Rechtfertigungen als die der Erstellung eines besseren Textes oder die einer wirksameren Zurückdrängung des Schlechten und erwogen die Möglichkeit einer vernunftkonformen Rechtsentwicklung, aus der auch Verbesserungen für die Lebensgestaltung hervorgehen sollten. Der einflussreichste Kanonist des Mittelalters, Henricus de Segusio, Kardinalbischof von Ostia, daher meist als Hostiensis benannt, der zur

---

408 Denifle, Heinrich, Die Denkschriften der Colonna gegen Bonifaz VIII. und der Cardinäle gegen die Colonna, in: Archiv für Literatur- und Kirchengeschichte des Mittelalters 5 (1889), S. 493–529, S. 497.

409 Corpus iuris canonici, II, Sp. 933–935, 1129–1132; Tierney, Villey, Ockham, S. 13f.

Mitte des 13. Jahrhunderts lebte,[410] verfasste die grundlegende Kommentierung der Dekretalensammlung ‚Liber Extra' und erörterte den Wandel der Gesetze. Wenn neue Dinge entstehen, müsse es auch neue Gesetze geben. Das Neue war für ihn zunächst schädlich. Dagegen seien Mittel einzusetzen. Er kennzeichnet die neuen Gesetze daher, so wie im ‚Liber Extra' auch formuliert, als neue Arzneien. Die Zunahme der Verbrechen verlange die Zunahme der Bestrafungen. Bereits die mosaischen Gesetze seien gegen die Sünden der Israeliten gerichtet gewesen. Aber Henricus erachtet die Gesetze nicht allein als Mittel der Repressionen; sie sollten auch Tugenden fördern und weiter verbreiten. Grundlage der Tugenden sei die Vernunft. Hostiensis argumentiert, dass, da die Gesetze gemäß der Vernunft gestaltet sein müssten, sie auch den Verbesserungen der Vernunft angepasst werden sollten. Die menschliche Fähigkeit zu lernen steigere die Vernunft. Aus der anthropologischen Dynamik würde eine legislative Verbesserung hervorgehen. Doch sieht Hostiensis die menschliche Steigerungsfähigkeit nur als gering an, so dass es letztlich nur wenig Veranlassung gebe, die Gesetze wegen solch möglicher, realiter aber seltener Tugendsteigerung zu ändern. Dies zu tun, würde riskieren, die Wirksamkeit bestehender Gesetze zu schwächen. Zu bedenken sei, dass durch neue Gesetze die Akzeptanz der alten gemindert und folglich der Frieden gestört werde. Er weist die Annahme eines allgemein bestehenden Perfektionierungsvorganges zurück, der die Vernunft stets zu höheren Leistungen emporhebe. So bremst die Vernünftigkeit der bestehenden Gesetze die Schaffung von neuen. Ein weiteres Argument bringt Hostiensis vor: Der Vorgang der Gesetzgebung ist konfliktbeladen, da Konsens zur Neuerung nur schwer zu erzielen ist und antagonistische Anliegen angestachelt werden. Die Schlussfolgerung ist: Nur sofern eine evidente Notwendigkeit besteht – die Formel *necessitas temporum* wird auch von Hostiensis verwendet – und überdies ein nicht strittiger Konsens zur Gesetzesveränderung vorausgesetzt werden kann, sollen neue Gesetze geschaffen werden. Legislation wird zur Ausnahme. Andererseits räumt Hostiensis aber auch ein, dass es möglich sei, einen Konsens zu erreichen, der darauf abziele, Verbesserungen zu gestalten. Diese Verbesserungen betreffen den Text der Gesetze, so dass diese besser verstanden und folglich besser angewendet werden könnten. Dekretale sollten erlassen werden, um missverständliche ältere Texte zu eliminieren, die auch aus den bestehenden Sammlungen zu entfernen seien. Eine extra-legale Ursache, die der Vernunft, sollte also nur in geringem Maße auf die Gesetze einwirken. Unumstritten war hingegen, dass inhärente Inkongruenzen in der Textinterpretation den Anstoß geben sollten, eine legislative Modifikation einzurichten. Verbesserungen der Gesetze auch hinsichtlich ihrer sachlichen Substanz waren zwar nicht ausgeschlossen, standen aber unter

410 Bertram, Martin, Handschriften und Drucke des Dekretalenkommentars (sog. Lectura) des Hostiensis, in: ZRG KA 75 (1989), S. 177–201; Müller, Jörg, Enrico Bartolomei di Susa, Henricus da Segusia, genannt Hostiensis = Einleitung zu Henricus de Segusio cardinalis Hostiensis, Commentaria et Lectura in decretalibus, Ndr., Frankfurt a. M. 2009.

einer hohen Anforderung der Begründung. Immerhin war eingeräumt, dass nicht allein die Traditionsbindung der Gesetze der Vernunft entsprach, sondern auch der aktuelle Nutzen der Gesetze gemäß der Vernunft zu bewerten war. Gesetze waren folglich nicht nur an den defizienten menschlichen Eigenschaften, nicht nur an den Kampf gegen die Bereitschaft, Schlechtes zu tun, angebunden, sondern auch an das Beste der menschlichen Existenz, an die Vernunft. Aus guten Gründen sollten und würden Verbesserungen entstehen. Dank der Vernunft wirkten Verbesserungsoptionen der Gesetze in die menschliche Lebensgestaltung. Mag diese Option auch nur selten zu realisieren sein, so hat Hostiensis sie doch vorgesehen. Die anthropologische Grundausstattung des Menschen kann eine Innovations- und Ameliorationsbereitschaft auslösen.[411]

Die Vernunftbindung der Gesetze, wie sie Hostiensis vorsah, beendete aber nicht die weiterhin bestehende Vorstellung, dass legislativen Neuerungen nur von den menschlichen Fehlern abgeleitet seien. Dass diese sich änderten und meist verschlimmerten, war eine vorherrschende Auffassung, so dass es die *necessitas temporum* sei, die die Veränderung der Gesetze erfordere. Auch der französische Kanonist Wilhelm Durandus der Ältere beschrieb in seinem Handbuch ‚Speculum iusticiale', gegen Ende des 13. Jahrhunderts verfasst und ebenfalls eine weite Rezeption erzielend, eine solche Konzeption. Neue Gesetze rechtfertigte er nur als Reaktion auf sich verschlechternde menschliche Verhaltensweisen. Die Vorteile für die Menschen sah er in der Existenz der allgemeinen Gesetze selbst. Gegenüber den Einzelfallentscheidungen der Richter schüfen die Gesetze gleiche Regelungen für alle und stabilisierten die Rechtsordnung.[412]

Der deutsche Augustiner-Eremit Hermann von Schildesche († 1357) unterschied die Berechtigung zu Veränderungen anhand von Rechtstypisierungen. Hermann übernahm diejenige, die das ‚Decretum Gratiani' zugrunde gelegt hatte; er präsentierte *ceremonialia, moralia* und *iudicialia* als Anwendungsbereiche des Rechts. Nur letztere seien veränderbar, da sie für das Seelenheil unerheblich seien. Im Umkehrschluss waren die anderen, höherstehenden Rechtsformen theologisch aufgewertet, damit konserviert, von Veränderungen ausgenommen. Er bezeichnete in dem von ihm verfassten Rechtslehrbuch Neuerungen des unwandelbar geltenden Rechts als Sünde, was bedeutete, dass er einen Bewertungsmaßstab der Theologie anwandte, um juristische Verfahren zu de-legitimieren. Es blieb nur noch die Erörterung von Ausnahmen übrig, die in der Form von Dispensen, vom Papst verfügt, rechtsbindend sein könnten, um auf außerrechtliche Veränderungen zu reagieren, was bedeutete, die Essenz der Gesetze nicht zu tangieren.[413]

---

411 Henricus de Segusio cardinalis Hostiensis, Commentaria et Lectura in decretalibus, Ndr., Frankfurt a. M. 2009, fol. 4^r^, 5^v^, 31^v^, 80^v^, 88^r^.

412 Guillelmus Durandus, Speculum iusticiale, Ndr., Aalen 1975, S. 152, 223.

413 Hermann von Schildesche, Introductorium iuris, Wien, Österreichische Nationalbibliothek, cod. 2871, f. 785–149^v^; Zumkeller, Adolar, Hermann von Schildesche, in: Fränkische Lebensbilder, Bd. 7, hg. v. Pfeiffer, Gerhard, Würzburg 1977, S. 12–32.

Auffassungen, die sich gegen Neuerungen im Recht wandten, blieben weiterhin bestehen. Neue Gesetze seien Abweichungen, die zum Schlechteren führten oder günstigstenfalls lediglich geringfügige Adaptationen an temporäre Umstände vornähmen. Das von Menschen gemachte Gesetz sei eine Antwort auf seine Defizite. Es schien wenig geeignet zu sein, Optimierungen hervorzubringen, wie der bedeutendste Kanonist des 15. Jahrhunderts, Niccolo Tudeschis, darlegte. Die menschlichen Gesetze seien Gegenmaßnahmen gegen die üblen Sitten der Menschen. Sie könnten sie nicht verbessern, nur ihnen Einschränkungen auferlegen.[414]

Die Verbindung von Theologie und Rechtswissenschaft hatte zwiespältige Wirkungen. Einerseits stärkte sie die Unwandelbarkeit des Rechts, insofern es an Gott, seine Gebote und sein Wirken für die Menschen angebunden wurde. Andererseits öffnete sie einen Weg zur Flexibilisierung, da eine Antwort zu geben war, um auf geänderte und meist sich verschlechternde Lebensweisen zu reagieren, damit durch rechtliche Normen neue Verfehlungen abgewehrt werden konnten. Die Zurückdrängung von schlechten Gewohnheiten war nicht nicht allein mit seelsorgerischen Mitteln zu erreichen. Die Strafgewalt der Gesetze war aufgerufen. Indem die von Gott dem Menschen verliehene Vernunft aber berufen war, Gewohnheiten und die Gesetze zu bewerten, war deren Verbindlicheit unter Vorbehalt gestellt. Die Hierarchie von Rechtsbereichen gab unterschiedliche Stufen der Veränderbarkeit an.

Auf der Grundlage des kirchlichen Rechts und seiner Kommentierungen entstanden Überlegungen, die die Entstehung neuen Rechts und die Schaffung neuer Gesetze bewerteten und dies auch im Hinblick auf jedes Recht, auch das weltlicher Institutionen. Die religiöse Intention und die kirchliche Institutionalisierung führten keineswegs zu einer starren Traditionsbindung. Aktueller und künftiger Nutzen waren zu berücksichtigen. Auffassungen, die Fortschritte der menschlichen Fähigkeiten und insbesondere der menschlichen Vernunft voraussetzten, waren formuliert. Sie boten Argumente, um legislative Neuerungen auch im weltlichen Recht anzustoßen.

---

414 Pennington, Lex, S. 17–19.

VI.2 Weltliche Gesetzgebungen seit dem 12. Jahrhundert

Eine Epoche der Gesetzgebung begann im hohen Mittelalter.[415] Peter Landau stellt fest, dass vor dem 12. Jahrhundert „eine Vertrautheit mit Gesetzgebung in großen Teilen Europas nicht feststellbar ist“. Dies änderte sich „durch die Wiederentdeckung der Gesetzgebung im 12. Jahrhundert“.[416] Das „Wieder“ meint die Anwendung von Verfahren, die einst bestanden hatten. Und das „Wieder“ verweist auf die Entdeckung des seit dem Ende des 6. Jahrhundert im Okzident vergessenen antiken römischen Rechts. Juristen brachten es seit der Wende zum 12. Jahrhundert zur Kenntnis, und an sie knüpften Gesetzgebungen von Herrschern an. Die Gesetzgebungskompetenz, wie sie die justinianische Gesetzessammlung dem Kaiser zuwies, wurde reaktiviert. Mit der Anwendung des antikrömischen Rechts war keineswegs ein Gewinn an Kooperationsmöglichkeiten und Gestaltungsfreiheiten zugunsten der Beherrschten beabsichtigt und erreicht.[417] Im Gegenteil, die Rigidität von Gesetzen sollte die Geschmeidigkeit verhindern, die den Erlass von Privilegien, das Aushandeln von Strafen, die Gewährung von Gnadenerweisen und den Erweis von Milde ermöglichte, so wie dies bis zur Mitte des 12. Jahrhunderts in der Herrschaftspraxis üblich war. Die Anwendung der Gesetze drängte Einzelfallentscheide zurück. Auf die herrscherliche Milde sollte kein Anspruch mehr bestehen. Ausnahmen von der Strenge der Gerechtigkeit sollten ausgeschlossen sein. Die Regulierungsfixierung ersetzte das, was die Geschichtswissenschaft als „gratiale Ordnung“ bezeichnet.[418]

Dass auch Könige als Legislatoren vorgesehen waren, indem sie das Werk der antiken Kaiser fortsetzten, hatte bereits Isidor von Sevilla († 636) ausgeführt: Der König, ebenso wie der Kaiser waren berechtigt, eine *constitutio* oder ein *edictum*

---

415 Gagnèr, Studien, S. 302–304; Bertram, Martin, Gregorio IX, Innocenzo IV e Federico II: tre legislatori a confronto, in: *Colendo iustitiam et iura condendo*, S. 11–28.

416 Landau, Über die Wiederentdeckung, S. 13–15.

417 Andere Auffassung: Buc, Philippe, *Principes gentium dominantur eorum*. Princely Power Between Legitimacy and Illegitimacy in Twelfth-Century Exegesis, in: Cultures of Power, Lordship, Status and Process in Twelfth-Century Europe, hg. v. Bisson, Thoams N., Philadelphia 1995, S. 310–328.

418 Schneidmüller, Bernd, Konsensuale Herrschaft. Ein Essay über Formen und Konzepte politischer Ordnung im Mittelalter, in: Reich, Regionen und Europa im Mittelalter und Neuzeit. Festschrift für Peter Moraw, hg. v. Heinig, Paul-Joachim et alii (Historische Forschungen 67), Berlin 2000, S. 53–88; Althoff, Gerd, Rituale und ihre Spielregeln im Mittelalter, in: Audiovisualität vor und nach Gutenberg. Zur Kulturgeschichte medialer Umbrüche, hg. v. Wenzel, Horst et alii (Schriften des kunsthistorischen Museums Wien 6), Wien 2001, S. 51–61; id., Amicitia und Pacta. Bündnis, Einung, Politik und Gebetsgedenken im beginnenden 10. Jahrhundert (MGH. Schriften 37), Hannover 1992, S. 8–11, 16–17, 23–31; id. u. Keller, Hagen, Heinrich I. und Otto der Große. Neubeginn auf karolingischem Erbe, Göttingen 1985, S. 66–81; Leyser, Rule and Conflict, S. 35–38; Epp, Verena, Amicitia. Zur Geschichte personaler, sozialer, politischer und geistlicher Beziehungen im frühen Mittelalter (Monographien zur Geschichte des Mittelalters 44), Stuttgart 1999.

zu erlassen. Diese Aussage wurde in den vierziger Jahren des 12. Jahrhunderts in die Kirchenrechtssammlung des ‚Decretum Gratiani' aufgenommen.[419] Juristen des Kirchenrechts wie Alanus Anglicus († ca. 1210) schrieben, dass die Könige dasselbe Gesetzgebungsrecht wie die Kaiser hätten und es zur Schaffung neuen Rechts einsetzen könnten.[420] Aber erst die Aktualisierung des römischen Rechts im hohen Mittelalter stieß eine Welle der Gesetzgebungen an – von Kaisern, Königen und auch von Stadtgemeinden, die selbst Gesetze schaffen zu können beanspruchten und diesen Anspruch auch durchsetzten. Inwieweit dabei Vorgaben, die die unverbrüchliche Geltung biblischer Texte, der Gewohnheiten und des Naturgesetzes aufrichteten, bestanden und eingehalten werden müssten, war unter den Experten des römischen mittelalterlichen Rechts, den Legisten, umstritten.[421]

Früh nutzten die sizilianischen Könige seit dem 12. Jahrhundert die Möglichkeiten, die das römische Recht bot, um als Gesetzgeber tätig zu sein. Die Prägung der Insel Sizilien und des Südens der italienischen Halbinsel durch die lange byzantinisch-oströmische Herrschaft und die daraus folgende Geltung des römische Kaiserrechts waren die Voraussetzungen dieser Gesetzgebungskompetenz. Insofern war das Königreich Sizilien eine Ausnahme im Okzident. Der sizilianische König Roger II., dem 1130 durch den Gegenpapst Anaklet die königliche Würde verliehen wurde, beanspruchte kurz darauf die Kompetenz, Gesetze zu schaffen, und verwirklichte diese Kompetenz um das Jahr 1140 mit den als ‚Assisen von Ariano' bezeichneten Gesetzen.[422] Roger verwendete im Prolog der Gesetze Termini des *Codex* und der Digesten aus der von Kaiser Justinian I. eingerichteten Rechtssammlung. Roger II. reihte sich selbst unter die *conditores legum* ein. Mit der Kompetenz, Gesetze in Kraft zu setzen, sei es auch möglich, mittels der neuen Gesetze ein besseres Recht zu schaffen, kündete der Prolog. Roger, so wird behauptet, reformiere bestehende Gesetze, so dass sie als Ergebnis in einen besseren Zustand überführt würden. Die Begrifflichkeit von *reformare* – mehrmals im Prolog ausgeführt – war dem monastischen Sprachgebrauch entlehnt, wurde nun in einen Gesetzestext weltlicher Herrschaft überführt und kündete von dem Anspruch, das Neue zur Besserung einzusetzen. Das Bessere war präzisiert: Das Obskure und das Widersprüchliche sollten ausgemerzt werden. Es ging also um den besseren Text. Zweitens waren auch inhaltlich bessere Normen angekündigt. Das neue Gesetzbuch mindere und mildere die Strenge und die Härte durch Erbarmen. Es solle die frühere *inhumanitatem* beenden. Und drittens sollte das Gesetz der eigenen Zeit angepasst sein. Weiterhin war ein einheitliches Recht, das im ganzen Königreich gilt, vorgesehen. Vergünstigungen zugunsten der Bewohner des Königreiches sollten nicht wegen der Ausnahmen vom Gesetz bestehen, sondern durch dieses selbst entstehen. Verbesserung wurde legalisiert, damit perpetuiert und

---

419 Isidor von Sevilla, Etymologiae, V, 13; Decretum D.2, c. 4: Corpus canonici, I, Sp. 3.
420 Coing, Handbuch, S. 229–232.
421 Pennington, Prince, S. 129.
422 Broekmann, Rigor, S. 341–347.

garantiert. In einem der ersten Gesetze der Assisen, das als *monitio generalis* bezeichnet ist, verspricht der König, alle Untertanen menschlich zu behandeln und ihnen Barmherzigkeit zu gewähren: *humane tractare, misericordiam adhibere.* Auch der König sei wie alle Menschen von der Erbsünde befleckt und solle deswegen gegenüber den Verfehlungen seiner Untertanen Mäßigung walten lassen. Diese Mäßigung entstand aber nicht aufgrund des Gewährens von Gnaden und einer Abweichung vom Gesetz, sondern aus dessen Anwendung. Die Mäßigung, als *moderatio* bezeichnet, sei der eigenen Epoche angemessen, müsse gesteigert werden, gewähre Erleichterungen für die Bewohner des Königreiches. Der legislative Fortschritt gegenüber der Vergangenheit bedeutete, die Strenge des Gesetzes zu mindern. Die Bereitschaft zu verzeihen, wurde in das Gesetz eingefügt. Aus dem Gesetz selbst sollte die Verringerung der Gewaltbereitschaft entspringen. Die Verbesserung würde, so der Anspruch, das gesamte künftige Regierungshandeln von Roger II. erfassen. Er verbarg hinter einer Bescheidenheitsfloskel, die behauptete, einst in arroganter Weise gegenüber den Vorfahren und Vorgängern gehandelt und die früheren Rechtsbestimmungen gering geachtet zu haben, die Erneuerungs- und Verbesserungsabsicht, die neues Recht in Kraft setzte. Zwar sollte das neue Gesetz subsidiär gelten und neben die zahlreichen anderen treten, die wegen der Vielzahl der Völker, über die der König gebot, bestanden, die allgemeine Intention des Neuen aber das gesamte Herrschaftshandeln erfassen.[423]

Dass die dem König nachgesagte Grausamkeit dem Mildtätigkeitsanspruch widersprach, stellte der sizilianische Chronist Ugo Falcando dar und verwies darauf, dass sich die Herrscher nicht an die Gesetze hielten, sie sie nicht einmal kennen würden, wenn es darum ging, Aufrührer niederzuringen.[424] Aber der Anspruch auf Milde war nicht irrelevant, denn er rechtfertigte die Neuerung, die zur Machtausdehnung des Königtums führen sollte. Bestehende Rechte sollten ihr keine Hindernisse aufrichten. Die Gesetzgebung im Königreich Sizilien war nicht allein eine Aneignung des antiken römischen Rechts, die Roger mit Hilfe von juristischen Experten unternahm,[425] sondern auch eine Ermächtigung, die in einem neu etablierten Königreich stattfand, das durch Eroberungen gegenüber den Muslimen entstanden war und auf der Beherrschung von Völkern unterschiedlicher Herkunft beruhte, denen eine kleine Gruppe von Eroberern gegenüberstand.[426]

---

423 Le Assise di Ariano, hg. v. Zecchino, Ortensio, Cava dei Tirreni 1984, S. 22–30; Pennington, Roman Law, S. 19f.; Dass die Gesetzgebung durch die ‚Persönlichkeit' Rogers II. ihre Prägung erfahren hätte, meint Harold Berman, Recht und Revolution, S. 647f., womit er letztlich eine historische Analyse verweigert.

424 Hugo Falcandus, Liber de Regno Siciliae, hg. v. Siragusa, Giovanni B. (Fonti per la storia d'Italia. Scrittori secoli XII), Roma 1897, S. 6.

425 Pennington, Roman Law, S. 17–38; Berman, Recht und Revolution, S. 649.

426 Steiner, Michele, Muslimisches Leben unter christlicher Herrschaft. Sizilien zur Zeit der normannischen Könige (1060/61–1189) (Scrinium Friburgense 59), Wiesbaden 2024; Broekmann, Rigor.

In einer ähnlichen Situation befand sich das Königreich Jerusalem, das nach der Eroberung der Stadt Jerusalem und der Etablierung der Herrschaft der okzidentalen Kreuzfahrer im Heiligen Land im Jahre 1099 einer rechtlichen Fundierung bedurfte, ohne über einheimische Traditionen zu verfügen. Deswegen wurden Vorbilder in der Ferne, in der Heimat der Kreuzfahrer, gesucht, um sie im neu errichteten Königreich, aus westlicher Perspektive in *Outremer*, zu implantieren. Eine *creatio ex nihilo* war ausgeschlossen, an bestehende Ordnungen sollte angeknüpft werden. Wissen musste gesammelt werden, um ein Gesetzbuch zu schaffen. Eine bereits andernorts erprobte Praktikabilität war anzuwenden. Eine Legitimationsgrundlage sollte darüberhinaus gesucht werden, um das faktisch neue Recht im neuen Königreich aus alten Rechten abzuleiten. Auch eine Gründergestalt wurde vorgestellt, die des ersten Königs von Jerusalem (wenn er auch anscheinend den Königstitel verschmähte und sich mit dem Titel *vicarius sepulcri Jesu Christi* begnügte) und des ersten Eroberers: Gottfried von Bouillon. So stellt es 150 Jahre nach dem Beginn der okzidentalen Herrschaft das Rechtsbuch des Königreiches dar, als dessen Autor Jean d'Ibelin († 1266) gilt, einer der mächtigsten Barone und Graf von Jaffa.[427] Das Rechtsbuch führt aus: Gottfried von Bouillon, der Begründer des Königreiches, war aufmerksam und wissbegierig, bestrebt, sein Königreich in einen guten Zustand zu halten und dies zugunsten aller Menschen, die dorthin zogen und dort lebten. Deswegen hatte er kundige Männer in verschiedene Länder des lateinischen Okzident entsandt, um die dort geltenden Rechtsgewohnheiten zu erforschen, die Ergebnisse der Untersuchungen aufzuschreiben und ihm vorzulegen. Die Berichte wurden in der Kirche des Heiligen Grabes in Jerusalem aufbewahrt. Zusammen mit seinen Ratgebern bestimmte Gottfried, was ihm gut erschien, und so schuf er die Gesetze des Königreiches Jerusalem. Mehrmals entsandte Gottfried auch weiterhin solche Untersuchungskommissionen, um die Gesetze im Königreich Jerusalem zu verbessern. Die Verbesserungen geschahen in Kooperation mit den weltlichen und geistlichen Großen des Königreichs. Sie entstanden über mehrere Jahre hinweg. Die Steigerung des Nutzens der Gesetze war das Ergebnis eines Suchens und Aussuchens. Die Optimierung, die zur Entstehung der besten Gesetze für das Königreich Jerusalem führte, beruhte auf der Selektion bestehender Rechte, die in der Ferne bereits bestehen würden. Das Fehlen einer einheimischen homogenen Tradition wurde kompensiert durch die Kombination mehrerer Traditionen. Dies genügte aber offensichtlich nicht. Allein der praktische Nutzen war zu wenig. Die Aura des heiligen Ortes, der Grabeskirche, wo die Rechtstexte deponiert wurden, und die Verbindung zu Christus verliehen dem rational nachvollziehbaren Nutzengewinn durch die Gesetze Anerkennung und gesteigerte Legitimität.[428] Die

427 John of Ibelin, Le livre des Assises, S. 51–54.

428 Ibid., S. 51–54; Edbury, Peter W., John of Ibelin and the Kingdom of Jerusalem, Woodbridge et alii 1997; Djelida, Ahmed, Le contrôle de la féodalité par le rois au XIIIe siècle, in: Autour des Assises de Jérusalem, S. 45–62; Devard, Jérôme, La „légendarisation“ de Godefroy de Bouillon. Etude d'un processur de mythification (XIIe–XIIIe siècle), in: ibid., S. 31–44.

Ursprungsgeschichte der Assisen des Königreiches ist fiktiv. Der Wert der Gesetze leitete sich von einem bereits mehr als 150-jährigen Alter ab, knüpfte an die Gestalt des ersten Herrschers an, überhöhte die Gesetze religiös und verband sie mit einem Verbesserungsprogramm, das durch ein Aussuchen des Besten, was in den Regionen Europas vorhanden war, geschaffen worden sei und künftig weiter verbessert werden könne. In einem Königreich, das erst durch die Eroberung entstanden war, bestand offensichtlich noch kein Legitimität stiftender Grund für eine autochthone Rechtsentwicklung. Nicht einmal die Abfassung mehrerer Gesetzessammlungen – neben der von Jean d'Ibelin – und die Formung des Rechts durch Gerichtsurteile und die Gesetzgebungen in Kooperation mit den Baronen änderten etwas an diesem Legitimationsdefizit.[429] Aber für die heilige Stadt und für das Heilige Land, für das Zentrum der Christenheit, für den Nabel der Welt,[430] sollte ein Optimum bestehen, es sollte sich auch in den Gesetzen realisieren. So gelänge es, dass die Herrschaft der okzidentalen Christen die Verbesserung der wirtschaftlichen, militärischen und rechtlichen Lebensumstände herbeiführe. Das Ziel, vor muslimischer Verfolgung bewahrt zu werden, würde ebenfalls gelingen.

Am besten waren die mittelalterlichen Kaiser positioniert, um als Gesetzgeber zu agieren. Sie knüpften an die Ansprüche der antik-römischen Kaiser an, wie sie in der justinianischen Rechtssammlung formuliert waren. Der Sprachgebrauch von Texten des ‚Corpus iuris civilis' fand zunächst Eingang in die mittelalterlichen kaiserlichen Urkunden, vornehmlich in den Arengen und vereinzelt in den Formeln der Strafbestimmung, der *sanctio*. Die Arengen nennen die Herrschertugenden, wie *humilitas, benevolentia, clementia* und schließlich *iustitia*. Zu den Aufgaben des Kaisers gehöre es, *leges condere et interpretari*. Und noch deutlicher: der Kaiser behauptete, *lex animata in terris* zu sein.[431] Vier Bologneser Juristen sahen in Kaiser Friedrich I. die *lex viva* verwirklicht. Sein Enkel Kaiser Friedrich II. trat selbst als *lex animata* auf. Damit war zunächst die Macht benannt, das bestehende Recht anzuwenden, aber mehr als dies ein Richter leistete, denn das Recht war dem

---

429 Prawer, Joshua, Etudes sur le droit des Assises de Jérusalem, in: Revue historique de droit français et étranger 39 (1961), S. 520–551; 40 (1962), S. 29–43; Riley-Smith, Jonathan, The Feudal Nobility and the Kingdom of Jerusalem, 1174–1277, London 1973, S. 121–184; Boissellier, Stéphane, La société, le droit et l'imaginaire dans l'Orient latin et ailleurs, in: Autour des Assises de Jérusalem, S. 217–231.

430 Bonfil, Robert, Gerusalemme, ‚Umbilicus mundi', in: La città e il sacro, hg. v. Cardini, Franco, Milano 1994, S. 45–82; Wolf, Beat, Jerusalem und Rom. Mitte, Nabel, Zentrum, Haupt. Die Metaphern *umbilicus mundi* und *caput mundi* in den Weltbildern der Antike und des Abendlandes bis in die Zeit der Ebstorfer Weltkarte, Bern et alii 2010; Reichert, Folker, Nabel der Welt. Zetrum Europas und doch nur Peripherie? Jerusalem in Weltbild und Wahrnehmung des späten Mittelalters, in: ZHF 38 (2011), S 559–584.

431 Hinweise und Belege in: Coing, Hermann, Römisches Recht in Deutschland (Ius romanum medii aevi 5,6), Varese 1964, S. 28f., 33–35.

Kaiser einverleibt, war als ihm verbunden gekennzeichnet, woraus auch die Macht entsprang, neues Recht zu schaffen.[432]

Das *crimen laesae maiestatis* wurde wieder in Kraft gesetzt, damit die kaiserliche Macht gesteigert werde, der zu widerstehen zum Hauptverbrechen erklärt war. Dieses Verbrechen zu verfolgen, verlangte Durchsetzungsgewalt des Rechts, das auszuhandeln oder mittels Gnadenerweisen abzumildern, versperrt wurde. Die Rigidität des Rechts kam der Macht des Herrschers zugute.[433] Die den Kaisern nahestehenden Chronisten Otto von Freising (†1158), der die Tatenbeschreibung seines Neffen, Kaiser Friedrichs I., verfasste, und Gottfried von Viterbo (†1192), bezeichneten den Kaiser als Urheber der Gesetze, ja sogar als Verkörperung der Gesetze. Er war als *lex viva* und *lex animata* vorgestellt. Er wurde in den Chroniken als Schöpfer des Gesetzes, *conditor legis,* bezeichnet.[434] Das Gesetz lebte, weil der Kaiser es schuf und durchsetzte, und er in ihm lebte. Diese Vorstellungen führten vor allem in Italien zu Gesetzgebungen der Kaiser, während in Deutschland zunächst die Fortbildung der Landfrieden, vor allem durch den Mainzer Landfrieden von 1235, die Neuschaffung von Gesetzen ermöglichte.[435] Aber auch gegenüber deutschen Empfängern hat bereits der römische König Konrad III. (1138–1152) die *iustitia* als Aufgabe und als Vorrang des römischen Königs und Kaisers in mehreren Urkunden verkündet, deren gleichlautende Arengen den beständigen und fortdauernden Willen bekundeten, jedem das ihm Zustehende zuzuteilen: Der römische Herrscher habe die *constantem ac perpetuam voluntatem tribuendi unicuique*. Die klassische Formulierung des römischen Rechts beschrieb die Aufgabe des Königs. Konrad III. gab sie als unwandelbar an. Sie war eine Verpflichtung zum Schutz des Rechts. Immer und unveränderlich widme er sich der Aufgabe, diejenigen zu unterstützen, deren Rechte bedroht seien.[436]

Der Nachfolger und Neffe, Kaiser Friedrich I., behauptete die Zuständigkeit, das Recht zu verändern. Unmittelbar nach seiner Wahl zum römischen König im Jahre 1152 kündigte er eine Erneuerung des römischen Reiches an. Sein Ziel sei es, dass er das Königreich, das ihm von Gott anvertraut sei, mittels der Gesetze und

---

432 Wolf, Gunther, Kaiser Friedrich II. und das Recht, in: ZRG RA 102 (1985), S. 327–343, S. 338f.

433 Sbriccoli, Mario, Crimen laesae maiestatis. Il problema del reato publico alle soglie della scienza penalistica moderna, Milano 1974, S. 346–348; Thomas, Yan, L'institution de la majesté, in: Revue de Synthèse 112 (1991), S. 331–386; id., Arracher la vérité. La majesté et l'inquisition, in: Le juge et le jugement dans les traditions juridiques européenes. Etudes d'histoire comparée, hg. v. Jacob, Robert (Droit et société 17), Paris 1996, S. 15–41; Chiffoleau, Jacques, Sur le crime de majesté médiéval, in: Genèse de l'État moderne en Méditerranée. Approches historiques et anthropologiques des pratiques et des représentations. Actes des tables rondes internationales Paris 24–26 septembre 1987 et 18–19 mars 1988, hg. v. Bresc, Henri, Roma 1993, S. 183–213.

434 Otto von Freising und Rahewin, Gesta, S. 316, Gottfried von Viterbo, Pantheon, hg. v. Waitz, Georg (MGH SS 22), Hannover 1872, S. 258.

435 Ebel, Geschichte, S. 44–47.

436 MGH DD Konrad III., hg. v. Hausmann, Heinrich, Wien et alii 1969, Nr. 89, 93, 105f., 116f., S. 158, 165, 186f., 190f., 207, 209.

der Gewohnheiten erneuere: *ut noverit regnum sibi a Deo collatum legibus et moribus*. Die Gesetze sollten nicht allein dem Richter und dem König Anleitung bieten, sondern sie seien dazu bestimmt, dass ihnen neue Gesetze hinzuträten.[437] Seit 1155 mit der Kaiserwürde ausgestattet, trat Friedrich I. deutlicher noch in die Nachfolge der antiken Kaiser. In dem Privileg zugunsten der Rechtsschüler in Bologna bezeichnete er die Kenntnis des römischen Rechts als Quelle der Erleuchtung der Welt. Die Untertanen würden durch diese Wissenschaft über den Gehorsam gegenüber Gott und dem Kaiser unterrichtet. Friedrich befahl, diese seine Verfügung dem Codex Kaiser Justinians hinzuzufügen. Die kaiserliche Gesetzgebung hat Friedrich erneuert und seine Rechtssetzung als Fortsetzung der antiken Gesetzgebungen ausgegeben.[438] Auch der Kaiser selbst solle des Gesetzes kundig sein. Die Menschen zu verbessern, war als dessen Aufgabe angegeben. Ihm sei die Befugnis zuerkannt, so in einem an ihn adressierten Brief, Gesetze zu erlassen. Die Gesetzgebungskompetenz war nicht allein ein Anknüpfen an Verfahren der Vergangenheit, es war auch ein Projekt, Gerechtigkeit herzustellen und neu aufzurichten.[439]

Die Gerechtigkeit bedarf der Strenge des Gesetzes. Dies verkündete Friedrich auf dem Hoftag zu Roncaglia bei Mailand im Jahre 1158 gemäß der von Otto von Freising vermutlich inspirierten und in seinem Geschichtswerk der ‚Gesta Frederici' wiedergegebenen Rede. Das Gesetz solle, damit es zur Geltung komme, die Macht des Kaisers stärken, aber diese auch an das Gesetz binden, damit jedem seine Freiheit und sein Recht gewährt werde. Das Gesetz solle Schranken errichten, so dass das Herrscheramt nicht in Hochmut und in Herrschsucht verfalle. Die Aufgabe, den Frieden zu sichern, werde durch Gesetze erreicht. Die Gesetze müssten ehrenhaft, gerecht, durchführbar, notwendig, nützlich und dem Ort und der Zeit angepasst sein. Die Gesetze einzurichten, erfordere Umsicht, denn wenn sie einmal eingeführt seien, stehe es nicht mehr im Belieben, sie zu beurteilen, vielmehr müssten sie dann angewendet werden, um Urteile zu fällen.[440] Aus den Gesetzen solle

---

437 MGH DD Friedrich I., Nr. 5, S. 10.

438 MGH Const 1, Nr. 178, S. 249.

439 Struve, Tilman, Die Rolle des römischen Rechts in der kaiserlichen Theorie vor Roncaglia, in: Die Anfänge des öffentlichen Rechts. Gesetzgebung im Zeitalter Friedrich Barbarossas und das Gelehrte Recht, hg. v. Dilcher, Gerhard u. Quaglioni, Diego, Bologna/Berlin 2006, S. 71–97, S. 84–91.

440 Otto von Freising und Rahewin, Gesta, S. 236f.; Colorni, Vittore, Die drei verschollenen Gesetze des Reichstages bei Roncaglia. Wieder aufgefunden in einer Pariser Handschrift (Bibl. Nat. Cod. Lat. 4677), Aalen 1969; Haverkamp, Herrschaftsformen der Frühstaufer, S. 164–171; Dilcher, Gerhard, Kaiserrecht: Universalität und Partikularität in den Rechtsordnungen des Mittelalters, in: Rivista internazionale di diritto commune 5 (1994), S. 211–245; Minnucci, Giovanni, La dieta di Roncaglia (1158) la lex regalia di Federico Barbarossa e la ‚Sumula ad legem Juliam maiestatis', in: Gli inzi del diritto pubblico. L'età di Federico Barbarossa. Legislazione e scienza del diritto, hg. v. Dilcher, Gerhard et alii, Bologna 2007, S. 199–230; Racine, Pierre, Aux origines du droit public. La législation de Frédéric Barberousse à la diète de Roncaglia (1158), in: Le Moyen Âge 114 (2008), S. 361–368.

der Nutzen entspringen. Dieser Nutzen sei zu vermehren. Friedrich I. verkündete, diese Aufgabe zu erfüllen. Er beanspruchte dieselben Kompetenzen, wie sie das einstige römische Kaiserrecht vorsah. Die rechtlichen Bestimmungen, die auf dem Hoftag zu Roncaglia verkündet wurden, hatten indes die Form von Rechtsfindungen, die keine Neuerungen behaupteten, vielmehr ein beständiges und damit unantastbares Recht zugunsten des Kaisers definierten.[441] Innovation war in Rekonstruktion eingehüllt.

Deutlicher noch beanspruchte der Enkel Friedrichs I., Kaiser Friedrich II., neue Gesetze zu schaffen. Er war zugleich König von Sizilien. Für dieses Königreich erließ er auf dem Hoftag zu Melfi im Jahre 1231 Gesetze, deren Sammlung als ‚Liber augustalis' bezeichnet war und mit diesem Titel den kaiserlichen Anspruch für den sizilianisch-königlichen Anwendungsbereich verkündete. Ähnlich den Gesetzen des spätantik-byzantinischen Kaisers Justinian I., die im Buch *Codex* zusammengefasst waren, stellte das sizilianische Gesetzbuch die Bestimmungen zum Schutz der Rechtgläubigkeit und zur Bekämpfung der Häretiker unmittelbar nach dem Prolog.[442] Vermutlich war die Schaffung der Konstitutionen durch die gleichzeitige Beauftragung Papst Gregors IX. an den Kanonist und Dominikaner Raimund de Peñaforte motiviert, der eine neue Sammlung des Kirchenrechts erstellen sollte, die als Ergebnis päpstlicher Legislation in Kraft trat. Friedrich positionierte sich ebenfalls als Gesetzgeber und damit als Fortsetzer antik-kaiserlicher und normannisch-königlicher Gesetzgebungen. Insbesondere Bestimmungen der Assisen von Ariano vom Jahre 1140 und derjenigen des Hoftages von Capua, den Friedrich unmittelbar nach seiner Kaiserkrönung 1220 einberufen hatte, wurden in das Gesetzbuch aufgenommen. Die meisten Strafrechtsbestimmungen waren vorhergehendem Recht entnommen. Ungefähr ein Fünftel der Bestimmungen der Konstitutionen von Melfi waren hingegen Neuerungen.[443]

Auch bei diesem Gesetzbuch erfolgte die Innovation aus einer Reaktivierung. Die Neuerung war mit einer Korrektur des bestehenden Rechts verbunden, das einem zuvor bestehenden alten Recht widersprechen würde. Im neuen Gesetz gab es den Anspruch, nicht nur den Nutzen zugunsten der herrscherlichen Einkünfte und die Machtposition des Herrschers zu vermehren, sondern auch die Lebensbedingungen der Bewohner des Königreiches zu verbessern. Die Veränderlichkeit des Rechts weicht von der klassischen Begründung, dass die Zeitumstände, formuliert als *temporum necessitas*, sie verlangten, in einem Punkt ab, wenn nunmehr die *rerum necessitas* als Auslöser von Gesetzgebungen angegeben ist, was auf eine grundsätzliche, zeitungebundene Notwendigkeit verweist, die nunmehr durch das neue Gesetzbuch und durch das Handeln Kaiser Friedrichs zur Neuformung von

441 MGH Const 1, Nr. 175, S. 244f.

442 Konstitutionen Friedrichs II., I,1–3, S. 148–153.

443 Ibid., S. 297, 395; Dilcher, Hermann, Sizilische Gesetzgebung Friedrichs II.; Rader, Olaf B., Friedrich II. Der Sizilianer auf dem Kaiserthron. Eine Biographie, München 2010, S. 197–203.

Normen führt. Nicht Angleichung an Unbeständigkeiten, sondern Grundlegung auf Sachzwänge leitet die Überlegung, die neue Gesetze in Kraft zu setzen für notwendig erachtet. Diese Notwendigkeit erkannt zu haben und auf ihr aufbauend das Recht verbessert zu haben, verdanke Friedrich II. der *divina providentia*. Diese im Proemium des Gesetzes formulierten Begründungen behaupten aber mehr als einen Nachvollzug der aktuellen Notwendigkeit als vielmehr die Vorausschau auf die Notwendigkeit auch der künftigen Zeiten, die der Kaiser durch göttliche Vorsehung erkenne. Als *executores* des göttlichen Willens bezeichnet Friedrich die Herrscher und Gesetzgeber, deren Macht durch keine irdischen Einrichtungen begrenzt sei. Aus der Milde entspringe die Verbesserung der Gesetze zugunsten der Untertanen. Der Gesetzestext verweist auf das Werk von Seneca ‚De clementia' und damit auf eine Tugend. Die Milde wurde durch die Gesetzgebung institutionalisiert, sie sollte in das neue Gesetz eingesetzt werden, so dass sie befestigt und aus einer isolierten Handlungsweise der Person des Herrschers zur Regelhaftigkeit des Gesetzesvollzuges wurde. Es wird behauptet, dass eine beständige und verlässliche Rechtsordnung entstehe. Neben der Milde stand die Strenge. Das Gesetz solle die Verbrecher durch Drohung mit der Strafe von ihrem Tun abhalten. Sie seien nicht allein nach ihrer Tat zu verurteilen, sondern ihnen sei durch neue und bessere Gesetze die Konsequenz ihrer Handlungen vor Augen zu führen, um sie von weiteren Verbrechen abzuhalten. Die Einschränkung der Handlungsfreiheit der Menschen sei notwendig, da nach dem Ungehorsam der ersten Menschen, also als Folge der Erbsünde, die Freiheit den Weg zum Bösen geöffnet habe. Dem müsse ein kräftiges Korrektiv entgegengestellt werden. Die Deformation des Menschengeschlechts erfordere den Einsatz der Gewalt, ausgeübt vom Herrscher, um die Untertanen von ihrer natürlichen Bestimmung, die zum Bösen neige, abzuhalten und sie auf den rechten Weg zu führen. Dass auch der Herrscher selbst von der Erbsünde behaftet sei, wurde – anders als in den Assisen von Ariano – nicht in Erwägung gezogen. Vielmehr solle aus der großen Macht des Herrschers das Gute entstehen. Die Gewalt des Herrschers diene dem Wohl der Untertanen: Das weltliche Schwert müsse geführt werden, um die Ordnung des Reiches zu verteidigen und um Frieden, Gerechtigkeit und Reichtum hervorzubringen. Das Gesetz war mit einer Wirkung versehen, die, vom Herrscher hervorgerufen, auch ohne ihn, in seiner Abwesenheit oder nach seinem Tod, weiter bestehen bleiben solle.[444] Ein Abschnitt des Gesetzbuches behandelt den Ursprung des Rechts. Es zu schaffen, sei dem Kaiser zuge-

444 Konstitutionen Friedrichs II., S. 147; Romano, Andrea, ‚Speculua principum' e legislazione regia nell'esperienza dell'Italia meridionale, in: Specula principum: riflesso della realtà giuridica. Colloquio internazionale svoltosi a Bologna nei giorni 18–20 settembre 1997, hg. v. De Benedictis, Angela, Frankfurt a. M. 1999, S. 171–192; Stürner, Wolfgang, *Rerum necessitas* und *divina provisio*. Zur Interpretation des Prooemiums der Konstitutionen von Melfi (1231), in: DA 39 (1983), S. 467–554; id., Die Konstitutionen Friedrichs II. für sein Königreich Sizilien, Anspruch und Textgestalt, in: Friedrich II. Tagung des Deutschen Historischen Instituts in Rom im Gedenkjahr 1994, hg. v. Esch, Arnold u. Kamp, Nobert, Tübingen 1996, S. 263–273.

wiesen. Diese Befugnis übe Friedrich aus, indem er für sein Erbkönigreich Sizilien Gesetze erlasse. Er sorge dadurch für das Wohl der Untertanen, was durch Gerechtigkeit und durch Strenge geschehe: *tutela et a iustitia rigor et a rigore iustitia.*[445]

Die beabsichtigte administrative Perfektionierung der Herrschaft hat die Aufmerksamkeit der Geschichtswissenschaft auf sich gezogen.[446] Ebenfalls gab es die Bestimmungen, die die materielle Wohlfahrt der Untertanen vermehren sollten, indem sie das Wirtschaftsleben und die Gesundheit regulierten.[447]

Faktisch war die Gesetzgebung Friedrichs II. zunächst eine Sammlung und Inkraftsetzung von vielen Rechtsbestimmungen seiner Vorgänger, der sizilianischen Könige. Deswegen wurden juristische Experten zur Vorbereitung der Konstitutionen herangezogen. Aber es gab auch Neuerungen, die ausdrücklich als Verbesserungen gekennzeichnet wurden, so dass mehr als eine Kompilation alten Rechts, die Erfassung aktueller und zukünftiger Bedürfnisse angestrebt war. Die Formulierung „Zur Klärung einer dunklen Stelle in dem von Roger, unserem Großvater, erlassenen Gesetz bestimmen wir […]„ leitet ein Gesetz Friedrichs ein, das nicht die „dunkle Stelle“ deutet, sondern sie durch eine materielle Gesetzesänderung aufhebt, um die Lebenssituation von Frauen zu verbessern, deren Rechte geschützt werden sollen, indem die Entfremdung ihres Eigentums verhindert werden soll. Nicht Korrektur des Textes, sondern Verbesserung der Lebensumstände war das Ziel. Eine andere Konstitution Friedrichs erweitert die Regulierung, mit der die fachliche Kompetenz von Ärzten überprüft wird: *constitutionem ampliantes decernimus.* Mit der Bestimmung behauptet der Herrscher einen speziellen Nutzen zu steigern, damit das allgemeine Wohl der treuen Untertanen befördert wird: *utilitate speciali propicisimus cum communi saluti fidelium providemus.* Weiterhin sollen die Rechte von Kindern beschützt werden, weswegen eine neue Konstitution eingefügt wird. Der Nutzen von Handwerkern und von Händlern zugunsten der Bewohner des Königreiches solle gesteigert werden, weswegen gegen Betrug und gegen falsche Gewichte vorgegangen wird. Adelige Ritter werden vor willkürlicher Gefangennahme bewahrt, damit ihre Freiheit gewahrt bleibe. *Libertas* meint den privilegierten Status, verweist auf eine gesonderte Rechtsposition, ihr Schutz ist Argument für eine Rechtsverbesserung, die auch ansonsten die behauptete Intention der Bestimmungen ist, die im ‚Liber augustalis‘ zusammengestellt sind. Damit das Wohl der Untertanen verbessert werden kann, ist eine starke Machtposition des Herrschers vorausgesetzt. Sie soll vergrößert werden, u. a. durch eine Konstitution, die die Veräußerung von königlichen Lehen verhindern soll, womit eine Konstitution König Rogers II. übernommen und erweitert wird.[448] Friedrich

445 Konstitutionen Friedrichs II., I.21, S. 185f.

446 Dilcher, Hermann, Sizilische Gesetzgebung Friedrichs II.; Wagner, Liber augustalis; Powell, James Matthew, Canon Law and the Cults of Peace and Justice in the ‚Liber augustalis‘, in: id., The Papacy, Frederick II and Communal Devotion in Medieval Italy, Farnham 2014, S. 1–7.

447 Konstitutionen Friedrichs II., S. 155f., 369f. 400f., 411–422.

448 Ibid., S. 349f., 352f., 362f., 368–370, 411–414, 417–420.

strebe die gleiche Anwendung von Gesetzen an, um unterschiedliche Richtersprüche zu verhindern, so behauptet eine weitere Konstitution des Gesetzbuches von Melfi.[449] Die Neuerungen im Gesetzbuch sind sparsam eingefügt, begründet werden sie damit, einen bestehenden defekten Zustand zu beheben. Die Reparatur der Gesetze führt zur Reparatur des sozialen Lebens. Der Prolog stellt dessen Gefährdung dar. Die geschaffene Natur kann zwar in einen besseren Zustand überführt werden, aber dieser bleibt gefährdet. Damit die Dinge nicht deformiert werden und die menschliche Gestalt nicht zerstört werde, gibt es Herrscher. Sie bekämpfen die Verbrechen und beschützen die Kirche. Gegen den Zerfall des Königreiches Sizilien sollen sie einschreiten und ihn beenden, der wegen der vielen Kriege und der Abwesenheit der Herrscher eingetreten sei.[450] Die Absicht besteht nicht darin, die humane Existenz weiterzuentwickeln, sondern dem drohenden Abgleiten in Niedergang entgegenzuwirken. Neue Gesetze sollen dies leisten.

Dass die Konstitutionen von Melfi tatsächlich Neuerungen enthielten, die kraft kaiserlicher Befugnis entstanden, entging den Zeitgenossen nicht. Papst Gregor IX. hielt die *novitates,* die Friedrich II. mit den Konstitutionen eingeführt habe, für schädlich, wie er in einer Urkunde vom 5. Juil 1231 festhielt. Er lehnte die Erweiterung kaiserlicher Macht und die Einschränkung kirchlicher Rechte ab und sah in den Konstitutionen ein Instrument anti-päpstlicher Politik. Das neue Gesetz sei ein schlechtes Gesetz.[451]

Die Konstitutionen blieben dessen ungeachtet gültiges Recht. Novellen, von Juristen verfasst oder auf den Hoftagen in Messina 1234, Foggia 1240, Grosseto 1244 und Barletta 1246 formuliert, erweiterten den Gesetzestext.[452] Die Nachfolger Friedrichs als Könige von Sizilien bestätigten den ‚Liber augustalis': sein Sohn Konrad im Jahre 1252 und dann der aus der Anjou-Dynastie stammende Karl I. zwischen 1265 und 1268. Kurz darauf kommentierte Marinus de Caramanicio in der ‚Glossa ordinaria' das Gesetzbuch als Ergebnis fortlaufender Gesetzes-Innovationen, entstanden aus den Entscheidungen der jeweils regierenden Könige. Auf der Insel Sizilien, die seit 1282 unter der Herrschaft der Könige aus dem Hause Aragón stand und von der Herrschaft der Anjou-Könige, die weiterhin in Süditalien regierten, abgelöst war, wurde der Bestand der Gesetze, die einst Friedrich II. erlassen hatte, hingegen zunächst nicht angetastet und nicht mit Neuerungen er-

---

449 Konstitutionen Friedrichs II., S. 349.

450 Ibid., S. 145–148.

451 Pennington, Kenneth, Gregory IX, Emperor Frederick II, and the Constitutions of Melfi, in: Popes, Teachers, and Canon Law in the Middle Ages, hg. v. Sweeney, James Ross u. Chodorow, Stanley, Ithaca, NY 1989, S. 53–61.

452 Dilcher, Hermann, Sizilische Gesetzgebung Friedrichs II.; *Colendo iustitiam et iura condendo*; Romano, Andrea, Sul ‚Liber constitutionum' di Federico II imperatore, legislatore del Regno di Sicilia, in: Federico II., Liber Augustalis. Constituzioni melfitane di Federico di Svevia, hg. v. Fonseca, Cosimo Damiano, Lavello 2003, S. 41ff.

weitert. Erst König Martin I. schuf 1397 neue Gesetze in Zusammenarbeit mit den Ständen des Königreiches.[453]

Im deutschen Reichsgebiet hat erst später die kaiserliche Gesetzgebungskompetenz, die mit dem ‚Liber augustalis' im Königreich Sizilien verwirklicht wurde, zur Schaffung von umfangreichen Rechtstexten geführt. Nach der Wahl zum römischen König 1346 hat Karl IV. für sein Erbkönigreich Böhmen ein neues Gesetzbuch redigieren lassen. Dieses als ‚Maiestas Carolina' bezeichnete Buch lehnt sich an den ‚Liber augustalis' an und reklamiert die Gesetzgebungsvollmacht, die dem römischen Kaiser und bereits dem römischen König zustehe. Der Prolog des Buches nennt die Ziele: Alte Gesetze sollten weiterhin in Kraft bleiben, aber in eine bessere Ordnung, d.h. in eine thematisch gegliederte Zusammenstellung, gebracht werden. Darüberhinaus sollten neue Gesetze entstehen, wenn sie Verbesserungen erbringen würden. Diese bestanden zunächst in der Redaktion eines besseren Textes. Dieser galt als Voraussetzung, um Verbesserungen in den Angelegenheiten des Königreiches Böhmen einzuführen. Die ‚Maiestas Carolina' trat freilich nie in Kraft. Die Gesetzgebung scheiterte am Widerstand der böhmischen Stände.[454]

Erfolgreicher war Karl IV. in der Schaffung eines Gesetzbuches, das die Machtverteilung zwischen dem römischen König, bzw. Kaiser und den Kurfürsten regelte und das er nach seiner Kaiserkrönung auf zwei Hoftagen in Nürnberg und Metz 1356 erließ. Das Gesetz, das in einer Urkunde erfasst ist und als ‚Goldene Bulle' bezeichnet wird, benennt die Notwendigkeit, gegen den Zerfall kaiserlicher Macht, gegen die Friedlosigkeit im Reich und gegen die Zwietracht unter den Kurfürsten vorzugehen. Eine Abwehr von Gefahren steht im Vordergrund. Aber auch die Beglückung der Menschen wird in Aussicht gestellt. Das irdische Gesetz bereite den Weg zum himmlischen Heil. Der Prolog, der mit großem Pathos den programmatischen Anspruch ausführt, zitiert Passagen aus dem Werk ‚Anticlaudianus' von Alanus de Insulis (ca. 1128–1203) und aus dem Gedicht ‚Carmen Paschale' von Caelius Sedulius (erste Hälfte des 5. Jahrhunderts) und stellt den Kaiser als Förderer einer Erlösung vor, die Gott den Menschen gebracht habe, die zu paradiesischen grünen Gärten leite und mit dem Wasser aus der himmlischen Quelle die frische Saat erquicke und die Dornen ausreiße, so dass hundertfältige Frucht emporsprieße, die im jenseitigen Leben Lohn bereite.[455] Der Verweis auf das Gedicht

---

453 Coing, Handbuch, S. 701–708.

454 Codex juris Bohemici, Bd. 2, hg. v. Hermenegild, Jireček, Prag 1870; Maiestas Carolina. Der Kodifikationsentwurf Karls IV. für das Königreich Böhmen von 1355, hg. v. Hergemöller, Bernd-Ulrich (Veröffentlichungen des Collegium Carolinum 74), München 1995; Kejr, Jirí, Die sogenannte Maiestas Carolina. Forschungsergebnisse und Streitfragen, in: Studia Luxemburgensia. Festschrift für Heinz Stoob, hg. v. Fahlbusch, Friedrich Bernward u. Johanek, Peter (Studien zu den Luxemburgern und ihrer Zeit 3), Warendorf 1989, S. 79–122.

455 Goldene Bulle Kaiser Karls IV., S. 43–45; Sedulius, Opera omnia, hg. v. Huemer, Johann (CSEL 10), Wien 1885, I, 60f., S. 20f.; Alanus ab Insulis, Anticlaudianus, VIII, 3, S. 136; zur Goldenen Bulle: Borgolte, Michael, Die Goldene Bulle als europäisches Grundgesetz, in: Die

von Alanus fordert Erlösungsvorbereitungen, impliziert aber auch Optimierungserwartungen für das diesseitige Leben. Die Übernahmen aus Werken von Alanus de Insulis und Caelius Sedulius zeigen eine Überhöhung der Wirkungen, die das Gesetz hervorbringen soll.

Das allegorische Gedicht ‚Anticlaudianus' von Alanus de Insulis hatte eine Aufstiegsgeschichte der Menschen vorgestellt, die bereits auf Erden beginne. Der Anfang des Textes stellt dar, dass die Natur allein nicht den vollkommenen Menschen zu schaffen in der Lage sei, auch wenn die allegorische Figur, die sie repräsentiert, dies anstrebe. Gott gewähre, was die *natura* wolle. Dies zeige die Vernunft. Die Erhöhung des Menschengeschlechts geschehe, indem die sieben *artes liberales* die intellektuellen Befähigungen der Menschen weckten und ihre Seelen zur Erkenntnis brächten. Sie bauten der Klugheit einen Wagen. Dass der *vir perfectus* entsteht, ist das Ziel. Den neuen Menschen schaffe Gott. So finde der menschliche Verstand den Weg, Wahrheit zu erkennen, die zur Erlösung führe, aber schon im Diesseits ein reicheres und tugendhafteres Leben ermögliche. In der Zukunft, nach dem siegreichen Kampf gegen die Unmenschlichkeit, würde sich die Tugend erheben, würde das Laster fallen. Die Natur würde triumphieren – in einem Leben des Glücks, das schon vor dem Ende der Zeiten errichtet würde. Die Natur lenke die Welt mit Hilfe der Gesetze. Auf Erden errichteten die Tugenden so ihre Heimstatt. Die Vollkommenheit sei erreichbar. Der himmlische und göttliche Mensch war perfekt in allen Dingen: *Iam perfectus erat in cunctis celicus ille et divinus homo.*[456] Der künftige Zustand der Harmonie zwischen den Menschen beruht auf der Geltung von Gesetzen. Sie sind freilich andere als die der gegenwärtigen Welt, vielmehr die einer idealisierten Natur. Die Figur der Natur klagt: „Wenn die Welt einst meinen Rechten, meinen Gesetzen, meinen Vereinigungen gedient hätte oder bis jetzt der Bande der Liebe dienen würde, gäbe es nicht das Wehklagen wegen des Unheils des Erdkreises." Die Zeit der Bedrängnisse könne aber ein Ende finden. Die Klage der Natur wäre dann erhört. Die Beachtung der Gesetze sei zu steigern durch die spontane Einwilligung und die Hinwendung zum himmlischen Heil. „Wenn die Menschen angehalten seien, das Gebot des Friedens zu befolgen, würden sie mehr dessen Anleitung folgen als dem Recht und der Regel der irdischen Existenz." Die Erhebung des Menschen zu gesteigerten Erkenntnissen, Fähigkeiten, besserem Leben und Menschlichkeit im Diesseits stellt Alanus in Analogie zum Aufstieg der

---

Goldene Bulle. Politik, Wahrnehmung, Rezeption, hg. v. Hohensee, Ulrike et alii (Berichte und Abhandlungen der Berlin-Brandenburgischen Akademie der Wissenschaften. Sonderbd. 12), Berlin 2009, S. 599–618; Schneidmüller, Bernd, Monarchische Ordnungen. Die Goldene Bulle von 1356 und die französischen Ordonnanzen von 1374, in: Die Welt des Mittelalters. Erinnerungsorte eines Jahrtausends, hg. v. Fried, Johannes u. Rader, Olaf B., München 2011, S. 324–335; Bojcov, Michail, Der Kern der Goldenen Bulle von 1356, in: DA 69 (2013), S. 581–614.

456 Alanus ab Insulis, Anticlaudianus, VIII, 3, S. 136 sowie I, 6; I, 9; II, 1; II, 6 und 7; S. 35f., 40–49, 55–58.

Menschen zur ewigen Erlösung. Gesetze – *leges* – träten an die Stelle von Zwang. Und letztlich würden dann auch die Regeln, die die Gesetze auferlegen, überflüssig.[457]

An diese euphorische Erlösungshoffnung, die bereits das irdische Leben in Glückseligkeit hüllt, schließt die Goldene Bulle an.[458] Der erhabene und pathetische Ton des als Gedicht gestalteten Prologs verleiht dem Gesetzestext eine Intention, die über die Regelung machtpolitischer Konflikte und institutioneller Kompetenzverteilung hinausweist, den Kaiser als Wegbereiter der Erlösung vorstellt, die in der Welt beginne, dort bereits Früchte bringe und im Himmel sich vollende. In der Welt werden die Vorteile der Friedenssicherung und der Einigkeit angestrebt. Das Gesetz erhebt den Anspruch, die gute Gestaltung des Reiches auf die Erlösung zum ewigen Leben zu leiten. Das Ziel strahlt auch auf die einzelnen Bestimmungen der Goldenen Bulle selbst aus, auch wenn sie auf das Pathos des Prologs verzichten. Ausgeführt wird, dass eine Wiederherstellung der alten lobenswerten Gewohnheit, die einst bestanden habe, angestrebt wird (*iuxta antiquam laudabilem consuetudinem*). Ohne an konkrete Vorbilder anzuknüpfen, leitet die Goldene Bulle das neue Recht von einem alten ab, sucht die Legitimität in der Tradition, stellt aber außerdem eine künftige Verbesserung in Aussicht.[459] Gesetzgebung war eine kaiserliche Prärogative. Verwirklicht werden konnte sie aber nur in der Kooperation mit den Fürsten. Die Bühne dieser Zusammenarbeit war der Hoftag. Das Ergebnis sollte eine Friedensordnung sein. Aus ihr würde Glückseligkeit der Glieder und Bewohner des Reiches entspringen.[460]

Die fürstlichen Gesetzgebungen in Deutschland entbehrten durchweg eines Pathos' der Neuerung und Verbesserung. Wohl aber gab es den Anspruch, das allgemeine Wohl zu fördern, das dann gelinge, wenn das Alte bewahrt werde. Die Rechtsordnungen und Gesetze begnügten sich ansonsten mit einem pragmatischen Zugriff, der aus den Erfordernissen des Verwaltungshandelns entsprang und auf die gesteigerte Effizienz fürstlicher Macht zielte. Erneuerung bestand nicht in der intentionalen Schaffung eines neuen Rechts und schon gar nicht eines besseren, sondern in der Befestigung des Rechts durch den geschriebenen Text.[461] Die Begründung für die Gesetze verwies auf eine Tradition, die zu verlängern und zu bewahren, die Fürsten als Ziel vorgaben.

Einige Hinweise mögen genügen: Das bayerische Landrecht, das der Herzog, der zugleich römisch-deutscher Kaiser, nämlich Ludwig IV., war, vorbereitete und zwischen 1334 und 1336 erließ, stellte Entstehungsgeschichten an mehreren Stellen

457 Alanus ab Insulis, Anticlaudianus, II, 2, S. 51.
458 Goldene Bulle Kaiser Karls IV., S. 43–45.
459 Ibid., S. 46.
460 Hergemöller, Bernd-Ulrich, Fürsten, Herren und Städte zu Nürnberg 1355/56. Die Entstehung der ‚Goldenen Bulle' Karls IV., Köln et alii 1983.
461 Wolf, Armin, Gesetzgebung in Europa 1100–1500. Zur Entstehung der Territorialstaaten, München 1996.

im Gesetzestext vor. Der Ursprung bestehe in „alter Gewonhait". Von ihr abzuweichen – auch durch Gerichtsentscheide –, solle das Landrecht verbieten. Der Missachtung der Tradition gelte es entgegenzutreten. Die erklärte Absicht bestand im Schutz vor dem Übel, das das Neue hervorbrächte. Der geschriebene Text war der Garant für den Erhalt des Alten, nicht Motor für die Entstehung von Neuem.[462]

An der südwestlichen Peripherie des Reiches war die Begründung des vom Fürsten eingerichteten Gesetzes anspruchsvoller. Im Jahre 1399 stellte Graf Amadeus VIII. von Savoyen gute Gewohnheit und Missstand gegenüber. Die Rechtsprechung sollte letzteren beenden. Mit der Berufung auf das gelehrte Recht, auch des kirchlichen, begründete er die Geltung seines Richterspruchs, der nicht willkürlich sein dürfe, sondern das bestehende Recht vor Veränderung bewahre, aber auch neue gute Gewohnheiten einrichte. Mit der Verschriftlichung der Gewohnheiten war eine Korrektur des Vergangenen vorgestellt. Sie beende die schlechte Gewohnheit, die, wenn sie weiter bestünde – vor allem mit langer Dauer – einen Skandal heraufbeschwöre. Um das allgemeine Wohl zu befördern und um alles, was dem göttlichen Gesetz widerspreche, abzuschaffen, war der Urteilsspruch des Fürsten erlassen. Neues Recht entstand durch eine „sentence définitive", nicht durch den Erlass neuer Gesetze. Aber aus dem endgültigen Urteil sollte lange Dauer der Rechtsfestlegung entstehen. So entstünden neue, gute Gewohnheiten, „bonnes coutumes".[463]

VI.3 Gesetzgebungen von Herrschern zur Mehrung des allgemeinen Wohls

Umfangreiche und detaillierte Begründungen gab es in den königlichen Gesetzgebungen. Als Gesetzgeber gemäß dem antiken römischen Recht agierten auch die Könige von Frankreich und dann auch weitere Könige des Okzidents, die die Rechte eines Kaisers innerhalb ihrer Königreiche in Anspruch nahmen. Dieses Recht gewährte Papst Innozenz III. im Jahre 1202 dem französischen König Philipp II. Weil die darüber ausgestellte Urkunde in das allgemeine Kirchenrecht eingestellt wurde, war es auch für andere Könige nutzbar.[464]

---

462 Kaiser Ludwigs erstes oberbaierisches Land- und Lehnrecht, hg. v. Rockinger, Ludwig, in: Abhandlungen der Könglich-bayerischen Akademie der Wissenschaften. Historische Klasse 24,33 (1909), S. 463–563, S. 491.

463 Tappy, Denis, Amedée VIII et les coutumes vaudoises. L'abrogation de la ‚mauvaise coutume' du droit de guerre privée, in: Amadée VIII – Félix V, premier duc de Savoie et pape (1383–1451). Colloque international, Ripaille/Lausanne 23–26 oct. 1990, hg. v. Andenmatten, Bernard u. Paravicini Bagliani, Agostino, Lausanne 1992, S. 299–316.

464 Pennington, Pope Innocent's III Views; Hageneder, Anmerkungen zur Dekretale ‚Per venerabilem'.

Herrscher verkündeten Verbesserung des Lebens und Mehrung des Wohls als Ziele, die sie mittels der Gesetze verwirklichen würden. Neben der Kompetenz-Ableitung aus der Vergangenheit des antiken Kaiserrechts gab es die Intention, die auf eine Verbesserung in der Zukunft verwies. Das Konzept, das mit *utilitas publica* und mit *bonum commune* umschrieben war, öffnete das Einfallstor für herrscherliche Eingriffe in die Lebensgestaltung der Untertanen. Die Herrscher schufen einen Raum des Politischen, um mehr als Schutz und Wiederherstellung einzurichten, sondern Gerechtigkeit zu schaffen, was Vorteile für die Untertanen herzustellen beanspruchte. Das Handeln der Herrscher formte Ansätze zu einem Fürsorgestaat, dem seine Berechtigung aus seiner Nützlichkeit für das profane Leben erwuchs. Den gemeinen Nutzen herzustellen, behaupteten neben den genossenschaftlich und gemeindlich organisierten Einrichtungen – vornehmlich in den Städten – auch königliche Herrscher.[465] Die Entstehung des ‚modernen Staates' (modern State, État moderne, Stato moderno) seit dem 12. Jahrhundert beruhte auf der Ausdehnung seiner Zuständigkeiten, dem Erschließen neuer Einnahmequellen durch Besteuerung, seiner Rechtfertigung und seinem Anspruch, das allgemeine Wohl zu fördern.[466]

Waren die Kaiser und Könige vor dem 12. Jahrhundert in erster Linie Richter und bei der Neuschöpfung des Rechts weitgehend auf die Gewährung von Privilegien und die Regelung von Einzelfällen beschränkt, trat nun die Figur des *rex legislator* in den Vordergrund, der Gesetze schuf, um umfassend in das Leben der Untertanen einzugreifen. Die Entdeckung des antiken Kaiserrechts und dessen Aneignung durch die Kaiser des Mittelalters und dann auch durch die Könige und Stadtkommunen eröffneten die Möglichkeit, die dem römischen Kaiser der Antike übertragene Gesetzgebungskompetenz gemäß der Bestimmung *lex regia* einzusetzen. Das *legem condere* wurde Teil der Staatstätigkeit.[467]

Aber die königliche Gesetzgebung war nicht allein das Ergebnis der Aneignung antik-kaiserlicher Befugnisse. In England schufen die Könige Gesetze, die bereits seit Anfang des 12. Jahrhunderts Neuerung und Abweichung vom Bestehenden deutlich verkündeten und Manifestationen einer weit gefassten königlichen Rechtssetzungskompetenz darstellten. Die Gesetzestexte verwiesen auf Begrif-

---

465 Blickle, Peter, Der Gemeine Nutzen. Ein kommunaler Wert und seine politische Karriere, in: Gemeinwohl und Gemeinsinn. Historische Semantiken politischer Leitbegriffe, hg. v. Münkler, Herfried u. Bluhm, Harald, Berlin 2001, S. 85–107; Lecuppre-Desjardin, Elodie u. Van Bruaene, Anne-Laure, Introduction, in: De bono communi, S. 1–10.

466 Post, Gaines, Studies in Medieval Legal Thought. Public Law and the State, 1100–1322, Princeton 1964, S. 103f., S. 248f.; Gouron, André, La double naissance de l'État législateur, in: Théologie et droit dans la science politique de l'État moderne. Actes de la Table Ronde, Rome 12–14 nov. 1987, Roma 1991, S. 101–114; Genèse de l'Etat moderne en Méditerranée. Approches historiques et anthropologiques des pratiques et des représentations. Actes des tables rondes internationales, Paris 24–26 septembre 1987 et 18–19 mars 1988, hg. v. Bresc, Henri et alii, Roma 1993; Les origines de l'État moderne.

467 Siehe Kap. VI.2.

fe des Ersetzens, Erneuerns und Verbesserns. König Heinrich I. befahl im Jahre 1100 Verbesserungen des Rechtstandes für seine Untertanen und für die Kirchen des Königreiches. Die schlechten Gewohnheiten, durch die die Bewohner des Königreiches ungerechterweise bedrückt würden, sollten abgeschafft werden. Damit waren die Einschränkungen des Erbrechts beendet.[468] Die Konstitutionen von Clarendon im Jahre 1164, verfügt durch König Heinrich II. und ergänzt durch weitere Bestimmungen zehn Jahre später, zielten auf die Zurückdrängung kirchlicher Befugnisse und auf Verbesserungen des Strafrechts. Ältere Bestimmungen wurden ausdrücklich als unbrauchbar bezeichnet, die neueren als besser und geeigneter vorgestellt.[469] Die als *statutes* bezeichneten Gesetze der Könige entfernten zum Teil ältere Rechtsbestimmungen. Die *statutes* rekurrierten nicht auf Altehrwürdigkeit, nicht auf Wiederherstellung, sie folgten praktischen Erwägungen, standen Neuerungen offen, verzichteten auf Begründung durch die Tradition, suchten Verbesserung einzurichten. Dies galt auch für die ‚Magna Charta' von 1215 und für ihre späteren Modifikationen, die formal als Privilegien des Königs, von Johann I., gestaltet waren, faktisch aber als Ergebnis des Widerstands gegen ihn und eines Aushandlungsprozesses mit ihm waren. Die Charta gab als Ziel die Besserung des Lebens der Bewohner im Königreich aus. Dazu sollten Kommissionen den König kontrollieren und neue Gesetze vorbereiten, was später die New Ordinances von 1311 bekräftigten. Die Könige ergriffen auch selbst die Initiative. Sie behaupteten, durch Gesetze, die zum Teil in Kooperation mit den von ihnen einberufenen Parlamenten geschaffen wurden, die Lebensbedingungen der Untertanen zu verbessern.[470] König Eduard I. erließ nach Beratung und Zustimmung der geistlichen und weltlichen Großen und der Stadtgemeinden des Königreiches England die Statuten von Westminster des Jahres 1275. Als Ziel war ausgegeben, dass die neuen Bestimmungen dem Königreich nützlich sein sollten. Dieser Nutzen sollte künftig weiter vermehrt werden. Konkret wurde insbesondere verfügt, dass die königlichen Beauftragten niemandem ohne speziellen Befehl seine Freiheit entziehen dürften.[471] Die Statutengesetzgebung war geschmeidig, auf praktische Verbesserungen ausgerichtet, bot rechtliche Verbesserungen, gewährte Schutz vor Willkür, indem Regeln entstanden, die auch die königlichen Beauftragten banden, verzichtete aber durchweg auf eine programmatische Begründung, die die Qualität der Gesetze bewertete, verwies also weder auf Traditionen, die es wiederherzustellen gelte, noch stimmte sie ein Pathos des Neuanfangs an, das eine bessere Zukunft in Aussicht

---

468 Die Gesetze der Angelsachsen, S. 521.

469 Stubbs, William, Select Charters and other Illustrations of English Constitutional History from the earliest times to the reign of Edward the first, 3. Aufl., Oxford 1913, S. 163–167; Maitland, Frederic W., The Constitutional History of England, Cambridge 1931, S. 10–15.

470 Ibid., S. 15–20; Kaufhold, Martin, Die Statuten im englischen Mittelalter, in: Von der Ordnung, S. 117–126, S. 120f.

471 Statutes and ordinances, and acts of the Parliament of Ireland: Statutes of King Edward, hg. v. Berry, Henry F., Dublin 1907, S. 26.

stellte. Die Gesetzgebung war vielmehr als Reparatur ausgegeben, die Verschlechterungen – auch der Gesetze selbst – aufheben sollte. Gesetzgebung war in ein Kontinuum des Ausbesserns gestellt, nicht auf eine Verbesserung ausgerichtet.

Programmatisch ausgeformter und intentional anspruchsvoller erwies sich die Gesetzgebung der französischen Könige seit dem 13. Jahrhundert. Sie waren in Gesetze gefasst, die als *Ordonnances* bezeichnet werden.[472] Das erklärte Ziel in den Ordonnanzen, die König Ludwig IX. (1226–1270) erließ, bestand darin, in seinem Königreich den *profit* seiner Untertanen zu verwirklichen. Dies verlange, Informationen zu Missständen einzuholen, diese zu korrigieren, das Gute zu vermehren, das Schädliche zu verringern, so wie dies der Biograph Ludwigs IX., Jean de Joinville, später berichtete.[473] Für Jean war das Ergebnis der umfangreichen Ordonnanz von 1254 die Verbesserung des ganzen Königreiches: *Par cet establissement amenda moult le royaume*.[474] In diesen Reformdekreten, nach der Rückkehr vom Kreuzzug Ludwigs IX. erlassen, gab der König als Aufgabe seiner Herrschaft an, den Frieden und die Ruhe der Untertanen zu befördern, um so auch seinen eigenen Frieden und seine eigene Ruhe zu wahren. Die Maßnahmen sollten *ad reformandam statum terrae nostrae* führen; so lautete auch die Begründung der zwei Jahre später erlassenen ‚Ordonnances'.[475] Die angestrebte Gerechtigkeit sollte aus dem Handeln eines Richterkönigs entspringen. Darüber hinaus sollte ein allgemeiner Nutzen aus der Einrichtung neuer Normen durch Gesetze erwachsen. Der König befahl seinen Beauftragten, den *baillis* und *sénéchaux*, sie zu befolgen.[476] Der König besaß aber mehr als eine Regulierungskompetenz; diese Kompetenz selbst war normiert. Er agierte in Ausübung einer Befähigung und einer Pflicht. Die Bewohner des Königreiches sollten von ihnen profitieren. Ihr Leben zu verbessern, war dem König aufgetragen. Die ‚Ordonnances' des Königs griffen in das bestehende Recht ein, veränderten es – unter der Vorgabe, Unrecht zu reparieren und das Wohl der Untertanen zu vermehren.[477]

Auch die Nachfolger Ludwigs IX. beanspruchten, sich einer obrigkeitlichen Fürsorge zu widmen, die so wie bei Ludwig dem Heiligen aus ihrer Frömmigkeit entsprang, pragmatische Opportunitäten aber einbezog, zu deren Gewinnern

---

472 So bereits breit ausgeführt durch Olivier-Martin, François, Les lois du roi, Reprint, Paris 1988, S. 45f., 57–66, 77–80; id., Le roi de France et les mauvaises coutumes au Moyen Âge, in: ZRG GA 58 (1938), S. 108–137.

473 Jean de Joinville, Vie, S. 562, 576.

474 Ibid., S. 574.

475 Ordonnances des roys, I, S. 65–81; Carolus-Barré, Louis, La Grande ordonnance de 1254 sur la réforme de l'administration et la police du royaume, in: Septième centenaire de la mort de Saint Louis. Actes des colloques de Royaumont et de Paris, 21–27 mai 1970, hg. v. id., Paris 1976, S. 85–96; Giordanengo, Gérard, Le roi de France et la loi (1137–1285), in: *Colendo iustitiam et iura condendo*, S. 345–395, S. 371–394; Gagnér, Studien, S. 313f.

476 Ordonnances des roys, VII, S. 186, 262, 292.

477 Gouron, André, Royal ‚Ordonnances' in Medieval France, in: Legislation and Justice, hg. v. Padoa Schioppa, Antonio, Oxford 1997, S. 57–71.

Herrscher und Untertanen gleichermaßen gehören sollten. König und Königreich und die Untertanen waren als Gemeinschaft gemeinsamer Vorteile ausgegeben. Der Prolog zu den als Anordnungen Ludwigs IX. ausgegeben ‚Établissements', in Wirklichkeit kurz nach dessen Tod 1270 verfasst, hat das Recht als das Werkzeug angegeben, um das gute Leben, *la bonne vie*, herzustellen.[478] In der Ordonnanz von König Philipp IV., die er am 23. März 1302 ausstellte, waren die Begriffe von Reform, Stabilität, Nutzen, guter Zustand, Frieden und Ruhe vorgestellt, in deren Genuss die Kirchen, die Städte und alle Untertanen des Königreichs kommen sollten. So sei die Voraussetzung gegeben, die Herrschaft zu erhalten und das Leben der Untertanen zu verbessern. Die Ziele, die mit *utilitas reipublicae* und *bonum regimen regni* bezeichnet wurden, waren in der Schlussformel noch einmal in Erinnerung gerufen. Weil der König die Aufgabe habe, über das Königreich zu wachen, könne er Gesetze machen. Um einer drohenden Hungersnot vorzubeugen, befahl Philipp IV. am 6. Februar 1304, kein Getreide außer Landes zu exportieren, damit nicht den Bewohnern des Königreiches die Lebensmittel entzogen würden. Einen Monat später war ausdrücklich festgehalten, dass das Exportverbot den Wohlstand der Untertanen befördern solle. Schaden von dem *commun peuple* abzuwenden, wurde als Grund dafür angegeben, den Umlauf gefälschter Münzen zu verbieten, so in einer Verfügung vom Oktober 1309. Auch hier wurde der individuelle Nutzen der Untertanen mit dem guten Zustand des Königreiches verknüpft. Die Herstellung des allgemeinen Wohls verpflichtete. Diese Pflicht rechtfertigte die Intervention in die Wirtschaftstätigkeit. In einer Ordonnanz, zu Beginn des Jahres 1312 erlassen, waren erneut die Vorteile, die die Untertanen erwerben sollten, genannt.[479] König Philipp IV. ließ in einer am 9. Oktober 1303 ausgestellten Urkunde verlauten, er habe sich von Mitgefühl und Mitleid dazu bewegen lassen, die Belastung von armen Adligen durch die königlichen Steuern zu senken. Den *profit commun* zu mehren, bestimme sein Handeln, das behauptete er auch in anderen Urkunden.[480] Den Nutzen aller wolle der König fördern, so scheute sich Philipp IV. nicht zu verkünden, als er im Jahre 1302 die Beschlagnahme der Güter all derer befahl, die das Königreich ohne Genehmigung verließen, und letztlich auch all derer, die auf Anordnung des Königs ausgewiesen wurden – also der Juden und der Italiener.[481]

Die Nennung der Motive und der Ziele war zur Floskel erstarrt. *Le grand prouvit de nostre royaume et des subgez* galt als der Grund für das Verbot von Turnieren, wie auch für das erneute Verbot, Getreide außerhalb des Königreiches zu

---

478 Les Établissements, S. 329.

479 Ordonnances des roys, I, S. 354–368, 390, 424–426, 468–470, 494, 507, 516; Recueil général des anciennes lois françaises, hg. v. Jourdan, Athanase J. L., Decrusy, u. Isambert, François-A., Paris 1821, S. 706.

480 Ordonnances des roys, I, S. 347f., 379.

481 Ibid., S. 349f.

exportieren.[482] Wenn es um die Unterstützung der Armen ging, war die *pietas* des Königs, also eine Tugend und ein christliches Gebot, als Motiv genannt: So im April 1309, als Philipp IV. befahl, das Stroh und die Bettunterlagen, die in seinen Schlössern nicht mehr gebraucht würden, den benachbarten Hospitälern zu übergeben.[483] Die *grant affection de tout nostre coeur* bewege den König, wenn er gegen den Wucher einschreite, wie in einer Urkunde vom Juli 1311 angegeben wurde.[484] Aber persönliche Mildtätigkeit genügte nicht. Der König gestaltete umfassend, mehr als durch einzelne Fürsorgehandlungen das Leben der Bewohner des Königreiches. Er behauptete, es zu verbessern.

In einer Urkunde König Philipps V. (1317–1322) wurde der Wunsch des Herrschers wiedergegeben, dass die Untertanen in der Ruhe des Friedens leben und auch sterben mögen: *puisse vivre et mourir en bonne tranquilité de paix* – dies als Begründung für Konfiskationen, die zur Ablösung der königlichen Schulden verwendet werden sollten.[485] Als der französische König Karl IV. (1322–1328) Untersuchungskommissionen zur Aufdeckung der Missstände, derer königliche Beauftragte beschuldigt wurden, anordnete und Reformstatuten erließ, gab er ausdrücklich an, gemäß dem Vorbild von Ludwig IX. zu handeln. Die Exzesse der lokalen Stellvertreter des Königs sollten abgewendet und deren Verbrechen geahndet werden. Es waren aber mehr als nur Gerichtsurteile gegen Verfehlungen vorgesehen. Das neue Gesetz, die neue *ordonnance*, sollte den Bedrückungen entgegengestellt werden.[486] Die Untertanen waren als Nutznießer der Ruhe und des Wohlstandes vorgestellt und damit als Objekte königlicher Anweisungen. Urkunden wiesen auf *salutem et pacem* – Begriffe, die ebenfalls nicht davor gefeit waren, zur Formel zu erstarren.[487]

Die *reformatio status regni* war der Leitbegriff, der in vielen Urkunden und Gesetzestexten verkündet wurde. Reform meinte, Missstände zu beseitigen. Sie schädigten das gute Leben. Es wiederzustellen, verlange, schlechte Gewohnheiten auszumerzen. Da sie aber eine rechtliche Begründung besäßen und nicht nur missbräuchliche Anwendungen des Rechts seien, sei die Schaffung neuen Rechts erforderlich, das die Geltung des alten beende. Weil die schlechten Gewohnheiten in die Herrschaftspraxis der Könige Einzug gehalten hätten, so der Text mehrerer Ordonnanzen, zielten die Reformen nicht auf die Abwehr von äußeren Bedrohungen und von Handlungen von königsfernen Personen und Institutionen, sondern auf die Abkehr von bisherigen Praktiken, die Gesetze, Rechtsprechung und Ver-

482 Ordonnances des roys, I, S. 421, 424–427, 435f.
483 Ibid., S. 437.
484 Ibid., S. 474–487, 567–573, 614–617.
485 Ibid., S. 652f.
486 Canteaut, Olivier, Composer, ordonner, gracier. Les pratiques d'un enquêteur-réformateur en Languedoc sous Charles IV, in: Violences souveraines au Moyen Âge, hg. v. Foronda, François et alii, Paris 2010, S. 187–203.
487 Ordonnances des roys, I, S. 587–594.

waltung vorgesehen hatten. Das Volk sollte geschützt werden. Seine Wohlfahrt war zu fördern. Die *utilitas publica* war zu mehren. Es wurde behauptet, Verbesserungen des Lebens für die Bewohner im Königreich anzustreben. Denn wegen des Mitleids des Königs Gaben der Mildtätigkeit zu spenden, genüge nicht. Es seien Taten der Gerechtigkeit zu vollbringen, mehr noch Wohltaten auszuteilen und dies mit dem Mittel der Gesetzgebung. Diese erschöpfte sich nicht in der Korrektur erlittenen Unrechts, das die königliche Gerichtsbarkeit ahnden und beheben würde, sondern sollte in Reformen für das gesamte Königreich münden, bestehende Gesetze aufheben und an ihre Stellen neue einsetzen, damit Unrecht in Zukunft verhindert werde. Nicht reaktiv, sondern pro-aktiv agierten die Könige. Nicht individuelle Verfehlungen von königlichen Amtsträgern, sondern weit verbreitete, in Recht eingegossene Fehlentwicklungen galt es abzuschaffen. Die Korrektur richtete sich nicht gegen Missbräuche, die dem Recht entgegenstünden, sondern suchte den Missstand, den das bestehende Recht darstelle, zu beenden. Die Sorge für um gute Leben der Untertanen war mit der Erweiterung der Macht des Königs verknüpft.[488] ‚Bien public' wurde zu einem Begriff, der angeblich ein Handeln motivieren würde, das Leben der Menschen zu verbessern, das aber tatsächlich dazu eingesetzt war, dem entstehenden Staat neue Kompetenzen für die Lebensgestaltung der Untertanen zuzuführen. Die Steigerung der Einnahmen zugunsten des königlichen Hofes wurde als Voraussetzung für die Beförderung des Wohles der Untertanen ausgegeben.[489] Wirtschaftliche Produktion und wirtschaftlichen Ertrag zu mehren, waren als Ziele behauptet. Dem Herrscher kam die Aufgabe zu, die Lebensbedingungen der Bewohner des Königreiches zu verbessern.

Bereits die großen Ordonnanzen König Ludwigs IX. von 1254 wurden als Ergebnisse der königlichen Machtvollkommenheit ausgegeben, erwuchsen aus der *plenitudine regie potestatis,* womit sowohl der Sprachgebrauch der päpstlichen Kanzlei als auch der der kaiserlichen Urkunden des beginnenden 13. Jahrhunderts übernommen wurden.[490] Die Vollgewalt war als der Ursprung der guten Gesetze ausgegeben. Die Wohltat, die die Gesetzgeber den Untertanen spendeten, legitimierte die Macht. Das Neue, durch die neuen Gesetze hervorgebracht, sollte den alten Zustand, der durch das alte Recht geformt war, ersetzen. Bessere Gesetze wurden nicht durch ihre Entstehung, die auf Mitwirkung der Fürsten und der

---

488 Rigaudière, Albert, Pouvoirs et institutions dans la France médiévale. Des temps féodaux aux temps de l'État, t. 2, 2. Aufl., Paris 1998, S. 38–52.

489 Rey, Maurice, Les finances royales sous Charles VI. Les causes du déficit 1388–1413, Paris 1965; Favier, Jean, Finance et fiscalité au bas Moyen Âge (Regards sur l'histoire 15: Sciences auxiliaires de l'histoire), Paris 1971.

490 Ordonnances des roys, I, S. 65–81; McCready, William D., Papal *Plenitudo potestatis* and the Source of Temporal Authority in Late Medieval Papal Hierocratic Theory, in: Speculum 48 (1973), S. 654–674; Pennington, Prince, S. 43; Schmidt, Hans-Joachim, The Papal and Imperial Concept of *plenitudo potestatis*: The Influence of Pope Innocent III on Emperor Frederick II, in: Pope Innocent III and his World, hg. v. Moore, John C. et alii, Aldershot 1999, S. 305–314.

Städte beruhte, sondern durch ihre Zielsetzung gerechtfertigt, die für alle den Nutzen und das Wohl mehren würden.

Das Schaffen neuer Gesetze, die bessere Gesetze seien, hat Karl von Anjou, der Bruder des französischen Königs Ludwigs IX. und seit 1266 König von Sizilien, als gottgewollte Tat bezeichnet, um moralischen Niedergang und materielle Entbehrung, Verbrechen und Elend abzuwenden. Karl wiederholte die Argumentation, die der Prolog des Gesetzes, das einst Kaiser Friedrich II. für sein Königreich Sizilien erlassen hatte: Der *lapsus primi parentis,* also die Erbsünde, laste auf den Menschen, so dass Gegenmittel eingesetzt werden müssten. Der menschlichen Lebensbedingung, als *conditio miserie tante fragilitatis* bewertet, müssten Gesetze auferlegt werden. Sich auf das gerechte Handeln der königlichen Beauftragten zu verlassen, sei verfehlt, notwendig sei ein allgemeines Gesetz, das stets und überall den Willen des Königs verwirkliche, das Leben der Menschen zu verbessern – und zwar aller Menschen, die im Königreich vielerlei Völkern angehörten. Das Gesetzbuch, das Karl in Auftrag gab, war als Fortsetzung des ‚Liber augustalis' von Kaiser Friedrich II., konzipiert.[491] Diese sizilianische Legislation wurde durch den neapolitanischen Juristen Marinus de Caramanico im Jahre 1282 kommentiert. Er behauptete, dass das dem Kaiser zustehende Recht der Gesetzgebung auch dem König zustehe. Er habe die Befugnis, neue Gesetze zu machen: *novus rex, nova lex* lautete die Quintessenz.[492] Der Enkel Karls und spätere König Robert I. (1309–1343) erweiterte die legislative Innovation auf eine allgemein fundierte, auch extra-legale Neuerung und beließ es nicht bei einer Reaktion gegen aktuelle Verfehlungen und gegen stets bestehende menschliche Fehler. Neue Gesetze sollten das Leben verbessern. Dies leisteten sie, indem sie die bestehenden ergänzten, denn sie seien geeignet, dem besseren und tugendhafteren Leben angemessen zu sein.[493]

Dass der König sich der Fürsorge und dem Wohl der Untertanen widme, wurde seit der Mitte des 13. Jahrhunderts auch im Königreich Kastilien behauptet, als die Könige begannen, Gesetzbücher einzurichten. Für König Alphons X. (1252–1284) waren Gesetze mehr als nur Normen, die Rechte zuwiesen, Sanktionen vorsahen und Vorgaben zu Rechtsprechungen setzten. Ihre normative Wirkung war ausgedehnt auf erzieherische Anweisungen, ja das Gesetz galt als die Quelle der Belehrung, die auch das Wissen über Gott einschließe und als Ergebnis der Belehrung dazu führe, dass das Gesetz alle Teile des Volkes beschütze – Frauen und Männer, Junge und Alte, Gebildete und Ungebildete, Menschen in den Städten und auf dem Land. Das Gesetz war umfassend, war eine mehr als nur rechtliche Norm. Jede Person unterstand ihm. Es wache über den König und über seine Völker. Das Gesetz als Träger des Wissens wirkt nicht reaktiv auf böse Handlungen, sondern

491 La legislazione angioina, hg. v. Trifone, Romualdo (Documenti per la storia dell'Italia meridionale 1: Documenti napoletana di storia patria), Napoli 1921, S. 76–68.

492 Il proemio di Marino da Caramanico al ‚Liber constitutionum' di Federico II, hg. v. Calasso, Francesco, Milano 1957, S. 158–160.

493 Ibid., S. 178f., 202f.

prophylaktisch und erzieht dazu, rechtsgemäß und damit zum Vorteil aller zu handeln. Der Grund, Gesetze zu schaffen, bestehe darin, Nachteile und Verbrechen von allen abzuwenden und das Leben der guten Menschen zu bessern. Diese Aufgaben stellte das kastilische Gesetzbuch, der ‚Fuero Real', dar, als dessen Autor sich König Alfons X. ausgab.[494]

Theoretisch umfassender als in diesem am Beginn seiner Regentschaft entstandenen Gesetzbuch waren die Begründung und die Zielsetzung der Gesetze in dem um das Jahr 1280 geschriebenen ausführlichen Werk, das als ‚Siete partidas' bezeichnet wird, als dessen Autor sich – wie für mehrere andere Schriften – Alfons X. ausgab.[495] Der Anwendungsbereich des Gesetzbuches war weit ausgedehnt und reichte in pädagogische Unterweisung, in die Belehrung für den König selbst, seine Familie, seine Vasallen und seine Untertanen.[496] Recht, Unterweisung, Förderung des gutes Lebens und Pflege der christlichen Religion formten eine Normsetzung, die alle Bereiche des Lebens regulierte. Die Erstellung des Gesetzbuch sei, wie der Prolog ausführt, ein Dienst an Gott und sei zugunsten des allgemeinen Wohls geschehen. Dieses werde gesteigert, allein dadurch, dass das neu erstellte Buch ein besseres Wissen des Rechts ermögliche, so dass das bessere Wissen ein besseres Verhalten und dieses ein besseres Leben hervorbrächten. Unkenntnis neuen Rechts hingegen dürfe nicht ein Vorwand sein, von Strafe verschont zu werden. Das Wissen, das das Gesetzbuch fördere, führe dazu, an die Wahrheit des Christentums zu glauben. Der Nutzen der Gesetze bestehe darin, Gott zu verehren, dem Herrscher zu gehorchen und zu zeigen, wie die Menschen in gegenseitiger Liebe verbunden seien. Extra-legale und legale Verbesserungen werden verknüpft. Die Vernunft soll die Gesetzgebung leiten, um eventuell Schäden, die alte Gesetze mit sich bringen könnten, abzuwenden. Aber nicht vornehmlich in Abwehr, sondern zur Förderung sollen die Gesetze wirken. Jenseitiges Heil und diesseitiger Nutzen sind als Ziele der Gesetze angegeben. Dazu sollen neue Gesetze geschaffen werden. Aber

---

494 Leyes de Alfonso X, Bd. 2: Fuero Real, hg. v. Martínez Diez, Gonzalo, Avila 1988, S. 201–203.

495 Procter, Evelyn, The Scientific Works of the Court of Alfonso X of Castille. The King and his Collaborators, in: The Modern Language Review 40 (1945), S. 12–29; Menéndez-Pidal, Gonzalo, Cómo trabajaron los escuelas alfonsíes, in: Nueva Revista de Filología Hispánica 5 (1951), S. 363–380; Van Scoy, Herbert, Alfonso X, Educator, in: South Atlantic Bulletin 24 (1958), S. 4–6; Ballesteros Beretta, Antonio, Alfonso X el Sabio, Barcelona 1984; Márquez Villanueva, Francisco, El concepto cultural alfonsí, Barcelona 2004; Pérez Martín, Antonio, Federico II (1194–1250) y Alfonso X el Sabio (1221–1284), in: Federico II e le nuove culture. Atti del XXXI Convegno storico internazionale, Todi 9–12 ott. 1995, Spoleto 1995, S. 113–151.

496 Schlieben, Barbara, Verspielte Macht. Politik und Wissen am Hof Alfons' X. (1252–1284) (Wissenskultur und gesellschaftlicher Wandel 435), Berlin 2009, S. 326; Schädler, Ulrich, Alfons X. „der Weise". Das Buch der Spiele, Münster i. W. (2008), S. 13–52; Schmidt, Hans-Joachim, Lerne zu Regieren. Anweisungen von König Alfons X. von Kastilien an seinen Nachfolger, in: Schüler und Meister, hg. v. Speer, Andreas u. Jeschke, Thomas (Miscellanea Mediaevalia. Veröffentlichungen des Thomas-Instituts an der Universität zu Köln 39), Berlin/Boston 2016, S. 779–796.

Vorsicht sei geboten. Neuerungen sollen selten sein. Dass die Menschen stets nach Neuem streben, um das Bessere zu erlangen, sei mehr ihrer natürlichen Veranlagung und ihrem Widerwillen gegen das Alte und Bewährte zuzuschreiben als einer Befähigung, um durch das Neue tatsächlich eine Besserung erreichen zu können.[497] Der Herrscher – zunächst als Kaiser benannt, zu dem die Könige aber analoge Berechtigungen hätten – habe das Recht, ein neues Gesetz zu schaffen, was aber nur dann angebracht sei, wenn damit ein altes hinsichtlich seiner Fehler korrigiert und mittels des neuen das allgemeine Wohl des Volkes vermehrt werde. Weil die Gesetze Erkenntnisse vermitteln und verbreiten sollen, sind sie geeignet, rational begründete und unabhängig von der Tradition entstandene neue und gute Lebensbedingungen zu schaffen. Ausdrücklich ist angegeben, dass ältere Gesetze Schäden hervorrufen könnten. An ihnen verhaftet zu bleiben, sei verfehlt. Gesetzgebung löste sich damit von einer Traditionsbindung und folgte einer von der Vernunft abgeleiteten Begründung, die nicht nur den Entstehungsvorgang der Gesetze, sondern auch auf ihre Intention verwies und Akzeptanz, Anwendung und Wirkung stärkte. Der Nutzen für das Volk ist das Kriterium, um den Wert der Gesetze zu bestimmen.[498]

Das Gesetzbuch ‚Siete Partidas' setzte die besonderen, in den Regionen des Königreiches geltenden Rechte nicht außer Kraft, die subsidiär bestehen blieben. Es bot aber eine anspruchsvolle theoretische Grundlegung jeder Gesetzgebung an und bildete einen gesamt-kastilischen Rechtsraum ab, der nicht allein als Einwirkungsraum des Königs, sondern als Kooperationsraum der Bewohner konzipiert war, indem das Gesetzbuch der ‚Siete Partidas' ein vor-politisches Gemeinschaftsbewusstsein herausstellt, das auf einem „natürlichen Band", als *naturaleza* bezeichnet, beruhe, das alle Bewohner untereinander und mit dem König umschließe.[499]

---

497 Las Siete Partidas, Bd. 1, S. 3, 26.

498 Ibid., S. 10–37; Lomax, Derek W., Reforma de la Iglesia y literatura didáctica. Sermones, ejemplos y sentencias, in: Historia y crítica de la literatura española, Bd. 1: Edad Media, hg. v. Rico, Francisco, Barcelona 1980, S. 182–186; Scheppach, Maria, Las Siete Partidas. Entstehungs- und Wirkungsgeschichte, Pfaffenweiler 1991; Vázquez Janeiro, Isaac, Las ‚auctoritates' escolásticas en las Siete Partidas, in: Glossae. Revista de historia de derecho Europeo 3 (1992), S. 65–92; Pérez Martín, Antonio, La obra legislativa alfonsina y puesto que en ella ocupan las Siete Partidas, ibid., S. 9–63; id., Las Siete Partidas, obra cumbre del derecho común en España, in: El derecho común y Europa del derecho de el Escorial, Madrid 2000, S. 21–34; O'Callaghan, Joseph F., Alfonso X and the ‚Partidas', in: Las Siete Partidas. The Medieval Church. The world of Clerics and Laymen, hg. v. Burns, Robert I., Philadelphia 2001, S. xxx–xl; Fournès, Ghislaine, L'idéalité royale en Castille au XIIIe siècle. Des Sept Parties aux Castigos del rey don Sancho IV., in: Cahiers de linguistique et de civilisation hispanique médiévales 27 (2004), S. 293–310; Nanu, Irina, La Segunda Partida de Alfonso X el Sabio y el triunfo del aristotelismo formal, in: Le miroir du prince. Écriture, transmission et réception en Espagne, XIIIe–XVIe siècles, hg. v. Fournès, Ghislaine u. Canonica de Rochemonteix, Elvezio, Paris 2011, S. 75–88.

499 Coing, Handbuch, S. 597–605; Wolf, Armin, Die Gliederung Europas in Nationen im Spiegel von Recht und Gesetzgebung des Mittelalters, in: Ansätze und Diskontinuität deutscher

Diese auch emotional grundierte Vereinigung im Königreich[500] gilt als die Voraussetzung, um rational und intentional auf Optimierung ausgerichtete Gesetzesneuerungen vorzunehmen. Spätere Gesetzgebungen im Königreich Kastilien verweisen hingegen allein auf ihren Entstehungsgrund, den ausdrücklich die Kooperation mit den Ständeversammlungen in Kastilien herstelle. Nach dem Tod von Alfons X. 1284 trat eine Distanzierung von der kaiserlichen Gesetzgebungskompetenz ein, die auch den Königen zukäme. Die Schwächung königlicher Macht durch die Kämpfe um die Nachfolge von Alfons behinderte eine Gesetzgebung, die exklusive Zuständigkeits-Kompetenz vorsah und auf der Heranziehung juristischer Wissens-Kompetenz beruhte.[501]

Eine Sonderstellung nehmen die Gesetze ein, die im Kirchenstaat, im *Patrimonium Petri*, erlassen worden waren. Die Päpste gestalteten mit ihnen ihre weltliche Herrschaft in Mittelitalien. Sie war bedroht, teilweise verfallen, oft nur noch formal und als wenig effektive Oberherrschaft erhalten geblieben, nachdem die Abwesenheit der Päpste von Rom und ihre Etablierung in Frankreich und in Avignon seit 1309 lokale Machthaber – Adelige und Städte – stärkten. Das Defizit an Legitimität, das dem avignonesischen Papsttum anhaftete, sollte mit einer Wiederansiedlung der Päpste in ihrer Bischofsstadt in Rom behoben werden. Dies setzte voraus, dass die Päpste ihre Herrschaft dort und darüber hinaus in Mittelitalien wieder durchsetzen konnten. Papst Innozenz VI. setzte 1353 Aegidius Albornoz als päpstlichen Legaten und als Generalvikar im *Patrimonium Petri* ein, um dazu die Voraussetzungen zu schaffen. Aegidius verwendete neben diplomatischen Aktionen und militärischen Feldzügen auch das Instrument der Gesetzgebung, um die päpstliche Herrschaft wieder zu etablieren, ihr eine Grundlage zu geben, die dauerhaft bestehen sollte, die Gebiete zu befrieden und das Wohl der Bewohner herzustellen. Nach der Eroberung der Stadt Forlí berief er im benachbarten Fano in der Romandiola, also im Norden des *Patrimonium*, eine Versammlung ein und promulgierte dort im April und Mai 1357 ein Gesetzbuch, das in späteren Epochen als ‚Constitutiones Aegidianae' bezeichnet wurde.[502] Der Prolog der Konstitutionen

---

Nationsbildung im Mittelalter (Nationes 8), hg. v. Ehlers, Joachim, Sigmaringen 1989, S. 83–98. S. 87f.

500 Dissouva, Lucie, Natura, natural, naturaleza. Analyse des éléments d'une conceptionalisation politique dans les ‚Siete partidas' d'Alphonse X, dit le Savant, Paris 1997; Martin, Georges, Le concept de ‚naturalité' (naturaleza) dans les Sept Parties d'Alphonse le Sage, in: Construir la identidad en la Edad Media. Poder y memoria en la Castilla de los siglos VII a XV, hg. v. Jara Fuente, José Antonio et alii (Humanidades 112), Cuenca 2010, S. 145–162.

501 Santamaría Torquemada, Guillermo, La legislación en Cortes sobre la cancillería de Fernando IV: 1295–1312, in: Las cortes de Castilla y León 1188–1988. Actas de la tercera etapa del Congreso científico sobre la historia de las cortes de Castilla y León, León 26–30 sept. 1988, Valladolid 1990, S. 285–300.

502 Erler, Adalbert, Aegidius Albornoz als Gesetzgeber des Kirchenstaates, Berlin 1970; zu früheren Versuchen der Päpste, besonders von Johannes XXII., wieder in Italien zu residieren und das Terrain diplomatisch und militärisch und ebenso architektonisch vorzubereiten:

stellte die Gesetzgebung als Reparatur dar. Repariert werden sollten die Schäden, die seit langem eingetreten waren und weiterhin bestanden. Die Argumentation verwies vor allem auf die Städte. Dort sollten die inneren Auseinandersetzungen zwischen den Anhängern der beiden Parteiungen der Guelfen und der Ghibelinen beendet werden. Selbst die Namen der Gruppierungen wurden verboten. Allein die Loyalität zur römischen Kirche sollte bestehen. So werde das Joch tyrannischer Knechtschaft abgelegt, und so könne die Zeit der Freiheit und des Friedens beginnen. Die Armen, Witwen, Waisen und die Gebrechlichen sollten die Nutznießer der Gesetze werden, hingegen die schlechten Menschen bestraft werden. Die Formulierung ist traditionell und gehört zum Repertoire der Herschaftsbegründung. Die juristische Expertengruppe, die Aegidius eingesetzt hatte, widmete sich der Sichtung, Bewertung und Auswahl von älteren Rechtstexten. Aber mehr als eine Wiederherstellung war vorgestellt. Der alte, vor den aktuellen Wirren bestehende Zustand sollte nicht wieder entstehen. Im Gegenteil, alte Gesetze, deren Nutzen zweifelhaft sei, deren Urheber nicht mehr bekannt seien und deren originale Textzeugnisse verloren gegangen seien und folglich als zu alte und überholte Gesetze abgewertet werden müssten, sollten gänzlich abgeschafft werden zugunsten neuer Gesetze. Was als *constitutio antiqua* bezeichnet ist, ohne dass sie konkretisiert wurde, müsse überwunden werden. Das Neue bezog sich zunächst auf den Text des Gesetzes. Das neue Buch, das *novum volumen,* sei besser geeignet, Nutzen zu stiften, allein schon deshalb, weil es allgemein und an verschiedenen Orten und zu unterschiedlichen Zeiten gültig sei, was nicht ausschließe, dass es dem Umständen angepasst werden könne. Das legislative Verbesserungsprogramm war auf Fortsetzung angelegt. War das Buch der Gesetzessammlung auch als neu bezeichnet, so knüpfte es doch an ältere Rechtsschichten an. Dies haben die ‚Constitutiones Aegidianae' herausgestellt. Bei den Regulatorien, wie die Städte ihre Beamten einsetzten, sollten ausdrücklich alte Gewohnheiten nachgeahmt werden.[503] Aber die Imitation war nicht gleichbedeutend mit Wiederherstellung. Sie beschränkte sich auf ein partielles Anknüpfen an die Vergangenheit. Die Propagierung des allgemeinen Wohls, das die Gesetze zu befördern vorgaben, übernahm die politischen Ideale, die vor allem die städtischen Statuten in Mittel- und Norditalien formulierten. Das päpstliche Gesetzbuch reklamierte ebenfalls das Ideal der ‚guten Regierung', wie sie die Stadtgemeinden einforderten. Die umfassende Gesetzgebung, die Aegidius schuf und deren Geltung bis zum Ende des Kirchenstaates reichen sollte, war als Programm der Steigerung konzipiert. Sie sollte das Gute wieder herstellen, das

Lambertini, Roberto, Kultur und Politik im Verhältnis zwischen Bologna und Avignon zur Zeit Johannes XXII. Umfang und Grenzen des päpstlichen Einflusses auf das städtische Leben, in: Papst Johannes XXII. Konzepte und Verfahren seines Pontifikats, hg. v. Schmidt, Hans-Joachim u. Rohde, Martin (Scrinium Friburgense 32), Berlin/Boston 2014, S. 165–176.

503 Costituzioni Egidiane dell'anno 1357, hg. v. Sella, Pietro, Milano 1912, S. 1f., 38–41, 123f., 208f.; Colliva, Paolo, Il cardinale Albornoz, lo Stato della Chiesa e le ‚Constitutiones Aegidianae', Bologna 1977, S. 167–178, 533, 536, 724f.; Coing, Handbuch, I, S. 714.

wegen des Verlustes von Frieden und Freiheit verloren gegangen sei. Das bedeutete aber nicht, das wieder einzurichten, was in der Vergangenheit bestanden hatte. Das Leben der Bewohner im weltlichen Herrschaftsgebiet der Päpste sollte verbessert werden. Dies sollte das neue Gesetz leisten. Das ‚Neue' war vom ‚Wieder' unterschieden.

VI.4 Statuten der Städte für das allgemeine Wohl, die Gerechtigkeit und die Freiheit

In den Stadtgemeinden, besonders in Italien, war das Thema der ‚guten Regierung' mehr als in anderen politischen Organisationsformen präsent. Die Legitimierung städtischer Institutionen entbehrte einer monarchischen Vorrangstellung. Sie beruhte auf einer Nutzenmehrung, die mittels politischer Verfahren gelinge. Nicht eine Führungsperson, sondern das Zusammenwirken von einer Gruppe von Personen gestaltete die Stadt, was den Bedarf an Begründungen für die Normen vermehrte, die Stadtgemeinden einrichteten. In den Städten gab es den Anspruch, dank eines genossenschaftlichen Zusammenschlusses selbst Recht zu setzen, dieses als für alle Mitglieder der Gemeinde bindend zu machen und es durch den Eid sowohl zu schaffen als auch zur Geltung zu bringen und auf diese Weise einen Nutzen zu stiften, der allen Gemeindemitgliedern und Schwurgenossen zukommen sollte.[504] *Universitas* war der Begriff, um die Verbindung der Gemeindemitglieder zu benennen. Das Wort knüpfte an frühchristliche Ideale eines Gemeinschaftslebens an, bei dem alle eines Herzens und einer Seele seien, das in der Apostelgeschichte beschrieben war (Apg. 2,42–37). In den Klöstern wurde es Vorbild der *vita communis* und, sozial ausgedehnt, besaß es Einfluss auch auf die Stadtgemeinden, die, ohne eine Gütergemeinschaft anzustreben, eine Nutzengemeinschaft etablierten, an der viele mitwirkten und die für viele Vorteile erbringen würde. Religiöse Sinngebung und städtische Selbstrepräsentation gingen eine Verbindung ein, damit die pragmatische Nutzenmehrung als Manifestation höchster Menschheitsziele begründet werden konnte. Das Streben nach dem Heil der Seele strahlte auf die Verbesserung irdischer Existenz. Die Unschärfe des Begriffs *universitas*, der modern formuliert sowohl ‚Gemeinde' als auch ‚Bruderschaft' meint, ändert nichts daran, dass eine Selbstwirksamkeit der miteinander verbundenen Personen und eine Selbstsetzung

---

504 Michaud-Quantin, Pierre, Universitas. Expressions du mouvement communautaire dans le Moyen Âge latin, Paris 1970; Quaglioni, Diego, Corpus, universitas. Pluralità di corpi. Alle radici di un archetipo giuridico-istituzionale, in: Corpi, fraternità, mestieri nella storia della società europea. Atti del convegno a Trento, 30 maggio–1 giugno 1996, Roma 1998, S. 39–49; Hoffarth, Christian, Urkirche als Utopie. Die Idee der Gütergemeinschaft im späteren Mittelalter von Olivi bis Wyclif (Hamburger Studien zu Gesellschaften und Kulturen der Vormoderne 1), Stuttgart 2016.

des Rechts behauptet wurde, dessen Ziel es sein sollte, Nutzen zugunsten der Mitgenossen zu stiften und zu vermehren. Die *utilitas*, der Nutzen, und das *bonum commune*, das allgemeine Wohl, sollten verwirklicht werden und rechtfertigten die Existenz der Stadtgemeinden, die seit dem endenden 11. Jahrhundert zunächst in Norditalien, im folgenden Jahrhundert auch nördlich der Alpen entstanden.[505] Sie rechtfertigten auch die spezifische Praxis des Kooperierens und der Regelsetzung in den Städten.[506]

Die rechtlichen Bestimmungen, die die Städte erließen und als Ergebnisse eigener Gestaltungsbefugnis verkündeten, enthielten explizite Begründungen und Bewertungen. Die in der Entstehungsphase der Stadtgemeinden begrenzte und umstrittene Regulierungskompetenz hat offenbar den Bedarf an Legitimierungen von Legislationen erhöht. Städtische Normsetzungen stellten Verbesserungen in Aussicht, die die Stadtgemeinden erstens durch die politische Aktivierung der Bürger, zweitens durch die Steigerung der Freiheit und drittens durch ein religiös fundiertes Gemeinschafts- und Friedensideal hervorbrächten. Städtische Rechtstexte negierten andererseits oft die neue politische Organisationsform, die sie realiter darstellten. Fiktionen entstanden, die eine Fortsetzung oder eine Wiederinstandsetzung des Alten behaupteten. Dies geschah insbesondere dann, wenn das Recht der Stadtgemeinde von Privilegien abgeleitet war, die Kaiser, Könige und Stadtherren gewährten. Als Kaiser Friedrich I. 1156 für die Stadt Augsburg eine Urkunde ausstellte, enthielt sie den Passus, dass mit ihr nichts Neues geschaffen, auch nichts Neues hinzugefügt worden sei, so dass die *antiquae institutiones* unbeschädigt und unverändert gelten würden. Das, was einst auf dem zuvor stattgefundenen Hoftag zu Regensburg bereits erlassen worden war, wurde bestätigt. Angeblich wäre damit eine angebliche Privilegierung durch Kaiser Heinrich IV. wiederholt worden, die indes, anders als im Jahre 1156, die Stellung des Bischofs der Stadt befestigt hatte. Die Erlaubnis, kommunale Entscheidungsorgane einzusetzen, und die Gewährung kommunaler Autonomie mochten faktisch Neuerungen darstellen, sie wurden negiert.[507] Das Stadtrecht, das die Grafen von Kyburg 1249 für die Stadt Freiburg (Schweiz) erließen, wurde als die Bestätigung des angeblich bereits zur Gründungszeit der Stadt im Jahre 1157 geltenden Rechts ausgegeben.[508] Das Stadt-

505 Schulz, Knut, „Denn sie lieben die Freiheit so sehr…“. Kommunale Aufstände und Entstehung des europäischen Bürgertums im Hochmittelalter, Darmstadt 1992.

506 Schmidt-Wiegand, Ruth, Genossenschaftliche Organisation im Spiegel historischer Bezeichungen, in: Genossenschaftliche Strukturen in der Hanse, hg. v. Jörn, Nils et alii, Köln et alii 1999, S. 1–12; Haverkamp, Alfred, Bruderschaften und Gemeinden im 12. und 13. Jahrhundert, in: Ordnungskonfigurationen im hohen Mittelalter, hg. v. Schneidmüller, Bernd u. Weinfurter, Stefan (Vorträge und Forschungen 64), Ostfildern 2006, S. 153–192; Oberste, Jörg, Städtische Repräsentationen und die Fiktion der Kommune, in: Repräsentationen der mittelalterlichen Stadt, hg. v. id., Regensburg 2008, S. 7–12.

507 MGH DD Friedrich I., Nr. 147, S. 246–250.

508 Die Handfeste von Freiburg, S. 70f.

recht für Memmingen aus dem Jahre 1396 gab sich als Sicherung alten Rechts aus, um *Gesetz, Fryhait und recht, die wie lang zit und ja mit guotter und von alter gewonhait herbracht und gehebbt hatten* und von römischen Kaisern und Königen bestätigt worden seien, in einem Buch zu vereinen. Die Kodifizierung war das Ergebnis einer erfolgreichen Herausbildung reichsstädtischer Autonomie. Aber eine inszenierte und behauptete Selbstsetzung von Recht hat die Stadtgemeinde Memmingen vermieden.[509]

Entgegen einer fingierten Tradition gab es auch die Option für die Stadtgemeinden, die Befugnis, neue Normen zu schaffen, als Ergebnis einer eigenen Verfahrensordnung zu behaupten. Vor allem der Bürgereid bildete die Quelle neuen Rechts, das auf einem gegenseitigen Einverständnis beruhen würde. Es verpflichtete die Schwurgenossen, die von ihnen selbst geschaffenen Normen zu befolgen. Neben dem Privilegienrecht, von den Herrschern gewährt, trat das Recht, das die Stadtgemeinden selbst einrichteten.[510] Die *coniuratio*, die Schwureinung, die in vielen Städten in Italien und nördlich der Alpen seit dem 11. Jahrhundert den Grund für die Entwicklung von Stadtgemeinden legte und häufig zu Konflikten mit den Stadtherren führte, war eine Selbstermächtigung der Stadtbürger, die selbst Normen setzten, indem sie einen wechselseitig bindenden promissorischen Eid ablegten, der anders als der Lehenseid nicht hierarchisch differenziert, sondern kommunal egalitär konzipiert war. Die dadurch geschaffenen Normen waren neu und brachten eine neue Institution hervor, die Stadtgemeinde. Ihre Bezeichnung, die *communitas* lautete, und mehr noch ihre Existenz riefen die Ablehnung des nordfranzösischen Benediktiners Guibert von Nogent († 1125) hervor. Für ihn war es ein schändlicher Name. Guibert definiert diese Einrichtung als eine Neuerung, eingerichtet von den Stadtbewohnern von Laon, die gegen ihren Bischof und gegen den König rebellierten und Verbesserungen ihres Lebens, konkret die Ablösung von Bindungen der Unfreiheit, erreichen wollten – nach der Auffassung Guiberts ein Vorhaben, das die Städter wegen ihres zügellosen und geldgierigen Lebens angestrebt hätten. Die Kritik an der Neuerung verband Guibert mit der Ablehnung von Selbstgestaltung und Verbesserungs-

509 Sammlung historischer Schriften und Urkunden, Bd. 5, hg. v. Freyberg, Max von, Stuttgart/Tübingen 1836, S. 238; Kießling, Rudolf, Memmingen im Spätmittelalter, S. 163–245.

510 Ebel, Wilhelm, Der Bürgereid als Geltungsgrund und Gestaltungsprinzip des deutschen mittelalterlichen Stadtrechts, Weimar 1958; id., Die Willkür. Eine Studie zu den Denkformen des älteren deutschen Rechts, Göttingen 1953, S. 46–65; id., Über die rechtschöpferische Leistung des mittelalterlichen deutschen Bürgertums, in: Untersuchungen zur gesellschaftlichen Struktur der mittelalterlichen Städte in Europa, hg. v. Brunner, Otto et alii (Vorträge und Forschungen 11), Konstanz/Stuttgart 1966, S. 241–258; Dilcher, Gesellschaft; Holbach, Rudolf, (...) *Gravissima coniuratione introducta*. Bemerkungen zu den Schwureinigungen in Bischofsstädten im Westen des Reiches während des Hochmittelalters, in: Geschichtliche Landeskunde der Rheinlande, hg. v. Nikolay-Panter, Marlene et alii, Köln et alii 1994, S. 159–184.

absicht, die die Menschen behaupteten, um sich der etablierten Herrschaft zu entziehen und um die gute Ordnung zu zerstören.[511]

Der Quellenbegriff der ‚Willkür', der in deutschen Städten seit dem 13. Jahrhundert verwendet wurde, bezeichnete die autonome Gesetzgebung und Gesetzgebungskompetenz.[512] ‚Willkür' verwies sowohl auf die rechtliche Neuerung als auch auf die Vereinbarung derer, die dem Recht unterliegen sollen, markierte damit die Differenz zum alten Recht vor der Existenz der Stadtgemeinde. Das gesetzte Recht galt als das bessere im Vergleich zum alten Recht. Die rechtliche Verbesserung entsprang daraus, dass die Rechtssetzungskompetenz neu festgelegt und in den Städten implantiert wurde. Städtische Gesetze in Deutschland behaupteten, den allgemeinen Nutzen herzustellen und den Frieden zu verteidigen. Weiterreichende Ansprüche fehlten. Intentionen zur Herstellung eines besseren Lebens, zur Steigerung der Tugenden und zur Einrichtung der Gerechtigkeit wurden nicht verkündet.[513]

Anders in Norditalien, wo in Europa am frühesten, im 11. Jahrhundert, die ersten kommunalen Aufstände zur Etablierung gemeindlicher Institutionen in den Städten führten; dort wurde mit großem Pathos die Steigerung des Lebens, der Kampf für die Freiheit und die Herstellung des Glücks verkündet; sie wurden als Kampfbegriffe verwendet. Der Anspruch, Gesetze in den Städten selbst zu schaffen, kollidierte mit der Anwendung spätrömischer Gesetzgebung durch die mittelalterlichen Kaiser. Der Krieg der lombardischen Städte gegen Friedrich I. galt selbst für den kaiserfreundlichen Chronisten Otto von Freising als ein Kampf der Städte, die die Freiheit liebten.[514] Der Krieg endete mit einem Kompromiss: Der Frieden von Konstanz, den die Kontrahenten 1183 vereinbarten, bestätigte ausdrücklich die Existenz eigener Gesetze in den Städten, die Möglichkeit weiterhin Gesetze zu schaffen, die auch künftig Grundlage sein sollten, um Gerichtsurteile

---

511 Guibert de Nogent, De vita sua sive Monodiae, hg. v. Labande, Edmond René (Les classiques de l'histoire de France au Moyen Âge 34), Paris 1981, S. 268, 303–305, 318–361, 400–440; Kaiser, Reinhold, Das Geld in der Autobiographie des Abtes Guibert von Nogent, in: Archiv für Kulturgeschichte 69 (1987), S. 289–314.

512 Schmidt-Wiegand, Ruth, Willkür, in: Handwörterbuch der deutschen Rechtsgeschichte, hg. v. Erler, Adalbert u. Kaufmann, Ekkehard, Berlin 1971–1998, Bd. 5, Sp. 1438–1440; Ebel, Friedrich, Gesetzgebung und Verwaltungshoheit in ausgewählten mittel- und ostdeutschen Städten während des Mittelalters, in: *Unserem fruntlichen grus zuvor*. Deutsches Recht des Mittelalters im mittel- und osteuropäischen Raum, hg. v. Fijal, Andreas et alii, Köln et alii 2004, S. 199–216, S. 202f.

513 Schmidt, Hans-Joachim, Legitimität von Kommunen im 13. Jahrhundert, in: Die Freiburger Handfeste von 1249. Edition und Beiträge zum gleichnamigen Kolloquium 1999, hg. v. Foerster, Hubert u. Dessonnaz, Jean-Daniel (Scrinium Friburgense 16), Freiburg (Schweiz) 2003, S. 281–321; Wittek, Gudrun, Was war mittelalterlicher Stadtfrieden. Eine Einführung, in: Concordia magna. Der Magdeburger Stadtfrieden vom 21. Januar 1497, hg. v. ead. (Beihefte zur Mediävistik 5), Frankfurt a. M. 2006, S. 9–16.

514 Otto von Freising und Rahewin, Gesta, S. 116.

zu fällen, so wie auch die Berechtigung, Verträge zwischen den Städten zu vereinbaren. Den Gesetzen, die die Stadtgemeinden schufen, war rechtliche Wirkung anerkannt. Gesondert von diesen städtischen Rechtssetzungen bestanden die von alters bestehenden Rechte und Gewohnheiten zugunsten der Kaiser. Dass diese neues Recht schaffen könnten, wurde im Vertrag nicht erwähnt. Neue Gesetze, die von den Stadtgemeinden eingerichtet werden könnten, waren legitimiert – durch eigene Satzung und durch den Kaiser.[515] Im späten Mittelalter trat eine weitere Quelle der Gesetzgebungsbefugnis hinzu: die Anwendung des antik-römischen Rechts, so wie dies der italienische Jurist Bartolo da Sassoferrato (1314–1357) ausführte.[516]

Die Gesetzgebungskompetenz der italienischen Städte führte zu Innovationen, da erstens neue Institutionen entstanden, die Recht schufen, und zweitens das neue Recht nicht als Ergebnis der Tradition, sondern mit der Intention der Amelioration vorgestellt wurde. Entstehung und Zielsetzung verlangten die Behauptung, Neues und Besseres errichtet zu haben. Ein exaltierter Anspruch verbreitete sich, der sowohl städtische Autonomie rechtfertigen als auch auf Ziele, die des guten Lebens, des allgemeinen Wohls und des allgemeinen Nutzens, hinführen sollte. Hinzu kam, dass schriftliche Kodifikationen bestehende städtische Rechtsbestimmungen sammelten und sie in einen einheitlichen Textkorpus zusammenführten. Die Verbesserung des Rechts beruhte auf einer Verschriftlichung und einer Zusammenfassung bereits existierender Texte, die das Recht praktikabler machen sollten. Aber mehr als nur Textarrangements wurden erreicht. Da häufig Eide der Bürger den Statuten ihre Rechtsgeltung verliehen, war das Recht auf ein neues Fundament gestellt. Es beruhte auf der legislativen Kompetenz der Städte. Sowohl Einzelbeschlüsse als auch umfassende Statuten entsprangen aus ihr. Bereits der Rechtssetzungsakt selbst durch die Kommunen, war – unabhängig von den Rechtsinhalten – eine Innovation, die auch eine Verbesserung der Lebensumstände in der Weise darstellte, als die prozedurale Selbstwirksamkeit der Stadtbürger erreicht wurde, was pathetisch als Freiheit, intentional als Herstellung des allgemeinen Nutzens und korrektiv als Wiedergewinnung des Friedens bezeichnet wurde.[517]

In Pisa wurde 1160 das geltende Recht schriftlich festgelegt und in eine Sammlung eingestellt. Aber nicht eine Konservierung des alten Rechts, sondern die Ein-

---

515 MGH Const 1, Nr. 293, S. 408–412; Haverkamp, Alfred, Der Konstanzer Friede zwischen Kaiser und Lombardenbund (1183), in: Kommunale Bündnisse Oberitaliens und Oberdeutschlands im Vergleich, hg. v. Maurer, Helmut (Vorträge und Forschungen 33), Sigmaringen 1987, S. 11–44.

516 Siehe Kapitel VII.1.

517 Chittolini, Giorgio, Statuten und städtische Autonomien, in: Statuten, Städte und Territorien zwischen Mittelalter und Neuzeit in Italien und Deutschland, hg. v. id. u. Willoweit, Dietmar (Schriften des deutsch-italienischen Instituts in Trient 3), Berlin 1992, S. 7–37; Ascheri, Mario, Statutory Law of Italian Cities from Middle Ages to Early Modern, in: Von der Ordnung, S. 201–216; Sbriccoli, Mario, Législation, justice et pouvoir politiques dans les cités italiennes au XIIIe au XVe siècle, in: Les origines de l'État moderne, S. 65–79; Isenmann, Eberhard, The

führung eines neuen wurde behauptet. Die Scheidung von altem und aktuellem Recht hat das Gesetzbuch, das *constitutum usus*, herausgestellt, indem es ausdrücklich den Beginn der Geltung des neuen Rechts fixierte und implizit damit ein Rückwirkungsverbot aussprach. Der Schutz von Unschuldigen sollte so gewährleistet und damit Streit in der Stadt verhindert werden. Das Ziel bestand in der Errichtung einer Friedensordnung. Die ausdrückliche Neuerung verlangte die Außerkraftsetzung des alten Rechts. Das neue Recht stellte einen markanten Einschnitt dar. Geschaffen haben dieses Recht Juristen, in Kraft gesetzt die Stadtgemeinde. Ihre Amtsträger wurden zur Beachtung des städtischen Rechts durch Eid verpflichtet.[518]

Andere Städte folgten in der Schaffung eigenen Rechts. In Pistoia geschah dies im Jahre 1177. Seit dem Anfang des 13. Jahrhunderts wurden die Statuten von Lodi fortlaufend erneuert, dabei die früheren Rechtsbestimmungen gesammelt und gemäß einer inhaltlichen Ordnung bearbeitet. Eine Textverbesserung wurde angestrebt.[519] Auch in Novara bestand die Statutengesetzgebung im Sammeln und Überarbeiten, aber auch in der Ergänzung sowie der Einführung neuer Regelungen.[520] Die Statuten zur Besteuerung, die Pavia 1270 erließ, bildeten eine Sammlung, die ältere Bestimmungen integrierte. Aber auch hier wurde herausgestellt, dass die Stadtgemeinde befähigt sei, neue Gesetze zu schaffen.[521] In Mailand stellten die Statuten, die im Jahre 1216 in Kraft gesetzt wurden, eine Verbesserung in Aussicht. Zunächst galten auch sie der Verbesserung der Gesetzestexte, was durch die Schaffung eines besseren Buches gelingen sollte. Dieses sollte die bestehenden Aufzeichnungen von Gewohnheiten zusammenfassen, die eine Kommission von gelehrten Juristen aufgespürt, untersucht, bewertet und aufgezeichnet hatte. Das Ziel der Verbesserung hinsichtlich der Lebensgestaltung war ansonsten nur undeutlich ausgeführt: *ad finem congruum perdure*. Das neue Buch sollte ältere Bestimmungen des Stadtrechts nicht vollständig ersetzen. Diejenigen, die seit alten

---

Notion of the Common Good. The Concept of Politics and Practical Policies in Late Medieval and Early Modern German Cities, in: De bono communi, S. 107–148.

518 Landau, Über die Wiederentdeckung, S. 15; dort Druckfehler: statt 1260 wäre 1160 anzugeben; Schmitt Gaedke, Gernot, Die ‚constituta legis et usus' von Pisa (1160). Gesetzbuch im Kosmos hochmittelalterlicher Rechtsgelehrsamkeit, Berlin 2009, bes. S. 2f. zur Eidleistung S. 123–129; Classen, Peter, Kodifikation im 12. Jahrhundert. Die ‚constituta usus et legis' von Pisa, in: Recht und Schrift im Mittelalter, hg v. id. (Vorträge und Forschungen 23), Sigmaringen 1977, S. 311–317.

519 Busch, Jörg, Die Lodeser Statutenfragmente des 13. Jahrhunderts. Zur Entwicklung kommunaler Rechtsaufzeichungen, in: Statutencodices, S. 25–38.

520 Drewniok, Michael u. Sasse Tateo, Barbara, Die Novareser Kommunalstatuten 1276–1291. Die Entstehung und Bearbeitung einer Sammlung städtischer Rechtssetzungen, in: Statutencodices, S. 39–72.

521 Westhuis, Peter Lütke, Besteuerung als Gegenstand statuarischer Rechtssetzung. Die Steuerstatuten Pavias (1270) und Vogheras (1275/82), in: Statutencodices, S. 143–166, bes. S. 154f.

Zeiten, und diejenigen, die in neuen Zeiten bestanden, waren zu befolgen und wurden beide in das Buch eingefügt.[522]

Die Statutengesetzgebung stand in einem Prozess, der nicht zu einem Abschluss kam; sie reagierte auf jeweils aktuelle Bedürfnisse und folgte den Erfordernissen besserer Textgestaltung und günstigerer Lebensumstände. Statuten reichten in die Vergangenheit, indem sie ältere Bestimmungen aufnahmen. Sie schufen aber auch Distanz zu ihr, indem der Tradition Geltungsanspruch vorenthalten wurde. Die Neuheit des Rechts, das in Gesetzbüchern niedergelegt war, beruhte auf dem Kompetenzanspruch, den die Gemeinden beanspruchten.[523] Gesetze zu schaffen, sollte auch dazu führen, eine gesteigerte Qualität des Lebens in der Stadt zu erreichen. Die Herstellung des Friedens war die Voraussetzung. Bestehende Bestimmungen, Gewohnheiten und Üblichkeiten sollten überwunden werden, sofern sie der Bewertung des Nutzens nicht standhielten. Ein intentionaler Neuanfang wurde gesetzt. Um dies zu erreichen, war es erforderlich, das Recht zu verschriftlichen. Verschriftlichung war in diesem Fall nicht nur ein Mittel, um die Erinnerung an die Vergangenheit zu bewahren, sondern sie zu überwinden und die Erinnerung des Gegenwärtigen für die Zukunft zu sichern.[524]

Der juristische Traktat des Autors Boncompagno da Signa, kurz nach dem Jahr 1200 verfasst, formulierte diese Selbstermächtigung der italienischen Kommunen, die durch die Selbstschöpfung von Gesetzen angestrebt wurde. Er schrieb: Die italienischen Städte machten Statuten, mittels derer sie öffentliche Angelegenheiten regulierten, selbst dann, wenn irgendein anderes Gesetz diesen Statuten zu widersprechen scheine, denn der Eid der Bürger würde jenes Gesetz zugunsten des neuen außer Kraft setzen.[525] Das neue Recht war nicht nur Resultat einer Verschriftlichung, diente nicht nur der Einsetzung von pragmatischen Normverfahren, sondern war auch eine politische Affirmation der seit dem 12. Jahrhundert in Norditalien als neue Akteure im Machtkampf auftretenden Stadtgemeinden. Die legislative Neuschöpfung und die damit einhergehende Selbstbehauptung standen in Konkurrenz zu den Gesetzgebungen Kaiser Friedrichs I. Sie waren Neuerungen, die allein schon deswegen als Verbesserungen galten, weil die Bürgergemein-

---

522 Liber consuetudinum Mediolani anni MCCXVI, hg. v. Besta, Enrico u. Barni, Gianluigi, Milano 1949, S. 53f., 86, 132; Keller, Hagen u. Schneider, Reinhold, Rechtsgewohnheit, Satzungsrecht und Kodifikation in der Kommune Mailand vor der Errichtung der Signorie, in: Statutencodices, S. 167–192, S. 167–183.

523 Keller, Hagen, Oberitalienische Statuten als Zeugen und als Quellen für den Verschriftlichungsprozess im 12. und 13. Jahrhundert, in: FMASt 22 (1988), S. 286–314.

524 Id., Die italienische Kommune als Laboratorium administrativen Schriftgebrauchs, in: Recht, Geschichte, Geschichtsschreibung, S. 67–82.

525 Boncompagno da Signa, in: Briefsteller und Formelbücher des 11. bis 14. Jahrhunderts, hg. v. Rockinger, Ludwig (Quellen und Erörterungen zur bayerischen und deutschen Geschichte 9,1,2), München 1864, S. 121–127, S. 122.

den selbst für das allgemeine Wohl in ihrer Stadt sorgten und Regelungen schufen. Regulierungskompetenz war in die Städte verlagert worden.[526]

Unmissverständlich formuliert waren die Verbesserungsabsichten in Florenz. Dies wohl als Ergebnis der Verfassungsumbrüche, die seit 1250 die Adelsherrschaft in der Stadt ausschalteten und ein Regiment der behaupteten Volksherrschaft, des *popolo*, installieren sollten. Die ‚ordinamenti di giustizia', die die Stadtgemeinde von Florenz 1291 in Kraft setzte, haben programmatisch das Neue vom Alten geschieden und die Überlegenheit des nun geschaffenen neuen Rechts vorgestellt. Es sei besser geeignet als alle vorangegangenen Rechtsordnungen, um das allgemeine Wohl zu fördern und den Bürgern von Florenz zur Steigerung ihrer Tugenden zu verhelfen. Das Ende der internen kriegerischen Parteikämpfe solle erreicht und damit der Frieden hergestellt werden. Damit der Frieden auch künftig erhalten bleibe, war vorgesehen, dass dem Recht, das das Zusammenleben der Bürger und die Organisation der Bürgergemeinde festlegte, weitere Verbesserungen hinzugefügt werden könnten. Im Rahmen der Rechtsordnung, nicht durch Anwendung von Gewalt, sollten Veränderungen stattfinden. Die gute Ordnung, die die Selbstherrschaft des Volkes rechtlich fixierte, war eine evolutionäre Ordnung, die gegen eine den Adel der Stadt privilegierende Herrschaftsform errichtet worden sei und die es künftig gegen sie zu beschützen gelte. Ähnlich den Fortschritten in der Waffentechnik, in den handwerklichen Gewerben und in den Verfahren des Warenhandels sollten nun auch in der Schaffung besserer Gesetze Fortschritte erzielt werden. Gesetzgebung galt als eine *ars*. Sie war eine Fertigkeit und ein Herstellen. Sie diente der Mehrung des Nützlichen. Die Ordnung, die die Gerechtigkeit herstellte, war zugleich eine Ordnung, die politische Verfahren festlegte, um die Gerechtigkeit zu vermehren. Auch Freiheit sei entstanden, weil die Gesetze aus den Fesseln des alten Rechts befreit seien. Die Aufstellung von Volksmilizen, über die der *gonfaloniere della giustizia* gebot, schuf eine breite soziale Formation, die den Nutzen der gerechten Ordnung auf alle verteilen und die Neuerung, auch militärisch, verteidigen sollte.[527]

Das Pathos von Gerechtigkeit und Freiheit, das die Gesetze der Stadt Florenz propagierten, klang auch in der Geschichtsschreibung an. Der im Jahre 1348 verstorbene Chronist der Florentiner Stadtgeschichte, Giovanni Villani, beschrieb das Verfahren

---

526 Wagner, Liber augustalis, S. 214–216.

527 Ordinamenta iustitiae communis et populi Florentiae, hg. v. Bonainio, Francisco, in: Archivio storico Italiano 1 (1885), S. 37–74, bes. S. 37, 43, 72–74; Meier, Ulrich, Der falsche und der richtige Name der Freiheit. Zur Neuinterpretation eines Grundwertes der Florentiner Stadtgesellschaft (13.–16. Jahrhundert), in: Stadtregiment und Bürgerfreiheit, S. 37–83; Zorzi, Andrea, La trasformazione di un quadro politico. Ricerche su politica e guistizia a Firenze dal comune allo Stato territoriale (Biblioteca di storia 4), Firenze 2008; id., Politica et giustiza a Firenze al tempo degli Ordinamenti antimagnatizi, in: Ordinamenti di giustizia fiorentini. Studi in occasione del VII centenario, hg. v. Arrighi Tomberli, V., Firenze 1995, S. 105–147; Diacciatti, Silvia, Popolo e regimi politici nella Firenze della prima metà del Duecento, in: Annali di storia di Firenze 1 (2006), S. 37–81; De Rosa, Daniela, Alle origini della repubblica fiorentina. Dai consoli al „Primo Popolo", Spoleto 2011.

der Gesetzgebung. Die Kommune habe eine Kommission eingerichtet, um ein neues Gesetz einzurichten. Es sollte die Voraussetzung schaffen, dass die Bürger ihre Tugenden entwickelten und weiter förderten. Tugend war eine politische Befähigung, die die Partizipation aller Bürger an den Angelegenheiten der Stadtgemeinde ermöglichen sollte. Das Ziel bestand darin, das allgemeine Wohl zu fördern – ein Vorgang, der nicht zeitlich abgeschlossen war, sondern stetige und weitere Vervollkommnung der Lebensbedingungen verlangte und der dazu eine Verbesserung von Gesetzen vorsah. Ein repetitiver Fortschritt, der Gesetz, Tugend, Frieden und Freiheit erfasse, sei ausgelöst. Giovanni Villani argumentierte mit einer Analogie: So wie das kirchliche Recht durch die Gesetzessammlung, die Papst Bonifaz VIII. in Auftrag gab und promulgierte und die als ‚Liber Sextus' bezeichnet wurde, verbessert worden sei, so geschehe dies nun auch für die Stadt Florenz. Dass die Promulgationsbulle, die der Papst der Publikation des Gesetzbuches voranstellte, lediglich eine Textverbesserung vorsah,[528] hinderte den Florentiner Chronisten nicht daran, ein umfassenderes Verbesserungsprogramm zu behaupten, das über den Text hinausragte und in die Lebensbedingungen selbst hineinreichte. Die Berufung auf das legislative Vorbild von Bonifaz VIII. ist umso bemerkenswerter, als Giovanni Villani ansonsten die Handlungen dieses Papstes kritisierte, ja er ihn grundsätzlich als Verderber der Kirche bewertete. Dies hinderte den Chronisten nicht, auf die Potentialität von allen Gesetzen hinzuweisen, die darin bestehe, die institutionelle Organisation von Kirche und Stadt und das Leben der Menschen zu verbessern. Giovanni Villani rechtfertigte Neuerungen nicht allein mit Hinweis auf den aus ihnen entstehenden Nutzen, sondern rechtfertigte sie auch als Imitationen kirchlicher Verfahren.[529]

Nachdem Giovanni Villani 1348 an der Pest gestorben war, setzte sein jüngerer Bruder Matteo Villani die Chronik fort. Auch er erzählt von der Steigerung der Tugend der Florentiner, die auf der Vermehrung des Wissens beruhe und sie weiter vorantreibe. Dafür sorge die Kommune, indem sie, wie Matteo schreibt, ein Generalstudium in der Stadt eingerichtet habe, zur Unterrichtung jeder Wissenschaft, vor allem aber des kanonischen und weltlichen Rechts. Die Gründung, die in Wirklichkeit die Fortsetzung der bereits seit 1321 bestehenden Einrichtung war, ist für Matteo ein politisches Handeln zugunsten der Stadtbewohner. Die Gelehrten der Studienanstalt sollten dafür sorgen, dass das Voranschreiten der Wissenschaft zur Verbesserung des Rechts eingesetzt werde. Recht und Wissenschaft erführen Fortschritte, die sich gegenseitig bestärkten. Profitiert hätten von dieser Entwicklung nicht nur Florenz, sondern ganz Italien, wie Matteo schreibt. Ein Thema ist damit angestimmt, das auch andere Autoren ausführten: Die kombinierte Entwicklung von Gelehrsamkeit, Tugend und Recht sei durch das Eingreifen

528 Corpus iuris canonici, II (Anm. 65), Sp. 933–935.

529 Giovanni Villani, Nuova cronica, hg. v. Porta, Giuseppe, 2 Bde., Parma 1991, I, S. 439f., 532–534; II, S. 9–12, 62–66, 172f., 119; Pauler, Roland, Giovanni und Matteo Villani, in: Hauptwerke der Geschichtsschreibung, hg. v. Reinhardt, Volker, Stuttgart 1997.

der politischen Instanzen in Florenz angestoßen worden und habe zu einem besseren Leben für die Stadtbewohner und für die Bewohner Italiens beigetragen. Der geordnete Komplex von Beziehungen zwischen mehreren gesellschaftlichen und politischen Segmenten bringe Fortschritt hervor, stelle Gleichheit her, schaffe den allgemeinen Nutzen.[530]

Der hehre Anspruch war nicht unbestritten. Bereits zur Mitte des 14. Jahrhunderts ironisierte Giovanni Boccaccio in einer Novelle, aufgenommen in seinem Werk Decameron, die Illusion von politischer Partizipation von allen berechtigten Bürgern, indem er den eifrigen und engagierten *capitano* und Teilnehmer an Bürgerversammlungen und Bruderschaften als gehörnten Dummkopf hinstellte, dessen Frau die Zeit, während der ihr Mann wegen politischer Versammlungen abwesend ist, nutzt, um anderweitig Sexualpartner zu suchen und zu finden.[531]

Aber die Kritik richtete sich nicht grundsätzlich gegen die Legitimität der auf der Partizipation der Bürger an politischen Entscheidungen beruhenden Verfassung. Patriotische Anhänglichkeit an die Stadt Florenz und Treue zu deren Verfassung förderten legislative Neuerungen, die die Disposition der Bürger, sich für das allgemeine Wohl einzusetzen, voraussetzten und weiter förderten. Dieser wechselseitige Prozess, der ein ideales – besser gesagt idealisiertes – Konzept von verbundener legislativer und humaner Verbesserung begründete, bildete trotz der bereits von den Zeitgenossen bemerkten und beklagten Defizite eine starke Bindungswirkung, die den politischen Verband handlungsfähig machte. Die Wahlen und Losentscheide wurden oft manipuliert, ihre Berechtigung ideologisch aber weiterhin verteidigt.[532] Die Rede des Florentiner Humanisten Leonardo Bruni, die er 1427 zur Trauerfeier für einen für die Stadtgemeinde gefallenen Bürger hielt, verkündete die Gleichheit und die Freiheit, die in Florenz verwirklicht worden seien und die allen die Möglichkeit einräumten, öffentliche Ämter zu bekleiden und für das allgemeine Wohl zu sorgen. Der Anspruch war zu dieser Zeit bereits bedroht angesichts der heraufziehenden Herrschaft von Cosimo di Medici und seiner Familie in

---

530 Matteo Villani, Cronica con la continuazione di Filippo Villani, hg. v. Porta, Giuseppe, Bd. 1, Parma 1995, S. 23f.; Caferro, William, Matteo Villani on Peace and the Common Good (14th Century), in: Medieval Italy. Texts in translation, hg. v. Jansen, Katherine L., Philadelphia 2009, S. 142–143; Spagnesi, Enrico, Saperi giuridici e saperi umanistici a confronto nello Studio fiorentino del Trecento, in: Umanesimo e Università in Toscana (1300–1600). Atti del Convegno internazionale di Studi, Fiesole/Firenze 25–26 maggio 2011, hg. v. Baldassari, Stefano, Firenze 2012, S. 241–274.

531 Giovanni Bocccaccio, Decameron, hg. v. Quondam, Amedeo et alii, Milano 2013, S. 1075–1082, Novelle VII, 1.

532 Meier, Ulrich, Konsens und Kontrolle. Der Zusammenhang von Bürgerrecht und politischer Partizipation im spätmittelalterlichen Florenz, in: Stadtregiment und Bürgerfreiheit, S. 147–187, S. 170f.

der Stadt. Die exaltierte stadtgemeindliche Idealisierung war aber intakt. Sie wurde freilich illusionär und entbehrte einer realen Grundlage.[533]

Gesetze sollten die Kommune regulieren. So war willkürliche Herrschaft, die unbeständig Recht gestalten und anwenden würde, abgewehrt, die Akzeptanz von Verfahren hergestellt, das Vertrauen in die Geltung der Gesetze geweckt, der Frieden gesichert. In Bologna wurde die Gesetzgebung als fortlaufender Prozess eines permanentes Perfektionsprogramms vorgestellt. So verkündeten es die Gesetze, die die Gemeinde 1288 promulgierte und die als *ordinamenta nova* bezeichnet waren. Die Gesetzgebung galt als Ergebnis einer *reformatio,* die aber explizit nicht als Wiederherstellung eines früheren besseren Zustandes ausgegeben war, sondern als zukunftsgerichtete und stets zu wiederholende Verbesserung. Damit waren die bestehenden Gesetze, auch die neu geschaffenen, unter den Vorbehalt des Vorläufigen gestellt. Ihre Flexibilität folgte indes nicht den unbeständigen Umständen, war nicht den Notwendigkeiten der Zeit geschuldet, sondern beruhte auf dem Vorhaben, dass die Stadtgemeinde die menschliche Glückseligkeit und die friedlichen Formen des politischen Zusammenwirkens auf immer höhere Stufen heben solle und könne und dies mittels neuer Statuten, die, so wurde verkündet, die Freiheit für jeden Bürger vergrößern und ihre Einheit mittels einer politischen Selbstorganisierung stärken sollten. *Libertas* und *unitas* galten als die Garanten des guten Lebens. Die Gesetzgebung war der Hebel, diese Ziele zu erreichen. Ein Beharren auf der Tradition war damit ebenso ausgeschlossen wie ein bloßes Reagieren auf Bedrohungen und Gefährdungen. Das Neue war nicht notwendig, sondern es war wünschenswert, um Ziele zu erreichen, die im individuellen und allgemeinen Wohl und in der Glückseligkeit bestanden, welche in der Welt angestrebt werden sollten.[534]

Die Statuten, die in Siena 1310 beschlossen wurden, haben ebenfalls Gerechtigkeit, Freiheit und Frieden als Ziel der Gesetzgebung angegeben. Um sie zu erreichen, war ein Neuanfang für notwendig gehalten worden, so dass die Statuten, die zuvor bestanden, ihre Geltung verlieren sollten. Die Vielzahl von Bestimmungen für einzelne Bevölkerungsgruppen – Kleriker, Kaufleute u. a. – sollte durch ein einheitliches Gesetz ersetzt werden. Die Emphase der Gerechtigkeit, die von nun an die Stadt leiten werde und die die Stadtbürger lieben würden, pflanzte Recht in eine emotionale Grundierung, so dass die Beachtung der Bestimmungen als spontane Regung der Individuen ausgegeben wurde, die nicht durch Strafandrohungen zum Gehorsam angehalten werden müssten. Freiheit und Gerechtigkeit gingen somit eine gelungene Verbindung ein, weil die Bürger sie spontan anstreben würden. Das

533 Leonardo Bruni, Oratio in funere Nannis Strozae Equitis, in: Stephani Baluzii Miscellaneorum … liber …, III, Paris 1680, S. 226–248; Reinhardt, Volker, Die Medici. Florenz im Zeitalter der Renaissance, 2. Aufl., München 2001, S. 40–70.

534 Statuti di Bologna dell'anno 1288, Bd. 1, hg. v. Fasoli, Gina u. Sella, Pietro, Città di Vaticano 1938, S. 31f., 330, 336–356, 433f., 445–448, 451.

gute Leben beruhe auf dem Konsens der Bürger. Dieser Konsens schaffe das Recht, nicht umgekehrt.[535]

Die norditalienische Stadt Bergamo hat eine rechtliche Neuordnung im Jahre 1331 vorgenommen, die König Johann von Böhmen bestätigt habe, wie die Statuten ausführten. Johann war zu dieser Zeit in Italien in Kämpfe verstrickt, vorgeblich um die Rechte des römischen Kaisers Ludwig des Bayern zu wahren, tatsächlich aber um seine Option auf dessen Nachfolge zu sichern und um die Bestrebungen fortzusetzen, die italienischen Städte zu beherrschen, was der Vater, Kaiser Heinrich VII., 1310 bis 1313 versucht hatte. Das Gesetz für Bergamo enthielt nicht nur eine Begründung, die auf der Befugnis der Normsetzung beruhte, sondern auch eine, die auf die Mehrung des Nutzens hinwies: Um Kriege und Zerstörungen, auch durch Kämpfe innerhalb der Stadt, abzuwenden und um gegen all die übrigen Übel vorzugehen, solle Bergamo ein neues Gesetz erhalten. Dieses verändere die Gemeinde; es beende Ungerechtigkeiten und Mängel. Um dieses Vorhaben zu erreichen, wurde das alte Gesetz abgeschafft. Als legislative Schöpfer waren nicht König Johann, sondern die Bürger genannt. Johann, der sich in der Stadt aufhielt, trat offenkundig nur als legitimierende Instanz, nicht als Normgestalter auf. Das neue Gesetz sollte einen markanten Punkt der städtischen Rechtsentwicklung setzen, altes und neues Recht deutlich voneinander scheiden und Vergangenheit und Zukunft gegenüberstellen. Das neue Recht wurde als das bessere Recht präsentiert, weil es mit ihm besser gelinge, den Frieden herzustellen. Bestehen bleiben sollten nur Restbestände des älteren Rechts. Diese beträfen die Geltung von Verträgen, aber nur, sofern sie mit dem neuen Gesetz konform seien. Dasselbe verfügten die Statuten für andere Rechtsbestimmungen, auch für Gewohnheiten. Die Legitimität der neuen Ordnung leitete sich nicht aus der Entwicklung aus dem älteren Recht ab, sondern aus der Ausrichtung auf Ziele, die in Bergamo als die der Gleichheit und Einheit vorgestellt waren. Die Innovation schob die Tradition beiseite. Indem die Kommune eine *novam normam* schuf, wie ausdrücklich festgehalten wurde, waren die zuvor bestehenden Rechtsverhältnisse aufgehoben, insbesondere die Sonderrechte zugunsten einzelner Personen und Personengruppen. So entstehe Gerechtigkeit. Es gelte gleiches Recht für alle. Darin bestehe die Verbesserung. Sie bewirke den Frieden in und außerhalb der Stadt. Weniger die Freiheit wie in Florenz war die Gleichheit das beherrschende Thema. Die *unitas* sollte aus ihr hervorgehen. Im Ergebnis waren die Bestrebungen in beiden Städten ähnlich: Die Bevorrechtigung des Stadtadels sollte abgeschafft werden, damit die Gemeindeverfassung sowohl von den Verheerungen der Kämpfe der Adeligen als auch von deren

535 Il costituto del comune di Siena volgarizzato nel 1309–1310, hg. v. Elsheikh, Mahmoud Salem, Siena 2002; Cammarosano, Paolo, Il bene comune e l'emergere di ideali civici, in: Siena nello specchio del suo costituto in volgare del 1309–1310, hg. v. Giordano, Nora u. Piccinni, Gabriella (Dentro il medioevo 8), Pisa 2014, S. 67–83; Ascheri, Mario, Crisi del diritto comune in una città-Stato: ‚Diligite iustitiam…' a Siena (1310), in: Recht, Geschichte, Geschichtsschreibung, S. 95–116.

Machtausübung befreit werden. Das Gesetz von Bergamo gab sich als Reaktion auf vorangegangene Übel. Die *reformatio* war aber nicht restaurierend; sie sollte vielmehr mittels eines Bruchs mit der Vergangenheit erfolgen.[536]

Auch die Statuten, die die Stadtgemeinde Como 1335 erließ, wurden als Mittel gegen die schlechte Vergangenheit ausgegeben. Die Defizite bestanden nicht in der Missachtung des Rechts, sondern in der Existenz eines schlechten Rechts. Die Redaktion des neuen Rechts veränderte nicht allein die Form, sondern die Norm. Es war zwar angegeben, dass die Vielzahl von Einzelcodices der Statuten die Rechtsfindung erschwert habe. Deswegen müsse wie schon vierzig Jahre zuvor ein neues Buch geschaffen werden. Aber das neue Statutenbuch formulierte im Prolog mehr als nur das Ziel, einen besseren Text zu erstellen. Es enthielt auch ein Programm der Verbesserung des Lebens in der Stadt. Die alten Übel bestünden, wie ausgeführt wurde, in der Gewalt, die in der Stadt wütete. Neue und diesmal beständige Gesetze, die vor den Schwankungen der bisherigen Kämpfe in der Stadt abgeschirmt sein sollten, wurden erlassen. Alle alten Gesetze wurden abgeschafft. Das neue Gesetz war das bessere.[537]

Die rechtsschöpferische Aktivität, die italienische Städte mit der Schaffung von Statuten entfalteten, kann nicht auf eine Zunahme der Schriftlichkeit, auch nicht auf eine Steigerung administrativer Effizienz reduziert werden.[538] Als Ziel war ein Vermehrungsprogramm des allgemeinen Wohls verkündet. Das innovative Potential, das die ober- und mittelitalienischen Stadtgemeinden entfalteten, bestand darin, dass sie selbstbestimmt Gesetze schufen und dass sie das oktroyierte Privilegienrecht entwerteten. Die Legislation war insofern voraussetzungslos, als sie nicht der Rechtfertigung durch die alten, überlieferten Normen bedurfte, vielmehr darauf abzielte, praktische Bedürfnisse zu befriedigen und die Verbesserungen in der Zukunft weiter fortzusetzen. Das spätere Recht hob das frühere auf, weil ersteres besser war, den Zeitumständen angepasst, aber auch weil es das Leben der Bürger in der Stadt verbesserte. Die Selbstermächtigung zur Legislation verlangte mehr als die Anpassung von isolierten Bestimmungen an neue Bedingungen, sie zielte auf das Ganze des Lebens der Bürger in der Stadt, nämlich auf die Entfaltung von Tugenden. Die Gesetze waren daher nicht nur Regulierungen von Verhalten, sondern Manifestationen von Werten, als deren Hüter sich die Stadtgemeinden ausgaben.

---

536 Lo statuto di Bergamo del 1331, hg. v. Storti Storchi, Claudia, Milano 1986, S. 3–25, 116–121, 205; Giraudo, Stefania, L'empereur et les villes d'Italie. Pacifications, réformes et modèles de gouvernement d'Henri VII à Jean de Bohême, Parma 2013.

537 Statuti di como del 1335, hg. v. Manganelli, Guido, Bd. 1, Como 1936, S. 3, 17f.; Schneider, Reinhold, Die Genese eines Statutenbuches. Die Konsularstatuten von Como (1281), in: Statutencodices, S. 73–98.

538 Behrmann, Thomas, Ein neuer Zugang zum Schriftgut der oberitalienischen Kommungen, in: Kommunales Schriftgut in Oberitalien. Formen, Funktionen, Überlieferung, hg. v. Keller, Hagen u. Behrmann, Thomas, München 1995, S. 1–18; Ascheri, Mario. I diritti del Medioevo italiano, secoli XI–XV, Roma 2000, S. 377–389.

Die Werte waren abstrakt – Gleichheit, Freiheit, gemeiner Nutzen, individuelle und öffentliche Glückseligkeit – und formten ein Ideal, das die politischen Handlungen und Legitimationen Ansprüchen unterwarf. Auch wenn diese Idealisierung der Bürgergemeinde, die als aktivistisches Ensemble zur Herstellung von Gemeinschaftsanliegen konzipiert war und einen Entfaltungssraum der Tugenden in der Stadt etablierte, nur wenig verwirklicht wurde, ja mitunter in italienischen Städten, besonders in Florenz, wo das Pathos der Errungenschaften der Stadtgemeinde mehr als sonst gepflegt wurde, Kritik erfuhr und mitunter gar als verlogen verworfen wurde, so unabdingbar war die Bindungswirkung von Loyalitätsanforderungen, Freiheitsversprechungen und Gerechtigkeitserwartungen, um das gemeindliche Zusammenleben von prinzipiell gleichberechtigten Bürgern einzurichten. So gelang Selbstbehauptung nach außen und Selbstregulierung im Inneren.

VI.5 Gesetze ohne Gesetzgeber: Rechtsbücher

Gesetze waren nicht nur das Ergebnis von Gesetzgebungen.[539] Die Schaffung neuer Gesetze – nicht allein neuen Rechts, etwa durch Verträge – geschah im Mittelalter auch außerhalb politischer Institutionen. Personen verfassten Gesetzbücher, ohne stets einen institutionellen Auftrag dazu erhalten zu haben und ohne dass ihnen Kompetenzen verliehen worden wären. Diese von ‚Privaten' verfassten Gesetzestexte kamen dem Bedürfnis entgegen, über bessere Texte zu verfügen, um ein unübersichtlich gewordenes Konglomerat disparater Einzelbestimmungen in eine systematisch, d. h. thematisch gegliederte Sammlung zu überführen. Diese als Rechtsbücher bezeichneten Schriften bildeten Voraussetzungen für Rechtsprechungen. Sie waren zugleich das Ergebnis von älteren Rechtsprechungen sowie anderen Rechtssetzungen. Die Autoren der Rechtsbücher verneinten, Neuerungen aufzustellen, sondern sie legten Wert darauf, nichts anderes zu tun, als das bisherige Recht darzustellen. Legislative Kompetenz seitens der Autoren fehlte. Sie beanspruchten intellektuelle Kompetenz, die sie zu Systematisierung und Textgestaltung befähige. Die gegenüber Innovationen aversive Tendenz war indes kein Hindernis, mittels der Summierung von Rechtsbestandteilen ein *corpus* zusammenzustellen, das mehr als die Summe seiner Teile darstellte, sondern eine genuine Neuerung war, um die praktische Anwendung von Recht zu verbessern, und den Anspruch erhob, besseres Recht zu schaffen.[540]

Das schriftliche Recht sei *per se* besser. Diese Aussage in dem englischen Rechtsbuch des 12. Jahrhunderts, Ranulf von Glanvill zugeschrieben, verweist auf eine Beständigkeit des Wissens über das Recht, das vor dem Vergessen gerettet werden

539 Schulze, Geschichte, S. 161, 163, 165. Schulze beschränkt den Beitrag von Rechtsbüchern und theoretischen Texten auf die Erörterung des Naturrechts.

540 Oppitz, Deutsche Rechtsbücher.

müsse. Die Zusammenstellung in ein Buch fördert aber nicht allein diese Erinnerung, sondern auch eine Ordnung, die ermöglicht, dass in die unterschiedlichen Rechtssätze ein logisches Gefüge einzieht. Das mündliche Recht sei zwar keineswegs defekt, aber das schriftliche verleihe dem Recht mehr Geltung, heißt es im ‚Buch Glanvill'. Die Verbesserung des Gesetzes zielt auf die verbesserte mediale Präsentation und die dadurch verbesserte praktische Rezeption.[541] Als Autor des Rechtsbuches wird in der Forschung der köngliche Justitiar Ranulf von Glanvill († 1190) oder dessen Neffe Hubert Walter angenommen. Vorangegangene Rechtssammlungen auf der britischen Insel wie die ‚Instituta Cnuti', die um das Jahr 1100 entstanden waren, die ‚Leges Henrici Primi', die ein unbekannter Autor um 1118 verfasst hatte, und die ‚Leges Edwardi Confessoris' von 1135 waren das Ergebnis von Aufzeichnungen, die im Umfeld des königlichen Hofes entstanden waren und das Recht aus den königlichen Gerichtsentscheidungen ableiteten und einen Traditionsbestand sichern sollten, der auch in die Zeit vor der Eroberung der angelsächsischen Königreiche durch Wilhelm 1066 zurückreichte. Sie waren statisch, fixierten das Recht.[542] Das ‚Buch Glanvill' beanspruchte hingegen, nicht nur Zusammenstellung, sondern Ordnung der Rechtsmaterien herzustellen, und es setzte voraus, dass es eine Rechtsentwicklung gebe und in Zukunft zu erwarten sei, die als Ergebnis weiterer königlicher Entscheidungen bei Gerichtsverhandlungen und durch ‚writs', die knappen Anweisungen aus der königlichen Kanzlei, hervorgehen würde. Das bessere Recht entstand nicht nur, so führt es der Prolog aus, als Ergebnis der Verschriftlichung, sondern auch durch die größere Gelehrsamkeit der rechtskundigen Personen, die die Könige um sich scharten. Nun würden Rechtsstreitigkeiten gerechter geregelt und über sie mit Milde und Strenge, so wie die Vernunft es gebiete, entschieden. Indem der König als *pacis amator* agiere, habe er durch seine Einzelfallentscheidungen besseres Recht geschaffen und werde es weiterhin tun. Künftige ‚writs' waren vorgesehen. Das Rechtsbuch suchte die Verbesserungen zu sichern und weitere zu rechtfertigen. Das Rechtsbuch war zur Konservierung des Rechts und zur Initialisierung der Rechtsverbesserung konzipiert.[543]

Allein schon die Existenz eines Rechtsbuchs verbesserte die rechtliche Praxis, indem der bessere Text Widersprüche ausmerzen, Ordnung in die Rechtsmaterien bringen und logische Gliederung einführen sollte. Dies waren die Ziele, die in dem Rechtsbuch ‚De legibus et consuetudinibus Angliae' angegeben waren. Das Buch wird dem Stiftsgeistlichen Henry Bracton († 1268) zugeschrieben, begonnen und zu großen Teil geschrieben hat es bereits sein Lehrer, der Weltgeistliche und könig-

---

541 The Treatise on the Laws, S. 2f.; Turner, R. V., Who is the Author of ‚Glanvill'? Reflections on the Education of Henry's II Common Lawyers, in: Law and History Review 8 (1990), S. 92–127.

542 Liebermann, Felix, On the instituta Cnuti aliorumque Regum Anglorum, in: Transactions of the Royal Historical Society, NS 7 (1893), S. 77–107; Die Gesetze der Angelsachsen, I, S. 644; Leges Henrici Primi, hg. v. Downer, Leslie J., Oxford 1972; Röhrkasten, Jens, Die englischen Kronzeugen 1130–1330 (Berliner Historische Studien 16), Berlin 1990, S. 28–32.

543 The Treatise on the Laws, S. 2, 54f.; Berman, Recht und Revolution, S. 702f.

liche Richter William Raleigh († 1250).[544] Das Buch bot mehr als die Zusammenstellung von Normen. Der Anspruch bestand, sie zu begründen. Es gab eine didaktische Absicht. Angestrebt wurde, die Kenntnis und die Anwendung des Rechts zu verbessern. Es sollten diejenigen belehrt werden, die zu wissen wünschten, wie und durch welche rechtlich geregelten Verfahren Streitigkeiten und Gerichtsverfahren entschieden werden und dies gemäß den Gesetzen und Gewohnheiten Englands. Die Gesetze waren wegen des Ziels, Frieden zu fördern und Laster zu mindern, eine Angelegenheit der Ethik. Die Lehre des Rechts sei eine *moralis scientia,* da sie über gute Sitten unterrichte.[545] Das Rechtsbuch kompilierte älteres Recht, und es sah die Entstehung neuen Rechts vor. Der König mache die Gesetze. Sie entstünden durch das Auftreten neuer Streitfälle. Bevorzugt sollten diese aber durch das bestehende Recht mit Hilfe von Analogien beurteilt werden. Wenn dies nicht ausreiche, sei es notwendig, neue Gesetze zu schaffen. Gesetzgebung leitet sich aus aktuellen Konflikten und aus Defiziten der bestehenden Gesetze ab. Eine Steigerung von Lebensumständen hat das Rechtsbuch nicht vorgesehen. Das Rechtsbuch knüpft an die Typologie der Gesetze, wie sie Isidor von Sevilla beschrieben hatte, an. Das beste Gesetz gibt es bereits. Es handelt sich um das göttliche Gesetz, das eine Gerechtigkeit gewähre, die unabänderlich sei. Sie entstehe sowohl aus der Absicht als auch aus der Wirkung. Abgeleitet vom göttlichen Recht gebe es das natürliche Recht, das immer gut und gerecht sei und ebenfalls keiner Änderung bedürfe, wohingegen das *ius civile* aus der Gesetzgebung und der Gewohnheit hervorgehe, aber nur manchmal gut und gerecht sei. Nur dieses Recht sei veränderlich, damit aber auch verbesserungsbedürftig und verbesserungsfähig, wenn auch nur insoweit, um neuen Gefährdungen standzuhalten. Die Steigerung des Guten ist somit umgekehrt proportional zum Grad der Veränderlichkeit der verschiedenen Typen des Rechts. Die Potentialität zur Verbesserung erwächst aus der prinzipiell vorhandenen Unvollkommenheit des gesetzten Rechts. Schlechte Gesetze und Urteile verlangen Reparatur. Dies soll das Gesetzbuch leisten. Die Dynamik des Rechts und die damit einhergehende Verbesserung waren in dem Rechtsbuch ‚De legibus et consuetudinibus Angliae' in die Kompetenz der Könige gelegt. Die königliche Gesetzgebung setzt die Beratung mit den Großen des Reiches voraus. Gestaltet auch der König die Gesetzgebung, so legen doch die Gesetze Fesseln an gegen eine willkürliche Macht und banden ebenso den König. Aber die Macht ist deswegen nicht geschmälert, da die Gesetze dem König ermöglichen, in räumlicher und zeitlicher Fernwirkung Gehorsam durchzusetzen. So sei die Voraussetzung gegeben, die Gerechtigkeit zu steigern. Sie beruht auf der Kompetenzzuweisung an den König. Inhaltlich ist sie von der Weisheit des Königs abgeleitet. Beide stellt das Buch als steigerungsfähig vor. Es sei sicherer, der Milde die Vernunft hinzuzufügen, am

544 Thorne, Samuel Edward, Henry de Bracton 1268–1968, in: id, Essays in English Legal History, London 1985, S. 75–92; id., The Text of Bracton's ‚De legibus Angliae', in: ibid., S. 93–110.
545 Henrici de Bracton De legibus, S. 3–7.

sichersten aber sei es, wenn das Urteil nicht schwankend werde, weil es dann der Klugheit ermangele. Milde stehe in Gefahr, verderbt zu werden durch Unvorsichtigkeit und in Willkürlichkeit abzudriften, was durch die allgemeine Geltung der Gesetze verhindert werde.[546]

Indem die Rechtsbücher ‚Glanvill' und ‚Bracton' die Gesetzgebung als Aufgabe des Königs definieren, ist die Bindung an die Tradition gelockert, eine Variabilität für die Zukunft eröffnet. Aber eine Option der Verbesserung des Lebens ist nicht vorgestellt, nicht einmal im Bereich para-legaler Rechtspraxis, bei der Milde gewährt wird. Lediglich Korrektur und Nachvollzug gegenüber jeweils aktuellen Entwicklungen sollen die Rechtsentwicklung und die Schaffung neuer Gesetze anstoßen. Das Gute, das die Gesetzbücher hervorbringen, besteht in der zeitlichen Stabilisierung und inhaltlichen Uniformierung des Rechts.[547]

Die in Deutschland entstandenen Rechtsbücher hatten große Geltung. Dazu gehörte der Sachsenspiegel. Eike von Repgow verfasste ihn in den zwanziger oder dreißiger Jahren des 13. Jahrhunderts. Er wurde das am meisten rezipierte, abgeschriebene und angewandte Rechtsbuch in Norddeutschland mit Einwirkungen in das östliche Mitteleuropa und beeinflusste das städtische Recht, vor allem über das Magdeburger Stadtrecht vermittelt. Das wenige, das über den Autor bekannt ist, beruht auf seinen eigenen Angaben im Rechtsbuch. Er entstammte vermutlich einer Ministerialenfamilie in Ostfalen, stand in den Diensten – wie in der Reimvorrede des Sachsenspiegels erzählt wird – von Graf Hoyer von Falkenstein und war, wie dieser, dem Hof der Grafen von Anhalt verbunden.[548] Dass Eike Kenntnis des gelehrten Rechts hatte, ist wahrscheinlich und ist an seiner Kritik ersichtlich, die er gegen die Begründung der Unfreiheit, wie sie die ‚Institutiones' der justinianischen Rechtssammlung darlegen, richtet.[549] Eike von Repgow legt Wert darauf, das Recht nicht erdacht zu haben, es vielmehr von altersher, von den „guten" Vorfahren, zu seinen Zeitgenossen gebracht zu haben, damit es bewahrt werde, auch über seinen Tod hinaus. Eike von Repgow minimiert seine eigene Leistung, verneint jede

546 Henrici de Bracton, De legibus, I, S. 9f., 14–27.

547 Ibid., II, S. 176; Berman, Recht und Revolution, S. 702f.; Cortese, Norma, S. 152f.

548 Kroeschell, Karl, Von der Gewohnheit zum Recht. Der Sachsenspiegel im späten Mittelalter, in: Recht und Verfassung im Übergang vom Mittelalter zur Neuzeit. Erster Teil, hg. v. Boockman, Hartmut et alii (Abhandlungen der Akademie der Wissenschaften in Göttingen. Philologisch-historische Klasse, 3. Folge 228), Göttingen 1998, S. 68–92, S. 69–73; Johanek, Peter, Eike von Repgow, Hoyer von Falkenstein und die Entstehung des Sachsenspiegels, in: *Civitatum Communitas*. Studien zum europäischen Städtewesen. Festschrift für Heinz Stoob, hg. v. Fahlbusch, Friedrich Bernward et alii (Städteforschung A 21), Köln/Wien 1984, S. 716–755; Lück, Heiner, Über den Sachsenspiegel. Entstehung, Inhalt und Wirkung des Rechtsbuches, Wettin-Löbejün 2013; id, Der Sachsenspiegel. Das berühmteste deutsche Rechtsbuch des Mittelalters, Darmstadt 2017.

549 Corpus iuris civilis: Institutiones, I, 2, S. 3; Eike von Repgow, Sachsenspiegel, S. 223–228; Töpfer, Urzustand, S. 264–269; Seybold, Steffen, Dass jemand des anderen solle sein. Unfreiheit im Sachsenspiegel, in: ZRG GA 132 (2015), S. 479–494.

eigenständige Rechtschöpfung, was tatsächliche Neuerung aber keineswegs ausschließt, die auf der Übernahme von römisch-rechtlichen und kirchen-rechtlichen Bestimmungen beruht.[550]

Traditionstreue allein im Sinne des alten Herkommens genügte aber nicht. Der Verweis auf Legitimierungsinstanzen trat hinzu. Das Recht war gut, weil es von Gott, vom Kaiser und den mächtigen Anführern der Sachsen in ferner Vergangenheit eingesetzt sei. Die Ableitung hat Eike mit einer genealogischen Abfolge kombiniert, die die ostsächsischen Adeligen als Garanten und Informanten des alten Rechts präsentierte.[551] Das Recht war fixiert. Sofern es eine Entwicklung gibt, bestehe sie nur in einer Degeneration, ende in einer Verschlechterung, wie Eike schreibt. Er leitet sie von außerrechtlicher Gewalt ab, der gesetzliche Grundlagen fehlten, lediglich rechtliche Auswirkungen habe. Diese Argumentation verwendet er für das Thema der Unfreiheit, die hinsichtlich ihrer Entstehung nicht biblisch und auch nicht rechtlich begründet werden könne, sondern das krude Resultat der Gewalt sei, die selbst Unrecht sei und zu Unrecht führe. Im Gegensatz zum römischen Recht, das den Ursprung der Unfreiheit (*servitudo*) zwar mit dem Naturgesetz für unvereinbar hält und das gleichwohl die rechtlich fundierte und legitimierte Existenz von Unfreiheit anerkennt,[552] lehnt Eike von Repgow es ab, der Unfreiheit eine rechtlich begründete Existenz zuzuerkennen. Er räumt indes ein, dass dies nach allgemeiner Auffassung faktisch sehr wohl der Fall sei und dass die Unfreiheit für Recht gehalten werde – freilich irrtümlich. Er nimmt eine Verfallsgeschichte ursprünglicher Freiheit an, die die Unfreiheit faktisch zum Recht werden lässt. Repgow unterlässt es aber, eine rechtliche Korrektur zu fordern. Um dem schlechten Zustand, den der Unfreiheit, zu entkommen, sieht er keine Rechtsentwicklung als Ausweg vor.[553]

Anders als der Sachsenspiegel präsentiert der von ihm stark beeinflusste Schwabenspiegel, den um 1275 Augsburger Franziskaner verfassten und der im südlichen Deutschland das am weitesten verbreitete Rechtsbuch wurde, eine Ursprungserzählung, die nicht auf einen Autor, sondern auf die Gesetzgebung durch einen Herrscher verweist. Die auch in diesem Buch enthaltenen impliziten Entlehnungen

---

550 Ignor, Alexander, Über das allgemeine Rechtsdenken Eikes von Repgow, Paderborn 1984; Landau, Peter, Der Entstehungsort des Sachsenspiegels: Eike von Repgow, Altzelle und die anglo-normannische Kanonistik, in: DA 61 (2005), S. 73–101; Kannowski, Bernd, Wieviel gelehrtes Recht steckt im Sachsenspiegel und war Eike von Repgow ein Kanonist?, in: ZRG KA 130 (2013), S. 383–397.

551 Eike von Repgow, Sachsenspiegel, S. 41f.; Conrad, Hermann, Deutsche Rechtsgeschichte, Bd. 1: Frühzeit und Mittelalter, 2., neubearb. Aufl., Karlsruhe 1962, S. 345; Lieberwirth, Rolf, Die Sachsenspiegelvorrede von der herren geburt, in: Der Sachsenspiegel als Buch, hg. v. Schmidt-Wiegand, Ruth (Germanistische Arbeiten zu Sprache und Kulturgeschichte 1), Frankfurt a. M. 1991, S. 1–18; Dilcher, Normen, S. 97–101.

552 Corpus iuris civilis: Institutiones, I, 2, S. 3.

553 Eike von Repgow, Sachsenspiegel, S. 223–228.

aus römischem und kirchlichem Recht[554] verhinderten nicht die Darstellung, dass der Schwabenspiegel durch Kaiser Karl den Großen in Kraft gesetzt worden sei. Er war als Begründer vorgestellt und wurde zur rechtsetzenden Gestalt und zum Stifter der Legitimität. In der handschriftlichen Überlieferung wurde das Rechtsbuch meist als das Recht Kaiser Karls bezeichnet. Manche Handschriften setzten auch Kaiser Friedrich I. als angeblichen Gesetzgeber ein. Abbildungen in Handschriften stellen den Kaiser in das Zentrum des Geschehens: Er überreicht den Text an die Männer seiner Umgebung.[555] Gesetzgebung wird erzählt. Sie ist textlich und in handschriftlicher Vergesellschaftung verbunden mit der Geschichtsschreibung, der Prosa-Kaiserchronik.[556] Der Akt der Legislation bedurfte der Legitimität. Indem Karl der Große oder Friedrich I. prominent als Urheber eingeführt waren, besaß der Schwabenspiegel eine starke Rechtfertigung, büßte damit aber an Geschmeidigkeit variabler Rechtssetzung ein. Die Konstruktion des fiktiven Ursprungs fixierte zwar ein Recht, dessen Weiterentwicklung blockiert war, weil die legitimierende Instanz, die dem Urheber des Gesetzes zukam, nicht beschädigt werden sollte, und kontinuierlich tätige Gesetzgeber nicht vorgesehen waren. Eine Rechtsentwicklung war faktisch aber durchaus vorhanden. Es war der Variantenreichtum der unterschiedlichen Handschriften des Schwabenspiegels, die sie herstellte. So wie das Vorbild, der Sachsenspiegel, enthielt auch der Schwabenspiegel eine Kritik an der Unfreiheit, ebenfalls ohne eine Rechtsentwicklung zu konzipieren, die sie beenden würde.[557]

Das alte Recht zu bewahren, war auch das Anliegen, das Philippe de Beaumanoir in seinem Rechtsbuch vorstellte, das er um das Jahr 1283 verfasste. Es kompilierte das Recht der Grafschaft Clermont in Beauvaisis, über die der Sohn des französischen Königs Ludwig IX. als Apanage verfügte.[558] Die Verbesserung betraf die Information. Das Wissen über das Recht bedürfe, so Philippe, eines besseren Gedächtnisses über das, was in vergangenen Zeiten, als Zeit der Kindheit metaphorisch dargestellt, geschaffen worden sei. Gegen das Vergessen war das Rechtsbuch gerichtet. Es sah eine starke Traditionsbindung vor. Die Abwehr von Neuerungen war das beherrschende Thema. Das, was einst und jetzt in Gebrauch sei, sei gut und nützlich und solle daher in einen Text eingetragen werden, damit das Nütz-

554 Kantorowicz, Hermann, Zu den Quellen des Schwabenspiegels, in: NA 38 (1913), S. 688–700.

555 Universitätsbibliothek Giessen, Hs. 973, fol. 2r; Bibliothèque Royale de Belgique, Ms. 14689–91, fol. 95v.

556 Müller, ‚Schwabenspiegel' und ‚Prosakaiserchronik'.

557 Stobbe, Otto, Geschichte der deutschen Rechtsquellen, Bd. 1, Braunschweig 1864, S. 328–339; Oppitz, Deutsche Rechtsbücher, S. 35–42; Johanek, Peter, Schwabenspiegel, in: id, Was länger wirkt. Recht und Geschichte in Überlieferung und Schriftkultur des Mittelalters, Münster 1997, S. 147–152; id., Schwabenspiegel, in: Verfasserlexikon. Die deutsche Literatur des Mittelalters, 2. Aufl., hg. v. Ruh, Kurt u. a, Berlin/New York 1978–2007, Bd. 8, Sp. 896–907.

558 Ourliac, Paul, Beaumanoir et les Coutumes de Beauvaisis, in: Actes du colloque international Philippe de Beaumanoir et les Coutumes de Beauvaisis (1283–1983), hg. v. Bonnet-Laborderie, Philippe, Beauvais 1983, S. 75–79.

liche bewahrt, vor Vergessen beschirmt und vor Veränderung geschützt werde. Die Geltung des von Philippe de Beaumanoir zusammengestellten Buches sollte sich auf die Zukunft erstrecken, ohne dass Veränderungen geduldet werden sollten, so dass das Recht im geschichtlichen Ablauf einheitlich gehalten würde. Die Einheitlichkeit war auch territorial. Philippe suchte daher, trotz des von ihm konstatierten Variantenreichtums der lokal gültigen Rechte im Königreich Frankreich, ein für dieses gemeinsame Recht herauszuarbeiten, das er im zweiten Teil seines Buches vorstellte. Faktisch erweiterte er aber nur die räumliche Geltung von einer Grafschaft auf das ganze Königreich. Die Unterstützung durch den französischen König erbat Philippe für sein Vorhaben, die er mittels der Hinweise der königlichen Berater auch erhalten habe.[559] Aber selbst der König sollte keine Zuständigkeit haben, das Recht zu verändern. Er sei ihm unterworfen, könne nicht über es verfügen. Die Statik des Rechts war für Philippe der Garant seiner Wirkung und seines Nutzens – auch für den König selbst.[560] Herrscherhandeln mittels der Gesetzgebung – das als eines der Kennzeichen moderner Staatlichkeit gilt – sollte ausgeschlossen sein. Der König war der Beschützer der Gesetze, nicht ihr Urheber und nicht ihr Umgestalter und nicht ihr Erneuerer. Die nützliche Wirkung auf das Leben der Menschen beruhte nicht auf Angleichungen an geänderte Lebensbedingungen und schon gar nicht auf Bestrebungen, Lebensumstände zu verbessern, sondern auf der Unwandelbarkeit.[561] Philippe de Beaumanoir stand, ohne dass er dies thematisierte, abseits der tatsächlichen Rechtsentwicklung, auf die die Könige Frankreichs einwirkten, indem sie Recht setzten und selbst umfangreiche Rechtsbestimmungen erließen.[562]

Auch andere Rechtsbücher, die von Personen ohne Beauftragung durch einen Herrscher verfasst wurden, wie das von Jean d'Ibelin verfasste Recht für das Königreich Jerusalem,[563] gaben als erste Gesetzgeber Herrscher an, die als Gründergestalten über ein gesteigertes Prestige verfügten. Eine fiktive Tradition umgab die Rechtsbücher mit einem Schleier des Unwissens, hinter dem die faktische Neuerung als Fortsetzung einer alten unwandelbaren Ordnung ausgegeben wurde. Die charismatische Ausstrahlung, die von der Vergangenheit in die jeweilige Gegenwart reichte, erfasste auch die Gesetze. Sie gewannen damit größere Geltungskraft und errichteten Dämme gegen weitere Neuerungen, selbst wenn die Existenz feh-

---

559 Philippe de Beaumanoir, Coutumes de Beauvaisis, hg. v. Salmon, Amédée, Bd. 1, Ndr., Paris 1970, S. 1–4, 177, 346f.

560 Olivier-Martin, François, Les lois du roi, Ndr., Paris 1988, S. 75f.; Berman, Recht und Revolution, S. 723.

561 Eine angebliche ‚Modernität' lässt sich aus den Coutumes de Beauvaisis nur insofern ableiten, als die Verschriftlichung zeitlich und räumlich variable Rechtszustände homogenisieren sollte; anders: Dollmann, Bernd, Die Stellung des Königtums in den Rechtsbüchern Coutumes de Beauvaisis und Sachsenspiegel. Zwischen traditionellen Herrschaftselementen und den Frühformen moderner Staatlichkeit, Würzburg 2002.

562 Siehe Kapitel VI.3.

563 Siehe Kapitel VI.2.

lerbehafteten Rechts eingeräumt wurde. Eine Begründung, wie neues Recht geschaffen und inhaltlich gestaltet werden solle, entfiel. Dies war unumgänglich, weil ein von einem ‚privaten' Experten gestalteter Text keinen aktuellen Gesetzgeber aufwies, stattdessen die Expertenarbeit langfristigen Bestand haben sollte und weil weitere Experten als Fortsetzer von Rechtsbüchern nicht vorgesehen waren. Die gelehrte Arbeit war die eines Einzelnen. Fortentwicklungen waren ausgeschlossen.

VII. Theorien zum besseren Gesetz

VII.1 Juristen des weltlichen Rechts

Theoretische Erörterungen zu den Ursachen, Wirkungen und Absichten von Gesetzen und Gesetzgebungen suchten nach Antworten, ob neue Gesetze legitim seien und ob sie Verbesserungen hinsichtlich der Lebensgestaltung haben könnten oder sollten. So wie die Juristen des Kirchenrechts erörterten die Juristen des weltlichen Rechts diese Frage.[564] Deren theoretische Erörterungen zum weltlichen Recht formten einen autonomen Bereich der intellektuellen Beschäftigung, die nicht unmittelbar in die Praxis des Rechts einmündete, vielmehr Reflexionen zur Entstehung und zu den Zielen von Gesetzen erbrachte. Gleichwohl entstanden Konzepte, an die die Rechtspraxis anknüpfte, insofern Magister des weltlichen Rechts an den Universitäten lehrten, deren Absolventen als Experten von Rechtsprechung und Verwaltung in den Dienst von Herrschern eintraten, so dass gelehrtes Wissen rezipiert wurde.[565]

Die textliche Argumentationsbasis der Theoretiker des weltlichen Rechts war das antike römische Recht, das sie kommentierten und interpretierten. Diese Juristen wurden als Legisten bezeichnet. Aus der Bindung an das alte Recht entwickelten sie Vorstellungen, wie die Anwendbarkeit und Weiterentwicklung gestaltet werden könne. Sie untersuchten, wie Neuerungen, die die mittelalterliche Lebenswirklichkeit hervorbrachte, in die Rechtswirklichkeit überführt werden könnten. Die Wiederentdeckung des antiken römischen Rechts und die Erörterung seiner Anwendungsmöglichkeit für die Verhältnisse des hohen und späten Mittelalters begründeten nicht nur ein gelehrtes Recht, das mehr als andere Rechtsordnungen einer rationalen, auf Argumenten fußenden Analyse offenstand, sie förderten auch ein Problembewusstsein hinsichtlich der Entstehung und des Nutzens der Gesetze. Mit der Erwägung und Abwägung von Nutzen wurde es auch möglich, über neue Gesetze und ihre Berechtigungen nachzudenken und das Nachdenken schriftlich auszuführen. Die Bedeutung, die dabei der Vernunft zukam, war geeignet, das Festhalten an der Tradition abzuschwächen. Ihre notwendige Existenz war aber nicht

---

564 Siehe Kapitel VI.1.

565 Männl, Ingrid, Die gelehrten Juristen in den deutschen Territorien im späten Mittelalter, Diss. phil., Universität Gießen 1987; Hesse, Christian, Amtsträger der Fürsten im spätmittelalterlichen Reich. Die Funktionseliten der lokalen Verwaltung in Bayern-Landshut, Hessen, Sachsen und Württemberg, 1350–1515, Göttingen 2005, S. 356–378; Autrand, Françoise, Naissance d'un grand corps de l'Etat. Les gens du Parlement de Paris, 1345–1454, Paris 1981; García García, Antonio, Die Rechtsfakultäten, in: Geschichte der Universität in Europa, Bd. 1: Mittelalter, hg. v. Rüegg, Walter, München 1993, S. 343–358.

in Frage gestellt, gab es doch ohne sie keine Sicherung all der Errungenschaften, die vorangegangene Generationen geleistet hatten und auf deren Basis das Neue erst errichtet werden konnte. Tradition bedeutete die Aktivierung des Alten. Die Gegenüberstellung von *antiqui* und *moderni* war seit dem 13. Jahrhundert unter den gelehrten Juristen üblich geworden und verwies auf die originären Leistungen der mittelalterlichen Autoren, die sie im Verhältnis und Vergleich mit der Antike, aber auch allgemein mit denen von früheren Zeitepochen erreicht hätten. Die *moderni* beanspruchten Überlegenheit, nicht aber Abwendung von den *antiqui*. Das alte Recht und seine Deutungen mussten für die neue Zeit anwendbar gemacht und zur weiteren Verbesserung geführt werden.[566] Die frühesten Gelehrten des römischen Rechts im Mittelalter, Bulgarus und Irnerius, haben an der Wende zum 12. Jahrhundert das *ius vetus* vom *ius novum* unterschieden, um den Gegensatz des antiken Rechts zur mittelalterlichen gelehrten Kommentierung kenntlich zu machen. Der Gegensatz von alt und neu verwies auf eine große zeitliche Distanz, bezeichnete nicht eine Evolution. Das Neue beruhte nicht auf Veränderungen, sondern auf Konkretisierungen der alten Gesetze, die für die mittelalterlichen Gegebenheiten angewendet werden sollten.[567]

Das antike Recht galt als ein Recht, das mehr als andere Rechtsordnungen der Vernunft entsprach. Damit war die lange Geltung des Rechts begründet. Die *ratio* verlange die *constantia.* Dies war die Konzeption, die einer der frühen Legisten des 12. Jahrhunderts, Johannes Bassianus, in seinen Kommentaren zu den antiken Digesten, d.h. den Rechtsgutachten römischer Juristen, vorstellte. Er setzte einen Gesetzgebungsakt voraus, der das Ergebnis einer Willensentscheidung von berechtigten Personen und Personengruppen sei. Aber existierende Gesetze könnten nicht durch weitere Willensentscheidungen verändert werden. Die Tugend der Gerechtigkeit setze die Beständigkeit voraus, die der Vernunft innewohne, die unwandelbar sei. Die Grundregel des römischen Rechts, dass jedem das Seine zukommen müsse, sei stets gütig und schließe Neuerungen aus. Aus der Regel könne kein Korrekturbedarf am bestehenden Recht abgeleitet werden. Das Gesetz sei bereits gut, es bedürfe keiner Verbesserung. Es leiste die ihm zugewiesenen Aufgaben, so wie sie Johannes definiert, nämlich dass es gebietet, ehrenhaft zu leben, niemanden zu verletzen und jedem das Seine zuzuteilen. Johannes weist das Argument ausdrücklich zurück, dass geänderte Gewohnheiten zu Gesetzesänderungen führen sollten, da Gewohnheiten durch das Volk eingeführt würden und weniger der Vernunft folgten und geringere Geltungskraft als die Anwendung der bestehenden Gesetzte durch die Herrscher hätten. Diese handelten nicht allein vernünftiger, sie besäßen auch die Befugnis, das geltende Recht von den Gewohnheiten des Volkes abzusondern. Die Gesetze beruhten, so Johannes Bassianus, durchaus auf dem Konsens der politischen Gemeinschaft, der aber durch die allgemein vorhandene

566 Lange u. Kriechbaum, Römisches Recht im Mittelalter, Bd. 2, S. 351–354.
567 Cortese, Norma, S. 131f.

Vernünftigkeit, die in der menschlichen Natur angelegt sei, hergestellt werde und keinen Akt der Entscheidung und keine Beteiligung des Volkes an der Gesetzgebung erfordere.[568]

Die Verbindung von Gerechtigkeit und Recht eröffnete Möglickeiten, das Recht zu verändern, sofern ein Gegensatz zwischen ihnen angenommen wurde. Dieser Gegensatz forderte zur Aufhebung heraus. Der für die folgenden Epochen einflussreiche Bolognoser Jurist Azo Portius († 1220) schrieb in seiner Summe zum *Codex* der justinianischen Sammlung, dass das Recht und seine Anwendung alle Lebensformen und gesellschaftlichen Gruppierungen gestalteten, angefangen bei den Familien, der Beziehung zwischen Vätern und Söhnen bis hin zu den Institutionen des Kaisers, dem den Gehorsam zu verweigern, als *crimen laesae maiestatis* galt. Das Recht entstehe aus der Gerechtigkeit und – rückwirkend auf sie – fördere sie. Das Recht ist aber ungleich der Gerechtigkeit. Das Recht wird von Menschen, die Gerechtigkeit von Gott geschaffen: *Nam auctor iuris est homo, auctor iustitiae est Deus.*[569] Die Rechtsordnung ist, sofern sie gut ist, Teil einer göttlichen Ordnung, und sie hat eine defiziente Existenzform, insofern sie von Menschen gestaltet ist, die aber den normativen Vorgaben der Gerechtigkeit, die außerhalb menschlicher Verfügung steht, nur angenähert werden könne. Dem positiven Recht wohnt unausweichlich eine Unvollkommenheit inne.[570]

Die Bestimmung der Gesetze, das gute Leben der Menschen zu ermöglichen, ist bereits in ihrem Ursprung angelegt und entsteht nicht aus einem Verändern. In der Summe zum *Codex* bezeichnet Azo das erste Gesetz als dasjenige, das am meisten Wirkung entfalte und eine lange Dauer haben solle. Die günstige Wirkung der Gesetze bestehe in der Eindämmung der Gewalt. Der Gebrauch der Waffen sei nur gerechtfertigt, um ein Reich oder ein Gemeinwesen vor der Gewalt äußerer Feinde zu verteidigen. Es müsse also zwei Arten der Gesetze geben: unterschiedliche für den Krieg und für den Frieden. Die Gesetze formten die Kenntnis von dem, dessen die *civitas* bedürfe. Ohne die Gesetze bestünde keine *civitas* und damit keine menschliche Gemeinschaft, die gemeinsamen Nutzen hervorbringen würde. Ohne Gesetze wäre die *civitas* ausgehöhlt, bestünde nur dem Namen nach.[571]

Auch wenn Gesetze gut sind, schließt dies nicht immer aus, sie zu verändern. Wie und warum sollte dies geschehen? Azo stellt Senatsbeschlüsse als die geeigneten Verfahren vor, womit er freilich einen für die mittelalterlichen Verhältnisse anachronistischen Rückgriff auf das antike republikanische Rom vornimmt, der zu seiner Zeit unpraktikabel wäre. Deswegen positioniert er in Analogie zur antiken Situation einen Rat weiser Männer, die mit großer Umsicht das Überflüssige eines alten Rechts abstellen – wörtlich entkernen – und Gesetze schaffen, die

---

568 Cortese, Norma, Appendice, S. 406–415.
569 Azo, Summa, S. 331; Lange, Römisches Recht, S. 255–271.
570 Azo, Summa, S. 322, 329, 347.
571 Ibid., S. 346, 384.

den Zeitgenossen notwendig und nützlich seien, so wie es am besten geschehen kann: *Iniungit autem quibusdam dissertissimis viris cum summa providentia hanc enucleationem sublata superfluitate antiqua et necessariis et utilibus collectis prout melius fieri potest.*[572] Also auch ein substantielles Eingreifen, ein Entfernen eines Kernbestandteiles, sah Azo vor, damit ein besseres Recht entstehen könne. In das Verfahren der Gesetzesänderungen sei das „Volk" einzubeziehen, indem die „Klugen" unter diesem konsultiert werden sollen. Die letzlich gültige Entscheidung über die Schaffung der Gesetze komme den Herrschern zu. Das Primat der Gesetze über die Gewohnheit verlange, dass diese anhand der Bestimmungen der Gesetze gedeutet und angewandt werde. Das Gesetz gilt Azo als allgemeine Norm, im Gegensatz zu den Privilegien, die Einzelfälle festlegen. Daraus folgt die größere Stabilität der Gesetze. Aber sie sind nicht unveränderbar, denn kein Gesetz, von einem Kaiser erlassen, könne die Gesetzgebungskompetenz der Nachfolger beschneiden. Aber von der Veränderungskompetenz solle ein zurückhaltender Gebrauch gemacht werden.[573]

Der Grund dafür, dass die Gesetze vor Eingriffen weitgehend geschützt sein sollen, sieht Azo darin, dass sie dem Naturrecht konform sein sollten. In dieser Konformität besteht der Grund der Gerechtigkeit. Aber es gibt selbst hinsichtlich des Naturrechts kein absolut gesetztes Veränderungsverbot. Sofern eine gerechte Sache oder der öffentliche Nutzen dies verlangten, könnten auch die Naturgesetze umgewandelt werden. Aber der Sinn des Gesetzes – *ratio legis* – müsse dabei erhalten bleiben.[574] Azo konkretisiert nicht die Inhalte und die Änderungen der Gesetze. Ausgesagt ist lediglich, dass sie den Nutzen für das allgemeine Wohl und damit für das Leben der Menschen vermehren. Gesetzesverbesserungen seien allein schon durch die antiken Präzedenzfälle gerechtfertigt. Die Novellen der spätantiken Kaiser seien Vorbilder für weitere Neuerungen auch in späteren Epochen. Weil den Gesetzen der Menschen die Perfektion fehle, bestehe stets ein Korrekturbedarf.[575] Der Mensch ist nach Azo ja nur Gestalter des Rechts, hingegen einzig Gott der Ursprung der Gerechtigkeit.[576] Die grundsätzlich nicht zu beseitigende Differenz von Recht und Gesetz einerseits und von Gerechtigkeit andererseits[577] führt nicht zu einem Defätismus hinsichtlich legaler Verbesserungen, sondern wird im Gegenteil zum Ansporn nicht nachlassender Anstrengungen, Verbesserungen zu erzielen, die zwar unvollkommen bleiben, aber weiterer Entwicklung offenstehen und so eine Permanenz der Veränderungen einleiten, die zu einem besseren Recht führen würden, das nicht als Anpassungen an geänderte Umstände aufzufassen ist. Selbst in vorsichtiger und einschränkender Weise konzipiert Azo die Option, Ver-

572 Azo, Summa, S. 20.
573 Ibid., S. 8f.
574 Ibid., S. 348f.; Cortese, Norma, S. 121.
575 Azo, Summa, S. 2.
576 Ibid., S. 347–349.
577 Ibid., S. 349.

besserungen des Rechts zu erzielen, damit es größere Gerechtigkeit erreiche, ohne dass es aber vollkommene Übereinstimmung gebe.

Andere Juristen, die das römische Recht kommentierten, vertraten deutlicher noch die Potentialität der Gesetze und vor allem von neugeschaffenen Gesetzen, Verbesserungen für das Leben der Menschen zu erreichen. Die doppelte Normbindung der Gesetze war thematisiert, die einerseits Normen setzten und andererseits Normen unterlagen. Accursius († 1263), der aus Bologna stammte und dort wirkte, zu den einflussreichsten Juristen des späten Mittelalters gehörte und zur Anwendung des römischen Rechts im Mittelalter grundlegende Texte verfasste, hat in seiner monumentalen und seit dem Ende des 13. Jahrhunderts für alle Anwendungen des römischen Rechts maßgeblichen Glossierung der Digesten, der Rechtsgutachten antiker Rechtsgelehrten, die Generalprävention des Strafrechts als die Voraussetzung vorgestellt, um günstig in das Leben der Menschen einzugreifen. Gesetze schützten vor Verbrechen.[578] Die Aufgabe des Kaisers, der der Gesetzgeber sei, bestehe aber auch darin, das Unrecht in der Weise auszumerzen, dass er schlechte Gesetze abschaffe und sie durch bessere ersetze. Da Accursius offensichtlich annimmt, dass das Unrecht auch aus den Gesetzen selbst entstehen könne, ist eine Änderung der Gesetze selbst erforderlich, nicht nur die Ahndung der Gesetzesübertretung.[579] In den Glossen zu den Digesten stellt er die günstigen Wirkungen neuer Gesetze vor. Das neue Recht kann das bessere Recht sein, nicht allein indem es auf neue Verbrechen reagiert, sondern neue Ansprüche der Menschen nach Frieden und persönlichem Wohl erfüllt. Die Kapitel ‚De iustitia et iure' und ‚De origine iuris civilis' stellen die Aussagen zusammen, die die Gerechtigkeit aus dem Recht ableiten und die Herstellung der Gerechtigkeit nicht als einmaligen Akt präsentieren, sondern als beständige Aufgabe des Kaisers.[580] Auch die Glossen von Accursius zum *Codex* stellen in Aussicht, dass ein neuer *Codex,* also eine neue Gesetzessammlung, geschaffen werden könne.[581] Anders als bei Azo gibt es keinen unüberbrückbaren Gegensatz von Gerechtigkeit und Recht. Nicht allein Annäherung, sondern Angleichung hält er für möglich.

Legisten haben auch Königen die Gesetzgebungskompetenz zugewiesen, die in der Antike die Kaiser besaßen. Die beiden Juristen des weltlichen Rechts an der Universität Orléans, Jacques de Révigny und Pierre de Belleperche, die für die Ausbildung der juristisch geschulten Experten des französischen Königs tätig waren, erörterten gegen Ende des 13. Jahrhunderts die Position des Kaisers und ebenso des Königs als Schöpfer von neuen Gesetzen. Deren Berechtigung war nicht allein mit Verweis auf die Gesetzgebungskompetenz zu begründen, sondern auch auf der Grundlage der Nutzensteigerung, die neue Gesetze hervorzubringen in der Lage

578 Accursius, Glossa in Digestum vetus, S. 4; Gilissen, John, Introduction historique au droit. Esquisse d'une histoire universelle du droit, Bruxelles 1979, S. 177–183, 314–325, 350–352.
579 Accursius, Glossa in volumen (Corpus glossatorum iuris civilis 11), Torino 1969, S. 1f.
580 Id., Glossa in Digestum vetus, S. 6–10.
581 Id., Glossa in codicem (Corpus glossatorum iuris civilis 10), Torino 1968.

seien. Es wurde durchaus eingeräumt, dass neue Gesetze schwierig anzuwenden seien, Widersprüche hervorriefen und dass ihre Deutung Zweifeln unterliege. Die Interpretation müsse gemäß der bisherigen Gewohnheiten erfolgen. Die Neuerung solle durch nachträgliche Interpretation rechtstraditionell geformt und mit dem bisherigen Recht kompatibel gestaltet werden. Neue Gesetze seien auch nicht stets besser. Sie würden mitunter, weil gegen das bisherige Recht gerichtet, das öffentliche Wohl beschädigen, was ihre Geltung aber nicht aufhebe. Gesetzgebung war als herrschaftliche Befugnis definiert, die unabhängig vom Nutzen bestand.[582] Den Entstehungsgrund der Gesetze stellt Jacques aber auch – in seiner Erörterung zum Kapitel ‚Ex non scripto', das in dem justinianischen Werk der ‚Institutiones' enthalten ist – außerhalb formaler Gesetzgebung, nämlich als Ergebnis des Gewohnheitsrechts. Dieses beruhe auf einer Zustimmung des Volkes. Die *consuetudines* gelten dann als allgemeingültig und als gut, wenn sie nicht lokal beschränkt sind und wenn sie dem öffentlichen Wohl dienen. Regionale Anwendung und inhaltliche Bestimmung verleihen dem, was durch den allgemeinen Konsens eingerichtet wird, eine Geltungskraft, die neben den von den Herrschern eingerichteten Gesetzen besteht. Gewohnheiten sind hier keine defiziente Form des Rechts, die der Vernunft entbehren würden. Freilich gebe es auch *malae consuetudines*, die die Herrscher abstellen müssten. Der Autor sieht verschiedene und konkurrierende Gesetzgeber vor, die Kaiser, die Könige, aber auch konsensuelle Rechtssetzungen durch das ‚Volk'. Wenn das Volk aber mit der *lex regia* die Gesetzgebung dem Kaiser übertrage, könne es sie nicht zurückgefordern. Gewohnheitsrecht stehe daher unterhalb des herrschaftlich eingesetzten Rechts. Jacques führt den Terminus *ius commune civium Romanorum* ein und bezeichnet einen Rechtsbereich, der unterhalb des allgemeinen Völkerrechts und oberhalb der Gesetze der einzelne Königreiche steht. Jacques de Révigny erörtert Entstehungsgründe der Gesetze und deren Anwendungsbereiche. Er ist einer inhärenten Betrachtungsweise der Rechtsordnung verhaftet, deren Elemente aufeinander bezogen sind und keine Intentionalität außerhalb des Rechts voraussetzen. Er stellt folglich keine Lebensverbesserungen als Absicht und Ergebnis von Gesetzesverbesserungen vor.[583]

Das innovative Potential des römischen Rechts zugunsten einer Verbesserung des Lebens haben hingegen andere Juristen dargelegt und als Aufgabe der herr-

582 Jacques de Révigny, Lectura super codice, Paris 1519, Ndr., hg. v. Cortese, Ennio u. Rossi, Guido, Bologna 1967. Der Druck gibt fälschlicherweise Pierre de Belleperche als Autor an. Zur Gesetzgebungskompetenz fol. 35^{v}: *Imperator fecit novam legem quod testimonium non valet sine decem testibus. Ista lex non servibatur in testimoniis faciendis*; fol. 36^{r}: *Imperator fecit legem novam super ea emergit dubitatio, tunc ego distinguo autem interpreta per consuetudinem, unde est conservanda illa interpretatio*; fol. 36^{v}: *Credo quod ideo hodie ille populus apud quem residet ius imperii vel ius eligendi imperatorem et hodie non est populus romanus, sed translatum est in Germanos*. Pierre de Belleperche, Quaestiones, fol. 346f., 460.

583 Waelkens, Laurent L., La théorie de la coutume chez Jacques de Révigny. Édition et analyse de sa répétition sur la loi De quibus, Leiden 1984, S. 171, 310–322.

schaftlichen Gesetzgebung vorgesehen. So wurde die Entdeckung und Anwendung des antiken römischen Rechts eine Quelle für Rechtsgestaltungen, die sich nicht in der Tradierung des bestehenden Rechts und nicht in der Reaktivierung eines alten Rechts erschöpften. Es entstand die Möglichkeit, durch die Berufung auf das römisch-spätantike Recht intentionale Rechtsakte vorzusehen und zu rechtfertigen, auch mit der Begründung, dass sie das Leben verbessern würden. Was Bologneser Juristen als *scientia* erarbeiteten, wurde zur Grundlage dafür, dass *lex* entstand, also dass in einem rational begründeten und praktischen Verfahren nutzensteigernde Normen geschaffen wurden. Die inhaltlichen Ansprüche an das Gesetz und damit auch an die Gesetzgebung mussten dabei das Niveau der alten römischen Gesetze hinsichtlich der rechtlich geformten Lebensgestaltung erreichen, was Adaptationen und Ameliorationen erforderte, um nicht in einem Anachronismus stecken zu bleiben. Harold Berman behauptet, dass erst die mittelalterlichen Juristen das Geflecht römischer Rechtsregeln systematisiert und auf allgemeine Grundlagen gestellt hätten. Damit ist die Rationalisierung von lebenspraktischen Konfliktlösungen verbunden, um Vorteile und Schäden abzuwägen, so dass die unbesehene Übernahme und Weiterführung des bisher Üblichen die Berechtigung verlor. Andererseits: die Anknüpfung an das alte römische Recht brachte Anwendungsprobleme hervor (die durch ausgiebige Kommentierungen zu kompensieren waren) und behinderte eine innovationsfreudige Gesetzgebung, mit der die jeweiligen temporär auftretenden Umstände und Bedürfnisse und darüberhinaus die Optimierungsoptionen in Betracht gezogen würden. Die antikisierende Verbindung hemmte Neuerungen. Die rechtskundliche Analyse durch die Legisten eröffnete aber auch Erörterungen, wie aus dem bestehenden Recht Verbesserungen entstehen könnten, sei es durch Anwendungen, sei es durch neue Gesetze, die die mittelalterlichen Kaiser zu erlassen berechtigt seien, also durch die Einfügung von weiteren *novellae*.[584]

Die Dynamisierung des Rechts, die Verbesserung durch Gesetzgebung vorsah, war besonders im städtischen Bereich gut etabliert. Indem auch die Kommunen, vor allem in Italien, als Gesetzgeber agierten, erfasste die Kommentierung des antik-römischen Rechts auch deren Legitimation der Legislation. Der Jurist des weltlichen Rechts Bartolo da Sassoferrrato (1314–1357), der dem urbanen Milieu verhaftet war und die Unabhängigkeit von Stadtgemeinden verteidigte, untersuchte die Anwendung, die Zielsetzung und die Veränderung der antiken Gesetze. Mit der Ausdehnung der Gesetzgebungskompetenz auf die Kommunen ergab sich für

584 Coing, Helmut, Römisches Recht in Deutschland, Milano 1964, S. 143–156; Berman, Recht und Revolution, S. 244–246; Weimar, Peter, Zur Renaissance der Rechtswissenschaft im Mittelalter (Bibliotheca Eruditorum 8), Goldbach 1997; Lange, Römisches Recht; id. u. Kriechbaum, Römisches Recht im Mittelalter, Bd. 2; Dondorp, Harry u. Schrage, Eltjo J. H., The Sources of Medieval Learned Law, in: The Creation of the Ius Commune, S. 7–56; Walther, Helmut G., Lex und consuetudo. Zum politischen Hintergrund ihres Verhältnisses in den Lehren der Bologneser Legisten des 12. bis 14. Jahrhunderts, in: Das Gesetz, hg. v. Speer u.Guldentops, S. 109–122; Pennington, Roman Law, S. 109–122.

Bartolo die Möglichkeit, zeitnah auf aktuelle Bedürfnisse Gesetze einzurichten. Indem die Kommunen Legalität hätten und diese zur Legislation einsetzten, gelinge es, mittels neuer Gesetze eine Verbesserung der politischen Gestaltung und des Lebens der Bürger der Stadtgemeinden zu erzielen. Weil die italienischen Kommunen ihre gesetzgeberische Kompetenz kraft kaiserlicher Einsetzung oder zumindest aufgrund kaiserlicher Duldung erworben hätten, sollten sie diese Befugnis einsetzen für das, was die Existenz der Kommune rechtfertige, nämlich für das allgemeine Wohl zu sorgen. Bartolo warnt davor, dass durch die Errichtung von Alleinherrschaften die Institutionen der Gemeinde ausgehöhlt und letztlich vernichtet würden. Er kritisiert die zu seiner Zeit entstehenden Signorien in vielen der norditalienischen Städte und verurteilt sie als Usurpationen, ja als Herrschaften von Tyrannen. Diese verfehlen immer und dies unabhängig von ihrer persönlichen Eignung, allein aufgrund der institutionellen Basis ihrer Macht, die Aufgabe, für das Gemeinwohl zu sorgen, das voraussetze, dass die Partizipation der Stadtbewohner an seiner Verwirklichung vorgesehen sein müsse.[585]

Der Jurist Baldus de Ubaldis (1327–1400), obwohl ebenfalls dem mittelitalienischen urbanen Milieu verhaftet, wertete hingegen die kaiserliche Gesetzgebungsbefugnis auf, sah sie als Quelle der Lebensverbesserung an und setzte sie als Motor für die Steigerung des allgemeinen Wohls ein. Dies gelinge, weil der Kaiser neue Gesetze erlassen könne, nicht an alte gebunden sei, ja nicht einmal das Naturrecht unangetastet lassen müsse. Entscheidend sei das Ziel, das er anstrebe und erreiche, das darin bestehe, dass der öffentliche Nutzen, die *utilitas publica*, gefördert werde. Die zu seiner Zeit, in der zweiten Hälfte des 14. Jahrhunderts, nur noch prinzipiell, nicht faktisch bestehende Gesetzgebung der Kaiser in Italien suchte der gelehrte Jurist zu reaktivieren, womit er die Hoffnung verband, dass neue Gesetze die politischen Zustände in den norditalienischen Städten befriedeten.[586] Die Mehrung des öffentlichen Nutzens drängt die Traditionsbindung zurück, aber ebenso auch die kommunale Autonomie. Auch die Geltung des Naturrechts und des allgemeinen Rechts aller Völker und selbst das *ius divinum*, das von Gott eingerichtete Gesetz, stünde neuen Gesetzen nicht in jedem Fall entgegen. Das gesetzgeberische Handeln könne mitunter von den Vorgaben höheren Rechts abgelöst werden, zwar nur im Detail, aber dies sei doch prinzipiell möglich. Der Kaiser habe die Macht – darin Gott ähnlich – das Gute zu schaffen und dies kraft der Gesetze, die die Einwirkungsinstrumente seines Handelns seien. Die kaiserliche Macht wird freilich delegiert an

585 Quaglioni, Diego, Politica e diritto nel Trecento italiano: Il ‚De tyranno' di Bartolo da Sassoferrato (1314–1357), Firenze 1983; Walther, Helmut G., Sozialdisziplinierung durch die gelehrten Rechte im Mittelalter, in: Gewalt und ihre Legitimition im Mittelalter, S. 26–50, S. 37f., 43; Pio, Berardo, Il pensiero politico di Bartolo, in: Bartolo da Sassoferrrato nel VII centenario della nascità. Diritto, politica, società. Atti del L Convegno storico internazionale, Todi-Perugia 13–16 ottobre 2013, Spoleto 2014, S. 171–198.

586 Pennington, Kenneth, Baldus de Ubaldis, in: Rivista internazionale di diritto commune 8 (1997), S. 35–61.

diejenigen, die mehr Zuständigkeiten haben in den Städten und Königreichen, also an Stadtgemeinden und Könige, was dem innewohnenden Ziel der Gesetzgebung, den allgemeinen Nutzen zu mehren, nicht entgegenstehe, vielmehr durch die Vermehrung von Zuständigkeiten, die enger mit einzelnen Einwirkungsräumen verbunden seien, gefördert werde. Die Möglichkeit, durch neue Gesetze das Leben zu verbessern, seien aber, so die Schlussfolgerung von Baldus, eng begrenzt. Berechtigt seien sie wegen zweier Gründe. Erstens intentional, wenn ein *iustum motivum legislatoris* bestehe, zweitens konsequential, sofern erwartet werden könne, dass die neuen Gesetze akzeptiert und befolgt würden. So wie die Welt sich verändert habe und sich weiter verändere, so würden sich die Gesetze verändern. Das Handeln der Menschen imitiere die Natur, so Ubaldus, der das Buch zur Physik von Aristoteles zitiert: Das schöpferische Tun ist ein Kennzeichen des Menschen und es erfasst auch die Schaffung von Gesetzen. Das alte Gesetz zu ändern, bleibt aber eine Ausnahme, da die Nützlichkeitsvermutung zugunsten des alten Gesetzes den Ausschlag gebe, denn jedes Gesetz müsse als vernünftiges Gesetz angesehen werden.[587] Zum Besseren gebe es keine rational-evidente Entwicklungsrichtung. Wahrscheinlicher sei sogar die Zunahme des korrumpierten Lebens. Diesem Vorgang müssten die Gesetze Einhalt gebieten. Die Rechtsentwicklung folgt also vornehmlich dem Korrekturbedarf hinsichtlich der Verschlimmerung menschlicher Handlungen.[588] Unproblematischer sind neue Gesetze, wenn sie der Interpretation der alten dienen, so dass sie dann eigentlich nichts Neues einführten, sondern die Anwendung der bestehenden Gesetze verbessserten. Veränderung wird zur Ausnahme, das nur gemäß einem *iustum motivum legislatoris* gerechtfertigt werden könne. Indem aber Baldus die Motivierung des Gesetzgebers als Impuls rechtfertigt, kann er Neuerungen als Akte des Verbessern anerkennen. Gesetze sind Instrumente der Rechtsänderung und zugleich der Lebensverbesserung, aber auch die Antwort auf zunehmenden Niedergang guter Gebräuche. Entgegen der Auffassung von Johannes Bassianus, einem der ersten Rechtsgelehrten, der das justinianische Corpus kommentierte, lockert Baldus die Bindungswirkung der bestehenden alten Gesetze, indem er auch den Neuschöpfungen Vernünftigkeit zubilligt.[589]

Baldus de Ubaldis rechtfertigt auch in seinem Digestenkommentar die legislatorische Neuschöpfungskompetenz: Neue Dinge und Gegebenheiten, die im Wandel sind, verlangten, dass mit neuen Gesetzen auf sie reagiert werde. Aber Neuerungen stehen unter großem Rechtfertigungsansprüchen, die zu missachten, die Vernünftigkeit der Gesetze mindere. Eine *temeritas* würde nur eine *variatio* hervorbringen,

---

587 Walther, *Mundus*, S. 434.

588 Baldus de Ubaldis, Consilia I, fol. 102v–103v, zitiert nachWalther, *Mundus*, S. 442.

589 Baldus de Ubaldis, In primum, secundum et tertium codicis librum (Commentaria omnia 5), Ndr., Aschaffenburg 2004, fol. 64v–69r; id., Commentaria in VII, VIII, IX, X et XI codicis libros (Commentaria omnia 8), Ndr., Aschaffenburg 2004, fol. 177v–178v; Canning, Joseph, The Political Thought of Baldus de Ubaldis, Cambridge et alii 1987, S. 75–79, 90–92, 243f., 271–282.

ohne Recht und Leben zu verbessern. Andererseits hält Baldus daran fest, dass Gesetze gemacht werden, damit die Menschen ein gutes Leben führen, sofern die Gesetze sich nicht darauf beschränkten, zu verbieten, sondern zu fördern: *quia prope bene viventes non sunt factae leges prohibitoriae, sed properrantes.* Der gelehrte Jurist verweist auf eine extra-legale Referenz, auf das Leben selbst. Er gibt ein Ziel vor, das mehr als nur eine Forderung darstellt, sondern die Konklusion eines logischen Arrangements ist. Baldus verband mehrere Überlegungen miteinander: Gesetze werden gemacht, was bedeutet, dass sie nicht nur unvorgreiflich existieren und ausschließlich in der Vergangenheit entstanden waren. Weiterhin sind Gesetze nicht darauf beschränkt, Verhalten abzuwenden, sondern Verhalten hervorzurufen. Und schließlich sind Gesetze für ein gutes Leben zu konzipieren. Eine Steigerung des guten Lebens sieht Baldus explizit aber nicht vor. Aber implizit geht er von einer Verbesserungspotentialität aus, wenn er die Gesetze als vernünftige Einwirkungsmittel für das gute Leben annimmt und neue Gesetze als Ergebnisse repetitiven Handelns vorsieht. Die Verbesserung bezieht sich auf die Herstellung des allgemeinen Wohls, das Baldus von dem individuellen unterscheidet. Die Veränderungen erfassen vor allem das positive Recht, das vom Naturrecht unterschieden ist und auf den Gewohnheiten der Völker und der bei ihnen geltenden Gesetzeskompetenz beruht. Baldus de Ubaldis, mit den politischen Verhältnissen der italienischen Städte mit ihrer Statutengesetzgebung vertraut, sieht für diese bedeutende Gestaltungsfreiheit vor, die er freilich als delegierte Kompetenz, die vom Kaiser ausgeht, erachtet. Aber dennoch: Selbst ein fehlerhaftes Gesetz kann nicht leicht korrigiert werden. Die konservierende Tendenz zeigt sich auch in diesem Werk von Baldus, wenn er darauf beharrt, dass Gesetze als heilig angesehen und unbefleckt gehalten werden müssten, da sie von Gott abgeleitet seien und auf ihn zurückverwiesen. Gerade weil sie eingesetzt sind, um das gute Leben führen zu können, sollen sie nur selten geändert werden. Berechtigt sind neue Gesetze, wenn sie Gewohnheiten verändern, welche sich als schädlich für das Zusammenleben der Menschen herausstellen.[590]

Die Veränderbarkeit der Gesetze und ihr Verbesserungspotential seien bereits im Ursprung der Gesetze angelegt. Diese Auffassung entwickelt der italienische Jurist und langjährige Kanzler der Stadt Florenz Coluccio Salutati (ca. 1331–1406) in einem Traktat, der die Frage behandelt, wer den größeren Nutzen für die Menschen erbringt, der Arzt oder der Jurist. Es überrascht nicht, dass Salutati seinem eigenen Berufsstand, dem der Juristen, den Vorzug gibt. Er bietet darüber hinaus Hinweise auf die Frage, ob Recht und Gesetze und vor allem neue Gesetze Gutes für die Menschen bewirken. Allein indem er Medizin und Recht in eine Analogie stellt und sie hinsichtlich des Nutzens vergleicht, setzt er voraus, dass beide heilende und heilbringende Wirkungen hervorbringen, genauso aber auch gegen

---

590 Baldus de Ubaldis, In primam digesti veteris partem (Commentaria omnia 1), Aschaffenburg 2004, fol. 11^{r}–14^{v}.

Krankheit und Verfall vorgehen sollen. Beiden ist auch gemeinsam, dass sie in der natürlichen Beschaffenheit des Menschen angelegt sind und diese zum Guten führen. Die Natur des Menschen ist formbar, bedarf der Förderung. Während der Arzt aber nichts anderes kann, als den unausweichlichen Weg des Menschen zum Sterben zu verlängern und den Tod hinauszuschieben, ist es den Juristen möglich, eine Entwicklung zur stetigen Verbesserung anzustoßen, besonders wenn sie generationenübergreifend geschieht und der Tod der Individuen ihr kein Ende setzt. Aus den Ausführungen Salutatis wird ersichtlich, dass er den Rechtskundigen nicht nur als Kommentator, Prozessbevollmächtigten oder Richter erachtet, sondern vor allem als Gesetzgeber. Die Erfindung der Gesetze ist ein Akt, der in der Natur des Menschen angelegt ist und durch dessen Vernunft realisiert wird. Die Gesetze entfalten einen zeitlich gestreckten Vorgang, der das Gute hervorbringt und es durch Besseres steigert. Dies ist möglich, da die Gesetze zwar ewig in Gott sind, der als Urheber allen Seins auch die Gesetze hervorbringt, aber nicht als Resultate einer einmaligen Schöpfung, sondern mittels des Handelns der Menschen, die sukzessive die Gesetze erlassen. Die Gesetze sind nicht durch den Willen einzelner Menschen geschaffen, sie leiten sich vielmehr aus deren allgemeiner Natur ab und entstehen aus einem kollektiven, d.h. im eigentlichen Sinne politischen Akt. Die göttliche Vollkommenheit strahlt auf die Gesetze aus, weil diese auf der ewigen göttlichen Vernunft beruhen. Die Menschen bringen die Gesetze an das Licht der Welt, quasi in der Form einer Entbindung aus dem göttlichen Uterus, wie Salutati formuliert. Die Realisierung des Guten, das bereits vor der Existenz von geschaffenen Gesetzen besteht, geschieht durch menschliche Aktivität, die mittels des Erkenntnisvermögens, der Prüfung durch den Verstand und der Auswahl der möglichen Alternativen geschieht. Anders als die Erfahrungswissenschaft der Medizin, die viele Einzelheiten erfasst und das Alte und Überlieferte oft aufgibt, ändert und korrigiert, also induktiv vorgeht, beruht die Schaffung von Gesetzen auf der Ableitung vernünftiger Gründe. Für sie gilt eine deduktive Methode. Gesetzgebung führt somit nicht zu einem unbeständigen Wechsel, nicht zu einer Hervorbringung von Varietäten, sondern bringt sukzessiv neue und aufeinander beruhende Errungenschaften und Verbesserungen hervor. Die Entwicklung ist als Fortschritt charakterisiert. Er ist von Gott gewollt und angestoßen. Den Menschen ist aufgetragen, diese den Gesetzen inhärente Potentialität zur Entfaltung und Existenz zu bringen. Für Salutati ist die Schaffung von Gesetzen zunächst eine intellektuelle Tätigkeit, nämlich die der logischen Schlussfolgerungen aus allgemeinen Prinzipien, die Gott eingerichtet hat. Das Ziel der Gesetzgebung ist es, dass die Gesetze Anteil haben an der ewigen Gleichheit und mit ihr verbunden sind (*perpetua equalitate*). Dem Einwand, dass die Vielzahl unterschiedlicher Gesetze zu verschiedenen Zeiten und bei verschiedenen Völkern eine ungeordnete Ansammlung darstelle, begnetet Salutati mit der apodiktischen Aussage, dass Gesetze, sofern sie nicht aus der allgemeinen, von Gott angelegten Vernunft, hervorgingen, in Wahrheit keine Gesetze seien. Die tautologische Argumentation ist aber nicht sinnlos, sondern verstärkt die Normativität, der die Gesetzgebung unterliegt. Ausführlich behandelt Salutati die Vervollkommnung der Gesetze. Das Gute haftet nicht an einem Zustand, sondern besteht in der Entwicklung. Das Gute schließt das mögliche Gute ein, das auf eine zukünftige Entstehung verweist. Gesetze sind deswegen gut, sofern sie zu einem besseren Zustand erhoben werden können und das Leben verbessern. Das gute Leben besteht in der *felicitas.* Damit ist ein Grundwert der aristotelischen Philosophie und ihrer Weiterentwicklung im Mittelalter benannt. Es beinhaltet die Möglichkeit und Fähigkeit, ein selbstbestimmtes Leben zu führen, Ziele zu verfolgen und einen Ausgleich entgegenstehender Antriebe und Anliegen zu erreichen. Anders aber als in der philosophischen Tradition und explizit entgegen der Auffassung von Aristoteles, die er in der Schrift der Nikomachischen Ethik darlegt,[591] stellt Salutati die Wertigkeit der *felicitas activa* über die der *felicitas speculativa.* Weil das tätige Leben in der Gesellschaft stattfindet und der Kooperation von vielen Menschen bedarf, kann es nicht ohne Regulierung auskommen, die die Gesetze bereitstellen. Mit ihnen gelingt das gute Leben, und mit ihrer Weiterentwicklung das bessere Leben.[592]

Salutatis Traktat greift Argumente auf, die bereits Francesco Petrarca vorgelegt hatte. Er verfasste um 1355 die Schrift ‚Invective contra medicum' und liefert die Vorlage für die abschätzige Bewertung der Ärzte, die sich mit dem Körper, wohingegen die Philosophen und ebenso auch die Juristen sich mit der Seele befassten, also dem edleren Teil des Menschen. Medizin gehöre den *artes mechanicae* an, die Philosophie und die Rechtslehre hingegen den *scientiae.* Von der Medizin sei das gute Leben nicht zu erwarten, weil es ein moralisches Ideal sei und unter die Prämissen philosophischer Reflexionen gestellt werden müsse und nicht vom Körperlichen abgeleitet sei.[593]

Es gab auch Gegenstimmen, welche der Medizin den Vorrang einräumten, unter ihnen die italienischen Autoren Giovanni d'Arezzo, Bernardo da Firenze, Poggio Bracciolini, Leonardo Bruni, Balda da Faenza und vor allem Nicoletto Vernia. Letzterer ging in seiner Argumentation, die er 1482 vorstellte, besonders gründlich vor. Sein wichtigstes Argument war, dass die Medizin Teil der Naturphilosophie sei und daher Anteil habe an dem hohen Wert der Philosophie insgesamt und mit ihr dazu beitrage, das Leben der Menschen zu verbessern. Bemerkenswert für die Bewertung von Gesetzen ist die Auffassung, die Vernia referiert, dass es ein Voranschreiten der Gesetze gebe, *legum processus,* also einen zeitlichen Prozess,

591 Aristoteles, Nikomachische Ethik, 1177b.

592 Coluccio Salutati, Vom Vorrang der Jurisprudenz oder der Medizin. De nobilitate legum et medicinae, hg. u. übersetzt v. Schenkel, Peter-Michael (Humanistische Bibliothek. Texte und Abhandlungen II, 25), München 1990, S. 44–47, 52f., 74–79, 125f., 200–203, 218–221.

593 Francesco Petrarca, Invective contra medicum, hg. v. Bufano, Antonietta (Opere latine di Francesco Petrarca 5), Torino 1975; Struever, Nancy, Petrarch's ‚Invective contra medicum'. An Early Confrontation of Rhetoric and Medicine, in: Modern Language notes 108 (1993), S. 659–679.

den Vernia als Exposition der Vernunft vorstellt. Dass Vernia diese Meinung letztlich ablehnt, ändert nichts an der argumentativen Relevanz, die den Gesetzen als Mittel zur Herstellung der *felicitas* zukommen würde. Und dieser Nutzen bestehe durchaus, wie Nicoletto Vernia ausführt. Aber er billgt dem Recht und den Gesetzen nur Nutzen hinsichtlich einer *felicitas politica* zu, ja abwertend formuliert nur einer *felicitas quaedam*, d.h. einer Glückseligkeit in gewissem Sinne, die den praktischen Bedürfnissen gerecht werde, wohingegen die Mediziner die den Philosophen eigentümliche und höherwertige *vera felicitas* hervorbrächten. Vernia stellt Recht, Gesetze und Gesetzgebung in den Bereich einer Daseinsfürsorge. Sie sind für ihn Teil des politischen Handelns. Die Veränderlichkeit des Rechts, die, wie er einräumt, durchaus Verbesserungen des Lebens hervorbringen könne, ist aber für Vernia ein weiteres Argument, das Recht unterhalb der Medizin zu stellen, da diese sich – als philosophische Disziplin – den unwandelbaren und deswegen edleren, allzeitig gültigen Wahrheiten widme. Vernia nimmt eine Umstellung vor, indem er Recht und Gesetz als Teil eines praktischem Wissens ansieht, das den *artes* zugehörig ist, hingegen er der Medizin den Status einer *scientia* zuweist. Damit begründet er aber auch die Potentialität von Recht und Gesetz, Gutes zu schaffen, und deren instrumentale Rationalität, die zu Verbesserungen führt. Gerade weil Recht und Gesetz auf die Ebene lebenspraktischer Intentionalität heruntergebrochen sind, ist deren Option gesichert, das Leben der Menschen zu verbessern.[594]

Die Veränderlichkeit der Gesetze aus der Rechtsordnung des ‚Corpus iuris civilis' abzuleiten, stellte Juristen auch außerhalb des Milieus italienischer Kommunen vor Probleme. Dies galt für den oben bereits genannten Pierre de Belleperche (ca. 1250–1308), der an der Juristenfakultät zu Orléans unterrichtete, enger Mitarbeiter König Philipps IV. von Frankreich war und außerdem eine geistliche Karrriere bis zur Position des Bischofs von Auxerre verfolgte. Er gab in seinem Kommentar zum *Codex* an, dass es gerechte Gründe für die Veränderungen des Rechts gebe, was den Kaiser und in Analogie zu dessen Befugnissen den französischen König ermögliche, die Schranken des geschützten Bereichs, den das göttliche Recht darstellen würde, herabzusetzen. Der Gegensatz war indes nicht grundsätzlich, denn gegen die Normativität des göttlichen Gesetzes, die grundsätzlich nicht angetastet werden sollte, stand der Spezialfall. Nur dieser erfordere dynamische Veränderungen, um zu Verbesserungen des öffentlichen Nutzens zu führen. So schuf Pierre

594 Die Potentialität von Rechts- und Lebensverbesserungen ist nicht ausgeführt in Edelheit, Amos, ‚Renaissance Scholasticism' Strikes again: Nicoletto Vernia and the Debate between Medicine and Civil Law, in: Recherches de Théologie et Philosophie médiévales 82 (2019), S. 451–483.

de Belleperche einen abgesonderten Bereich von Veränderungen, die als Hebel für Verbesserungen des allgemeinen Wohls eingesetzt werden könnten.[595]

Der Zeitgenosse und ebenfalls dem französischen Königshof verbundene Jurist Pierre Dubois (ca. 1255–ca. 1321) schob die Beschränkungen königlicher Gesetzgebung noch mehr beiseite. Er bewertete die Eingriffe des Königs anhand von Ergebnissen, die neue Gesetze erreichen und erreichen sollen. Dubois behandelte die Thematik in seinem Traktat zur Vorbereitung eines neuen Kreuzzuges. Die von Dubois vorgeschlagenen Veränderungen des Rechts, die der König vornehmen solle, entsprächen stets dem göttlichen Recht, sofern sie das Ziel, das in der Wiedergewinnung des Heiligen Landes für die Christen bestehe, anstrebten. Nicht Ausnahmen setzt Dubois voraus, sondern eine prinzipiell bestehende Ermächtigung zur Veränderung. Dem rigiden Interventionismus des Königs stehen keine rechtlichen Schranken entgegen, vielmehr soll das Recht die notwendigen Instrumente zur Wiedereroberung des Heiligen Landes bereitstellen. Bestehende Rechte und Besitzungen stehen zur Disposition. Die Auffassung, dass das Ziel die Mittel rechtfertige, dehnt Dubois noch aus, verbindet sie mit der ewigen Erlösung. Es sei lediglich eine private Meinung, so Pierre Dubois, die Enteignung von Klosterbesitz zur Finanzierung eines Kreuzzuges für ungesetzlich zu erachten. Die Anweisungen Gottes verlangten vielmehr, dass der König in die Verteilung der Reichtümer eingreife, um die eigene Seele und die seiner Untertanen zu retten. Die legislative Aktivität für weltliche Angelegenheiten hat Auswirkungen, so sieht es Pierre Dubois, auf das ewige Heil. Da dieses auch durch den König befördert werde und befördert werden müsse, erweitert der Jurist dessen Machtstellung. Gesetze als zeitlich und räumlich unveränderlich anzusehen, sei ein Irrtum, den Dubois dem muslimischen Philosophen Averroes und den Arabern und den okzidentalen Interpreten ihrer Lehre anlastet. Aber in Wahrheit seien alle weltlichen Gesetze und Statuten erlassen, um dem Guten angemessen zu sein, und deswegen müssten sie den jeweiligen begrenzten Bedingungen angepasst sein, damit das Ziel, das unbestimmt als *bonum* bezeichnet ist, realisiert werde. Pierre Dubois leitet die legislative Dynamik aus dem göttlichen Recht ab, das somit nicht inhaltlich, sondern funktional gekennzeichnet ist. Indes, nicht das Leben der Untertanen soll verbessert werden, sondern ihre militante Anstrengung und Anstrengungsbereitschaft soll zunächst gestärkt werden, um die militärische, technische und pädagogische Überlegenheit der okzidentalen Christen in ihrem Kampf um die Eroberung des Heiligen Landes herzustellen und stabil zu halten. Die agonale Konstellation verlangt die legislatorische Aktivität. Sie ist auf Steigerung angelegt, nicht auf die Sicherung des Bestehenden. Die Originalität von Dubois besteht darin, die Garantie, die das göttliche Recht

595 Pierre de Belleperche, Quaestiones, fol. 346f., 460; Bezemer, Kees, Pierre de Belleperche. An Early Attempt to make Public Law a Separate Branch of Legal Science?, in: Science politique et droit public dans les facultés européennes (XIIIe–XVIIIe siècle), hg. v. Krynen, Jacques u. Stolleis, Michael (Studien zur Europäischen Rechtsgeschichte 229), Frankfurt a. M. 2008, S. 41–47.

aufrichtet, nicht auf die Existenz von Gesetzen zu beziehen, sondern das göttliche Recht als Grundlage und gar als Aufforderung für Gesetzesänderungen einzusetzen.[596] Die Gelehrten der Kanonistik und Legistik beharrten zwar darauf, dass das Naturrecht, das eng mit dem göttlichen Recht verbunden ist, unveränderlich sei, so räumt Dubois ein, aber sie sähen doch vor, dass in Einzelfällen von ihm abgewichen werden könne.[597] Mit einer Speziallösung begnügt sich aber Dubois nicht. Die legislatorische Dynamik sprengt bei ihm die Statik des göttlichen und natürlichen Rechts.

Das Programm, das Pierre Dubois entfaltet, war die Antwort auf eine Verlusterfahrung, nachdem die letzten Besitzungen der Kreuzfahrer an der Küste des Mittelmeeres, vor allem die Residenzstadt des Königs von Jerusalem, Akkon, 1291 von den ägyptischen Mamelukenherrschern erobert worden waren. Die Niederlage stieß eine Fülle von Projekten für neue Kreuzzüge an.[598] Pierre Dubois sah als Voraussetzung eines neuen Kreuzzuges und zur Stabilisierung seiner Eroberungen eine Veränderung der Organisationsformen der Christenheit im Okzident an. Sein von der Forschung als „Utopie" bezeichnetes Projekt[599] war räumlich nicht nur im künftig zu erobernden Heiligen Land plaziert, sondern ‚utopisch' waren auch seine Vorschläge hinsichtlich von Europa. Die Erhöhung der militärischen Schlagkraft gegen die Muslime sollte nicht allein durch eine waffentechnische und militärische Organisation erreicht werden, vielmehr entwickelte Dubois ein Gesamtprogramm gesellschaftlicher Veränderungen, die zur Effizienzsteigerung aller demographischen (auch durch die Einbeziehung von Frauen), kirchlichen, technischen, wirtschaftlichen, finanziellen, wissenskundlichen und rhetorischen Ressourcen führen sollte. Auch die Gesetzgebung war als Mittel der Effizienzsteigerung eingesetzt. Neue Gesetze müssten erlassen werden, um in die Besitzrechte von Kirchen einzugreifen, Friedensbrecher zu bestrafen und wirtschaftliche Boykotte gegen die Muslime durchzusetzen. Ein allgemeines Konzil sei die gesetzgeberische Instanz, sofern mehr als nur Gesetze innerhalb eines einzelnen Königreiches erlassen würden, sondern wenn die gesamte okzidentale Christenheit erfasst werden solle.[600]

Dubois verlangt, dass die Gesetze im künftigen Königreich Jerusalem einfach und einheitlich sein müssten, selbst wenn die Bewohner aus unterschiedlichen Regionen Europas stammten. Ausdrücklich hält Dubois fest, dass die Neuerung schwierig durchzusetzen sei, ja viele sie als schmerzlich empfunden würden, sei doch verlangt, auf bisherige Gewohnheiten und Rechte zu verzichten. Die legislative Disruption war ausdrücklich gewollt und für notwendig erklärt, um die Gesetze zu verbessern. Ein eigenes Kapitel (LVII.97) widmet Dubois, um Gegenreden,

---

596 Dubois, De recuperatione, S. 94–99; Cortese, Norma, S. 115–117.
597 Ibid., S. 96–99, 442–445.
598 Housley, Norman, The Later Crusades 1274–1580. From Lyons to Alcazar, Oxford 1992.
599 Oexle, Otto Gerhard, Utopisches Denken im Mittelalter: Pierre Dubois, in: HZ 224 (1977), S. 293–339.
600 Dubois, De recuperatione, S. 6–17.

die die Beibehaltung der bestehenden Gesetze forderten, zu widerlegen. Er führt aus: Gesetze können geändert werden, und sie müssen es, um die Mängel der bisherigen auszumerzen. Und schließlich ging es um mehr als nur um die Expansion in den Vorderen Orient. Dubois stellt als Ziel die Besserung der Menschen der Christenheit dar. Sie sollten tugendhafter, gebildeter, redegewandter und überzeugungsstärker werden. Als Ergebnis der Reformen sei sogar ein längeres Leben möglich. Dubois verbindet seine Aufforderung und Erwartung mit chiliastischen Vorstellungen, die eine Steigerung humaner Existenzmöglichkeiten im Diesseits vorsehen. Das Heilige Land und Jerusalem bündelten die Projektionen eines herannahenden Zustandes der Harmonie und der Gottesnähe. Um ihn zu erreichen, waren Anstrengungen gefordert. Sie verlangten praktische Maßnahmen, auch bei der Schaffung von Gesetzen. Dubois behauptet, dass seine Konzepte mehr seien als die Vorstellung von Wünschen. Er meint, dass er die Zukunft vorhersehen könne. Er leitet sie aus der Vergangenheit und der Gegenwart ab. Konjekturen von Ähnlichkeiten zu bilden, war die Methode, die Dubois vorsah, um die Entwicklung zu künftigen Zeitepochen in eine logische Stringenz zu bringen: *Per presumptiones verisimiles coniecturamus de preterito et presenti in futurum*. So ist das, was Dubois für die Zukunft vorsieht, im eigentlichen Sinne keine ‚Utopie', kein ‚Nicht-Ort', sondern Fortentwicklung von Vergangenheit und Gegenwart. Die gesetzliche Grundlegung und Vorbereitung ist legitim, da sie einer historischen Notwendigkeit folgt. Sie bringe Effizienzsteigerung der Christen und für sie schließlich ein besseres Leben hervor.[601]

VII.2 Philosophie des guten Lebens im Diesseits

Gesetze und Gesetzgebung sind Themen der politischen Philosophie und folglich der Ethik, der Lehre vom richtigen Verhalten. Die Normierung ist eine doppelte: die Bindungswirkung der Gesetze für die Menschen und die Bewertung der Gesetze gemäß ethischer Anforderungen. Das gute Verhalten ist nicht auf die Befolgung von Gesetzen beschränkt; es betrifft auch die Schaffung der Gesetze. In zweierlei Hinsicht unterliegt die Legislation einer ethischen Bewertung: die des individuellen Handelns der Gesetzgeber und – theoretisch anspruchsvoller – ausgerichtet auf eine politische Erörterung zu den institutionellen Voraussetzungen und Ergebnis-

601 Dubois, De recuperatione, S. 16–23, 28f., 184–193, 196–203, 238–249; Delle Piane, Mario, Vecchio et nuovo nelle idee politiche di Pietro Dubois, Firenze 1959; Schmidt, Hans-Joachim, Bildungsreform als Kriegsvorbereitung. Die Vorschläge von Pierre Dubois zur Wiedergewinnung des Heiligen Landes, in: Personen der Geschichte – Geschichte der Personen. Studien zur Kreuzzugs-, Sozial- und Bildungsgeschichte. Festschrift für Rainer Christoph Schwinges zum 60. Geburtstag, hg. v. Hesse, Christian et alii, Basel 2003, S. 421–440; Ertl, Thomas, De Recuperatione Terrae Sanctae. Kreuzzugspläne nach 1291 zwischen Utopie und ‚Useful Knowledge', in: Zukunft im Mittelalter, S. 283–310.

sen. Philosophische Theoriebildung geht über eine moralische Bewertung hinaus und untersucht Organisationsformen und deren Intentionen und Gefährdungen.

Institutionen wurden im Mittelalter häufig in Analogie zum menschlichen Körper gedacht und als ein Zusammenwirken von Teilen konzipiert, die als Organe angegeben waren. Dieses Thema behandelte Johannes von Salisbury († 1180). Als er sein politiktheoretisches Werk ‚Policraticus' schrieb, stand er unter dem Eindruck einer Königsherrschaft Heinrichs II. von England, die nach seiner Auffassung die Rechte der Kirche und das Wohlergehen der Untertanen missachtete. Der Engländer Johannes war Schüler der Stiftsschulen in Paris und vermutlich auch in Chartres, bekleidete in Frankreich mehrere geistliche Ämter, kehrte 1147 nach England zurück, war am Hof des Erzbischofs von Canterbury tätig, zog nach dem Streit zwischen dessem Oberhirten Thomas Becket[602] und König Heinrich II. mit jenem nach Frankreich ins Exil, kam 1170 mit Thomas wieder nach England, war im selben Jahr Augenzeuge des von Heinrich beauftragten Mordes an Thomas Becket, floh erneut aus England, wurde schließlich 1175 zum Bischof von Chartres erhoben und lebte die letzten fünf Lebensjahre in Frankreich außerhalb der Herrschaftsgebiete des englischen Königs.[603]

In dem Werk ‚Policraticus', vor 1159 abgeschlossen – also noch vor dem Höhepunkt des Konfliktes zwischen König und Erzbischof –, entwarf Johannes eine Gesellschafts- und Herrschaftslehre, die, basierend auf einem organologischen Modell, eine geordnete Relation der Funktionen und der Aufgaben im Staat vorsah, ähnlich dem Zusammenspiel der verschiedenen Körperteile des Menschen. Dieses Buch fand während der folgenden Jahrhunderte ein weite Verbreitung, war in zahlreichen Handschriften aufgezeichnet, wurde in den späteren Texten zur politischen Theorie verwendet, wurde von vielen Autoren zitiert (u. a. Vincenz von Beauvais und den Dichtern Chaucer und Dante) und war an den Fürstenhöfen Europas bekannt. In den 1370er Jahren ließ König Karl V. von Frankreich durch Jean Golein einen kommentierten und bebilderten Auszug in französischer Sprache anfertigen. Johannes von Salisbury hatte sich den Ruf erworben, Kenner und Analytiker des Rechts zu sein. Die spätmittelalterlichen Gelehrten des römischen Rechts hielten Johannes von Salisbury als Gewährsmann für das Recht, mit dem die *res publica* geformt war.[604]

Johannes von Salisbury suchte ein Problem der politischen Verfassung zu lösen, wie tyrannische Herrschaft, d. h. die verfehlte Ausübung des königlichen Amtes,

602 Struve, Entwicklung.

603 Barrau, Julie, Ceci n'est pas un miroir, ou le Policraticus de Jean de Salisbury, in: Le prince au miroir de la littérature politique de l'Antiquité aux Lumières, hg. v. Lachaud, Frédérique u. Scordia, Lydwine, Mont-Saint-Aignan 2007, S. 87–112.

604 Johannes von Salisbury, Policraticus, hg. v. Keats-Rohan, S. xvif., xviii-xlii; Ullmann, Walter, John of Salisbury's Policraticus in the Later Middle Ages, in: Geschichtsschreibung und geistiges Leben im Mittelalter. Festschrift Heinz Löwe, hg. v. Hauck, Karl u. Mordek, Hubert, Köln/Wien 1978, S. 519–545; Linder, Amnon, The Knowledge of John of Salisbury in the Late

abgewendet werden kann. Dies sollte weniger die Erziehung des Herrschers als die institutionelle Gestaltung der Herrschaft leisten. Es kam nicht auf die Person des Herrschers an. Daraus folgt, dass Johannes die Option des Tyrannenmordes zwar erörterte, als Abwehr ungerechter Herrschaft aber letztlich verwarf.[605] Vielmehr sollte die Beachtung der Gesetze vor den Gefahren und auch den Versuchungen tyrannischer Herrschaft schützen. Gesetze wehrten das Schlechte ab. Gesetze sind für Johannes das Korrektiv nicht allein gegen Verbrechen der Untertanen, sondern auch gegen das Handeln der Herrscher. Gesetze entsprächen der Vernunft, hingegen das Handeln der Könige und mehr noch seiner Hofleute den Launen; Gesetze seien dazu bestimmt, das allgemeine Wohl zu fördern; die Könige und seine Hofleute seien stattdessen oft dazu verlockt, ihr privates Wohl zu vermehren; Gesetze spiegelten die Gerechtigkeit Gottes, der königliche Hof übe ungerechte Gewalt aus. Die Verbindung von Gesetz und König gelinge, wenn dieser die Gesetze zur Geltung bringe und ihnen unterstellt sei. Er solle der Diener der Gesetze sein. Die Gesetze hätten eine günstige Wirkung, von der alle Untertanen profitieren und auch der König. Die Neuschöpfung von Gesetzen sind Erfindungen der Menschen, die in der Vergangenheit geschehen seien. Dass diese Erfindungen in Gegenwart und Zukunft weiterhin geschähen, stellt Johannes aber nicht vor. Die Gesetze seien nach ihrer Entstehung unwandelbar, Ergebnis der von Gott verliehenen Lehre der Weisheit und konkret niedergelegt in den Gesetzen, die einst Kaiser Justinian in Kraft gesetzt habe. Diese Gesetzte müssten zur Geltung gebracht werden. Neue zu erfinden, ist unnötig und schädlich.[606] Wiedergewinnung, nicht Neugewinnung von Gesetzen favorisiert Johannes. Die Existenz und Anwendung der Gesetze seien für das gute Leben förderlich, die keiner Weiterentwicklung bedürften, um ihre Wirkung zu verbessern. Das hat zur Folge, dass die Herrscher nicht Gesetze schaffen. Gesetze sind für Johannes von Salisbury keine Herrschaftsinstrumente

---

Middle Ages, in: Studi Medievali 3/18,2 (1977), S. 315–366; Senellart, Les arts, S. 145–147; Kerner, Max, Johannes von Salisbury im späteren Mittelalter, in: Das Publikum politischer Theorie im 14. Jahrhundert, hg. v. Miethke, Jürgen (Schriften des Historischen Kollegs 21), München 1992, S. 25–47; Morrison, Elizabeth u. Hedeman, Anne D., Imagining the Past in France. History of Manuscript Painting 1250–1500, Los Angeles 2000, S. 189.

605 Johannes von Salisbury, Policratici libri, hg. v. Webb, II, S. 345f., S. 358–360; zur Tyrannenlehre von Johannes von Salisbury: Macedo de Steffens, Dorotea C., La doctrina del Tiranicidio: Juan de Salisbury (1115–1180) y Juan de Mariana (1535–1621), in: Anales de Historia Antigua y Medieval 9 (1957–1958), Buenos Aires 1959, S. 123–133; Rouse, Richard H. u. Rouse, Mary A., John of Salisbury and the doctrine of Tyrannicide, in: Speculum 42 (1967), S. 693–709; Nederman, Cary J., A Duty to Kill. John of Salisbury's Theory of Tyrannicide, in: The Review of Politics 50 (1988), S. 365–389; Foulechat, Denis, Tyrans, princes et prêtres (Jean de Salisbury, Polycratique IV et VIII), Montréal 1987, S. 22–27; Turchetti, Mario, Tyrannie et tyrannicide de l'Antiquité à nos jours, Paris 2001, S. 251–256.

606 Johannes von Salisbury, Policraticus, hg. v. Keats-Rohan, S. 234–236; Krynen, Jacques, *Princeps pugnat pro legibus*. Un aspect du ‚Policraticus', in: Droit romain, *Jus Civile* et droit français, hg. v. id. (Études d'histoire du droit et des idées politiques 3/1999), Toulouse 1999, S. 89–99.

zur Steigerung der Macht, sondern Gestaltungsinstrumente der politischen Verfassung.[607]

Weil Johannes von Salisbury keine neuen Gesetze vorsieht, die die alten verbessern würden, selbst dann nicht, wenn diese ungerecht sein sollten, beharrt er auf einer Dauergeltung, die sogar für die Gesetze gilt, die ein Tyrann erlässt und die ebenfalls befolgt werden müssen. Die Deformation von Gesetzen schließt ihre legale Geltung nicht aus.[608] Eine Steigerung humaner Existenzformen durch die Gesetze ist nicht vorgesehen, wohl aber ein Schutz gegen die Unterdrückung der Untertanen. Veränderungen der Gesetze stehen im Verdacht, von ungerechten Herrschern in Kraft gesetzt zu werden und einzig ihren Launen zu folgen und ihre privaten Interessen zu befördern.

Die Veränderung der Gesetze wird in der ‚Summa Halensis' ausgeführt. Das Werk verfassten Alexander von Hales (1185–1245), einer der ersten franziskanischen Theologen, und seine Schüler, besonders Johannes de Rupella, am Beginn des 13. Jahrhunderts. Die ‚Summa' verneint, dass es möglich sei, die Unvollkommenheit von Gesetzen durch Neuerungen zu beheben. Der Wandel ist zu verwerfen, weil er Probleme der Praktikabilität nach sich zieht, weil die Kenntnis neuer Gesetze und deren Akzeptanz schwieriger werden könnten, vor allem aber weil er grundsätzlich Abweichungen vom Urzustand einleite, welcher noch am besten einen günstigen Zustand darstelle. Veränderungen von Gesetzen seien hingegen eine Abfolge von Verschlechterungen. Die Urgesetze sind mit dem mosaischen Gesetz und den Evangelien benannt. Diese Gesetze sind religiös bestimmt und von Gott eingesetzt. Damit sind die Gesetze und Gesetzgebungen, die weltliche Instanzen in Kraft setzen, nicht als unwandelbare Grundlagen anerkannt und sind unvollkommene Gesetze. Sie können verändert werden. Aber eine Verbesserung würde aus den Änderungen nicht entstehen. Die gründsätzliche Möglichkeit, Gesetze zu ändern, gilt selbst für Teile des Naturrechts, soweit sie nicht mit den Geboten und Verboten, die die biblischen Texte begründen, übereinstimmen. Die oft in der ‚Summa' genannte *lex temporalis* ist, trotz der Mängel, gültiges Gesetz. Die weltlichen Gesetze stehen außerhalb einer Ordnung des Heils, das nur als Ergebnis der Erlösung durch Gott denkbar ist. Die weltlichen Gesetze unterliegen einer Dekadenzvermutung. Sie kann nicht durch Veränderung ausgeräumt werden, da das Wandelbare mit der menschlichen Schwäche, insbesondere mit dem Irrtum, verbunden wird, wohingegen das Vollkommene mit dem Unwandelbaren gleichgesetzt ist. Das ewige Gesetz ist eine Quelle der Wahrheit, damit auch von Gerechtigkeit, aber von ihm leitet sich keine praktische Lebensgestaltung ab, denn keine weltliche staatliche Organisation hat Anteil an ihm. Die Anbindung des vollkommenen Gesetzes an das göttliche Heilsversprechen entzieht den menschlichen Gesetzen jede Möglichkeit, das Gute zu schaffen für das diesseitige Leben

607 Johannes von Salisbury, Policraticus, hg. v. Keats-Rohan, S. 252–254.
608 Ibid., S. 4f.

der Menschen. Nur die Herstellung des Friedens mittels der Sanktionierung von Gewalt und Verbrechen bleibt als anerkannter Nutzen der weltlichen Gesetze übrig. Eine Abwehrfunktion ist vorgesehen. Die ‚Summa Halensis' bietet eine theologische Bewertung, die eine günstige Wirkung von menschlichen Gesetzen auf das Leben der Menschen nicht für möglich hält. Eine politiktheoretische Bewertung von Gesetzgebung und Gesetzesneuerung ist folglich unerheblich und findet auch nicht statt.[609]

Eine politische Betrachtungsweise von Gesetzen, ihrer Einrichtung, ihrer Veränderung und ihrem Nutzen wurden erst möglich, sobald eine eigenständige philosophische Lehre von der Politik, die Teil der Ethik war, im westlichen Europa entstand und dies als Ergebnis der Kenntnis von Texten von Aristoteles. Besonders nachdem zur Mitte des 13. Jahrhunderts lateinische Übersetzungen der Werke von Aristoteles zur Ethik und zur Politik im okzidentalen Europa vorgelegt wurden,[610] galt es die Frage zu klären, in welcher Weise ein Handeln in politischen Organisationen einen Nutzen erzeuge, der nicht einzig in der Hinführung zu einem ewigen Heil bestand, sondern der auch das diesseitige Leben erfasste. Die Gesetzgebung, als ein Teil des politischen Agierens, war hinsichtlich der Nutzenmehrung und der Mehrung des allgemeinen Wohls zu behandeln.

Noch ohne genaue Kenntnis von vollständigen Texten von Aristoteles, aber auf der Grundlage einiger Auszüge seiner Werke erörterte Wilhelm von Auvergne (ca. 1180–1249) in seiner Schrift ‚Tractatus de fide et legibus' Gesetze und Gesetzgebung. Er war einer der ersten Theologen der Pariser Universität, die erst kurze Zeit zuvor entstanden war; er wurde Bischof von Paris und war einer der Lehrer des jungen französischen Königs Ludwig IX.[611] Die Möglichkeit, Gesetze zu verändern, so schrieb Wilhelm, beruhe darauf, dass es eine Hierarchie der Gesetze gebe, die jeweils in unterschiedlichen Graden wandlungsfähig seien. Wilhelm von Auvergne folgte damit einer seit langem tradierten Auffassung, die bereits bei Isidor von Sevilla und im Dekret Gratians ausgeführt war. Anders als diese Tradition, die die Abfolge von *lex divina, lex naturae, lex gentium* und *lex civilis* zugrunde legte und eine zunehmende Variabilität und auch Veränderungsbedürftigkeit entlang dieser typologischen Abfolge der Gesetze vorsah, präsentierte Wilhelm in dem Traktat ‚De fide et legibus' darüber hinaus einen historischen Verlauf, den er als Motor einführte, Gesetze zu verbessern. Nicht die alte Form, sondern die neue sei die bessere. Die Entwicklung begründet er mit den Ergebnissen des göttlichen

609 Alexander de Hales, Summa theologica, hg. v. Klumper, Bernhard, 4 Bde., Quaracchi 1924–1948, II, S. 315, 348, 384, 776; Basse, Michael, Der Traktat ‚De legibus et praeceptis' der ‚Summa Halensis' und sein kulturgeschichtlicher Kontext, in: Das Gesetz, hg. v. Speer u. Guldentops, S. 298–315, S. 298–305.

610 Siehe oben Kapitel III.1.

611 Autour de Guillaume d'Auvergne († 1249). Etudes réunies, hg. v. Morenzoni, François u. Tilliette, Jean-Yves, Turnhout 2005; Teske, Roland J., Studies in the Philosophy of William of Auvergne, Bishop of Paris (1228–1249), Milwaukee, WI 2006.

Wirkens, das im zeitlichen Verlauf höhere Stufen des Heils und des Guten hervorbringe. Wilhelm verbindet Gesetze mit der Gegenüberstellung von Religionen, die in der Geschichte entstanden. Das mosaische Gesetz der Juden sei noch eine unvollkommene Frühform gewesen. Die *lex Hebraeorum* sei eine *lex fortunae,* die *lex Saracenorum* eine *lex naturae* und die *lex Christianorum* die *lex gratiae.* Die Schaffung neuer Gesetze folge nicht nur den Etappen des Heils, sondern auch kosmologischen Veränderungen. Die verschiedenen Gesetze stünden in Verbindung zu Himmelskörpern. Das Gesetz der Juden assoziiert Wilhelm mit Saturn, das der Muslime mit Venus, das der Christen mit der Sonne (*lex solis*). Das Gesetz der Juden sei, so Wilhelm, nicht allein deswegen unvollkommen, da es der Fülle der göttlichen Offenbarung entbehre, sondern weil es für das Leben der Menschen im Diesseits mancherlei Widrigkeiten beschert habe. Viele Katastrophen habe die Wirkung von Saturn und des mit ihm verbundenen Gesetzes der Juden hervorgebracht: Hungersnöte, Brände, Kriege und andere Heimsuchungen. Abweichungen von den Gesetzen, die Moses von Gott empfangen und verkündet habe, seien daher erlaubt. So sei die Beschneidung bei den Christen nicht mehr vorgesehen, die Bundeslade werde nicht verehrt. Wilhelm bezeichnet weitere Bestimmungen des mosaischen Gesetzes, ohne sie konkret zu benennen, als *immunditiae legales*, also gesetzliche Unreinheiten, die es abzuschaffen gelte. Das Gesetz der Muslime, mit dem Gestirn der Venus verbunden, entspringe einem Naturgesetz, befördere daher lediglich das Streben nach Reichtümern, verlocke zu sexuellen Vergnügungen und unterstütze sogar Verbrechen. Das Gesetz der Christen, das der Sonne, bringe Erleuchtung. Wilhelm führt die assoziative und metaphorische Verknüpfung der Gesetze mit natürlichen Objekten weiter und entfaltet auch eine hierarchisch abgestufte Bewertung von Gesetzen, indem er sie mit Edelsteinen in eine Relation stellt. Für die Christenheit gilt, dass er die Tugenden mit dem Smaragd, die Wirkung der göttlichen Gnade mit dem Diamant, dem edelsten der Steine, verbindet.[612]

Wilhelm schreibt, dass, da die Gesetze notwendig seien, um moralisch unvollkommene Menschen zu leiten, sie immer und notwendigerweise Abwehrmaßnahmen gegen Verfehlungen seien. Sie entstünden aus Defiziten. Dies schließt nicht aus, dass es eine Bewegungsrichtung von Gesetzen gebe, welche zunehmend auf Liebe statt auf Furcht gründeten, wodurch innerhalb einer immer und prinzipiell bestehenden fehlerhaften menschlichen Vergesellschaftung durchaus Verbesserungen der günstigen Wirkung von Gesetzen einträten, so dass vermehrt deren Rigidität gemildert werde und dass sie auf Kooperationen beruhten. Diese Verbesserungen seien weiter voranzutreiben. Der kluge Gesetzgeber solle dafür sorgen, dass alte Gesetze durch neue ersetzt werden, die für die sich der Vollkommenheit annähernden Menschen besser geeignet seien. Er habe die Aufgabe, die Menschen aus den Irrtümern herauszuführen, er solle neben den Gesetzen auch durch Worte anleiten, um den Verstand zu wecken. So gelinge es, mittels der Gesetze und der

612 Wilhelm von Auvergne, Tractatus de fide et legibus, S. 29, 36, 54–57.

Ermahnungen die Christen, die zum Guten berufen seien, auf eine höhere Ebene des tugendhaften Lebens zu heben.[613] So unvollständig die Besserung der Menschen auch sei, so zeige sich doch eine Entwicklung zu zunehmender Weisheit. Auf ihr beruhten neue Gesetze, und umgekehrt förderten sie sie. Es geht dabei nicht mehr nur um religiöse Gründungstexte, sondern die Argumentation bezieht menschliches Verhalten ein, das in die Lage versetzt wird, bessere Gesetze hervorzubringen, die im diesseitigen Leben die Tugenden steigerten und umgekehrt wegen gesteigerter Tugenden möglich seien.[614]

Die Entstehung der politischen Philosophie seit dem 13. Jahrhundert beruhte auf der Kenntnis der aristotelischen Schriften zur Ethik und Politik, die nach den Übersetzungen von Wilhelm von Moerbeke ins Lateinische zur Verfügung standen[615] und Kommentierungen und Interpretationen ermöglichten. Albert der Große (ca. 1200–1280) war einer der ersten, der solche Texte verfasste und Überlegungen, die auf aristotelischen Texten beruhten, in seinen Schriften vorstellte. Albert wurde in Lauingen in Schwaben geboren. Er begann ein Studium der Rechtswissenschaften in Padua. Dort trat er in den Dominikanerorden ein. Er lehrte an mehreren Schulen seines Ordens. In Paris wurde er zum Doktor der Theologie promoviert. Anschließend war er Lehrer an der Studienanstalt seines Ordens in Köln, nur kurz unterbrochen durch seine Tätigkeit als Bischof von Regensburg von 1260 bis 1262. Zur Lösung der Konflikte zwischen Stadt und Erzbischof zu Köln war er zweimal als Schiedsrichter eingesetzt, war also mit der Praxis der Politik vertraut, analysierte die rechtliche Situation und bewertete die juristischen Argumente der beiden Streitparteien.[616]

Indem er die aristotelische Schrift ‚Politica' und in zwei Schriften die ‚Nikomachischen Ethik' analysierte, behandelte er auch die Fragen nach den politischen Institutionen und ihren rechtlichen Grundlagen. Diese stehen, so Albertus, in Verbindung zu der anthropologischen Ausstattung des Menschen, der nach Aristoteles ein soziales und politisches Wesen sei, weswegen die *communicatio* nicht allein den Menschen definiere, sondern ihn auch aktiviere, d.h. vor allem dazu befähige, Einrichtungen des Zusammenlebens zu schaffen und sie nach seinen Bedürfnissen zu gestalten und umzuformen. Das Ziel aller Beteiligten an einem politischen Ver-

---

613 Wilhelm von Auvergne, Tractatus de fide et legibus, S. 1, 22–25, 46.

614 Ibid., S 47.

615 Flüeler, Rezeption; zu Wilhelm von Moerbeke: Brams, Jozef, Guillaume de Moerbeke et Aristote, in: Rencontre de cultures dans la philosophie médiévale. Traductions et traducteurs de l'antiquité tardive au XIVe siècle. Actes du colloque international de Cassino, 15–17 juin 1989, hg. v. Hamesse, Jacqueline u. Fattori, Marta, Louvain-la-Neuve 1990, S. 317–336; Guillaume de Moerbeke. Recueil d'études à l'occasion du 700e anniversaire de sa mort (1286), hg. v. Brams, Jozef u. Vanhamel, Willy, Leuven 1989.

616 Aris, Marc-Aeilko, Albertus Magnus, in: Lateinische Lehrer Europas. Fünfzehn Portraits von Varro bis Erasmus von Rotterdam, hg. v. Ax, Wolfram, Köln 2005, S. 313–330; Honnefelder, Ludger, Albertus Magnus und die kulturelle Wende im 13. Jahrhundert. Perspektiven auf die epochale Bedeutung des großen Philosophen und Theologen, Münster 2012.

band bestehe darin, ein gutes Leben zu verwirklichen. Bereits in einer seiner frühen Schriften, ‚Summa de bono', zwischen 1240 und 1244 verfasst, leitet Albert die Vergesellschaftung aus der menschlichen Natur ab, die, weil sie mit Vernunft ausgestattet sei, Recht zu setzen vermöge und Gerechtigkeit anstrebe und erreiche.[617]

Albert schrieb anschließend in Kenntnis der aristotelischen Schriften eine Ursprungsgeschichte des politischen Verbandes, die er zu einer Wesensdefinition erweiterte und zu einer Handlungsanweisung führte. Albert konkretisiert den institutionellen Ort der naturrechtlichen Begründung von Recht und politischer Regierung in der Stadt, darüber hinaus auch in jeder politisch geordneten Gemeinschaft, die in der heutigen Terminologie als Staat bezeichnet werden kann. Da Albertus die Glückseligkeit, die *felicitas*, gemäß der aristotelischen Vorlage der ‚Nikomachischen Ethik', zu der er seine beiden Kommentare schrieb, als innerweltlichen Wert anerkennt und sie aus einer ausschließlich religiösen Deutung ablöst und sie jeder staatlichen Organisation und damit auch der Gesetzgebung als Ziel vorgibt, stellt er die Selbstwirksamkeit der Menschen als Gestalter der privaten und der öffentlichen Lebensumstände heraus. Albert entfernt die Gerechtigkeit von einer persönlichen Voraussetzung, dehnt sie über eine Tugend aus, institutionalisiert sie und prägt für sie den Begriff der *iustitia politica.* Sie wird in einem guten politischen Gemeinwesen verwirklicht und sorgt für ein gutes Leben. Dieses entfaltet sich, so Albert in Anknüpfung an Aristoteles, in einer sich selbst genügenden und zugleich sich selbst versorgenden politischen Organisation. Das gute Leben, so führte er im Werk ‚Super ethica' aus, bestehe auch in der hinreichenden Ausstattung mit materiellen Gütern. Vor allem gelingen im guten Leben die Tugenden. Die wichtigste ist die *prudentia,* die Albert als praktische Vernunft beschreibt und geeignet ist, die Bedürfnisse der irdischen Existenz zu gestalten. Das gute Gemeinwesen, das mit Gerechtigkeit gestaltet ist, ist der Entfaltungsraum der freien Bürger, die gleich sind. Diese Gleichheit ist durch das Gesetz, das im Staat oder im Gemeinwesen gilt, begründet. Die Lebensform der Freiheit und Gleichheit gelingt in der gerechten politischen Verfassung. Die *lex aequalis* ist die Voraussetzung des guten Lebens, in der die *felicitas politica* verwirklicht wird. Das Kapitel zur *iustitia legalis* im Werk ‚Super ethica' stellt die Gesetzgebung als das Instrument dar, damit die *felicitas* entsteht und bewahrt wird.[618]

Das Maximum dessen, was die Menschen auf Erden erreichen könnten, gelingt dank der Zusammenarbeit und Kommunikation. Sie entsehen aus den Bedürfnis-

---

617 Albertus Magnus, De bono, hg. v. Kühle, Heinrich u. Feckes, Carl (Opera omnia 28), Münster 1951, S. 274; Cunningham, Stanley B., Albertus Magnus on Natural Law, in: Journal of the History of Ideas 28 (1967), S. 479–502, S. 480, 498; Wieland, Georg, Zwischen Natur und Vernunft. Alberts des Großen Begriff vom Menschen, Münster 1999; Söder, Joachim Roland, Über Natur und Vernunft im Ausgang von Aristoteles, in: Albertus Magnus und die Anfänge der Aristoteles-Rezeption im lateinischen Mittelalter, hg. v. Honnefelder, Ludger, Münster 2005, S. 375–398.

618 Albertus Magnus, Super ethica, I, 9,1; V, 1,2–3; V, 3,1–3, S. 139f., 335f., 364–369.

sen und Wünschen, die allen Menschen ähnlich sind und daher in Institutionen eingebunden werden können und müssen. Daraus leitet Albert ein ethisches Handeln ab, das auf ein innerweltliches Gute zielt. Albertus setzt Anstrengungen voraus, die die Menschen auf sich nehmen in ihren politischen Angelegenheiten, um Verbesserungen ihrer Lebensumstände zu erreichen. Dazu setzen sie auch Gesetze ein. Sie führen nicht in erster Linie zur Korrektur und zur Kompensation der grundsätzlich dem Verderben und dem Verfall ausgelieferten irdischen Lebensumstände, sondern vermögen sie zu bessern. In dem Kommentar zum zweiten Buch der Politik von Aristoteles schreibt Albert, sich dabei von der Vorlage unterscheidend, dass der Gesetzgeber alles das, was ihm zur Verfügung steht, einsetzen solle, um die Angelegenheiten der Bürger auf das Beste zu gestalten. Neue Gesetze seien oft besser, so wie die Späteren und Jüngeren besser als die Alten seien. Mögen die Vorfahren auch etwas erfunden haben, so führten die Nachfahren es zur Perferktion.[619]

Aristoteles bezeichnete in der Schrift der ‚Nikomachischen Ethik' das Glück als Ergebnis des tätigen Geistes; Menschen haben die Möglichkeit, es zu erreichen. Zwei Tätigkeiten sollten zu ihm führen: die des Philosophen und die des Staatslenkers.[620] Die *felicitas speculativa* (des Philosophen) ist auch für Albertus Magnus die *perfecta felicitas*, aber die Ausübung aller Tätigkeiten, die den praktischen Tugenden folgen, streben ein weiteres lohnendes Ziel an und fördern das Glück für den Staatenlenker und für die Staatsbürger, sofern sie in den politischen Angelegenheiten, einschließlich des Krieges, tätig werden. Mag dieses Glück auch nicht die höchste Form darstellen, denn *sola operatio intellectus speculativi sit perfecta felicitas*, so stellt Albertus es doch als Glück eigener Qualität vor, das den Menschen zugute kommt, sofern sie sich politisch betätigen. In der irdischen Existenz kann die *felicitas autem civilis perfecta* gelingen. Sie ist der höchste Wert für die weltliche Existenz. Neben dem Heil der Seele und neben dem Nachdenken des Philosophen ist das Streben nach dem Glück im Staat gerechtfertigt. Albert präsentiert die ersten Erfinder und Schöpfer der Gesetze, die er – hiermit der Tradition, auch dem ‚Decretum Gratiani' folgend – u. a. mit Lykurg aus Sparta und Solon aus Athen benennt. Ihnen ist es gelungen, dass gute Bürger bereit sind, ihre Tugenden einzusetzen und den Gesetzen zu gehorchen.[621] Am besten gelingt dies, wenn in einer *democratia* – Albert verwendet diesen Begriff entgegen der aristotelischen Vorlage in positiver Weise – die Bürger an der Gesetzgebung mitwirken, wie Albert in dem Werk zur Politik ausführt.[622] In einer der vermutlich in Augsburg gehaltenen Predigten führt Albertus aus, dass das gute Leben aus einem Zusammenwirken, einer *communicatio*, zwischen den Bürgern entsteht, die Affekte, Gegenstände und Handelsgeschäfte umfasst. Die Gerechtigkeit ist gedoppelt: Sie ist kommunikativ,

619 Albertus Magnus, Politicorum libri II, cap. 2 und 6, S. 110, 145–153; Aristoteles, Politik, 1268b.
620 Aristoteles, Nikomachische Ethik, 1177b–1178a.
621 Albertus Magnus, Ethicorum libri, S. 757.
622 Id., Politica, S. 563f.

und sie ist distributiv. Damit sind Voraussetzungen geschaffen, damit ein Leben möglich ist, um die Glückseligkeit für die Individuen zu erreichen.[623]

Die irdische Existenz ist aufgewertet. Sie zu verbessern, ist eine verdienstvolle und tugendhafte Aufgabe der Menschen. Den institutionellen Ort der Lebensverbesserung gibt Albert als *civitas* an. In dem vermutlich 1257 oder 1263 in Augsburg gehaltenen Predigtzyklus entwirft Albert ein Bild der *civitas*, womit Stadt, aber auch Staat gemeint ist, die er als idealen und zugleich unumgänglich notwendigen Bereich menschlicher Vergesellschaftung kennzeichnet und in dem die humanen Entwicklungsmöglichkeiten zur Vollendung gelangen. Regulierung und legislative Innovation sind gerechtfertigt, um das Leben in der Stadt zu verbessern. Die auf Breitenwirkung angelegten Predigten waren dazu geeignet, ein Publikum mit dem vertraut zu machen, was durch die Aristoteles-Rezeption an gedanklichen Möglichkeiten vorhanden war, und eine Optimierungsstrategie in den sozialen und politischen Verband einzupflanzen. Die politische Organisation, sei sie Stadt oder Staat, galt als der Gestaltungsraum, um das Leben der Menschen zur Entfaltung zu bringen, was bedeutet, zur Verwirklichung der Tugenden zu führen.[624] Der anthropologische Optimismus bereitet den Boden für eine legislative Optimierungsstrategie, auch wenn Albert diese in den Predigten nicht eigens ausgeführt hat.[625]

Albert der Große behandelte in seinem Werk ‚Super ethica' am Anfang des Abschnittes zur *amicitia* das Thema der Gesetze und der Gesetzgebung. Sie sollen Gerechtigkeit herstellen. Sie ist steigerungsfähig, von *iustum* zu *iustissimum.* Als Motor der Steigerung und Verbesserung setzt Albert die Freundschaft ein, die spontan und ohne Zwang zum gemeinen Wohl führt und dies mehr, als dass die Gerechtigkeit es zu leisten vermag, die, sofern die Freundschaft fehlt, bestenfalls verhindert, dass Ungerechtigkeit entsteht, aber nicht die Glückseligkeit hervorbringt. Hingegen achtet die Freundschaft wegen der ihr eigentümlichen Beschaffenheit darauf, dass die Perfektion alles Guten entsteht. Dazu werden Gesetze angewandt, deren Verbesserungspotential Albert nicht aus der Tugend der Gerechtigkeit, sondern der der Freundschaft ableitet. So kann mehr als die Befriedigung der für das Überleben notwendigen Bedürfnisse geleistet werden, sondern das Gute und Ehrenhafte emporgehoben werden. Die Steigerungsfähigkeit des guten Lebens erwächst aus

623 Schneyer, Johannes Baptist, Alberts des Großen Augsburger Predigtzyklus über den heiligen Augustinus, in: Recherches de théologie ancienne et médiévale 36 (1969), S. 100–147, S. 119.

624 Meier, Ulrich, Mensch und Bürger. Die Stadt im Denken spätmittelalterlicher Theologen, Philosophen und Juristen, München 1994, S. 55–58.

625 Albertus Magnus, Politica, S. 13–16, 28; id., Ethicorum libri, S. 537–539; id., Super ethica, S. 28–33, 327; Müller, Jörn, Natürliche Moral und philosophische Ethik bei Albertus Magnus (Beiträge zur Geschichte der Philosophie und Theologie des Mittelalters NF 59), Münster 2001, S. 325–358; Köhler, Theodor W., Gleiche Menschennatur – naturgegebene soziale Unterschiede. Die Rezeption der aristotelischen Lehre vom „physei doulos", in: Politischer Aristotelismus und Religion in Mittelalter und Früher Neuzeit, hg. v. Fidora, Alexander et alii (Wissenskultur und gesellschaftlicher Wandel 23), Berlin 2007, S. 47–64.

der Freundschaft, die spontan *consensus* herstellt, so dass die emotional grundierte Übereinstimmung auch in das gesellschaftliche Zusammenleben und in die politsche Organisation hineinragt. Um die Freundschaft über persönliche Beziehungen zu stellen und um diese auszuweiten, werden Gesetze geschaffen. Ihr Nutzen für die Menschen kann vermehrt werden. Die Gesetzgeber, als *legum positores* bezeichnet, sollen die *concordia civium* herstellen, die zwar nicht notwendigerweise die *amicitia perfecta* ist, aber den *consensus in bonum* voraussetzt und herstellt und die Entwicklung in Gang setzt, die das Leben der Bürger verbessern können.[626]

Albertus Magnus behandelt nicht konkret die Verfahren der Gesetzgebung. Ausführlich untersuchte sie sein Ordensbruder Thomas von Aquin (1224–1274). Auch er verband politisches Handeln und Gesetzgebung, die dazu eingesetzt werden sollen, um das irdische Leben zu verbessern. Anders als Albert behandelte er auch einen Neuanfang, der kommunikativ im politischen Verband geschaffen und mittels der Gesetzgebung gestaltet wird. Er beschäftigte sich ausführlich mit den Funktionen der Gesetze, mit den Zielen von Gesetzgebung und mit der Rechtfertigung von neuen Gesetzen und dies ebenfalls auf der Basis der aristotelischen Texte zur Ethik und zur Politik. Thomas hat einen eigenen Abschnitt in seinem Hauptwerk, der ‚Summa theologica', dem Thema der Gesetze und der Gesetzgebung gewidmet und eine ausführliche Theorie konzipiert, die auch die Evolution und die Potentialität der Gesetze zur Lebensverbesserung darlegt und die Änderung von Gesetzen bewertet.[627] Thomas führte die Ideen von Albertus Magnus, dessen Schüler er zeitweise war, weiter. Er entwickelte mehr als Albert eine Systematik von Themen und Argumentationen und suchte Widersprüche nicht allein aufzudecken, sondern aufzulösen.

Thomas von Aquin, in einer kleinadeligen Familie in Süditalien aufgewachsen, begann seine Studien an der Universität in Neapel. Er trat 1244 in den Dominikanerorden ein, studierte in Paris und Köln, wurde 1256 zum Doktor der Theologie promoviert, war einer der Kontrahenten im Streit zwischen den Mendikanten und den Universitätsmagistern zu Paris um die Berechtigung zum Lehramt und schließlich um die Berechtigung der Mendikantenorden selbst, und leitete an mehreren Orten Ordensschulen. Seine immense Produktivität bei der Abfassung von Schriften, die große Vielzahl der von ihm behandelten Themen und deren systematische Zusammenführung in umfangreichen Werken waren offensichtlich die Gründe, dass sein Orden schon kurz nach seinem Tod 1274 seine Texte als Grundlage des Studiums für die Ordensangehörigen vorschrieb. Die Wirkung seiner Werke war langanhaltend und griff weit über den Dominikanerorden hinaus.[628] Als politischer Denker war er wohl schon zu Lebzeiten gewürdigt und als Ratgeber

626 Albertus Magnus, Super ethica, VIII, 1,1, S. 517f.

627 Thomas von Aquin, Summa theologiae, prima secundae, q. 90–108.

628 Torrell, Jean-Pierre, Initiation à Saint Thomas d'Aquin, Paris 1996; Forschner, Maximilian, Thomas von Aquin, München 2006; Leppin, Volker, Thomas von Aquin (Zugänge zum Denken des Mittelalters 5), Münster 2007.

begehrt. Davon zeugt allein schon sein Schreiben an die Herzogin von Brabant, Margarethe, in dem er Themen der Besteuerung, der Verwaltung, der Wirtschaft und der Rechtstellung von Juden behandelte.[629]

Thomas begründet in seiner Schrift, die die Politik von Aristoteles kommentiert, dass die Menschen mit neuen Gesetzen den Staat und ihr Leben verbessern können. Es gebe sogar die Pflicht, neue Gesetze einzurichten, um nicht das zu suchen, was die Vorfahren verfügt hätten, sondern das, was gut sei, zu befolgen. Aber die Innovationspflicht steht unter dem Vorbehalt, dass tatsächlich das Bessere gefunden werde: *Homines autem in legibus ponendis non debent quaerere quid fuerit a patribus observatum, sed sit antiquas leges mutare, si occurrant meliores.*[630]

Thomas von Aquin stellt Gesetze und Gesetzgebung in seinem Hauptwerk ‚Summa theologiae' als Teil der Morallehre dar. Auch er differenziert unterschiedliche Typen von Gesetzen, die er in abgestufter Weise für veränderbar hält: angefangen vom ewigen, dann zum göttlichen Gesetz, über das natürliche, bis zum menschlichen. Das ewige Gesetz habe Anteil an der göttlichen Schöpfungsordnung, gelte für alle Menschen und zu allen Zeiten, wohingegen das göttliche Gesetz im Alten und Neuen Testament grundgelegt sei, also Teil der Offenbarung für die Gläubigen sei und nicht für die gesamte Menschheit gelte und im Wechsel vom Alten zum Neuen Testament geändert worden sei, nicht aber weiterhin verändert werden könne. Das ewige Gesetz vollumfänglich zu kennen, ist den Menschen nicht möglich. Aber als vernunftbegabtes Wesen sei er fähig, vermittelt über das Naturgesetz, an ihm teilzuhaben, d.h. es nicht zu verwirklichen, aber sich von ihm anleiten zu lassen und es somit auf die eigene Rechtssetzung anzuwenden, nicht in Übereinstimmung, wohl aber in annäherungsweiser Angleichung.[631] Dass Thomas von der Veränderlichkeit der weltlichen Gesetze ausgeht, zeigt sich allein schon darin, dass er die Formel *princeps legibus absolutus,* wie sie im römischen Recht auftritt, nicht dazu einsetzt, den Herrscher von der Befolgung der Gesetze zu ent-

629 Thomas von Aquin, Epistola ad ducissam Brabantiae, in: Opera omnia 42, Roma 1979, S. 375–378. Die Frage, an wen das Schreiben gerichtet war, scheint geklärt zu sein, nämlich an Margarethe, die Ehefrau von Herzog Johann I. von Brabant. Das Schreiben wird auf das Jahr 1270 datiert: Cluse, Christoph, Zum Zusammenhang von Wuchervorwurf und Judenvertreibung im 13. Jahrhundert, in: Judenvertreibungen im Mittelalter und früher Neuzeit, hg. v. Burgard, Friedhelm, Haverkamp, Alfred u. Mentgen, Gerd (Forschungen zur Geschichte der Juden A 9), Hannover 1999, S. 135–163, S. 152–156; die nun widerlegte Auffassung von: Kusman, David, À propos de la consultation de Thomas d'Aquin par la duchesse Aleyde de Brabant (ca. 1267), in: Revue Belge de Philologie et d'histoire 73 (1995), S. 937–946; Seitschek, Hans Otto, Religionsphilosophie als Perspektive. Eine neue Deutung von Wirklichkeit und Wahrheit, Wiesbaden 2017, S. 111–117.

630 Thomas von Aquin, Sententia libri politicorum (Opera omnia 48), Roma 1971, A160.

631 Thomas von Aquin, Summa theologiae, prima secundae, q. 91, art. 2, S. 9f.: *lex naturae id est participatio legis aeternae in rationali creaturae* und *Lex aeterna est ratio divinaie sapientiae secundum quod est directiva omnium actuum et motionnum.*

heben, sondern als Verfügung des Herrschers über die Gesetze, also als legislatorische Kompetenz, deutet.[632]

Die menschliche Vernunft vermag das Gute, das in den Gesetzen besteht, zu erfassen und zu gestalten, auf sie kann das menschliche Handeln einwirken, um das Ziel, das allgemeine Wohl zu mehren, zu erreichen. Dieser schöpferische Akt beruht auf der Freiheit des Menschen, die an sich gut ist, ohne dass garantiert ist, dass die Resultate gut sind. Schlechte Gesetze kann es geben, wenn sie dem Naturrecht widersprechen. Dann sind sie korrumpierte Gesetze. Dies verhindert aber nicht, dass sie faktisch bestehen und zu Recht sogar Gehorsam einfordern.[633] Unterhalb des höchsten Ziels, des Schauens Gottes, rechtfertigt Thomas ein sekundäres Ziel, das der innerweltlichen Lebensverbesserung, die er als *perfectio naturalis* bezeichnet. Sie würde ein Leben in Tugend und Tüchtigkeit bedeuten, in dem die Menschen ihre Ziele anzustreben befähigt seien, Einrichtungen für ein gutes Leben schüfen, auf die Erreichung der Glückseligkeit hinwirkten und gemeinschaftliches Handeln förderten. Um dies zu erreichen, seien Gesetze eingerichtet, und sie seien verbesserungsfähig und ausgerichtet auf die weitere Verbesserung des Lebens. Da die weltlichen Gesetze in die Verfügung des Menschen gestellt sind, eröffnet sich ein Bereich des Verbesserungshandelns als Teil des praktischen Handelns, das freilich unter dem Gebot steht, dabei die ewigen und göttlichen Gesetze beachten zu müssen. In diesen Rahmen gestellt, seien die Gesetze rational und intentional gut begründete Einrichtungen. Sie sind Teil des pragmatischen Handelns. Thomas erachtet es als notwendig, die konkrete Ausgestaltung wechselnden zeitlichen und räumlichen Umständen anzupassen, ja auch der wechselnden Beschaffenheit des Menschen selbst, da nur so das Ziel aller Gesetze verwirklicht werde, das gute Leben der Menschen zu fördern, was er als ethisches Postulat erhebt, dem gegenüber ein Beharren auf der Tradition zurücktreten müsse. Das Naturgesetz imitiere zwar die göttliche Natur, realisiere sich aber im Wesen des Menschen, das nicht ewig und nicht unwandelbar sei und dies vor allem nicht in der Generationenabfolge. Die menschliche Natur sei nicht unbewegt wie die göttliche. Thomas übernimmt zwar das etablierte Konzept, dass die *varietas temporum* Gesetzesänderungen auslösen und notwendig mache. Aber Thomas geht einen Schritt weiter und entfaltet eine Theorie der Gesetzgebung, deren Ziel nicht der Nachvollzug wechselnder Umstände, nicht die Reaktion auf Verschlimmerungen, sondern die pro-aktive Einwirkung auf die gesellschaftlichen und politischen Verhältnisse und ein Erlangen von Vorteilen sein soll. In der *quaestio* 97 in der *prima secundae pars* der ‚Summa theologiae' führt er aus, dass es berechtigte Gründe gebe, Gesetze zu verändern, um Vorteile für den Staat und die Bürger zu erzielen. Dies bedeute erstens die Abwehr von aktuell neu auftretenden Gefahren und zweitens die Förderung der

---

632 Corpus iuris civilis, Digesta, I, 3,31; Thomas von Aquin, Summa theologiae, prima secundae, q. 90, art. 1, S. 149f.

633 Ibid., q. 95, art. 2, S. 181.

menschlichen Vernunft, die selbst wiederum durch ihre Entfaltung zu besseren Einsichten führe und die Schaffung neuer und besserer Gesetze möglich mache, die weniger durch Sanktion als durch Belehrung moralische Gebote verwirklichen. Der Aquinate stellt eine positive Rückkoppelung zwischen Steigerung der Vernunft und der Verbesserung der Gesetze her. Thomas hält es für möglich, dass das Verhalten der Individuen und die soziale Kooperation aufgrund guter Argumente gestaltet werden können. Mehr als nur eine theoretische Option eröffnet Thomas, vielmehr entfaltet er einen Verlaufsprozess eines zivilisatorischen Fortschritts, der höhere Grade moralischen Urteilens und darauf aufbauend des moralischen Verhaltens hervorbringe, so dass das Ziel jeder politischen Organisation, das *bonum commune* zu fördern und zu mehren, durch intellektuell abgestütztes selbst-optimierendes Handeln statt durch Furcht vor Strafe, die die älteren Gesetze vorgesehen hätten, verwirklicht werde. Ja, der Besserungsprozess, der sich in verschiedenen Tätigkeits- und Wissensbereichen vollziehe, führe dazu, dass eine *perfectio virtutis* annäherungsweise erreicht werden könne, auch wenn der Aquinate darauf besteht, dass die Vervollkommnung der Tugend nicht legal und sozial, sondern nur dank der göttlichen Gnade gelinge und sich nicht mit der Gestaltung diesseitiger Angelegenheiten begnüge, sondern sich auf die Gewinnung des jenseitigen Heils richte. Das Heil war das Ergebnis der Gnade Gottes, außerdem vermittelt durch die Bischöfe und Priester der Kirche. Gleichwohl, die Legislation sieht Thomas als Imitation des göttlichen Schöpfungsaktes an, insoweit bei beiden – selbstverständlich in unterschiedlicher Qualität – das Ziel und auch das Ergebnis in dem Schaffen eines Guten bestehe. Und mehr noch als nur Imitation und mehr als nur Analogie steckt in der Relation. Die Gesetzgebung sei die Erfüllung eines göttlichen Willens. Gesetze zu schaffen und ihnen zu folgen, sei günstiger als nur auf eine individuelle Bereitschaft zu setzen, gut zu handeln, da die Verallgemeinerung des guten Handelns und ihre langfristige Verwirklichung erst durch die Gesetze hergestellt würden. Mittels der Gesetze entstehe mehr Gleichheit unter den Menschen. So könnten mehr Menschen in den Vorgang der Tugendsteigerung eintreten. Und der Vorgang trage die Potentialität in sich, zu weiteren Verbesserungen des Verhaltens und daraus folgend auch der Gesetze selbst zu leiten. Die Initialzündung des Fortschritts zugunsten des weltlichen Lebens entstehe aus den Gesetzen. Die Gesetzgebung wird so bei Thomas zu einem Prozess einer zunehmenden Vervollkommnung, bei dem aus Fehlern und Erfolgen Schlussfolgerungen zu ziehen möglich sei. Dieser Prozess sei nicht nur potentiell angelegt, sondern historisch real: Frühere Gesetzgeber hätten wegen fehlender Übersicht und Erfahrung viele unvollkommene Gesetze erlassen, die später korrigiert und verbessert worden seien. Deswegen sei zu erwarten, dass Gesetze, die in der Zukunft erlassen würden, das allgemeine Wohl, die Tugend der Bürger und die Glückseligkeit steigern würden. Vergangener Fortschritt wird in die Zukunft extrapoliert. Die Begriffe von *bonum commune*, *virtus civilis* und *felicitas politica* kennzeichnen das, was als Lebensqualität verstanden werden kann, die mehr ist als das bloße Leben. Es ist mit Tugend verbunden, und beide seien verbesserungsfähig. Mit der Verwendung des Wortes *perfectio* auch in den irdischen Angelegenheiten zeigt Thomas an, dass er großes Zutrauen in die Optimierung setzt, die menschliche Gesetzgeber erreichen können. Dennoch, das Ergebnis von Gesetzgebung steht immer unter dem Vorbehalt des den Menschen eigentümlichen Verhaftetseins an Irrtum und Verbrechen, so dass das positive Gesetz auch ungerecht sein kann, damit seine inhärente normative Wesensbestimmung zwar einbüßt, was aber nicht verhindert, dass es seine normative Wirkung behält. Da Mensch und Natur keinen Gegensatz bilden sollen, wäre ein solcher Gegensatz eine De-Naturierung, die das gute Gesetz verhindern würde.[634]

Thomas von Aquin behandelt in der ‚Summa Theologiae' die Frage, ob Gesetze das Leben der Menschen gut machen. Für Thomas ist die Frage Ausgang einer Untersuchung über einen zeitlich gestreckten Vorgang, der eine Verbesserung – gleichermaßen von Gesetzen und von Menschen – hervorbringt.[635] So wie Thomas von Aquin diesen Prozess nicht auf eine individuelle Optimierung begrenzt, sondern die Auswirkungen auf große soziale Gruppen und auf das, was als Staat verstanden werden kann, behandelt, also die Steigerung von Tugenden mittels besserer Gesetze und den Beitrag der Tugenden zur Schaffung besserer Gesetze miteinander verknüpft, setzt er voraus, dass gesellschaftliche Veränderungen zu kollektiven Verbesserungen und diese zu persönlichen Verbesserungen führen. Die kombinierten Vorgänge beruhen auf der Mehrung des intellektuellen Vermögens. Auch dieses ist in eine Kommunikation zwischen den Menschen eingebunden. So wie das gute Leben des Individuums den gesellschaftlichen Zusammenschluss voraussetzt, so die Verbesserung des individuellen Lebens diejenige der politischen Institutionen. Sie werden durch Gesetze gestaltet.

Gesetzesänderung ist für Thomas eine Angelegenheit des Abwägens, aber auch des Machtkampfes, und sie garantiert keineswegs eine Verbesserung des Lebens. In der ‚Summa theologiae' hat Thomas die Grenzen der möglichen legislativen Verbesserungen aufgezeigt. Die Unvollkommenheit des Menschen sei eine Barriere,

634 Thomas von Aquin, Summa theologiae, prima secundae, q. 90–97, S. 149–192. Zur Konzeption der Gesetze bei Thomas von Aquin: Villey, Michel, La théologie politique et la formation de l'État moderne, in: Théologie et droit dans la science politique de l'État moderne (Collection de l'Ecole Française de Rome 147), Roma 1991, S. 31–49; Wieland, Rezeption, S. 67–82; Lisska, Anthony J., Aquina's Theory of Natural Law, Oxford 1996, S. 89–112; Oeing-Hanhoff, Ludger, Mensch und Natur bei Thomas von Aquin, in: Zeitschrift für katholische Theologie 101 (1979), S. 300–315; Speer, Andreas, Naturgesetz und Dekalog bei Thomas von Aquin, in: Das Gesetz, hg. v. Speer u. Guldentops, S. 350–370; Kann, Christoph, Terminologie und Etymologie des mittelalterlichen Gesetzesbegriffs, in: ibid., S. 19–38, S. 24f.; Brague, Rémi, Deux formes de théocratie, in: ibid., S. 39–52, S. 40f.; Lippert, Stefan, Recht und Gerechtigkeit bei Thomas von Aquin. Eine rationale Rekonstruktion im Kontext der ‚Summa Theologiae', Marburg 2000, S. 144–159; Mandrella, Isabelle, Thomas von Aquin und die Selbstständigkeit der praktischen Vernunft. Kritische Bemerkungen zu Jürgen Habermas, in: Salzburger Jahrbuch für Philosophie 65 (2020), S. 159–174.

635 Thomas von Aquin, Summa theologiae, prima secundae, q. 92, art. 1, S. 159–161.

das Gute zu errichten. Immerhin, in gewisser Weise und innerhalb der Grenzen des Unvollkommenen, ist Steigerung des Guten durch Gesetzgebung vorgesehen. In einer Gemeinschaft von Freien, sei es möglich, dass viele an der Gesetzgebung mitwirken, so dass aufgrund eines allgemeinen Konsenses die Beachtung der Gesetze gesteigert sei. Mit den Gesetzen sei es möglich, eine schlechte Gewohnheit zu überwinden.[636] Ist damit auch die Autonomie des politischen Handelns bekräftigt, ein Feld des Entscheidens und Gestaltens geschaffen, das gegenüber den religiösen Anweisungen und den theologisch begründeten Normen Bestand hat, so ist ihm doch eine Wirkung auf das höchste Glück der Menschen vorenthalten, welches allein durch das Wirken Gottes herbeigeführt werden kann. Gesetze und neue Gesetze sind häufig mit Fehlern behaftet. Dennoch ist es oft günstiger, keine Änderungen vorzunehmen, da diese ebenfalls riskierten, defizient zu sein. Der Nutzen müsse evident sein. Er setze Widerspruchsfreiheit und Wirksamkeit der Normen voraus. Mit dem Verweis auf extra-legale Lebensbedingungen, die Auslöser, Ergebnisse, aber auch Hemmnisse von Gesetzgebungen sein können, bleibt die Option auf Verbesserung des Lebens intakt. Rationale Unterscheidung und darauf aufbauend Verhalten sind verlangt, um ein potentiell gutes Gesetz einzurichten.[637] Es müsse das Ziel haben, das *bonum commune* zu fördern. Und es müsse von einem legitimierten Gesetzgeber, sei es eine Versammlung des Volkes, sei es ein Fürst, der die Herrschaft über das Volk ausübt, geschaffen sein.[638] Ohne diese Voraussetzungen und Zielsetzungen wären die Gesetze nicht gerecht. Die Normbindung der Gesetze fasst Thomas in den Begriff der *lex legalis,* der keine logische Tautologie, sondern eine normative Doppelung darstellt. Das negative Korrelat der Normbindung des Gesetzes ist die *legis corruptio.*[639]

Die legislative Verbesserung ist nicht nur eine Möglichkeit, nicht das Ergebnis voluntaristischer Beliebigkeit, sie ist Teil einer allgemeinen humanen Disposition, irdische Lebensumstände verbessern zu können und aus der Kontingenz des Daseins zu entrinnen, freilich stets unter dem Vorbehalt, dass letztlich das Versprechen des jenseitigen Heils allem Tun des Menschen Bedeutung verleihe. Die Vernunft, mit der der Mensch ausgestattet sei, befähige ihn, das Gute einzurichten.[640] Die Weiterentwicklung von Fähigkeiten und ihren Leistungen kennzeichne, so Thomas von Aquin, den Menschen, der ein handelndes und denkendes Wesen sei und aus diesem Grund auch ein Wesen, das Neues und Besseres in vielen Lebensbereichen zu schaffen fähig sei. Die *natura humana* verändere sich, häufig hin zur Vermehrung von Kenntnissen und Fertigkeiten. Thomas erläutert die Überlegung, wie Gesetzgebung in die Anthropologie eingebettet ist, in der *quaestio* 92.

---

636 Thomas von Aquin, Summa theologiae, prima secundae, q. 97, art. 3, S. 190f.

637 Ibid., q. 97, art. 3, S. 190f.

638 Id., Summa theologiae, secunda secundae, q. 57, art. 2, S. 5; id., Summa theologiae, prima secundae, q. 96, art. 4, S. 183f.

639 Ibid., q. 95, art. 2, S. 181.

640 Ibid., q. 96, art. 5 u. 6, S. 183, 187.

Er stellt die Frage, ob das Gesetz die Wirkung hat, die Menschen gut zu machen. In der wirtschaftlichen Produktion, in der handwerklichen Technik und besonders im philosophischen Denken gebe es Steigerung des bisher Ereichten und so auch in der Gesetzgebung. Es sind keine Analogien, die Thomas präsentiert, sondern reale Emanationen eines allgemein vorhandenen kreativen Vermögens, das, wenn es zum Handeln aktiviert wird, innovativ zu schaffen befähigt sei und Gutes einrichten könne. Durch menschliche Vernunft und grundgelegt in der Natur scheint der Mensch, so schreibt er in der ‚Summa theologiae', graduell vom Unperfekten zum Perfekten zu gelangen: *Humanae rationi naturale esse videtur ut gradatim ab imperfecto ad perfectum perveniat.* Die weitere Argumentation bekräftigt die Aussage, was zunächst als erst vorläufige Meinung eingestellt ist.[641]

Auch im Kommentar zur Nikomachischen Ethik von Aristoteles behauptet Thomas einen Fortschritt des Erkenntnisvermögens: *Ad hominem pertinet paulatim in cognitione veritatis proficere.* Dieser Fortschritt ermöglicht Fortschritte für alle Aktivitäten. Der Vervollkommnungsvorgang ist in der Natur des Menschen angelegt. Es gibt ein inhärentes evolutionäres Potential. Es verwirklicht sich in einem Vorgang, der zeitlich gedehnt voranschreitet. Indem Thomas epochale abrupte Veränderungen ausschließt, erachtet er Veränderungen zum Besseren in kleinen Schritten machbar, aber doch auch als permanent wirksam. Thomas reserviert diese Veränderungen nicht auf begrenzte Zeiten, nicht auf Zeitenwenden, nicht auf isolierte göttliche Einwirkungen. Die Selbstwirksamkeit des Menschen trägt beständig den Fortschritt.[642] Neue Gesetze sind nicht nur Ergebnisse des Fortschritts, sie bewirken ihn auch: Die Menschen werden durch sie klüger, gestalten ihre Beziehungen, erreichen höhere Stufen der Tugend. Ausdrücklich hält Thomas fest, dass die Gesetze das Gute herstellen. Dazu soll auch Zwang eingesetzt werden.[643]

Das erreichbare Gute wird verwirklicht, wenn es durch die menschliche Vernunft konzipiert wird. Der menschliche Wille ist hingegen moralisch indifferent. Daraus leitet Thomas einen Primat der Vernunft gegenüber dem Willen hinsichtlich des Vermögens ab, Gutes zu schaffen.[644] Die Beschäftigung von Thomas von Aquin mit der Gesetzgebung und ihrem praktisch realisierbaren Nutzen und gar ihrer Nutzungssteigerung stellt ein Novum dar. Es erscheint wahrscheinlich, jedenfalls entbehrt es nicht der Plausibilität, dass die rege legislative Tätigkeit seines Ordens das Zutrauen in Rechtverbesserungen angeregt hat. Das *ius positivum*, das die jährlich tagenden Generalkapitel der Dominikaner schufen, formte ein Regelwerk, das rational und interventionistisch war, ohne eine fundamental-theologische Position zu beanspruchen und ohne auf die Wiederherstellung eines vorgestellten originären Idealzustandes zu verweisen, vielmehr inhaltlich weit über die Geltung

641 Thomas von Aquin, Summa theologiae, prima secundae, q. 97, art. 1, S. 189.

642 Thomas von Aquin, Sententia libri ethicorum (Opera omnia 47), Roma 1969, Bd. 1, I, 11, 132, S. 38–40.

643 Ibid., I, 14, S. 599–607.

644 Anders als bei Homann, Totum posse, S. 33f.

der Ordensregel – sie war die Augustinusregel – hinausragte und die wechselnden Statuten zur Gestaltung des Ordens einsetzte. Sie begründeten einen permanenten Prozess der Anpassung an wechselnde Umstände, behaupteten aber auch ein beständiges Verbesserungsvorhaben.[645]

Thomas von Aquin erhob aber auch Einwände gegen Neuerungen durch Gesetze. Er formulierte die Auffassung, die er im Kommentar zum aristotelischen Werk zur Politik deutlicher als in der ‚Summa' ausführt, dass zwischen dem Gehorsam gegenüber den Gesetzen und gegenüber der Moral unterschieden werden müsse. Die Tugend eines Bürgers, insofern er Teil des Staates sei, sei eine andere als die des Menschen im Allgemeinen. Es gebe ein gutes Verhalten, das abseits der Gesetze stehe. Nicht alle Akte der Tugend werden von den Gesetzen erfasst, noch werden alle Laster von den Gesetzen verboten. Dem Staat und den in ihm geltenden Gesetzen sei lediglich ermöglicht, die äußeren Handlungen zu regulieren. Daraus folgt, dass mit dem Wechsel von politischen Verfassungen – Demokratie, Aristokratie, Monarchie und ihre jeweiligen Negativformen, insbesondere die Tyrannis – ein Wechsel der Gesetze einhergehen. Aber diese Änderungen behandelt Thomas als einen Wandel, der durch Kontingenz gekennzeichnet ist und zu keiner Verbesserung führt.[646]

Thomas von Aquin zeichnet in seinem letzten Werk, das er vor seinem Tod nicht mehr vollendete, eine noch deutlicher formulierte pessimistische Sicht, die den Veränderungen der politischen Verfassungen und der Gesetze eine Entwicklungsrichtung hin zur Vermehrung des Bürgerglücks und der Bürgertugend vorenthält. In dem Traktat ‚De regno', vorgeblich an den König Hugo von Zypern adressiert (ob Hugo II. oder der III. ist umstritten),[647] behandelt er die Frage, ob und wie eine ungerechte, gar tyrannische Herrschaft abgewendet, bzw. beendet werden könne. Tyrannenmord und gewaltsame Umstürze lehnt Thomas ab. Aber auch grundsätzlich negiert er den Nutzen von Verfassungsänderungen. Groß sei die Gefahr, dass nach einem Umsturz und einer Änderung der politischen Organisation ein schlimmerer Zustand als zuvor entstehen würde. Einzig die Beratung durch weise Männer erachtet Thomas als Mittel, um den Abfall in die Tyrannei abzuwenden. Dieses aber ist ein extra-legales Verfahren. Gesetzgebungen als Garanten des Guten oder

645 So die Vermutung von Fieback, *Necessitas*, S. 143–143.

646 Thomas von Aquin, Sententia libri politicorum (Opera omnia 48), Roma 1971, I, 10, 1259a 37–1260a24; Harding, Alan, Aquinas and the Legislators, in: Théologie et droit dans la science politique de l'État moderne. Actes de la table ronde de l'École françaises de Rome avec le concours du CNRS, Rome 12–14 nov. 1987, Roma 1991, S. 51–61.

647 Thomas von Aquin, De regno. Zur handschriftlichen Überlieferung, zur Verfasserfrage und zum Datum der Abfassung: S. 421–444; Flüeler, Christoph, Mittelalterliche Kommentare zur Politik des Aristoteles und zur pseudo-aristotelischen Oekonomik, in: Bulletin de philosophie médiévale 29 (1987), S. 193–239; er datiert die Schrift auf 1271/73 und nennt als Widmungsempfänger Hugo III., König von Zypern. Der Text des Thomas von Aquin zusammen mit dem seines Fortsetzers Ptolomomaeus de Lucca ist ediert in: Thomas von Aquin, Opuscula philosophica et theologica, hg. v. Maria, Michele de, Città di Castello 1886, S. 3–170.

gar als Maßnahmen der Verbesserung werden in dieser Schrift nicht in Erwägung gezogen. Das diesseitige gute Leben der Bürger sieht Thomas aber auch in diesem Text als das Ziel des Staates an. Auch das materielle Wohl gehört dazu. Die Ausstattung mit wirtschaftlichen Gütern, die Förderung des Handelsverkehrs, die Sicherheit vor Gewalt sind Aufgaben des Königs.[648] Der Charakter dieser Schrift, die als Fürstenspiegel bezeichnet werden kann, setzt ethische Anforderungen an den König voraus. Aber die institutionelle Grundlegung des Staates bleibt auch hier vorherrschend, diesmal begründet weniger durch Gesetze, als vielmehr auf der Basis kommunikativer Relationen, also mittels regulierter Beratung durch Experten.[649]

Die umfangreichere Rezeption der ‚Summa theologiae' erweist letztlich dieses Werk als das bedeutsamere für die Vorstellung, die im späten Mittelalter bestanden, wenn über Gesetzgebung nachgedacht wurde. Es bestand der Anspruch an die Herrschaft, Gerechtigkeit nicht nur zu bewahren, sondern auch zu erweitern und zu verbessern. Die Bindung an das allgemeine Wohl verlangte nicht nur die persönliche Gerechtigkeit des Herrschers, sondern die institutionelle Begründung der Gerechtigkeit. Sie wurde durch die Gesetzgebung hergestellt.[650]

Philosophen und Theologen setzten die Überlegungen von Thomas von Aquin fort und stützten ihre Argumente ebenfalls auf die Schriften von Aristoteles zu Ethik und Politik. Der Dominikaner Jean Quidort de Paris (ca. 1260–1306) knüpfte an die Auffassung an, dass es einen Prozess der Verbesserung für das menschliche Leben gebe, der die Gesetzgebung in Gang setze und von ihr wiederum Impulse erfahre. Jean Quidort de Paris trat 1290 in den Dominikanerorden ein, studierte und lehrte an der Universität Paris, war dort seit 1304 Magister der Theologie, verteidigte in mehreren Schriften die Berechtigung seines Ordens sowie die Lehre von Thomas von Aquin und beteiligte sich an dem Streit zwischen dem französischen König Philipp IV. und Papst Bonifaz VIII. mit seiner politiktheoretischen Schrift ‚De regia potestate et papali', die er wohl 1303 verfasste. Er behandelt in seiner Schrift die Frage, wie die Aufgabenteilung von geistlicher und weltlicher Gewalt beschaffen sei, bzw. sein müsse. Die Position des französischen Königs in dessen Kampf mit dem Papst unterstützend, entfaltet Jean Quidort eine Theorie, die eine hierarchische Unterordnung unter eine der beiden Gewalten ausschließt. Die Positionierung der weltlichen Gewalt als von der Kirche unabhängige Einrichtung wertet jene auf: Ihr wird die Aufgabe zugewiesen, die Verbesserungen der Lebens-

---

648 Thomas von Aquin, De regno, S. 455f.

649 Schmidt, Hans-Joachim, König und Tyrann. Das Paradox der besten Regierung bei Thomas von Aquin, in: Liber amicorum necnon et amicarum für Alfred Heit. Beiträge zur mittelalterlichen Geschichte und geschichtlichen Landeskunde, hg. v. Burgard, Friedhelm, Cluse, Christoph u. Haverkamp, Alfred (Trierer Historische Forschungen 28), Trier 1996, S. 339–357.

650 Breitenstein, Mirko, Die Begründung der besten Ordnung. Gerechtigkeitskonzeptionen im Mittelalter, in: Gerechtigkeit, hg. v. Melville, Gert (Europäische Grundbegriffe im Wandel. Verlangen nach Vollkommenheit 1), Köln et alii 2014, S. 80–96, S. 85f.

bedingungen zu erreichen.[651] Die innerweltliche Aktivität zugunsten des allgemeinen Wohls ist als Wert anerkannt und bedarf keiner kirchlichen Einsetzung. Auf der Grundlage des Erreichten ließe sich Neues errichten, das besser sei. Anders als der Aquinate hat Quidort in einer anderen Schrift, die zum Antichrist, einen Vorgang vorgestellt, der die Menschheitsgeschichte mit der Vermehrung der göttlichen Gnadengüter verbindet, die vor und bis zum Weltenende andauern würde. Er entfaltet ein historisches Geschehen, das die Menschen aus Bedrängnis und Not in einen Zustand diesseitigen Heils führen würde, das schließlich zur ewigen Erlösung im Jenseits vorbereite.[652] Die beiden hier genannten Schriften behandeln unterschiedliche Themen, bilden keinen logischen Zusammenhang, zeigen vielmehr die Spannbreite dessen, was Quidort als historische Deutungsmuster konzipiert. Beiden Schriften gemeinsam ist aber die Konzeption eines Fortschritts. Er entfaltet sich innerweltlich durch politisches Handeln, einschließlich der Gesetzgebung, und religiös aufgrund der göttlich vorherbestimmten Epochenabfolge.

Nicht eine historische Entwicklungslinie ziehend, vielmehr ethische Anforderungen begründend und praktische Probleme erklärend, behandelte Aegidius Romanus († 1316) das Thema der Gesetzgebung in seinem politiktheoretischen Hauptwerk ‚De regimine principum'. Aegidius Romanus war an der Wende zum 14. Jahrhundert der bedeutendste Theologe des Ordens der Augustiner-Eremiten, eines der vier großen Bettelorden, und gilt als Begründer von deren theologischer Lehre. In enger Anlehnung an Thomas von Aquin kommentierte er Aristoteles, bezog aber stärker als dieser auch Konzepte von Augustinus in sein philosophisches Werk ein, so wie auch sein Orden insgesamt rasch nach der von Papst Alexander IV. im Jahre 1256 angeordneten Entstehung die philosophischen Lehren des Augustinus für seine Lehrveranstaltungen vorschrieb, allein schon deswegen, als er beanspruchte, die angeblich einst von diesem vorgesehene mönchische Lebensform zu verwirklichen.[653] Aegidius habe, so die Beschlüsse mehrerer Gene-

651 Johannes Quidort von Paris, Über königliche und päpstliche Gewalt (De regia potestate et papali), hg. v. Bleienstein, Fritz, Stuttgart 1969, S. 154–157; Strayer, Joseph R., Defense of the Realm and Royal Power in France, in: Studi in onore di Gino Luzzatto, Bd. 1, Milano 1949, S. 289–296; Miethke, Jürgen, Die Legitimität der politischen Ordnung im Spätmittelalter. Theorien des frühen 14. Jahrhunderts, in: Historia Philosophiae Medii Aevi. Studien zur Geschichte der Philosophie des Mittelalters. Festschrift Kurt Flasch, hg. v. Mojsisch, Burkhard u. Pluta, Olaf, Amsterdam 1991, Bd. 2, S. 643–674; Miethke, Politiktheorie im Mittelalter, S. 117–126; Canning, Joseph, Ideas of Power in the Late Middle Ages. 1296–1417, Cambridge 2011, S. 5–59; Walther, Helmut G., Ursprungsdenken und Evolutionsgedanke im Geschichtsbild der Staatstheorien in der ersten Hälfte des 14. Jahrhunderts, in: Antiqui und Moderni, S. 236–261, S. 241–246; zur Datierung der Schrift: Ubl, Karl, Johannes Quidorts Weg zur Sozialphilosophie, in: Francia 30/1 (2003), S. 43–72.

652 Johannes Quidort de Paris, De Antichristo; Reeves, Influence, S. 315–318; Gerwing, Vom Ende der Zeit, S. 268–362, S. 315–318.

653 Elm, Kaspar, Elias, Paulus von Theben und Augustinus als Ordensgründer. Ein Beitrag zur Geschichtsschreibung und Geschichtsdeutung der Eremiten- und Bettelorden des 13.

ralkapitel, durch seine Schriften die Forderung erfüllt, die Schriften Augustinus als Fundament des Lehrens und Lernens einzusetzen. Die Autorität von Aegidius wurde spätestens bis zur Mitte des 14. Jahrhunderts zur Basis einer spezifischen Ordenstheologie. Die Augustiner-Eremiten beschlossen schon auf dem Generalkapitel von 1287, dass alle Gelehrten des Ordens die Auffassungen, Lehrsätze und Urteile, die Aegidius bis dahin geschrieben habe und künftig noch schreiben werde, annehmen und verteidigen sollten. Der Orden wurde zum Multiplikator der Schriften des Aegidius und sicherte ihm eine außerordentliche Breitenwirkung in ganz Europa, nicht nur bei den Ordensangehörigen.[654]

Das Werk ‚De regimine principum' ist ein Fürstenspiegel. Es bietet eine politische Morallehre und eine Anleitung zur pädagogischen Vorbereitung zum königlichen Amt und enthält zugleich eine Institutionenlehre. Der Autor reflektiert die Grundlegung des politischen Handelns, seiner Legitimierung und Motivierung. Das Werk, das wohl in den Jahren 1277 und 1278 verfasst wurde, gehörte zu den im Mittelalter am meisten verbreiteten Texten. Fast 300 Handschriften liegen vor; der Text wurde in mehrere Volkssprachen übersetzt.[655]

Aegidius entfaltet keine Abfolge von politischen Verfassungen, Gesetzen und Gesetzgebungen. Er stellt keine diachrone Evolution vor, sondern eine synchrone Normenbegründung. Er sucht zu beweisen, dass die Monarchie die beste Regierungsform sei. Eine Darlegung der historischen Verlaufsformen erübrigt sich daher. Aegidius sieht die Notwendigkeit, neue Gesetze zu schaffen und alte abzuschaffen, sobald die Gewohnheiten von den Gesetzen abweichen. Es sei besser, die Gesetze zu ändern als die Gewohnheiten diesen anzupassen. Aegidius geht davon aus, dass das Leben im Staat Veränderungen unterliege. Damit ist aber kein

---

Jahrhunderts, in: Geschichtsschreibung und Geschichtsbewusstsein im späten Mittelalter, hg. v. Patze, Hans (Vorträge und Forschungen 31), Sigmaringen 1987, S. 371–397.

654 Chartularium universitatis Parisiensis, hg. v. Chatelain, Emile u. Denifle, Heinrich, Bd. 2, Paris 1881, S. 12; Scholz, Richard, Die Publizistik zur Zeit Philipps des Schönen und Bonifaz' VIII. Ein Beitrag zur Geschichte der politischen Anschauungen des Mittelalters, Ndr., Amsterdam 1962, S. 109f.; Berges, Wilhelm, Die Fürstenspiegel des hohen und späten Mittelalters, Leipzig 1938, S. 216; Merzbacher, Friedrich, Die Rechts-, Staats- und Kirchenauffassung des Aegidius Romanus, in: Archiv für Rechts- und Sozialphilosophie 41 (1954/55), S. 88–97; Zumkeller, Adolar, Die Augustinerschule des Mittelalters: Vertreter und philosophisch-theologische Lehre, in: Analecta Augustiniana 27 (1964), S. 167–262; Eastman, John R., Das Leben des Augustiner-Eremiten Aegidius Romanus (ca. 1243–1316), in: ZKG 100 (1989), S. 318–339; Homann, Totum posse, S. 51–56; Perret, Traductions, S. 1–10.

655 Aegidii Romani Opera Omnia, Bd. I,1, hg. Punta, Francesco del, Firenze 1987, S. 11; Catalogo dei manoscritti de regimine principum, hg. v. Punta, Francesco del u. Luna, Concetta (Corpus Philosophorum Medii Aevi. Testi e studi 12), Firenze 1993; Perret, Traductions; Miethke, Jürgen, Das Publikum politischer Theorie im 14. Jahrhundert. Zur Einführung, in: Das Publikum politischer Theorie im 14. Jahrhundert, hg. v. id. (Schriften des Historischen Kollegs 21), München 1992, S. 1–23, S. 8; id., Politische Theorien im Mittelalter, in: Politische Theorien von der Antike bis zur Gegenwart, hg. v. Lieber, Hans-Joachim (Studien zur Geschichte und Politik 299), 2. Aufl., Bonn 1993, S. 47–156, S. 90.

Verbesserungsprozess und noch weniger ein Verbesserungsprogramm impliziert, eher eine Korrektur, um Inkohärenzen zwischen Gesetzen und Lebensrealitäten zu beenden. Aegidius behandelt die Gesetzgebung auch weniger unter dem Aspekt einer Neuerung oder gar Verbesserung, vielmehr unter dem der Handlungskompetenz. Gesetze zu erlassen, sei die Aufgabe des Königs, der mittels der ihm zur Verfügung stehenden Zwangsgewalt für das allgemeine Wohl sorge. Die sprachliche Ähnlichkeit von *rex* und *lex* verwendet der Augustiner-Eremit als Argument für eine wesenhafte Gleichung und damit für die legislatorische Befugnis: *Est rex sive princeps quaedam lex, et lex est quidam rex sive princeps.*[656] Aegidius sieht es als vordringliche Aufgabe des Herrschers an, Gesetze zu erlassen, damit diese die Einheitlichkeit des Handelns im Staat sichern. Er verwirft die Prävalenz von einzelnen Gerichtsurteilen; sie seien oft willkürlich, würden nur an einzelnen Orten und zu begrenzten Zeiten gelten, führten nicht zu einer gleichen rechtlichen Formung im gesamten Königreich. Dahingegen regelten die Gesetze überall, auch fern der königlichen Gerichtshöfe, das Leben der Untertanen. Die Uniformität im Königreich ist das Ziel.[657] Dieses schließt, so Aegidius, ein, dass es eine Konformität der Gesetze untereinander geben müsse, was Neuerungen eher als schädlich erscheinen lasse, wie er in einem eigenen Kapitel ausführt, in dem er Veränderungen der Gesetze behandelt. Neue Gesetze zu beschließen, gefährde die allgemeine Akzeptanz gegenüber den weiterhin bestehenden Gesetzen, da deren Kenntnis geringer zu werden drohe, da die Gewohnheit, ihnen zu gehorchen, abnehme. Es müsse vermieden werden zu glauben, dass neue Gesetze den Ungehorsam gegenüber den alten erlauben würden. Ein weiteres, das wichtigste Argument bringt Aegidius vor: Das positive Recht solle möglichst eng das Naturrecht imitieren, das von Gott gegeben und unwandelbar sei. Änderungen würden diese inhaltliche Angleichung gefährden.[658] Er weist die von Thomas von Aquin vertretene Auffassung zurück, dass es einen Fortschritt der Erkenntnis, des Handwerks und des Handels gebe, die auch einen Fortschritt durch Gesetzgebungen erfordere oder ermögliche. Aegidius weist zwar ebenfalls auf praktische Verbesserungen in Technik, Arbeit, Wissen und Politik hin, aber sie sind lediglich Analogien und sie begründen nicht einen historischen Prozess, sondern führen zu isolierten Verbesserungen, die Ergebnisse einer Gesetzgebungskunst sind. Lehnt Aegidius Romanus auch eine historisch eingepflanzte Evolution, eine Evolution der Verbesserungen ab, den es aus der Potentialität zur Realisierung emporzuhaben gelte, schließt er nicht aus, dass es mitunter günstig sei, neue Gesetze zu schaffen, die die alten ablösen und damit ein besseres Recht hervorbringen würden. Insbesondere wenn Gesetze schwierig anzuwenden seien, empfiehlt er, sie zu ändern. Nicht allein um Gesetze an wechselnde Umstände anzugleichen und um gegen zunehmende Schwächen und Verbrechen vor-

656 Aegidius Romanus, De regimine, I, II, cap. 12, S. 157.
657 Ibid., III, II, cap. 20, 29, S. 1007–1013, 1063–1069.
658 Ibid., III, II, cap. 31, S. 1073–1081.

zugehen, sondern auch um einen besseren Zustand der Gesetze herbeizuführen, seien mitunter Änderungen nützlich. Aegidius sieht Gesetze als Instrumente an, um inhärent rechtliche Diskrepanzen aufzulösen. Aber er erweitert die Verbesserung auch auf die Lebensgestaltung: die Einrichtung neuer Gesetze ist das Ergebnis des Lernens und der Erfahrung. Schwächen und Gebrechen könnten so im Lichte neuer Erkenntnis und Bewertung abgestellt werden. Das stärkste Argument für die Beständigkeit der Gesetze, die Verbindung des positiven Rechts zum Naturrecht, wendet Aegidius sogar zum Argument für Gesetzesneuschöpfung. Sie sei dann notwendig, wenn Abweichungen vom Naturrecht behoben werden müssten. Wenn das Gesetz defekt ist, weil es das Naturrecht negiert, besteht die Forderung an den Herrscher, den fehlerbehafteten Zustand zu beheben. Aber auch hier gilt: Nicht Weiterentwicklung, sondern Anknüpfen an eine allzeit gültige Norm, nicht Neuschöpfung, sondern Inkraftsetzung des stets Gültigen sieht Aegidius Romanus vor. Weil der König als Gesetzgeber dem Naturrecht verpflichtet sei, das Aegidius als *vis directiva* qualifiziert, müsse er dem positiven Recht, über das er verfüge, eine *vis coactiva* verleihen, damit das Naturrecht in Kraft treten könne. Der König sei an das Naturrecht gebunden; er verfüge insoweit über das positive Recht, als es nicht allein regulatorisch-normativ, sondern auch auto-referentiell normgebunden sei. Das Naturrecht enthalte Anweisungen zur Gestaltung des positiven Rechts. Der Gesetzgeber müsse sie beachten.[659] Die Adaptation an das Naturrecht verlangt mitunter Änderungen am positiven Recht, welche zwar Rückbindung an ein Bestehendes bedeuten, faktisch sich aber als Innovationen im Zusammenhang der geltenden Gesetze erweisen. Aegidius gibt ein Beispiel: Die Knechtschaft (*servitudo*), die auch als Sklaverei verstanden werden kann, die tatsächlich bestanden habe und immer noch bestehe, sei wider die naturrechtlich begründete Freiheit aller Menschen. Die Unfreiheit müsse folglich abgeschafft werden. Dazu müssten Gesetze erlassen werden. Die römisch-rechtliche Begründung der Unfreiheit als Ergebnis der Kriegsgefangenschaft, wie sie in den ‚Institutiones' ausgeführt ist,[660] ist bei Aegidius nur faktisch, nicht normativ gültig. Das Faktum ist ein Negativum. Es ist zu korrigieren. Das gute Leben sei nur möglich im Zustand der Freiheit. Gesetzesänderungen sind legitim, wenn sie ein bestehendes Unrecht aufheben.[661] Da die Gesetze ein Ziel verwirklichen müssen, nämlich das des guten Lebens, das wiederum die Verwirklichung der Tugenden ermögliche, sind die Gesetze nicht nur normsetzend, sondern auch normerfüllend. Weil die Gesetze Anforderungen unterliegen, müssen sie angepasst werden. Damit ist nicht Steigerung humaner Existenz, wohl aber die Sicherung temporär unbegrenzter, stets gültiger naturrechtlicher Vorgaben intendiert, denen das positive Recht folgen müsse. Nicht eine Evolution, sondern im Gegenteil eine Realisierung permanent bestehender naturrechtlicher Wertvor-

659 Aegidius Romanus, De regimine, III, II, cap. 26, S. 1047–1053.
660 Corpus iuris civilis: Institutiones, I, 2, S. 3.
661 Aegidius Romanus, De regimine, III, II, cap. 14, S. 749–752.

stellungen ist verlangt. Die Aussage, dass die politische Verfassung nicht den Gesetzen, sondern die Gesetze den politischen Verfassungen angepasst sein müssten, ist keine Anforderung zu Veränderungen, sondern die Grundlegung der Gesetze, die den Sitten und Bedingungen des jeweiligen Volkes und den Typen der politischen Verfassungen konform sein müssen. Aber Gesetzgebung ist kein Mittel, um einen zeitlichen Verlauf auszulösen, der das gute Leben steigern würde.[662]

VII.3 Die Unmöglichkeit des allgemeinen Wohls

Es gab Auffassungen, dass Gesetze nicht zur Verbesserung des Lebens beitragen könnten. Zu denjenigen, die vom Handeln von Herrschern und Gesetzgebern nichts erwarteten, um das Wohl der Untertanen zu mehren, gehörte Johannes Duns Scotus († 1308), neben Bonaventura der einflussreichste Theologe unter den Franziskanern.[663] Bonaventura hatte die Steigerung menschlicher Lebensumstände – und dies bereits im Diesseits – als Resultat von göttlicher Einwirkung vorgestellt, nicht von humaner Gestaltung und nicht von legislativer Aktivität. Wie dieser verneinte auch Johannes Duns, dass durch politisches Handeln das Glück der Bürger befördert werde. Er erachtete die Gesetzgebungen als defizitäres Handeln, um Schäden abzuwenden, nicht aber um das Wohl der Bürger zu vermehren. Ohne explizit die Argumentationsgrundlage, die die politische Philosophie von Aristoteles bot, zurückzuweisen, erörterten seine Überlegungen die Möglichkeiten, Gesetze zu verändern, ohne sie aber brauchbar zu erachten, um das gute Leben zu fördern. Duns behandelte den Gegensatz von Naturrecht zum positiven Recht. Das gesetzte Recht, welches aus dem freien menschlichen Willen entstehe, ist nur locker an normative Vorgaben gebunden und habe nicht die Aufgabe zu erfüllen, das Wohl der Menschen zu befördern. Da die Gesetze Ergebnisse des Wollens der Menschen sind, sind sie kontingent. Die inhaltlichen Bestimmungen basieren nicht auf einem göttlichen Willensakt.[664] Duns wendet sich gegen die durch Aristoteles

---

662 Aegidius Romanus, De regimine, III, II, cap. 26, S. 1047: *Non opportet adaptare policitias legibus, sed leges politiae*; Briggs, Charles F., Giles of Rome's De regimine principum. Reading and Writing Politics at Court and University, c. 1275–c. 1525, Cambridge 1999, S. 74–91; Schmidt, Hans-Joachim, Spätmittelalterliche Fürstenspiegel und ihr Gebrauch in unterschiedlichen Kontexten, in: Text und Text in lateinischer und volkssprachiger Überlieferung des Mittelalters (Wolfram-Studien 19), hg. v. Lutz, Eckart Conrad et alii, Tübingen 2006, S. 377–398.

663 Honnefelder, Ludger, Johannes Duns Scotus, München 2005, S. 117–130 (zur Ethik); Ingham, Mary B., John Duns Scotus. Philosopher, Münster 2010.

664 Gandillac, Maurice de, La loi naturell et fondement de l'ordre social selon les principes du bienheureux Duns Scotus, in: De doctrina Ioannis Duns Scoti, Acta congressus Scotistici internationalis, Oxford/Edinburgh 11–17 sept. 1966, Bd. 2, Roma 1968, S. 683–734; Möhle, Ethik, S. 330–367; id., Wille und Moral. Zur Voraussetzung der Ethik des Johannes Duns Scotus und

begründete Auffassung, dass das Streben nach individuellem Nutzen und Wohl die Vergesellschaftung und die politischen Organisationen voraussetze, zu ihrer Entstehung führe und damit erst die menschliche Existenz zur Erfüllung bringe. Duns stellt seine Erörterungen in zwei großen Werken vor, den beiden Kommentaren zu den Sentenzen von Petrus Lombardus, die auf den in Oxford und in Paris gehaltenen Vorlesungen beruhen. Die von Vladimir Richter 1988 vorgestellte Überlegung, dass den Kommentaren eine ältere, nicht erhaltende Fassung vorausgehe, deren Inhalt von den späteren Zusätzen herausgeschält werden könne, hat die Forschung, z. T. in heftiger Polemik, zurückgewiesen.[665]

Unabhängig von dieser Debatte ist festzuhalten, dass es die beiden überlieferten Versionen waren, die im späten Mittelalter rezipiert wurden. Duns erörtert die Gesellschaft im Hinblick auf ihre Ziele. Sie zu setzen, ist das Ergebnis von Willensentscheidungen, die wenig durch normative Bindungen eingeschränkt sind. Entgegen der klassischen aristotelischen Lehre, dass sich im politischen Raum die Freiheit entfalte, was ermögliche, Verfahren und Institutionen zu finden und zu gestalten, damit das allgemeine Wohl hergestellt werde, leitet Duns von den politischen Organisationen Unterdrückung, Zwang und Furcht ab. Anders die Familie: Dort gebe es gegenseitige Zuneigung, dort könnten sich die Menschen frei betätigen, dort erreichten sie gemeinsamen Nutzen. Duns kehrt die Konzeption von Aristoteles um, der im Haus stets die tyrannische Herrschaft des Vaters über Frau, Kinder und Knechte walten sieht, in der Polis hingegen die Kooperation der Freien, sofern ein gut regiertes Gemeinwesen bestehe, einfordert. Duns Scotus verneint, dass die politische Organisation der Hort der Freiheit sei und dass aus der Gewalt des Staates eine günstige Wirkung ausgehe, um die Tugenden der Bürger zu fördern. Gesetze trügen nichts dazu bei, die Menschen besser zu machen oder ihnen ein besseres Leben zu bereiten. Es gebe keine Entwicklung hin zu besseren

---

ihrer Bedeutung für die Ethik Immanuel Kants, in: John Duns Scotus: Metaphysics and Ethics, hg. v. Honnefelder, Ludger et alii, Leiden 1996, S. 573–594, S. 582f.; id., Scotus's Theory of Natural Law, in: The Cambridge Companion to Duns Scotus, hg. v. William, Thomas, Cambridge 2003, S. 312–331; Möhle, Thomas, Gesetz und praktische Rationalität bei Johannes Duns Scotus, in: Lex und Ius. Beiträge zur Begründung des Rechts in der Philosophie des Mittelalters und der Frühen Neuzeit, hg. v. Alexander Fidora et alii (Politische Philosophie und Rechtstheorie des Mittelalters und der Neuzeit 2, 1), Stuttgart 2010, S. 205–220; Mandrella, Die Autarkie, S. 271–273; Boni, Alberto Luis, Legislator, lex, lex naturalis und dominium bei Johannes Duns Scotus, in: Lex and Ius. Beiträge zur Begründung des Rechts in der Philosophie des Mittelalters und der frühen Neuzeit, hg. v. Fidora, Alexander et alii, Stuttgart 2010, S. 221–240; Cross, Richard, Natural Law, Moral Constructivism, and Duns Scotus's Metaethics, in: Reason, Religion, and Natural Law, hg. v. Jacobs, Jonathan A., Oxford 2012, S. 175–200.

665 Richter, Vladimir, Studien zum literarischen Werk von Johannes Duns Scotus (Veröffentlichungen der Bayerischen Akademie der Wissenschaften), München 1988, S. 24–65. Die Auffassung ist widerlegt durch: Modric, Luca, I testi di Duns Scoto sulla dimostrazione di Dio in una strana edizione, in: Antonianum 65 (1990), S. 312–344; Etzkorn, Girard J., The Scotus Edition: John Duns Scotus's Philosophical Works, in: Franciscan Studies 51 (1991), S. 117–130.

Gesetzen. Stattdessen gedeihe, abgeschottet von den Einwirkungen des Staates und seiner Gesetze, in den Familien ein gutes Leben. Sie wird von Duns als Rückzugsort für die Menschen und als Bollwerk gegen den Staat konzipiert. Das positive Recht ist bei Duns notwendigerweise und unabänderlich bedrückend, zwingend und unterwerfend. Nicht einmal das Naturrecht gilt als Barriere und Korrektiv des positiven Rechts, da das Naturrecht keine unabänderlichen Gebote auferlegt, von denen nicht durch Willensentscheide abgewichen werden kann, sofern es nicht logisch und theologisch zwingend (*conclusiones necesssariae*) Normen setzt, was in den ersten drei der Zehn Gebote hinsichtlich der Verehrung des einzigen Gottes geschieht. Dies gilt aber nicht für das Naturrecht im weiteren Sinne (*large loquendo*), wenn es die Beziehungen zwischen den Menschen gestaltet, so dass legale Abweichungen durch Dispens und Gesetzgebung möglich sind.[666] Der Gesetzgeber unterliegt keinen normativen Vorgaben, wenn er aus seinem voraussetzungslosen voluntaristischen Akt Gesetze schafft.[667] Fortentwicklungen zur Herstellung besserer Lebensformen sieht Duns folglich nicht vor. Aber auch für die Organisation des privaten und familiären Lebens ist ein transgenerationeller Fortschritt ausgeschlossen. Nur als Defensiv-Einrichtung wahrt sie Kontinuität und schützt den privaten Lebensbereich und formt so einen Bereich des guten Lebens – dies abseits von Gesetzen und politischer Verfassung.

Die Natur des Menschen gebe keine Vorgaben, wie Gesetze zu gestalten seien. Da die *lex naturalis* sich auf die Naturordnung in Gänze bezieht und nicht nur auf die Natur des Menschen, ist ihre Wirkung zwar quantitativ weit ausgedehnt, bestimmt aber nicht die Handlungen, welche vielmehr auf den Entscheidungen der Menschen beruhen. Diese sind schwach und der Sünde verfallen, missachten stets daher das Naturgesetz. Duns interpretiert es weniger als rechtlich bindend, sondern als regelkonforme Gesamtheit der natürlichen Vorgänge. *Lex naturalis* gemäß der Auffassung von Duns nähert sich dem Konzept des Naturgesetzes im physikalischen Sinne an, büßt umgekehrt aber an einer ethischen und rechtlichen Bedeutung ein.[668] Gott begnüge sich, wie Duns in den Oxforder Sentenzenkommentaren schreibt, in den politischen Angelegenheiten mit einem moralischen Minimum, da der Mensch – mit dem freien Willen ausgestattet – schwach sei und es ihm schwer falle, das Gute zu tun. Das politische Handeln unterliegt nur geringen ethischen Anforderungen, ohne dass eine lebensverbessernde Intention vorausgesetzt wird. Die Gerechtigkeit bestehe in Gott. In den Gesetzen fehle sie. In den diesseitigen Angelegenheiten, vor allem im politischen Handeln, *in istis politiis*,

666 Johannes Duns Scotus, Ordinatio, liber tertius, hg. v. Rodriguez Carballo, Joseph (Opera omnia 10), Città del Vaticano 2007, S. 271–291, Ord. III, dist. 37; und Johannes Duns Scotus, Ordinatio, liber quartus, S. 159–191, Ord. IV, dist. 17, q unica.

667 Kann, Christoph, Terminologie und Etymologie des mittelalterlichen Gesetzesbegriffs, in: Das Gesetz, hg. v. Speer u. Guldentops, S. 19–38, S. 24f.

668 Stratenwerth, Günter, Die Naturrechtslehre des Johannes Duns Scotus, Göttingen 1951, S. 68, 77; Boni, Legislator, S. 223–226; Loewer, Laws and Natural Properties.

minimiert Duns die Anforderungen, auch an die Gesetzgeber. Gerechtigkeit entsteht nicht durch Akte menschlicher Einrichtungen. Was in ihnen als gerecht gilt, hat nicht Anteil an der Gerechtigkeit Gottes: *Sed ad istum iustum non determinat iustitia divina intrinseca prima*. Die Kluft zwischen göttlicher und menschlicher Gerechtigkeit kann nicht überbrückt werden. Letztere ist nicht nur eine mindere Form, sondern eine grundsätzliche Mangelform.[669] Der Ursprung von Gesetzen ist die *potestas absoluta*. Analog zu Gott, der Gesetze schafft, tun dies auch die Könige, denn sie haben die Macht dazu und damit die Möglichkeit, gemäß ihrem Willen Normen einzurichten, sie zu verändern und durch neue zu ersetzen. Aus Macht und willentlicher Verfügung entspringt die Variabilität der Gesetze, die aber irrelevant sind hinsichtlich einer möglichen Verbesserung des Lebens und nicht Gerechtigkeit herstellen. Das Naturgesetz sieht nur wenig vor und beschränkt sich auf die Verbote von Tötung, Lüge, Ehescheidung und belässt einen weiten Handlungsspielraum, um die positiven Gesetze zu gestalten, aber auch um sie aus einer Normbindung zu entlassen.[670]

Johannes Duns interessiert bei der Gesetzgebung die Kompetenz, sowohl die intellektuelle als auch legale, nicht die Ausrichtung auf Ziele. Die Dominanz des Willens vor der Vernunft gibt Raum für Veränderungen, wenig aber für Verbesserungen. Inhaltliche Vorgaben fehlen weitgehend. Gerecht sind die Gesetze dann, wenn diejenigen, die sie erlassen, gemäß der Klugheit (*prudentia*) und der Machtbefugnis (*auctoritas*) handeln. Duns bietet mit dem Wort *prudentia* eine schwächere Begründung als mit derjenigen von *ratio*. Der Vorrang des Willens vor der Vernunft, den Duns der überwiegenden Forschungsmeinung nach vertritt, besteht auch hinsichtlich der Gesetzgebung. Ich weiche damit von der Auffassung von Isabelle Mandrella ab, dass Duns durchaus eine Dominanz der Vernunft begründet. Was die Setzung von Recht betrifft, ist dies meines Erachtens nicht der Fall.[671] Entscheidungen folgen dem Willen. Da er nicht determiniert ist, gibt es Variabilität der Entscheidungen. Dies bedeutet Freiheit. Sie basiert auf der natürlichen Disposition des Menschen.[672] Die Freiheit erstreckt sich auch auf die Schaffung von Regeln des Zusammenlebens, die entkoppelt sind von zwingenden Vorgaben ihrer inhaltlichen Ausgestaltung, weil hinreichend begründet durch die Natur des Menschen. Die

---

669 Johannes Duns Scotus, Ordinatio, liber quartus, dist. 46, q. 1, S. 205; Möhle, Ethik, S. 330–342.

670 Johannes Duns Scotus, Ordinatio, liber primus (Opera omnia 6), Città del Vaticano 1963, dist. 44, q. 1, S. 363f.; id., Ordinatio, liber quartus, dist. 15, q. 2, S. 256–258.

671 Mandrella, Isabelle, *Pro ratione voluntas?* Herrscherwille und Gesetz im Voluntarismus des Mittelalters, in: *Radix totius libertatis*. Zum Verhältnis von Willen und Vernunft in der mittelalterlichen Philosophie, hg. v. Mensching, Günther (Contradictio. Studien zur Philosophie und ihrer Geschichte 12), Würzburg 2011, S. 219–233, S. 221–225.

672 Johannes Duns Scotus, Quaestiones metaphysicae (Opera philosophica 4), St. Bonaventure, NY 1997, S. 675–699, IX, 32.

Schaffung des guten Lebens durch politische Einrichtungen und die Einrichtung des allgemeinen Wohls entfallen als normative Vorgaben.

Das gute Leben hat für Duns seinen Platz außerhalb der politischen Ordnung. Vom Staat abgetrennt und in einen eigenen Seinsbereich ausfüllend, behandelt Duns die Beziehungen in den Familien. Das private Leben und das Leben in den Familien seien ursprünglich, vor der Bildung von Staaten vorhanden. Von deren Einwirkungen sollten sie abgeschirmt werden. Sie gewährten das gute Leben, sie seien der Ort der Zuneigung und der freien Gestaltung des Lebens. Er verwirft das Ideal von Gemeinschaftseigentum, verteidigt den Privatbesitz, da er – gerade auch für die Armen – ein Refugium darstellt, um sich vor den Nachstellungen der Reichen und Mächtigen zu schützen. Nicht die kollektiv gültigen Regelungen, nicht die Gesetze und nicht die staatlichen Interventionen beförderten die Fürsorge. Dies geschehe vielmehr in der Privatheit, und das gute Leben bestehe in der Familie.[673] Die Negation des legislatorischen Nutzens oder gar Fortschritts belässt den Gesetzen freilich die Anerkennung als faktisch geltende Norm. Was sie vermögen, sei die Sicherung des Friedens, aber auch dies sei unsicher, wenn der Kampf der Mächtigen alle in die Bedrängnisse der Kriege führe. Ein evolutionäres, gar teleologisches Verbesserungsprogramm war für die weltlichen Lebensverhältnisse ausgeschlossen. Der Mensch sei aufgerufen, mit seinem Handeln im Diesseits das Gute zu tun. Das gute Leben sei aber erst im Jenseits den Menschen in Aussicht gestellt. Das Gute bestand in der Aktivität, nicht im Resultat.[674]

Die Auffassung, dass Gesetze für das Leben förderlich sein sollten und tatsächlich wären, lehnte auch der Ordensbruder von Duns, Petrus Johannis Olivi (1247–1298) ab. Er war Anhänger einer rigiden Praxis des Armutsideals in seinem Orden, verfasste theologische und philosophische Schriften, die von der päpstlichen Kurie als häretisch verurteilt wurden,[675] nahm auch Stellung zu aktuellen Ereignissen seiner Zeit. In seiner Schrift, in der er den Amtsverzicht von Papst Coelestin V. im Jahre 1292 als unrechtmäßig bezeichnete, behandelte er auch das Thema rechtlicher Neuerungen. Er vertrat einen legislatorischen Minimalismus. Neue Gesetze und Statuten zu erlassen, sei zwar erlaubt, aber sie würden das Leben der Menschen nicht verbessern, seien nichts anderes als Veränderungen auf einer Oberfläche, die nicht in die Tiefenstrukturen des menschlichen Schicksals eindrängen und letztlich nichts grundsätzlich Neues schüfen und bewirkten. Neu sei nur der Text. Er

---

673 Johannes Duns Scotus, Lectura in librum secundum sententiarum (Opera omnia 19), Città del Vaticano 1993, S. 15f., 45f., 64–66; id., Reportata Parisiensis, hg. v. Wadding, Luca (Opera omnia 11,2), Roma 1639, Ndr., Hildesheim 1969, S. 723; id., Ordinatio, liber quartus, S. 80; Bastit, Michel, Naissance de la loi moderne. La pensée de la loi de saint Thomas à Suarez, Paris 1990, S. 210–218; Töpfer, Urzustand, S. 256f.

674 So die zusammenfassenden Überlegungen von Loewenstein, Fortschrittsglaube, S. 49.

675 Kobusch, Theo, Petrus Johannis Olivi. Ein franziskanischer Querkopf, in: Querdenker. Visionäre und Außenseiter in Philosophie und Theologie, hg. v. id. u. Knapp, Markus, Darmstadt 2005, S. 106–116.

bringe eine *novitas prophana* hervor. Die Zurückweisung einer solchen Neuerung ist massiv, denn für Olivi ist sie eine *novitas irreligiosa*. Neuerungen entstünden zufällig, seien das Ergebnis der Kämpfe der Mächtigen. Rechtsänderungen vorzunehmen, überfordere die Könige. Sie schüfen durchaus Fakten, diese aber erweckten oft nur den Anschein, neu zu sein. Sie seien verschieden von tatsächlichem Wandel, von *reali mutatione*. Der wahre Gehorsam bestehe nicht gegenüber den weltlichen Gesetzen und Rechtssätzen, vielmehr sei es verlangt, Gottes Gebote zu befolgen, die Petrus in den Regeln der religiösen Orden in Texte gefasst erachtet. Sie sind die Normen, die Gutes hervorbringen, sofern die Mönche und Nonnen sie befolgen. Veränderung betrifft nicht die Norm, sondern den Grad des Gehorsams ihnen gegenüber. Regeln der Klöster und Orden sollen daher nicht verändert werden. Letztlich nimmt Petrus an, dass aus menschlichen Handlungen kein Gutes entspringe, dass die menschliche Selbstwirksamkeit gering einzuschätzen sei, dass vielmehr die Verlaufspläne Gottes das Leben grundlegend änderten.[676]

Diese Auffassung führt Petrus ausführlicher in seinem umfangreichen Werk der Sentenzenkommentare aus. Konkret erörtert Olivi die Begründung von Gesetzen in dem Textabschnitt der Schrift ‚Quid ponat ius vel dominium'. Er unterscheidet hierarchisch abgestufte Seinsbereiche des Gesetzes – abgestuft von dem „ungeschaffenen Gesetz" (*lex increata*), das mit Gott existiert und keine Geschichte kennt und vor jeder Gesetzgebung, selbst der von Gott selbst erlassenen, steht. Es folgen die von Gott verfügten Gesetze, deren Ursprung und Absicht auf der Entfaltung des unabänderlichen göttlichen Willens beruhen, hin zu den von Menschen gemachten Gesetzen, aus deren Wandel Olivi keine Weiterentwicklung, vielmehr eine Unbeständigkeit erkennt, so dass sie zwar das Leben regulieren und durchaus als Resultate einer göttlichen Einsetzung des menschlichen Willens gerechtfertigt sind, aber das Leben nicht zu verbessern vermögen, ja wegen ihrer Unsicherheit die Gefahr bergen, die Geltung der Gesetze abzuschwächen und damit das Wohl der Menschen zu mindern. Die relationale Verknüpfung sozialer Ordnungsfigurationen beruht auf voluntaristischen Einsetzungen, die nicht einem Prozess von Höherentwicklungen folgen und daher nichts anderes als Ergebnisse kontingenter Entscheidungen sind.[677] Die Freiheit, die Olivi als das Vermögen definiert, Verschie-

676 Petri Iohannis Olivi, De renuntiatione papae Caelestini V. Quaestio et Epistola, hg. v. Oliger, Livario, in: Archivum Franciscanum Historicum 11 (1918), S. 309–373, S. 361f.; Delorme, Ferdinand Marie, Question de P. J. Olivi, *Quid ponat ius vel dominium*, in: Antonianum 20 (1945), S. 309–330, S. 320f., 326. Zur zeitgenössischen Debatte um die Berechtigung eines Rücktritts vom päpstlichen Amt: Garfagnini, Gian Carlo, Una discussione sulla *Plenitudo potestatis* pontifica: Pietro di Giovanni Olivii e Egidio Romano, in: L'Antichità classica nel pensiero medievale, hg. v. Palazzo, Alessandro (Textes et études du Moyen Âge 61), Porto 2011, S. 233–252.

677 Petrus Johannis Olivi, Quaestiones in secundum librum Sententiarum, hg. v. Jansen, Bernhard (Bibliotheca Franciscana Scholastica Medii Aevi 6), Quaracchi 1926, S. 177–178; id., Quaestiones de novissimis ex summa super quatuor sententiarum libros, hg. v. Maranesi, Pietro, Grottaferrata 2004, S. 319–321, 391; id., Quid ponta ius vel Dominium, hg. v. Piron, Silvain,

denes zu setzen, ohne an Vorgaben gebunden zu sein, entlässt Gesetzgebungen von normativen Anforderungen – sowohl von denen der Tradition als auch der Verbesserung. Sie sind nichts andere als aktuelle Realisationen von Willkürlichkeiten. Dass sie variantenreich und veränderlich sind, zeigt ihre defiziente Existenzweise.

Gesetze sind notwendig, entsprechen einer göttlichen Beauftragung, die sich aber nur auf deren Existenz, nicht auf deren Inhalt erstreckt. Die instrumentale Intention erschöpft sich in den Unbeständigkeiten von Willensentscheidungen. Aus Gesetzgebungen kann keine Nutzenmehrung entspringen. Diese Auffassung vertrat Petrus Johannis Olivi auch in seiner Schrift zur Wirtschaftsethik ‚De usuris, emptionibus et restitutionibus'. Er entfaltet eine Kontrakttheorie der ökonomischen Austauschbeziehungen, die normative Vorgaben zu Preis, Kredit und Kapitalgewinn minimiert und an ihre Stelle die individuelle Annahme eines Nutzens und die freie Festlegung des Nutzen durch die Handelspartner einführt. Der rechtliche Gehalt wird in einem Vertrag bestimmt. Ein allgemeines positives Gesetz ragt nicht in die wirtschaftlichen Austauschbeziehungen. Ein Fortschritt durch bessere Gesetze ist unmöglich, stattdessen wird dem freien Aushandeln von privaten Akteuren der Wirtschaft die Festlegung von Vorteilen überlassen. Die Verträge haben große rechtsetzende Wirkung. Petrus kritisiert am Beginn seiner Schrift die vorherrschenden ethischen und kirchenrechtlichen Verbote des Zinsgewinns, die nur dazu führen würden, die Menge der angeblichen Sünden und Vergehen zu vermehren, nichts aber zur Vermehrung des Nutzens beitrügen.[678] Petrus wendet seine Argumentation gegen starke regulatorische und legislatorische Maßnahmen und empfiehlt den Interessenausgleich von privaten Personen. Kontrakte sind besser als Legislationen. Jene vermehren mehr den Nutzen zugunsten derjenigen, die in Kenntnis ihrer Anliegen Recht durch Vertrag gestalten.

Petrus Johannis Olivi reserviert die Höherentwicklung menschlicher Existenz – und dies bereits im Diesseits – auf eine Steigerung göttlicher Einwirkung und Offenbarung, so dass die chiliastischen Erwartungen auf ein Reich des Glücks und der Erkenntnis unabhängig und außerhalb menschlicher Gestaltung ihre Erfüllung finden. Verbesserung des Lebens in der Welt gibt es also, nur leisten dazu die Ge-

---

in: Oliviana 5 (2016), S. 1–17; Rode, Christian, Olivis Ontologie des Rechts und des Sozialen, in: Das Gesetz, hg. v. Speer u. Guldentops, S. 371–382; S. 372–374; id., Peter of John Olivi on Social Ontology, in: Peter of John Olivi. Construction of the Human Person. Anthologogy, Ethics, and Society. Acts of the Colloquium of Rome, 4–6 oct. 2018, hg. v. Bobillier, Stève u. Thornton, Ryan, Roma 2021, S. 235–257.

678 Petrus Johannis Olivi, Un trattato di economia politica francescana. Il ‚De emptionibus, et venditionibus, de usuris, de restitutionibus', hg. v. Todeschini, Giacomo (Istituto storico italiano per il medio evo. Studi storici 125 u. 126), Roma 1980; Kirshner, Julius u. Kimberly Lo Prete, Peter John Olivi's Treatises on Contracts of Sale, Usury and Restitution. Minorite Economics or Minor Works? (Quaderni Fiorentini 13), Milano 1984, S. 233–286; Todeschini, Giacomo, Money, Ritual, and Religion. Economic Value between Theology and Administration, in: A Cultural History of Money, Bd. 2: A Cultural Historyof Money in the Medieval Age, hg. v. Naismith, Rory, London et alii 2019, S. 57–78.

setze keinen Beitrag, vielmehr leitet ein von Gott eingesetzter historischer Entwicklungsgang die Menschen in eine Existenz des Friedens, der Harmonie und der größeren Erkenntnis von Gott.[679]

Den Vorrang von Kontrakten gegenüber normativen Festlegungen durch Gesetze[680] vertritt auch der Weltgeistliche und Pariser Universitätsmagister Heinrich von Gent († 1293). Er steht in einem anderen Lebensumfeld als die beiden vorher genannten Franziskaner und argumentiert auf anderen Grundlagen. Als Vertreter einer philosophischen Richtung, die die Artistotelesinterpretation des arabischen Philosophen Averroes weiterführte, geriet er in Gegensatz zur anerkannten Rechtgläubigkeit. Er formulierte in kleineren Traktaten auch Ausführungen zur politischen Philosophie.[681] Zwar kritisierte er die Bettelorden; hinsichtlich der Wirkung der Gesetze stand er aber der Auffassung des Franziskaners Petrus Johannis Olivi nahe. Er begründete seine ablehnende Einstellung gegenüber legislativen Verbesserungen. Diese seien nichts als die schwankenden Ergebnisse von Machtkämpfen. Zwischen den Kontrakten der Individuen und dem göttlichen Gesetz besäßen sie nur einen kleinen Gestaltungsbereich. Das göttliche Gesetz, das Heinrich mit dem natürlichen Gesetz gleichsetzt, sieht keine Korrektur der bestehenden menschlichen Gesetze vor, denn auch dann, wenn letztere ungerecht seien, müssten sie ertragen werden. Gesetzgebung unterliegt nicht normativen Vorgaben. Nur bei einem *scandalum,* einem offensichtlichen Unrecht, könne die *lex divina* unmittelbar zur Anwendung kommen und eventuell einen Anspruch auf Entschädigung eines erlittenen Unrechts begründen. Sogar Schäden, die eventuell Gesetze verursachen würden, sollten kompensiert werden. Verbesserungen des Lebens entspringen nach Heinrich aus einem anderen Grund, aus der *caritas* und der *misericordia,* die als theologische Tugenden abseits des positiven Rechts Unrecht verhindern.[682]

Wenn auch das Naturrecht nicht als Quelle der Verbesserung der Gesetze angesehen wird und aus der Anwendung des Naturrechts keine Verbesserung des Lebens entspringt, bildet das jeweilige positive Recht die Referenz, auf der die Legitimität beruht. Sie beschränkt sich auf eine intern rechtliche Begründung, greift nicht in eine Bewertung der Lebensverbesserung ein. Gerade wenn die Gesetze als veränderbar angesehen werden, würden sie den Launen von Gesetzgebern folgen, seien sie nicht geeignet, Glück, allgemeines Wohl und öffentlichen Nutzen zu mehren. Vorteile für das Individuum kommen nicht vom Staat. Vielmehr erreichen

679 Kapitel V.2.

680 Kaye, Joel, Economy and Nature in the 14th Century: Money, Market Exchange, and the Emergence of Scientific Thought, Cambridge (UK) 1998, S. 106–110.

681 Pickavé, Martin, Heinrich von Gent über Metaphysik als Wissenschaft. Studien zu einem Metaphysikentwurf aus dem letzten Viertel des 13. Jahrhunderts, Leiden/Boston 2007.

682 Heinrich von Gent, Quodlibet II, hg. v. Wielockx, Rober (Ancient and Medieval Philosophy, Series 2. Henrici de Gandavo opera omnia 6), Leuven 1983, S. 101–110; Lanza, Lidia, The Relationship between Consciene and Law in Some Late Scholastic Commentators on Aquina's ‚Summa theologiae', in: Das Gesetz, S. 457–471.

sie private Personen abseits der Herrschaftsinstitutionen. Johannes Duns Scotus, Petrus Johannis Olivi und Heinrich von Gent sind der Auffassung, dass den Gesetzen kein Optimierungspotential innewohne. Das Glück der Menschen leiteten sie aus anderen sozialen Konstellationen ab: aus der familiären Intimität, aus den Kontrakten zwischen Privaten, aus der Liebe. Oder aber es gab eine chiliastische Erwartung eines künftigen Friedensreiches auf Erden. Dieses bedurfte keiner Vorbereitung durch politisches und legislatorisches Handeln.

VII.4 Trennung und Verbindung von Gesetz und Tugend

Die Steigerung der Tugend wurde in doppelter Kausalitätsrelation zu den Gesetzen gesetzt, als Voraussetzung und als Ergebnis. Damit war die Möglichkeit behauptet, Gesetze als Hebel einzusetzen, um das Leben zu verbessern, was in Opposition zu der Argumentation von Johannes Duns Scotus, Petrus Johannis Olivi und Heinrich von Gent stand. Die Auffassung, dass Gesetze zur Verbesserung des Lebens führen können, fand aber weiterhin Befürworter, auch unter Mitgliedern des Franziskanerordens. Zu ihnen gehörte Matteo d'Acquasparta. Er war von 1287 bis 1289 Generalminister, seit 1288 bis zu seinem Tod 1302 Kardinal und gehörte zu den einflussreichen Theologen seines Ordens.[683] Er vertrat die Auffassung, dass die Gesetze die Menschen nicht so sehr abschrecken und vom schlechten Tun abhalten, vielmehr sie fördern, zum guten Handeln anleiten und schließlich von Zwang befreien. Die Kenntnis der Wahrheit und die Liebe zum Guten und die Taten für die Herstellung des eigenen und gemeinschaftlichen Wohls seien nicht ausreichend, sofern nicht die Anleitung durch das Gesetz hinzukäme. Es verbinde die Menschen, und dies unabhängig von persönlichen Anliegen und Auffassungen. Matteo weist den Einwand zurück, dass das Gesetz, weil es verbietet, das Verbotene begehrenswert mache, die Menschen zur Neugier auf das Böse lenke und in Versuchung führe. Dies geschehe lediglich *occasionaliter*, keineswegs *causaliter*. Der Fehler liege nicht im Gesetz, sondern in der Schlechtigkeit des Willens, ihm zu gehorchen. Die gute Wirkung von Gesetzen folge einem politischen Akt des Einrichtens. Dieser solle, damit die Normen beachtet werden, ebenfalls normativ bestimmt sein, was in der Weise geschehe, dass das Ziel angestrebt werden müsse, das gute Leben innerhalb der politischen Organisation einzurichten. Gesetze sollten fortlaufend verbessert werden. Gesetzgebung sei eine moralische Angelegenheit. Weil die Gesetze eine große Reichweite der Wirkung haben, seien sie die geeigneten Regulierungsinstrumente, die dem menschlichen Verhalten auferlegt seien, und effektiver als Befehle des Herrschers und als Gerichtsurteile. Besser sei es, den Gesetzen zu gehorchen, für deren Entstehung wenige vortreffliche Menschen genüg-

683 Barone, Giulia, Matteo d'Acquasparta, in: Dizionario biografico degli Italiani, Roma 2008; Canaccini, Federico, Matteo d'Acquasparta tra Dante e Bonifacio VIII, Roma 2008.

ten, als den Einzelfallentscheidungen, für die viele befähigte Männer gefunden werden müssten, realiter aber nur selten anzutreffen seien. Richter seien den Beeinflussungen durch Liebe, Hass und Eigennutz eher ausgesetzt als die Gesetzgeber, die keinen individuellen Fall vor Augen hätten, also hinsichtlich der Wirkung der Gesetze blind agierten. Hier klingt ein Gedanke an, den im 20. Jahrhundert John Rawls in seiner Begründung einer Gerechtigkeitstheorie ausgeführt hat, die den „Schleier des Nichtwissens" als Basis gerechter Normsetzungen angab, weil so die diejenigen, die die Normen einrichten, nicht wissen sollen, in welcher Position sie sich befinden würden, wenn die Normen auf sie angewendet würden.[684] Die Gesetze, so wieder Matteo d'Acquasparta, regelten anders als die Richter allgemeine Dinge. Nicht nur konsequential, auch kausal seien Normsetzungen durch Gesetze besser als durch Gerichtsurteile. Einfacher sei es, mittels der Gesetze das Richtige zu erkennen als aus den Sonderfällen. Die Gesetzgeber beurteilen die Lebenslagen der Menschen im Allgemeinen und vor allem für die Zukunft, weswegen aus ihrem Tun das Gute hervorgehe und dauernden Bestand habe und vermehrt werde. Weil aber Gesetze durch ihre Existenz bereits gut seien, verfehlten nicht einmal schlechte Gesetze ihre gute Wirkung. *Quasi per accidens* lenkten auch sie zur Gerechtigkeit. Matteo untersucht die Frage, ob es notwendig sei, besondere Gesetze, die neben dem Naturgesetz bestehen, zu schaffen. Dass das Naturgesetz ausreichend sei, meinte er, sei allein deswegen ausgeschlossen, weil die verderbte Natur des Menschen weitere rechtliche Bestimmungen benötige. Anders als die *lex aeterna*, die stets vollkommen sei, entbehre die *lex naturae* der Vollkommenheit, da die Menschen an ihr nicht gänzlich teilhaben könnten und die Natur selbst nicht perfekt sei. Allein schon die den Menschen eigentümliche Vergesslichkeit verlange, dass Regelungen auferlegt werden. Sie bedrückten die Menschen, stellten eine Last dar: *onus gravans et deprimens.* Zugleich aber übten die von Menschen geschaffenen Regulierungen eine Wirkung aus, die heilt, fördert und hilft und dies mit großem Gewinn: *ex altra parte sanat, promovet et adiuvat et cum magno emolumento.* Gesetze unterstützen die Menschen, so wie die Kleidung die Menschen vor der Kälte schütze und die Medizin vor Krankheit, so wie der Eifer dem Studium nütze und die Reue dem Sünder. Je größer die Last des Gesetzes, desto größer der Gewinn. Gesetze dienen aber nicht der Steigerung von Tugenden der Menschen. Im Gegenteil sind die Gesetze Hilfsmittel, um den Mangel an Tugenden zu kompensieren. Nicht eine evolutionäre Parallelisierung von Tugend und Gesetz, sondern eine korrigierende Intervention durch die Gesetze gegenüber defizienter menschlicher Tugend setzt er voraus. Matteo d'Acquasparta entwickelt zum Abschluss seines Traktats zu den Gesetzen ein zeitliches Verlaufsprogramm. Selbst Gesetze, die Gott geschaffen habe, habe er später aufgehoben, geändert, verbessert. Umso mehr seien die Gesetze, die die Menschen eingerichtet haben, einer Veränderung zugänglich. Sie seien stets auf besondere Bedingungen ausgerichtet. Aber nicht – und hier

684 Rawls, John, A Theory of Justice, revisisted edition, Cambridge, MA 1999.

liegt der argumentative Kern der Erörterungen – menschliche Launen und wechselnde Umstände, auch nicht Notwendigkeiten der Zeit führten zum Wandel der Gesetze, sondern die Grundbedingung der göttlichen Schöpfung, in der der Wechsel eingewoben sei und Altes zu Neuem führe, das Alte als unnütz zurücklasse und durch das Bessere ersetze, umso größeren Nutzen zu stiften. Kein Geschöpf könne ohne Wandel existieren. Unwandelbar sei allein der göttliche Wille, und dieser selbst habe den Wandel angestoßen. Folglich unterlägen ihm auch die Gesetze. Da sie nicht perfekt seien, seien sie nicht vor Veränderungen gefeit und bedürften der Änderungen. Es sei notwendig, dass sie durch andere, neue Gesetze ersetzt werden (*necesse fuit alia lex dari*). Der Wandel ist zum Normalfall, ja zur Norm erhoben. Der Nutzen, den die Gesetze für die Menschen schüfen, sei durch bessere Gesetze zu vermehren. Das Verbesserungshandeln sei den Menschen eigentümlich. Zwar seien alle von der Erbsünde befleckt und mit Blindheit geschlagen, aber durch zunehmende Erleuchtung entzögen sich die Menschen mehr und mehr diesem Mangel, indem sie Gegenmittel ersönnen. Es ist ein permanenter Prozess, den Matteo d'Acquasparta der Geschichte unterlegt, der durch Etappen – wenngleich in kleinen Schritten – zu Fortschritt hinführt, der die Bedingungen menschlicher Existenz und Erkenntnisfähigkeit verbessert, ja der Perfektion annähert: *Et paulatim et per gradus reducere homines ad perfectum*. Das Bessere ersetze so das Gute. Dem könne nicht entgegengehalten werden, dass das Gute *per se* gut sei und keiner Steigerung bedürfe, denn das Gute bestehe in der Potentialität der Steigerung. Der Verbesserung sei keine zeitliche Schranke gesetzt. Gut sei etwas in einer bestimmten Zeit, in einer anderen nicht mehr. Dies beweist Matteo mit der Gegenüberstellung des Gesetzes der Zehn Gebote und der Evangelien. Das evolutionär produktive Spannungsverhältnis erweitert er auf alle Gesetze der Menschen im Diesseits. Allein schon durch die komparatistische Steigerung der guten Wirkungen verleiht er den menschlichen Gesetzen eine Bewegungsrichtung: hin zu Verbesserungen des Lebens der Menschen. Sie bedarf keiner Steigerung von Tugenden, wohl aber von Kenntnissen, um deren Fehlen auszugleichen. Legislative Verbesserung, um das Leben zu verbessern, sind gerade deswegen erforderlich, weil durch Tugenden das Leben der Vielen nicht verbessert wird. Gesetzgebung ist Kompensationshandeln. Sie ist das Korrektiv zur menschlichen Mangelexistenz. Anders als die aristotelisch inspirierte politische Philosophie, die die Soziabilität und politische Organisationsfähigkeit als Mittel gegen die Unzulänglichkeiten des menschlichen Wesens vorsieht, konzentriert Matteo d'Acquasparta die institutionelle Kompensation auf die Gesetzgebung.[685]

Von einer gänzlich anderen Argumentations- und Textbasis ging der Zeitgenosse Peter von Auvergne († 1304) aus, wenn er die Verbindung von Gesetz und Tugend erörterte. Er formulierte auf der Grundlage des Werkes zur Politik von Aristoteles Überlegungen zu Gesetzen und Gesetzgebung. Das Ergebnis seiner Argumenta-

685 Matteo ab Acquasparta, Quaestiones de legibus, S. 486–494, 534–544.

tion lief auf eine Dissoziation zweier Typen von Ethiken und von Tugenden hinaus, die in unterschiedlicher Weise mit dem politischen Handeln verbunden, bzw. getrennt sind. Peter war Magister an der Pariser Artistenfakultät. Er wurde bereits in den sechziger Jahren des 13. Jahrhunderts, als Thomas von Aquin in Paris lehrte, dort Magister der Philosophie und 1296 Magister der Theologie und unterrichtete ununterbrochen bis zu seinem Tod, also mehr als dreißig Jahre lang. Trotz seiner ausgedehnten Lehrtätigkeit und seiner zahlreichen philosophischen Schriften übte er nur einen geringen Einfluss auf die folgenden Generationen aus. Am ehesten scheint dies noch für die Kommentare und *Quaestiones* zum Werk von Aristoteles zur Politik der Fall zu sein. Diese und die anderen Schriften sind ansonsten nur zum Teil ediert, seine Philosophie noch wenig untersucht.[686]

Peter von Auvergne hat dezidiert die Autonomie des politischen Handels behauptet, welches eine eigenständige Rationalität, Semantik und Ethik besitze, die sie von denen ausserhalb der Politik unterscheide. Er meint, dass die Ethik kein Oberbegriff zur Lehre von der Politik sei, sondern im Gegenteil die Ethik der Politik zu subsumieren sei, was eine spezielle Ethik vorsieht, die nicht alle Handlungsfelder umfasst und nicht mit Tugenden im allgemeinen Verständnis verbunden ist.[687]

Das, was *simpliciter* Tugend sei, könne *in politiis* nicht existieren, weil dort auf anderen Begründungen aufzubauen sei und andere Ziele verfolgt werden müssten, als sie ansonsten für das Leben vorgegeben seien. Es gebe einen Unterschied zwischen den Tugenden des Menschen im Allgemeinen einerseits und denjenigen des Bürgers und Herrschers andererseits.[688] Diese Unterscheidung führt Peter auch in die von ihm verfassten *Quaestiones* zur Nikomachischen Ethik ein. Eine einheitliche Morallehre schließt er aus. Für das Handeln als Individuum, im Haushalt und im Staat müssten unterschiedliche Anleitungen zum rechten Tun gelten. Es gebe, so Peter von Auvergne, eine politische Tugend, die von der moralischen Tugend verschieden sei, so dass der Bürger und der Herrscher im Staat nicht *simpliciter* tugendhaft handeln könnten. Aber es geht mehr als nur darum, unterschiedliche Anwendungen der Morallehre vorzunehmen, die für die Umstände von Handlungen gelten. Was Aristoteles und auch Thomas von Aquin nur zurückhaltend erwähnten, nämlich die Unterschiede zwischen dem gerechten Handeln als Mensch und als Bürger, hat Peter von Auvergne zur grundsätzlichen Differenz erhoben. Er be-

---

686 Zur Biographie: Celano, Peter; Courtenay, William J., Peter of Auvergne, Master in Arts and Theology at Paris, in: Peter of Auvergne. University Master of the 13th Century, hg. v. Flüeler, Christoph et alii (Scrinium Friburgense 26), Berlin et alii 2015, S. 13–27; dort auch Aufsätze zu seiner Philosophie.

687 Lambertini, Peter of Auvergne, S. 62–69.

688 Peter von Auvergne, Quaestiones super libros Politicorum, Ms. Paris, Bibliothèque Nationale de France, lat. 16089, lib. III, q. 6; lib. VII, q. 6; Flüeler, Rezeption, S. 181–214; Gauthier, Réné Antoine, Les ‚Questiones supra librum ethicorum' de Pierre d'Auvergne, in: Revue du Moyen Âge latin 20 (1964), S. 235–260; Lohr, Charles A., Commentateurs d'Aristote au Moyen Âge latin, Freiburg (Schweiz) 1988, S. 197f.

schränkt die Ethik nicht auf Modifikationen, die in verschiedenen Situationen angewendet werden. Die Lehre von der Moral bildet keine Einheit, sie ist aufgefächert in mehrere Lehren. Auf die Frage, *utrum tota moralis sciencia sit una*, gibt Peter die Antwort, dass es *diverse sciencie speciales* gebe. Die Überlegungen zu diesen Spezialitäten konstituieren jeweils ein eigenständiges Wissen und fordern unterschiedliche Handlungstypen. Dies gilt auch für das Tun des Menschen, insofern er Teil einer staatlichen Gemeinschaft ist. Um die Unterscheidung von Gut und Böse im Hinblick auf das Handeln im Staat angemessen vorzunehmen und sie auf die passenden Handlungsfelder anzuwenden, bedürfe es einer gesteigerten Einsichtsfähigkeit, die größer als im privaten Leben sei und die nur bei freien Männern, nicht aber bei Knechten, Frauen und Kindern existiere.[689] Politisches Handeln entfalte sich, so Peter von Auvergne, ausschließlich außerhalb des Hauses, hierin sich von Aegidius deutlich unterscheidend. Noch stärker in Opposition zu Johannes Duns Scotus ist für Peter der Staat, nicht das Haus das Reich der Freiheit, hiermit der aristotelischen Vorstellung folgend.[690]

Die Existenz divergenter Ethiken wird noch deutlicher ausgeführt, wenn Peter selbst für die schlechten Regierungsformen eine politische Tugend vorsieht, sofern es ihnen gelingt, die Herrschaft aufrecht zu erhalten und damit das Gute – im Sinne der politischen Ethik – bereits durch die bloße Existenz zwingender Gewalt verwirklicht zu haben. Peter behauptet, dass jedwede politische Organisation einen gewissen Grad des Guten bewirke, weil die politische Vereinigung *per se* gut sei.[691] Selbst die Tyrannei verwirkliche, zum Teil wenigstens, ein Gutes. Deswegen müsse das positive Recht, vom Gesetzgeber erlassen und durchgesetzt, auch nicht dem Naturrecht entsprechen, sondern lasse sich in vielerlei Gestaltung einrichten. Deswegen ist aber auch ausgeschlossen, dass mittels der Gesetzgebung eine bessere politische Organisation entstehen könne. Einzig dass sie existiert und durch Gesetze geregelt ist, erfüllt die Voraussetzungen politischer Ethik. Peter von Auvergne hat gar nicht erst die Erwartung, durch das Handeln der Herrscher diesen selbst und seine Untertanen in einen besseren Status zu versetzen. Peter meint, dass in einer guten Herrschaftsform nicht vorausgesetzt sei, dass die Bürger und Untertanen auch als gute Menschen handeln. Peter räumt aber doch ein, dass es einer guten Herrschaftsform gelinge, die individuelle und die politische Tugend aneinander anzunähern und den Gegensatz zu verringern. Nur in schlechten Herrschaftsformen

689 Flüeler, Rezeption, S. 176–178; Fioravanti, Gianfranco, Servi, rustici, barbari. Interpretazioni medievali della ‚Politica' aristotelica, in: Annali dela Scuola Normale Superiore di Pisa. Classe di Lettre e Filosofia 11 (1981), S. 399–429.

690 So auch die Auffassung von Celano, Peter, S. 35–37.

691 Peter von Auvergne, Quaestiones super libros Politicorum, Ms. Paris, Bibliothèque Nationale de France, lat. 16089, lib. III, q. 6.

müssten die Untertanen und Bürger sich bei ihren Handlungen zwischen beiden Tugenden entscheiden und könnten nicht beide in die Tat umsetzen.[692]

Gesetzgebung folgt also keinem evolutionären Programm. Es gibt keine anthropologisch fundierte Verbesserungspotentialität. Wegen der Differenzierung der Tugenden wird sie durch die Gesetze nicht gefördert. Vielmehr sei bei dem Erlass von Gesetzen darauf zu achten, in welchem Ausmaß die Bürger und Untertanen sich tugendhaft verhalten und wie verständig sie sind, was heisst, wie sie die speziellen politischen Tugenden verwirklichen. Auch wenig tugendhaften und unvernünftigen Menschen sei ein Gutes zuzugestehen, nämlich eine Eingliederung in einen Staat, so ungerecht er auch sein möge, denn es sei besser, ein Unvollkommenes, aber Mögliches zu erreichen, als die Menschen gänzlich ohne nützliche Anleitung zu belassen. Möge auch die Tyrannis der Natur des Menschen widersprechen, so könne doch auch sie ihm nützlich sein.[693] Peter trennt Tugend im umfassenden Verständnis von Tugend im politischen Kontext. Letztere ist keine humane Errungenschaft, sondern ein Substrat des Handelns im Staat.

Peter von Auvergne unterscheidet auch zwischen den unterschiedlichen Formen des Glücks, das die Menschen erwerben könnten. Nicht allein das himmlisch-jenseitige setzt er in Gegensatz zum irdisch-diesseitigen, sondern er trennt von diesen das Glück in den politischen Einrichtungen. In ihnen sei die Gesetzgebung eine Handlung, deren Ziel darin bestehen müsse, die *felicitas politica* herzustellen, die am besten durch Gesetze, statt durch Personen entstehe, denn so könnten wankelmütige Einstellungen und willkürliche Entscheidungen ausgeschlossen werden, die ansonsten riskierten, den Zweck des Staates, nämlich das allgemeine Wohl herzustellen, zu verfehlen.[694]

Gesetze zu verändern, sieht Peter nicht vor. Gesetzgebung ist kein repetitiver Akt, sondern eine Ursprungstat. Es gibt keine historische Verlaufsrichtung, hingegen eine Statik der theoretischen Systematisierung, die den Wert von Gesetzen, nicht aber deren Entstehungsbedingungen und -absichten beurteilt. Steigerungen des politischen Glücks als Ziele und Ergebnisse des politischen Handelns sieht Peter nicht vor. Die Permanenz der politischen Handlungsnorm verweist auf deren Begründung und Zielsetzung, ohne dass eine Abfolge von Resultaten eintreten würde. Die theoretische Textanalyse ist nicht darauf ausgerichtet, pragmatische Handlungsoptionen auszuloten. Gänzlich ausgeschieden sind aus der Argumenta-

---

692 Toste, Marco, An Original Way of Commenting on the Fifth Book of Aristotle's ‚Politics'. The ‚Questiones super I–VII libros Politicorum' of Peter of Auvergne, in: Peter of Auvergne. University Master of the 13th Century (Scrinium Friburgense 26), hg. v. Flüeler, Christoph et alii, Berlin et alii 2015, S. 1–33, S. 9.

693 Peter von Auvergne, Quaestiones super libros Politicorum, hg. v. Toste, Marco (im Druck), lib. II, q. 10, lib. III, q. 6; Celano, Peter, S. 1–110; id., *finis hominis*; Toste, Virtue, S. 162–164; id., Naturalness.

694 Peter von Auvergne, Quaestiones super libros Politicorum, Ms. Paris, Bibliothèque Nationale de France, lat. 16089, fol. 274r–319r, fol. 297r: III, q. 22.

tion von Peter von Auvergne historische Beispiele und historische Veränderungen. In seinem als ‚Scriptum' bezeichneten Text und den später verfassten ‚Quaestiones', die beide die Schrift zur Politik von Aristoteles erörtern, untersucht er die grundsätzliche Beschaffenheit von politischen Organisationsformen. Ihre Dynamik stellt er nicht dar.[695]

Andere zeitgenössische Autoren rückten Tugend und Gesetz hingegen eng zusammen, präsentierten eine gegenseitige Verursachung und begründeten eine Dynamik, die aus der Relation entsteht. Diese Dynamik entfache Fortschritte in den Gesetzgebungen und für die Tugenden. Besonders wenn die Autoren eine Kritik an den politischen Zuständen ihrer Zeit formulierten und ein Veränderungsprogamm vorstellten, waren Gesetze sowohl Instrumente als auch Objekte des Agierens. Das Bestehende war zu überwinden. Neuerungen wurden insbesondere dann als dringend erachtet, wenn Verfall, Verlust, Niederlage erlebt wurden und Gegenmaßnahmen ergriffen werden sollten, die nicht darauf zielten, einen alten Zustand wieder zu etablieren. Pierre Dubois, dessen Vorstellungen weiter oben bereits erläutert wurden,[696] schlug Neuerungen in Politik, Wirtschaft, Ausbildung und Militär vor, die das Ziel hatten, die Macht der Christentheit gegenüber den Muslimen zu steigern. Als Instrumente der Optimierung sah er auch neue Gesetze vor. Sie sollten dazu beitragen, die Effizienz und die Tugend in allen Lebensbereichen der okzidentalen Christen zu steigern.

Wenn Gesetzgebung nicht darauf beschränkt war, situativ eine Verbesserung des Lebens zu erreichen, sondern einen historischen Prozess anzustoßen, folgte daraus, eine Dynamisierung von Rechtssetzung von der Evolution humaner Befähigungen abzuleiten und umgekehrt. Nicht der Mangel an Tugenden, sondern ihre Förderung waren dann Begründung und Ziel der Gesetze. Von der Weiterentwicklung der menschlichen Erkenntnisfähigkeit und der erreichten Erkenntnisse profitierten das Recht und die Gesetzgebung und wirkten wiederum auf diese Voraussetzungen ein. Diesen reziproken Vorgang stellte Dante Alighieri (1265–1321) vor. Er verfügte über weitreichende Kenntnisse der zeitgenössischen Philosophie, insbesondere der Politik von Aristoteles, ohne jemals an einer Universität studiert zu haben, was ihn zu einem ‚Laien' machte. Er stammte aus Florenz, übte Ämter in seiner Heimatstadt aus, geriet aber in Gegensatz zur herrschenden Partei der Guelfen, als sie den König von Neapel-Sizilien, Karl II., zum Signore von Florenz einsetzte. Während dieser sich in Florenz aufhielt, wurde Dante 1302 aus seiner Heimatstadt verbannt. Er sah sie bis zu seinem Tod nicht wieder. Er lebte im Exil. Die Auswirkungen innerstädtischer Kämpfe musste er leidvoll erfahren. In seinem

---

695 Das erste Werk ist teilweise ediert in: The Commentary of Peter of Auvergne on Aristotle's Politics. The inedited Part, hg. v. Gundisalvus, Grech M., Roma 1967, S. 73–129 und in: Thomas von Aquin, In octo libros Politicorum Aristotelis expositio, hg. v. Spiazzi, Raimondo, 2. Aufl., Torino 1966, S. 141–143. Eine vollständige Neuausgabe des Politikkommentars von Peter von Auvergne herausgegeben von Lidia Lanza ist in Vorbereitung.

696 Siehe oben Kapitel VII.1.

literarischen Hauptwerk, der ‚Divina comedia', bevölkerte er die Hölle mit vielen seiner politischen Gegner.[697]

Er schrieb die politiktheoretische Schrift ‚De monarchia' im Jahre 1317, nachdem seine Hoffnungen auf eine Rückkehr in seine Heimatstadt, auf eine Erneuerung der Florentiner Kommune und auf eine Wiederherstellung der Herrschaft des römischen Kaisers durch Heinrich VII. (1303–1308) enttäuscht worden waren.[698] Dante begründete ein politisches Ideal, das eine universale Friedensordnung vorsah, die unter der Leitung eines Universalmonarchen stehen sollte. Sie sei die Voraussetzung, die Vielheit der Befähigungen der Individuen zu einer Einheit der Erkenntnis und der gegenseitigen Unterstützung aller Individuen zu führen. Erkenntnisgewinn sei nur möglich, wenn die Individuen in gemeinsamer Anstrengung sich um ihn bemühten. Um diese Kooperation zu erreichen, sei Frieden unabdingbar. Ihn herzustellen und zu sichern, sei die Aufgabe des Weltmonarchen. Dante verbindet das Glück, das das philosophische Erkenntnisstreben hervorbringe, mit dem Glück des Bürgers im politischen Gemeinwesen. Die Gegenüberstellung, die ansonsten aristotelisch argumentierende Denker vornahmen, ersetzt Dante durch eine Kausalbeziehung. Beide Formen des Glücks stünden in gegenseitiger Abhängigkeit, da nur dank der politischen Tätigkeit der Friede hergestellt und dank ihm die intellektuelle Kooperation entstehen könne, so dass die Begrenztheit der individuellen intellektuellen Leistungen überwunden werde. Die Mitarbeit von vielen Menschen führe dazu, die Menge des Wissens zu erweitern. Dieses Wissen wiederum sei praktisch nützlich und sei einzusetzen für die Organisation des Staates. So werde sie verbessert. Philosophisches Glück und politisches Glück seien gleichwertig und zugleich interdependent. Durch die politische Tätigkeit, wie durch jede praktische Tätigkeit partizipierten auch die Laien an der Philosophie. Dante wertet die praktische Philosophie auf, weil er die Vollkommenheit des Glücks nicht allein der *philosophia speculativa* überlässt, sondern die Aufgabe, die Lebensgestaltung in Haushalt und im Staat zu analysieren und in ihnen Glück zu platzieren, als erste Aufgabe der Philosophie ansieht, die praktisch und auch Laien zugänglich ist. Dies gelänge nicht mit einer spekulativen Philosophie, weil sie die kommunikative Vernetzung der vielen, die das Leben in der politischen Organisation gestalten, nicht erfasse und durch sie nicht erfasst werde.[699] Daher müsse eine politische Ver-

---

697 Vasoli, Cesare, Papato e Impero nel tardo Medioevo: Dante, Marsilio, Ockham, in: Storia delle idee politiche, economiche e sociali, hg. v. Firpo, Luigi, Bd. 2/3, Torino 1983, S. 543–666, S. 543f.; Imbach, Laien, S. 66–71, 132–142; Herde, Peter, Dante als Florentiner Politiker, in: id., Gesammelte Abhandlungen und Aufsätze, Teil 1, Stuttgart 1997, S. 1–54; Stierle, Karlheinz, Dante Alighieri. Dichter im Exil. Dichter der Welt, München 2014.

698 Baethgen, Friedrich, Die Entstehungszeit von Dantes ‚Monarchia' (Bayerische Akademie der Wissenschaften, Phil.-hist. Kl. Sitzungsberichte 5), München 1966; Mongiello, Emilia, Sulla datazione della ‚Monarchia' di Dante, in: Le parole e le idee 11 (1969), S. 290–324.

699 Dante Alighieri, Monarchia, S. 241–503, S. 294–298; Miethke, *De potestate papae*, S. 158; Imbach, Laien, S. 66–71, S. 132–142.

fassung bestehen, die jedwede Konkurrenz um Herrschaft und Besitz, die Streit entfache, ausschließe. Vielmehr solle eine einzige oberste lenkende Instanz Güter und Aufgaben zuweisen und die Verteilung nicht einem Kampf der rivalisierenden Herrscher überlassen. Die menschliche Gattung erhalte sich dann in ihrem besten Zustand, wenn sie von einem einzigen Herrscher geleitet werde, so wie in Analogie die Gesamtheit allen Seins von einem einzigen Beweger gelenkt werde.[700] Wie die Herrschaft des Weltmonarchen institutionell gestaltet sein soll, konkretisiert Dante nicht.[701] Dante verzichtet auch darauf, die historischen Ursprünge und Ansprüche der Universalherrschaft, die er als Kaiserherrschaft bezeichnet, auszuführen. Nur hinsichtlich des ethnischen Ursprungs der Weltmonarchie verweist er auf das Römertum mit seinen antiken Wurzeln. Dante argumentiert systematisierend, unter Verzicht auf diachrone Ableitungen. Wohl aber setzt er ein evolutionäres Verbesserungspotenial der Menschheit voraus, das zur Entfaltung komme, wenn eine Kooperation zwischen den Individuen bestehe. Der *intellectus,* der der gesamten Menschheit eingepflanzt sei, sei steigerungsfähig und, weil die Steigerung zur praktischen Tätigkeit hinführe, zur Steigerung des Glücks einzusetzen. Aus diesem Zustand des Glücks entstehe eine Vollkommenheit irdischer Existenzweise, die Dante als *paradisus terrestris* bezeichnet, wo selbst eine Rückkehr zum *status innocentiae* möglich sei. Die exaltierte Position von Dante stellt die Herstellung einer auf Erden erreichbaren Erlösung in Aussicht, welche dank politischer Verfahren, die die Philosophie erfinde, in der Zukunft möglich wäre. Mit der gesteigerten intellektuellen Befähigung einher gingen auch ein besseres Verständnis der Gesetze und eine bessere Praxis der Schaffung der Gesetze. Auch wenn Dante die rechtlichen Verfahren und ihre Resultate nicht im Einzelnen darlegt, stellt er Gesetze und Tugenden in eine Verbindung gleichgerichteter Verursachung, indem er beide als Auslöser für Verbesserungen des menschlichen Lebens vorsieht. Dante ist mit der Rechtskultur seiner Umgebung vertraut. Er hat Kenntnisse von Texten von Legisten und Kanonisten. Er kritisiert die päpstliche Kurie auch anhand juristischer Argumente.[702] Er ist der Auffassung, dass Zwangsmaßnahmen, um den Gesetzesvollzug zu garantieren, gemindert werden könnten, wenn die Tugend gesteigert würde, die wiederum verbessert werden könne, indem die Menschen neue Erkenntnisse erwürben. Die Gesetzgebungen wiederum sollten die Tugenden fördern. Dies sei möglich, indem die Erfahrungen der Vergangenheit und die Meinungen und Beurteilungen der Vielen in die Formung der Gesetze einflössen. Gesetze seien dann gut, wenn die Gerechtigkeit die meiste Macht habe, also die Macht nicht

700 Dante Alighieri, Monarchia, S. 321–324.

701 Brokmeier, Peter, Zur Legitimation von Herrschaft bei Dante Alighieri, in: Gewalt und ihre Legitimation im Mittelalter, S 248–265.

702 Quaglioni, Diego, Dante et la tradizione giuridica romana nel libro II della ‚Monarchia', in: L'Antichità classica nel pensiero medievale. Atti del convegno della Società italiana per lo studio del pensiero medievale, Trento 27–29 sett. 2010, hg. v. Palazzo, Alessandro, Porto 2011, S. 253–266, S. 257f.

personalisiert bei den Herrschern liege. Für die „beste Ordnung der Welt" entfaltet Dante ein Programm. Er hat das bessere Leben definiert: Es besteht in der Entfaltung der Tugend der Bürger. Dante definiert die Tugend: Sie ist das Streben nach Erkenntnis. Glück entsteht aus diesem Streben, das, indem es Erkenntnisse erweitert, als ein prozeduraler Vorgang gedeutet wird, der die Dynamik der Vermehrung und Verbesserung einschließt. Eine Unterscheidung von Tugenden als Bürger und als Mensch, wie sie Peter von Auvergne vorgenommen hat, findet bei Dante nicht statt. Genausowenig trennt Dante das Glück des Philosophen, der nach Erkenntnis strebt, vom Glück des Bürgers, der das Gemeinwesen gestaltet. Eine einheitliche Verschränkung von Tugend, Glück und gutem Leben weist der Gesetzgebung die Aufgabe zu, alle Seinsbereiche zu besserer Entfaltung zu leiten.[703]

Der Fortschritt, der Erkenntnis, Praxis und Gesetze verändert, ist nicht möglich, wenn er auf eine individuelle Steigerung begrenzt ist. Das philosophische Denken wird nicht gesteigert dank der Leistungen Einzelner, sondern durch deren Kooperation, die auch die Resultate der vergangenen Generationen einbezieht. Um den Prozess in Gang zu halten, bedarf es einer politischen Organisation, die Gesetze einrichtet und verbessert. So wird das allen Menschen eigentümliche Verbesserungsstreben gefördert und führt zu einer Steigerung von Tugenden.

Eine Engführung von Tugend und Gesetz gibt es auch bei Marsilius von Padua († 1342/43). Ebenfalls aus dem urbanen Milieu abstammend und mit der kommunalen Verfassung vertraut, forderte Marsilius von Padua eine Dynamisierung der Gesetzgebung als Ergebnis und in Analogie zur Entwicklung aller menschlichen Kenntnisse, Fähigkeiten und Tätigkeiten. Anders als bei Dante betreffen diese nicht allein das Erkenntnisstreben, sondern reichen in alle Bereiche humaner Aktivität, einschließlich der handwerklichen Techniken und der kommerziellen Praktiken. Marsilius knüpft an Überlegungen an, die Thomas von Aquin ausgeführt hatte, der Fortschritte der Techniken in Analogie zu denen in der Gesetzgebung vorstellte. Marsilius behandelt ausführlich in seinem Hauptwerk ‚Defensor pacis' die Gesetzgebung, in die staatliches Handeln kulminiert, ja die Totalität politischen Regierungshandelns darstellt, die als Summe von Anweisungen hervortritt. Er bezeichnet den oder die politischen Lenker im Staat in allen Teilen des Werkes als *legislator* und – im Falle eines christlichen Herrschers – als *legislator fidelis*. Wer genau diese Funktion einnimmt, ist mehrdeutig: Marsilius nennt den Herrscher, das Volk, ein Teil des Volkes. Eindeutig ist die Ursprungsgeschichte: Die Gesamtheit der Bürger oder der gewichtigere Teil von ihnen, der dazu gewählt ist, stellt die erste Ursache – *causam primam* – für die Gesetze dar. Eindeutig sind auch die Aussagen zur Funktion der Gesetze. Besser sei es, mit Gesetzgebungen als durch Gerichtsurteile Recht zu gestalten, denn ein einzelner Richter, sei er auch sehr klug, habe nicht genug Kenntnisse, um in allen rechtlichen Konstellationen gerecht zu

---

703 Dante Alighieri, Monarchia, S. 295–297, 499f.; Töpfer, Das kommende Reich, S. 383–386.

handeln.[704] Gesetze hingegen könnten die Vorteile aller gewährleisten und dies unabhängig von zeitlichen und räumlichen Differenzen. Das allgemeine Wohl herzustellen, geschehe mittels der Gesetze, die mehr leisteten, als nur das bloße Leben zu ermöglichen. Da das Gesetz alle Bürger betreffe, sei es günstig, dass sie oder die von ihnen eingesetzten Personen an der Gesetzgebung mitwirken, wie Marsilius ausführt.[705] Die Schaffung der Gesetze ist in diesem Fall mit dem allgemeinen Wohl in doppelter Weise verbunden: dieses ist Resultat und es ist Betätigungsfeld. Die Gesetze binden alle, auch die Regierenden. Stets stellt Marsilius die Gesetze in die Selbstaktivierung der Bürger ein, auch dann, wenn diese die Befugnis, sie zu schaffen, delegiert haben. Die Gesetzgebung ist ein fortlaufender Prozess. Drei Aufgaben habe der *legislator* zu erfüllen: Auswahl der Rechtsexperten, Bewertung des Nutzens neuer Gesetze und die Inkraftsetzung der Gesetze durch Befehl. An die Tradition anzuknüpfen, ist nicht vorgesehen. Gesetze, die Marsilius als von Menschen gesetzte Regelung begreift, sind auf einen Vorgang der Perfektionierung ausgerichtet, der mittels der intellektuellen Potenz der Menschen in Gang gesetzt werden kann. Die staatliche Organisation setzt dazu eine zwingende Gewalt ein – als *potencia coactiva* bezeichnet –, aus der die Geltung der Gesetze entspringt. Das Gesetz und seine Anwendung vergleicht Marsilius mit der Arbeit des Arztes. Heilung und Verbesserung sind angestrebt und können verwirklicht werden.[706] Ähnlich wie in der Natur, die stets neue Formen hervorbringe, könnten in der politischen Organisation neue Gesetze geformt werden, um veränderten Umständen zu folgen und neuen Gefahren entgegenzutreten. Dabei geht es aber um mehr als die Beachtung von Notwendigkeiten der jeweiligen Zeitepochen, denen die Gesetze angeglichen werden sollten, sondern um Steigerungen humaner Existenz. Dazu sind neue normative Gestaltungen einzusetzen, selbst vollkommene Umwandlungen von Gesetzen. Es ist mehr verlangt als nur Wandel, denn die Gesetzgebung beruht auf Erfahrungen, die aus der Vergangenheit geschöpft würden, das Wissen mehrerer Generationen erfassten und ermöglichten, Fehler zu vermeiden und Verbesserungen zu erreichen.[707] Gesetzgebung hat Marsilius, wie auch schon vor ihm Dante Alighieri und Aegidius Romanus, als Lernprozess vorgestellt, in den viele einbezogen sind, damit das Werk der Gesetzgebung umso mehr gelinge und zu Verbesserungen geführt werde. Die Vergangenheit stiftet daher nicht Legitimität, sondern ist der Fundus von Erfahrungswissen. Er ist zu nutzen, um Verbesserungen zu erzielen. Da die Menschen kraft ihrer Vernunft Lehren aus der Geschichte ziehen, würden sie befähigt, den Geschichtsverlauf vernünftig zu gestalten. So sei es möglich, die Tugenden zu steigern und das Glück zu mehren. Indes war diese Steigerungsoption der Zukunft vorbehalten, für die Vergangenheit und seine Gegen-

704 Marsilius von Padua, Defensor, dict. 1, 10 u. dict. 1, 11, S. 49f., 54.
705 Ibid., dict. 1, cap. 11 u. 12, S. 63–69.
706 Ibid., II, 9, 3, S. 234f.
707 Ibid., I, 3, S. 54f.

wart entfaltet Marsilius ein Panorama des Verfalls, des Abirrens von der Vernunft, von der Zerstörung des Friedens, von dem Vorenthalten des Glücks. Dem entgegenzuwirken, sollte das umfangreiche Werk ‚Defensor pacis' dienen. So würde sich der Weg eröffnen, Fortschritte im menschlichen Zusammenleben zu erzielen. Aus weniger guten Zuständen gelangten so die Menschen zu besseren. Der Komparativ zeichnet eine Entwicklungsrichtung. Das Ziel ist sogar ein Optimum: die beste Einrichtung in der politischen Organisation. Sie gewährt dem Herrscher die gesicherte und lange andauernde Herrschaft und schafft die Gerechtigkeit im Staat und den gemeinsamen Nutzen für die Bürger.[708] Die *lex perfecta* hält Marsilius für erreichbar – durch sukzessive Gesetzgebungen und keineswegs durch Applizierung des Naturgesetzes. Dieses war bei Marsilius kein statisches Ensemble von Regeln, sondern eine prozedurale Kompetenz. Über sie verfügt der Menschen kraft seiner Vernunft. Sie ist ihm zur Gestaltung anheimgegeben. Deren Ergebnisse, die in den Gesetzen bestehen, sind ähnlich den Gesetzen der Natur auf Vervollkommnung angelegt. Auch die Natur ist nicht fixiert, sondern sie bringt Entwicklung hervor. Dies gelte auch für die Geschichte der Menschheit.[709] Wie Tilman Struve ausführt, bedeutete es „einen radikalen Bruch mit dem traditionellen mittelalterlichen Verständnis des Gesetzes als einer von Gott gewiesenen Norm", indem Marsilius die menschliche Aktivität und die menschliche Vernunft als Bewegkräfte einsetzt, um das gute Gesetz zu schaffen. Die Vernunft rezipiert nicht ein normativ festgelegtes vorlegales Grundrecht, sondern wendet es in der Weise an, dass aus diesem die Befähigung zu Veränderungen abgeleitet wird. Normen entspringen so einem Prozess. Es ist das Naturgesetz, das die schöpferische Tätigkeit der Menschen als Erfinder und Begründer von Gesetzen hervorbringt.[710] Die Gesetzgebungen bringen, den Entscheidungen der Menschen folgend, variantenreiche Ergebnisse hervor, anders als das göttliche Recht, das stets gleich sei, aber diese Variabilität ist die Voraussetzung für Evolution und im günstigen Fall Verbesserungen. Veränderung ist folglich nicht Kennzeichen einer minderen Normativität, sondern der Hebel, die gute Normsetzung einzurichten.[711] Beurteilt werden die Gesetze danach, ob und wie sie das Glück der Bürger fördern. Dazu ist es notwendig, dass die *optima lex* Ruhe und Sicherheit schafft.[712]

Marsilius geht von der in der Natur aller Wesen innewohnenden Bestrebung aus, die Existenzform zu verbessern, und leitet über zur Mehrung des technischen Wissens und der technischen Fertigkeiten der Menschen, die mittels dieser Verfahren das ihnen innewohnende Ziel der Lebensverbesserung anstreben und erreichen,

708 Marsilius von Padua, Defensor, I, 2, S. 10–12.

709 Ghisalberti, Alessandro, La legge naturale in Ockham e in Marsilio, in: Medioevo. Rivista di storia della filosofia medievale 5 (1979), S. 303–316.

710 Struve, Tilman, Die Rolle des Gesetzes im ‚Defensor pacis', in: Medioevo. Rivista di storia della filosofia medievale 6 (1980), S. 355–378, bes. S. 365.

711 Marsilius von Padua, Defensor, I, 18, 4, S. 124.

712 Ibid., I, 9, S. 41–45, 135.

und zieht die Schlussfolgerung, dass diese Mehrung sich auch in den Formen der politischen Gestaltung niederschlage, da sie darauf beruht, einen auch im Menschsein allgemein angelegten Perfektionierungsdrang zu verwirklichen.[713] Neue und bessere Gesetze würden dazu führen, die Gegensätze und Konflikte zu beenden: zwischen Papst und Kaiser, zwischen verfeindeten Städten, zwischen sozialen Gruppen. Gedankliche Widersprüche würden behoben, zwischen göttlichem und positivem Recht, zwischen Gesetzgebung und Gehorsam gegenüber den Gesetzen. Mehr als andere Autoren seiner Zeit unterwirft Marsilius von Padua die Gesetze Normen, da er neben deren Anwendung ihre Entstehung und Schaffung ausführlich untersucht und bewertet.[714] Das zeitliche Kontinuum füllt Marsilius mit einzelnen Entwicklungsschritten. In der Zukunft sind sie Etappen des Fortschritts. Sie können und sollen zum besten Ziel führen, das ein bestes gemeinschaftliches Leben bedeutet, welches in der Welt erreicht werden kann und die *perfecta communitas* schafft.[715]

Die Kritik gegen die Auffassungen von Marsilius von Padua und ihre Zurückweisung richteten sich in erster Linie gegen die Minderung der päpstlichen Gewalt. Die Gesetzgebung war dabei aber ebenfalls Gegenstand der polemischen Debatte.[716] In sie griff u. a. der Augustiner-Eremit Hermann von Schildesche (1290–1357) ein. Ihm ging es darum, wie auch anderen Angehörigen seines Ordens, dessen Gründung durch päpstliche Gesetzgebung 1256 erfolgte, die Dominanz des Papsttums argumentativ zu verteidigen. Gegen Marsilius begründete Hermann die Berechtigung der Gesetzgebungskompetenz der Päpste. Marsilius hatte die päpstlichen Dekretalen als Scheingesetze abgetan, die keine rechtliche Wirkung haben dürften. Mit dieser Auffassung sei, so Hermann, die Existenz des Kirchenrechts negiert, welches aber in Wahrheit gegenüber allen weltlichen Gesetzen überlegen sei, da nur so der Vorrang des ewigen Heils gewahrt werde, voraus auch der Vorrang der päpstlichen Gewalt folge. Die Päpste besäßen, so Hermann, nicht nur die oberste Rechtsprechung in der Christenheit, sondern auch ein eigenständiges Gesetzgebungsrecht. Sie könnten neue Gesetze schaffen, einzig unter den Vorbehalt gestellt, dass sie nicht den Evangelien widersprächen. Die Darlegung von Hermann beruht auf dem Vorrang des ewigen Lebens, demgegenüber die irdischen Angele-

---

713 Marsilius von Padua, Defensor, I, 12, S. 62–67.

714 Vona, Piero di, I prinicpi del Defensor Pacis, Napoli 1974; Miethke, Jürgen, Zeitbezug und Gegenwartsbewußtsein in der politischen Theorie der ersten Hälfte des 14. Jahrhunderts, in: Antiqui und Moderni, S. 262–291; Hamilton-Bleakley, Holly, Marsilius of Padua's Conception of Natural Law Revisited, in: The World of Marsilius of Padua, hg. v. Moreno-Riaño, Gerson (Disputatio 5), Turnhout 2006, S. 125–162.

715 Marsilius von Padua, Defensor, I, 4, S. 16–19.

716 Miethke, Politiktheorie im Mittelalter, S. 232–235; Godthardt, Frank, Marsilius von Padua als politische Herausforderung für Johannes XXII., in: Papst Johannes XXII. Konzepte und Verfahren seines Pontifikats, hg. v. Schmidt, Hans-Joachim u. Rohde, Martin (Scrinium Friburgense 32), Berlin/Boston 2014, S. 75–116.

genheiten zweitrangig seien. Die Gegenrede von Hermann von Schildesche sucht der Argumentation von Marsilius von Padua die Grundlage zu entziehen, indem er eine andere Intentionalität, der die Gesetzgebungen unterliegen, behauptet. Denn Verbesserungen des weltlichen Lebens anzustreben, sei verfehlt, sofern sie nicht der Erlangung des ewigen Heils dienten. Nichts sei gut, das nicht im letzten Ziel, der Erlösung, enthalten sei. Es gebe keine *felicitas* im irdischen Leben. Von Menschen gemachte Einrichtungen hätten daher nur ihre Berechtigung, sofern sie von der Kirche eingerichtet würden.[717] Immanent weltliche Verbesserung anzustreben, war als nicht möglich und außerdem bedeutungslos verworfen.

VII.5 Dilemma zwischen Neuerung und Bewahrung der Gesetze

Die Behauptung gesteigerter geistlicher und speziell päpstlicher Macht, wie sie Autoren vertraten, deren Traktate den Titel ‚De potestate ecclesiastica‘ oder ‚De potestate papae‘ trugen,[718] rief Gegenstimmen auf den Plan. Neben Marsilius von Padua war der englische Franziskaner, Theologe und Philosoph Wilhelm von Ockham (1288–1347) der wichtigste Vertreter der Gegenposition. Er erörterte in diesem Zusammenhang auch das Thema der Gesetzgebung, konzentrierte sich dabei auf die Frage, wer Gesetze zu erlassen berechtigt sei, weniger welche Begründungen und Ziele die Gesetze haben sollten. Er führte aus, dass weltliches Recht das Leben der Menschen gut mache und Gesetzgebungen eine nützliche Tätigkeit zugunsten des Wohls auf Erden seien. Wilhelm von Ockham verwies auf grundlegende, zu allen Zeiten stets gültige Prinzipien, die hinsichtlich der Gesetzgebung zwar variable Anwendungen hervorbrächten; aber dass daraus Verbesserungen entstehen, sah Ockham nicht vor.

In dem umfangreichen Frühwerk, den Sentenzenkommentaren, untersucht Wilhelm von Ockham den ontologischen Status von politischen, sozialen und kirchlichen Institutionen. Er besteht darauf, dass sie reale Einheiten sind, mehr als die Summe einzelner Personen. Die Menschen gebrauchen die Fähigkeiten und Tätigkeiten, die *artes*, und gestalten mit ihnen das Leben und die Normen, die es regulieren. Sie gehören zu den praktischen Aktivitäten, beruhen auf Erfahrung, formen Gemeinschaften, begründen Herrschaften. Sie sind moralisch neutral. Sie stehen im Bereich des Kontingenten und Variablen. Sie sind die Resultate schöpferischen

717 Hermann von Schildesche, Tractatus contra haereticos negantes immunitatem et iurisdictionem sanctae ecclesiae, hg. v. Zumkeller, Adolar (Cassiciacum. Suppl. 4), Würzburg 1970, S. 3–108, S. 31–35, 95–101; Scholz, Richard, Unbekannte kirchenpolitische Streitschriften aus der Zeit Ludwigs des Bayern (1327–1354), Bd. 1, Roma 1911, S. 50–60; Zumkeller, Adolar, Schrifttum und Lehre des Hermann von Schildesche (Cassiciacum 15), Würzburg 1959; Andermann, Ulrich, Heinrich von Schildesche, in: Stift und Kirche Schildesche 939–1810, hg. v. id., Bielefeld 1989, S. 270–278, 415–417.

718 Miethke, *De potestate papae*.

Tuns von Menschen, die befähigt sind, dass sie ihre Vereinzelung hinter sich lassen und soziale Organisationen einrichten. Die Gesetzgebung wird in diesem Werk nicht eigens behandelt, aber da sie ebenfalls zu den *artes* gehört, hat sie Anteil an den variantenreichen Hervorbringungen von menschlichen Willensentscheiden, die praktische Verbesserungen anstreben, ohne dass Wilhelm aber deren Realisierungsmöglichkeiten erörtert.[719]

Eingehender beschäftigt sich Ockham mit der politischen Philosophie gegen Ende seines Lebens, nachdem er, in Opposition zu Papst Johannes XXII., zum Anhänger des von diesem als illegitim verurteilten Kaisers Ludwig IV. geworden war.[720] Das Thema, das Ockham erörterte, ist die Einsetzungskompetenz von Normen. In seinem kürzeren politik-theoretischen Traktat ‚Opus nonaginta dierum', hat Wilhelm die Gesetzgebung normativen Vorgaben unterstellt. Wilhelm bezeichnet den Entstehungsort und den Anwendungsbereich der Gesetze als *polis*. Die Instanz der Gesetzgebung ist die politische Organisation. Wilhelm sucht den Bereich menschlicher Regelsetzung zu erweitern.[721] Indes ist das Naturgesetz in dieser Schrift der Prüfstein und die Basis für die Bewertung des faktischen Rechts. Alle politischen Einrichtungen der Völker sind dem Naturrecht verpflichtet. Aber es gibt Abweichungen, die nicht allein als Dispens, sondern auch als Gesetz geschaffen werden. Immer aber gilt: Mit der Imprägnierung des positiven Rechts durch das Naturrecht unterliegt es Anforderungen, die die Legislation erfüllen muss und die deswegen auch Korrekturen erfordern. Diese beschränken sich nicht auf Reaktionen auf wandelnde und mitunter zunehmende menschliche Verfehlungen, sondern sind auch Verfahren, die positiven Gesetze zu verbessern, indem sie enger an das Naturgesetz angeschlossen werden.[722]

In dem Werk ‚Dialogus', mit dem er die Ansprüche päpstlicher Oberherrschaft gegenüber weltlichen Herrschern, insbesondere dem römischen Kaiser, mit zahlreichen Argumenten zurückwies, waren Gesetze und Gesetzgebung insofern wichtige Themen, als Ockham davor warnte, dass eine religiös oder gar kirchlich festgelegte Rechtsordnung die Kompetenz weltlicher Verfügungsgewalt einschränken

---

719 Wilhelm von Ockham, Scriptum in librum primum sententiarum, Bd. 4, St. Bonaventure, NY 1979, dist. 35, S. 509f.; Pelletier, Jenny, Kingdoms and Crowds: William Ockham on the Ontology of Social Groups, in: British Journal for the History of Philosophy 29 (2021), S. 24–44.

720 Miethke, Jürgen, Ockhams Weg zur Sozialphilosophie, Berlin 1969.

721 Gewirth, Alan, Marsilius of Padua, The Defensor of Peace, Bd. 1: Marsilius of Padua and Medieval Political Philosophy, New York 1951, S. 237; Kölmel, Wilhelm, Das Naturrecht bei Wilhelm von Ockham, in: Franziskanische Studien 35 (1953), S. 39–85; Tierney, Natural Law, S. 9–17; Pennington, Prince, S. 123; Eusterschulte, Anne, Lex libertatis und ius naturale. Freiheitsgesetzt und Naturrechtslehre bei Wilhelm von Ockham, in: Das Gesetz, hg. v. Speer u. Guldentops, S. 399–423; Tierney, Villey, Ockham; Miethke, Herrscherliche Gewalt, S. 266–285.

722 Wilhelm von Ockham, Opus nonaginta dierum, in: Guillelmi de Ockham Opera politica, hg. v. Offler, Hilary Seton, Bd. 1, Manchester 1974, S. 288–368; Bd. 2, Manchester 1963, S. 375–858; Bd. 2, S. 574f.

und deswegen zur Beeinträchtigung des allgemeinen Wohls führen würde. Um die Verfügungsgewalt weltlicher Herrscher über die Gesetze intakt zu halten, behandelt Wilhelm die Geltung des Naturgesetzes, bzw. des Naturrechts in der Weise, dass es nicht stets und überall die positiven Gesetze den gleichen Vorgaben unterwirft. Die Herrscher sollten und könnten dem Wandel der Umstände folgen und ihm die Gesetze anpassen. Das Naturrecht gilt als unantastbar, aber nicht als unwandelbar. Die Gesetzgeber wenden das Naturrecht für unterschiedliche Umstände in unterschiedlichen Ländern und zu unterschiedlichen Zeiten an. Die ursprüngliche Übertragung der Gesetzgebungskompetenz vom Volk auf den Herrscher schließe, so Ockham, das göttliche und natürliche Recht aus.[723] Aber deren Festlegungen sind nicht ewig, da sie auf ein Ziel ausgerichtet sein müssen, der Herstellung des allgemeinen Wohl, das materiell unterschiedliche Maßregeln bewirke. Die normative Bedingung, die Wilhelm vorsieht, leitet er überdies nicht allein aus dem Naturrecht ab, sondern von der Anforderung, das Gemeinwohl, nicht das private Wohl des Herrschers zu fördern, womit er praktische Operationen zur Lebensgestaltung einführt, die die Gesetze festlegen. Gesetze müssten nützlich sein, dann seien sie auch notwendig.[724] Selbst das, was in der Heiligen Schrift stehe, sei nicht notwendigerweise immer rechtsbindend. Gemäß der Vernunft und der göttlichen Offenbarung könnten Veränderungen vorgenommen werden, so wie dies im Neuen Testament gegenüber dem Alten Testament geschehen sei.[725] Wegen der Kontingenz aller Ordnungen stellt Wilhelm deren beständige Existenz unter Vorbehalt. Dies gilt auch für die Gesetze.

Wilhelm von Ockham verbindet göttliches und natürliches Recht; aber die Verbindung ist locker und erlaubt Variationen. Gott, der das Naturrecht einsetzt, erlaubt Veränderungen und Konkretisierungen. Wie sein Wille erkannt werden kann, ist ein schwer zu lösendes Problem, sofern nicht eine unmittelbare göttliche Anordnung stattfindet, wie sie im Buch Genesis dargestellt ist, als Gott Abraham die Tötung seines eigenes Sohnes befahl und diesen Befehl zurücknahm. Theoretisch einfach ist die Abweichung vom Naturrecht zu begründen, wenn lediglich Dispense vorgesehen sind. So dringt das Problem nicht in den Bereich der Gesetzgebung selbst ein. Dies geschieht aber dann, wenn Wilhelm zivilisatorische Entwicklungsschritte annimmt, die eine legislatorische Entwicklung begleiten und bewirken, als dessen Ergebnis der ursprünglich regelarme Zustand der Gleichheit unter den Menschen beendet und eine höhere Regulierungsdichte eingeführt worden sei und weiterhin eingesetzt werde, die zugleich eine größere soziale Differenzierung hervorbringe, was Wilhelm als eine Verbesserung der politischen und sozialen Verfassung erachtet. Dies geschieht durch Entscheidungen, die gemäß der Vernunft getroffen werden. So sei gewährleistet, dass die geänderten gesetzlichen Bestim-

723 Ockham, Dialogus, III, II, 27.
724 Ibid., I, 2, cap. 6; Miethke, Herrscherliche Gewalt, S. 266–285.
725 Ockham, Dialogus, III, 3, cap. 14, S. 831f.

mungen dem Naturrecht entsprechen. Aber damit sind keine inhaltlichen Präzisierungen verknüpft. Wenn es um die Schaffung von positivem Recht geht, erachtet Ockham es als möglich, dass Herrscher allein gemäß ihrem Willen, nicht gemäß der Gesetze handeln; dann würden sie unmittelbar das Naturrecht zur Anwendung bringen. Dies bedeutet, dass das Naturrecht mittels voluntaristischer Akte verwirklicht werden könne, abgelöst von positiven Gesetzen, wohl aber angebunden an die Vernunft und den Willen, Gerechtigkeit herzustellen. Aber eine legale Einbindung des herrscherlichen Willens fehlt in diesem Fall. Da aber die Herrscher selten die Vollkommenheit besäßen und oft nicht geignet seien, aus eigener Auffassung und Willensentscheidungen Gerechtigkeit herzustellen, sei es günstiger, mittels der Gesetze zu herrschen, denen auch der Regierende und Gesetzgeber unterworfen sei.[726] Sofern die Gesetze nicht den privaten Vorteil eines Despoten fördern, respektieren sie die Freiheit der Untertanen, wie sie das natürliche Recht einrichtet und voraussetzt. Die Geltung der Gesetze ist aber um nichts weniger zwingend, schränken die Handlungsfreiheit der Menschen ein. Die Auffassung des von ihm als *magister* bezeichneten Dialogpartners, der die Position Wilhelms einnimmt, sieht vor, dass die Gesetze den Willen der Menschen bezwingen. Je mehr, um so gerechter und wirksamer seien sie. Die schlechten Menschen würden so von ihrem bösen Tun abgehalten, so dass die guten dann ruhiger unter ihnen leben könnten. Die Wirkung der Gesetze ist negativ, soll einschränken und verhindern. Deswegen ist es auch nicht erforderlich, dass alle Menschen der Herrschaft einer einzigen Person, des Kaisers, unterstehen sollen, um einen allgemeinen Frieden herzustellen.[727] Voluntaristische Akte beziehen sich auf die Erfindung von Gesetzen, erzwungene Akte sind diejenigen, die den Vollzug der Gesetze auferlegen.

Wilhelm von Ockham knüpft mit seinen Überlegungen zum Gesetz und zum Naturgesetz an Texte an, die er vor seiner Hinwendung zur politischen Theorie zum Thema der aristotelischen Naturphilosphie dargelegt hat. In seinem Werk ‚Summula philosophiae naturalis' erörtert er den ontologischen Status dessen, was Menschen geschaffen haben. Durch die *artificia*, von Menschen geformt und eingerichtet, entstehe nichts Zusätzliches zur Natur, einzig Modifikationen durch Differenzierungen und durch Transfigurationen. Neuerungen erfassen Relationen, nicht den dem Naturzustand unterworfenen Menschen. Die *Artificialia* bleiben der *natura* verhaftet. Die natürlichen Gesetzmäßigkeiten reichen in das Gesetzmäßige. Ockham verbindet die Naturgesetze im physikalischen Sinne mit den von Menschen geschaffenen Gegebenheiten, die nicht von den natürlichen Grundlagen abgelöst werden können.[728]

726 Ockham, Dialogus, I, 2, cap. 6.
727 Ibid., III, 2, cap. 1, S. 871.
728 Wilhelm von Ockham, Summula philosophiae naturalis, in: id., Opera philosophica et theologica, Bd. 6, hg. v. Brown, Stephan, St. Bonaventure, NY 1984, S. 137–396, I, 20, S. 208–213; id., De causa rerum naturalium, in: ibid., quaestio 119, S. 719–721; zu den physikalischen Gesetzen: Loewer, Laws and Natural Properties.

Die Normbindung, die den Gesetzen selbst auferlegt ist, ist schwach hinsichtlich der moralischen Bewertung, stark indes hinsichtlich einer natürlichen Inhärenz. Deswegen sind die Gesetze tatsächlich veränderungsfähig, und sie sind vor allem nicht abhängig von Traditionen. Im ‚Dialogus' schreibt Wilhelm, dass die Gestaltung des Nutzens unabhängig von den Vorgaben des Bestehenden und den Trägheiten der Gewohnheit erfolgen. Am Bestehenden festzuhalten, liefe Gefahr, dass die politische Gemeinschaft geschädigt, das allgemeine Wohl gemindert und die gute Daseinsfürsorge missachtet werde. Die pragmatische Herstellung von Nutzen und die reaktive Schadensabwendung sind für Wilhelm die Motoren der Veränderung. Die konkrete Situation ist entscheidend, nicht die historische Entwicklung. Veränderungen der Gesetze seien, so schrieb Wilhelm, durchaus riskant, da sie auch die Möglichkeit bergen, Verschlechterungen nach sich zu ziehen. Die den Menschen anheimgestellte Dispositionsfreiheit ist lediglich eine Option, mittels der Gesetzgebung Verbesserungen zu erzielen – eine Option, die freilich auch verfehlt werden kann. Die Offenheit der Entscheidungen und ihrer Ergebnisse schließen Verlaufsschemata und Fortschrittsannahmen aus. Das Konzept einer voluntaristischen Intervention verträgt sich nicht mit einem Fortschrittsoptimismus. Wilhelm löst Gesetzgebung sowohl von Vorgaben bestehender Tradition ab als auch von Erwartungen künftiger Verbesserung. Die Aussicht bleibt ambivalent, belässt den situativen Entscheidungen zu den Gesetzgebungen breiten Entfaltungsspielraum. Die Gesetze selbst sind nur wenig normativ bestimmt.[729]

Die Offenheit der Zukunft macht die Bewertung neuer Gesetze prinzipiell problematisch. Der französische Philosoph Nicolas d'Oresme (1322–1382) suchte gleichwohl Antworten zu formulieren auf die Frage, ob neue Gesetze einzuführen günstig für die Menschen und die menschliche Gemeinschaft sei. Seine Antwort endet in einem Dilemma, das argumentativ aufzulösen nicht gelingt, was wohl auch gar nicht angestrebt ist, da er zwei Stränge von Überlegungen ausführt, von denen jeder logisch konsistent und in der Schlussfolgerung eindeutig ist. Nicolas verweigert eine Konklusion.

Nicolas d'Oresme war einer der wichtigsten der Ratgeber, Handschriftensammler, Autoren, Philosophen und Übersetzer am Hof des französischen Königs Karls V. Nicolas d'Oresme stellte die Schriften von Aristoteles zur Ethik und zur Politik in französischen Übersetzungen dem König und seinem Hof zur Verfügung. Eine Expertenkultur war etabliert, die es ermöglichen sollte, aufgrund rationaler Entscheidungsfindung das Bessere zu erreichen, dabei auf philosophische Überlegungen zurückzugreifen und theoretisch fundiert – nicht traditional – Politik, einschließlich der Gesetzgebung zu gestalten.[730] Dem König war eine Handreichung

729 Miethke, Jürgen, The Concept of Liberty in William of Ockham, in: Théologie et droit dans la science politiques de l'État moderne. Actes de la table ronde organisé par l'École Française de Rome avec le concours du CNRS, Roma 1991, S. 89–100.

730 Kintzinger, Martin, Beatus vir: Herrschaftsrepräsentation durch Handschriftenpolitik bei Karl V. von Frankreich, in: Zwischen Pragmatik und Performanz. Dimensionen mittelalterlicher

geboten, die er zur Verbesserung der Verfassung seiner Herrschaft einsetzen solle, wie Nicolas schreibt.

In dem Werk zur Politik, das mehr ist als eine Übersetzung des aristotelischen Textes, vielmehr eigene Überlegungen darlegt, behandelt Nicolas d'Oresme in zwei Kapiteln die Gesetzgebung. In dem ersten der beiden wendet er sich gegen die Meinung, dass es schädlich wäre, neue Gesetze einzuführen, weil sie doch stets schlechter als die älteren wären und überdies die Befolgung der Gesetze insgesamt beeinträchtigten, wenn gegenüber älteren der Gehorsam aufgehoben würde. Die Achtung und die Autorität der Gesetze wären bedroht. Nicolas wendet dagegen ein, dass es einen beständigen Fortschritt in allen Tätigkeits- und Wissensbereichen der Menschen gebe, da aufgrund der gesammelten Erfahrungen, die die Menschen machten, Schlussfolgerungen gezogen werden könnten, die Korrekturen erlaubten und bessere Verfahren ermöglichten. Vieles, was früher unbekannt gewesen sei, sei nun entdeckt und erfunden worden, und dieser Prozess der Wissenserweiterung und der Verfahrensverbesserung setze sich fort. Dieser alle Aktivitäten, Fertigkeiten und Kenntnisse erfassende Fortschritt, den ja auch Thomas von Aquin und andere Autoren behauptet hatten, bestehe auch in der Verfassung der politischen Organisation und in der Gesetzgebung: *Et universalement en tous ars et en toutes vertues, en doncques comme ainsi soit que politique est un des ars ou des sciences, il s'ensuit que aussi est in elle*. Teil des politischen Handelns ist die Schaffung von Gesetzen. Sie gilt als besondere Fertigkeit (*ars*) und Kenntnis (*science*), die an dem überall waltenden Verbesserungsvorgang teilhaben, die sowohl in unterschiedlichen Bereichen sozialen Lebens als auch im Ablauf unterschiedlicher Epochen der Menschheit und in verschiedenen Tätigkeitsfeldern bestehe. Von den Alten lernen, bedeute, von deren Erfahrungen zu lernen, nicht deren Ergebnisse zu übernehmen. Die Tradition des Bestehenden habe keine Legitimität, sofern sie nicht dem Kriterium des Nutzens, der gesteigert werden könne, entspreche. Eine Entwicklung könne festgestellt werden von einfachen und barbarischen Gesetzen, die grausam gewesen seien und denen einst die Griechen unterworfen gewesen seien, hin zu milderen, weniger Zwang auferlegenden Gesetzen, die in seiner eigenen Gegenwart gelten würden. Auch ein Gewinn von Gerechtigkeit sei eingetreten, wobei Nicolas offenlässt, was er unter dem Begriff versteht. Den fortschreitenden Gang zur Steigerung der Gerechtigkeit solle der König fortsetzen. Nicolas d'Oresme trägt diese Argumentation apodoktisch vor: Die alten Gesetze konservieren zu wollen, sei verfehlt. Auffassungen, dies zu empfehlen, seien *foles choses*. Und dann die Schlussfolgerung: *Et par conséquent, il vault miex mettre nouvelles lois*.

Schriftkultur, hg. v. Dartmann, Christoph, Scharff, Thomas u. Weber, Christoph Friedrich (Utrecht Studies in Medieval Literacy 18), Turnhout 2011, S. 443–460; Kopp, Vanina, Der König und die Bücher. Sammlung, Nutzung und Funktion der königlichen Bibliothek am spätmittelalterlichen Hof in Frankreich, Ostfildern 2016.

Dem Kapitel, das den Vorteil neuer Gesetze begründet, folgt unmittelbar das Kapitel, das die entgegengesetze Argumenation ausführt: Neue Gesetze zu erlassen, störe die Geltung der bestehenden und gefährde die soziale Ordnung. Dem stünden nur geringe Vorteile gegenüber, die aus der Veränderung von Gesetzen entstehen könnten. Es sei besser, die Stabilität der Geltung zu wahren, was voraussetze, die Akzeptanz der Gesetze zu sichern. Deswegen dürften die Gesetze nicht zur Disposition gestellt werden. Es sei schädlich, die Legitimität der Gesetze einem Abwägen von Vor- und Nachteilen auszusetzen. Verbesserungen mittels neuer Gesetze zu erzielen, sei zwar möglich, aber die Abwendung vom Bestehenden führten dazu, dass das Gesetz – in seiner Totalität – geschwächt würde: *Et donques muer [...] les lays a autres lays nouveles ce est afeblir et debiliter la vertu de la lay.*

Zwei Prinzipien stellt Nicolas d'Oresmes gegenüber: zunächst die Verbesserungspotentialität neuer Gesetze, die praktische Steigerung des Nutzens, die Verbesserung der Lebensumstände, die bessere Ordnung des Staates, die Mehrung der Gerechtigkeit, die Milderung von Strafgewalt, dann andererseits die Geltung der Gesetze, die nicht durch Nützlichkeitserörterungen und -anforderungen in Frage gestellt werden dürfe.

Nach der im Dilemma endenden Erörterung überlässt Nicolas d'Oresme dem König die Entscheidung. Eine Lösung jenseits von argumentativer Begründung sieht Nicolas vor, indem es die institutionelle und zugleich persönliche Kompetenz ist, die das theoretische Problem auflöst. Nicolas empfiehlt, der Weisheit des Königs zu vertrauen. Die philosophischen Überlegungen sind letztlich nicht in der Lage, Lehren für das praktische Handeln auszusprechen. Dies zu tun, maße er, Nicolas d'Oresme, sich nicht an. Stattdessen wendet er sich einem neuen Thema zu: [...] *quant a maintenant nous lesseron ceste consideracion et en parleron autres foies.* Das Verprechen, auf das Problem zurückzukommen, löst der Autor nicht ein.[731]

731 Nicolas Oresme, Le livre de politiques d'Aristote, hg. v. Douglas Menut, Albert (Transaction of the American Philosophical Society NS 60/6), Philadelphia 1970, S. 202–222.

VIII. Normierung der Normen

Es wäre verführerisch, sich der Unentschiedenheit eines Nicolas d'Oresme anzuschließen, mit der er seine Überlegung zur Frage beendet, ob es günstig sei, neue Gesetze zu schaffen. Die Antworten auf diese Frage waren im Mittelalter in der Tat vielstimmig. Festzuhalten ist aber der Befund, dass Auffassungen existierten, die eine Verbesserung des weltlichen Lebens durch Gesetzgebungen für möglich erachteten und sie forderten. Ein solches Ziel haben u. a. Thomas von Aquin, Baldus de Ubaldis, Dante Alighieri und Marsilius von Padua ausdrücklich vorgesehen, und auch Nicolas d'Oresme hat es argumentativ begründet. Die Parallelisierung von der Schaffung von Gesetzen mit Fortschritten in mehreren menschlichen Tätigkeitsbereichen wurde mitunter als Beweis herangezogen, um die Möglichkeit des Verbesserns zu begründen. Dies bedeutete, dass ein umfassender, historisch erfahrbarer und für die Zukunft erwartbarer Verbesserungsvorgang angenommen wurde, der dem Leben der Menschen mehr Wohl und mehr Glück bescheren würde. Dass eine solche Verbesserungsoption, die den Gesetzen und deren Wirkungen auf das Leben innenwohne, im Mittelalter auch verneint wurde, ist anhand der vorangegangenen Befunde ebenfalls deutlich geworden.

Gesetze stellten Normen auf. Und die Gesetzgebung selbst unterlag Normen. Die Legitimität der Legislation konnte nicht rechtsimmanent geschaffen werden. Sie beruhte auf Grundlagen, die die durch menschliche Gesetzgebung geschaffenen Gesetze nicht bereitstellten. Die Meta-Norm der gesetzlichen Normen wurde auf zweierlei Weise hergestellt: Durch die Ableitung von beständigen und tradierten Grundlagen, einschließlich des göttlichen Rechts und des Naturrechts, von denen nicht abgewichen werden dürfe. Oder aber die Meta-Norm war dynamisiert, forderte zur Herstellung der Normenkonformität auf, was Veränderung verlangte, um das Gute zu erreichen. Die Meta-Norm war inhaltlich oder sie war prozedural definiert.

Die doppelte Normbindung war die Grundlage von Reflexionen mittelalterlicher Zeitgenossen, wenn sie die zeitliche Varianz von Gesetzen deuteten und bewerteten. Wenn Gott selbst Gesetze einrichtete, wie dies im biblischen Buch Exodus dargestellt war, war das Gute vorhanden und musste konserviert werden. Eine Verbesserung war nicht möglich. Der Glauben der Christen und die Berufung auf das Neue Testament begründeten indes eine Vorstellung des Überwindens, der Steigerung und der Aufhebung alter Bestimmungen, deren Berechtigung mit dem Setzen des Neuen problematisch wurde. Die Neuschöpfung von Gesetzen und Regeln galt als berechtigt, traf aber auch auf Abwertung und Abweisung. Die Pole der Einordnung spannten eine weite Diskrepanz und steckten ein Feld ab, in dem kontroverse Argumente vorgebracht wurden. Auch die heidnisch-römische Fundamentierung von Gesetzen auf eine gott-ähnliche Einrichtung fixierten das Recht. Ebenso trug die Ableitung des Rechts und der Gesetze von einem Naturgesetz, das auf der Natur des Menschen beruhe, ja die gesamte Existenz der Natur einbezog, dazu bei, das Recht zu verfestigen, auf eine immer gültige, unwandelbare Norm auszurichten. Andererseits konnte das Naturrecht eingesetzt werden zur Korrektur defizienter Formen des positiven Rechts.

Die Veränderlichkeit von Gesetzen stand unter Rechtfertigungsdruck. Die Herstellung eines besseren Textes und die Anpassung an geänderte Zeitumstände waren am unbedenklichsten. Die Verbesserung der Gesetze mit einer Vervollkommnung von Gerechtigkeit zu begründen, war anspruchsvoller und erforderte, Ziele anzugeben, die das bloße, das biologische Leben in eine höhere Existenzform stellen sollten, in ein biographisches Leben. Es sah Selbstwirksamkeit, die Entfaltung von Tugenden und die kommunikative und kooperative Tätigkeit an der Gesetzgebung selbst vor, also die Aktivierung von Bürgern im politischen Raum, wie dies vor allem Statuten italienischer Stadtgemeinden im späten Mittelalter beanspruchten. Das allgemeine Wohl sollte die politische Glückseligkeit herstellen, die das diesseitige Leben auf eine höhere Existenzstufe emporheben würde und analog zum jenseitigen Heil konzipiert war.

Dem praktischen Handeln, das die Gesetzgebung darstellt, fehlt freilich eine logisch-deduktive Gewissheit hinsichtlich der Ziele und des Erreichens der Ziele. Indem die Gesetzgebung im Mittelalter oft mit deklamatorischen Idealisierungen verbunden war, unterlag sie einer Bewertung von Absichten und Ergebnissen. Die Suche nach den Verbesserungen galt umso erfolgreicher, je mehr Wissen vorhanden war. Gegen die Tradition stand das Anwachsen von Erfahrungen, die bessere Gesetze zu schaffen ermöglichen würden. Umgekehrt beruhte die Erfahrung auf Traditionen, die auch nach dem Verändern und hinter sich Lassen ihre Wirkung beibehielt. Selbst Änderungen am Naturrecht, dessen Anpassungen oder auch nur Derogationen wurden für möglich erachtet, so dass die Rechtsordnung flexibel gehalten wurde. Die Möglichkeit, Gesetze zur Verbesserung des Lebens einzusetzen, war umso mehr gegeben, wenn die Natur des Menschen selbst mittels besserer Gesetze zu Höherentwicklungen geführt werden könne, mit der Aussicht, dass auf dieser Grundlage neue und bessere Gesetze entstünden. Diesen positiven Rückkoppelungsprozess haben u. a. Thomas von Aquin, Dante Alighieri und Marsilius von Padua dargelegt.

Mit der Normierung der Gesetzesnorm ging eine Veränderung einher, wie Gerechtigkeit verstanden werden sollte. Sie wurde seit dem 13. Jahrhundert nicht mehr allein als eine persönliche Tugend des Herrschers erachtet, sondern sie wurde zu einem institutionellen Kennzeichen der politischen Organisation, von Staat, Stadt, Herrschaft. Gesetze hatten einen größeren Wirkungsbereich als Gerichtsurteile. Damit ging aber keine Schwächung der Herrschergewalt einher, die Konzentration der Macht auf die Person des Herrschers war vielmehr gesteigert, da die Herrschaft räumlich und zeitlich ausgedehnt wurde und Anweisungen multipliziert werden konnten. Vor allem aber war eine inhaltlich fundierte und reflektierte Komposition von Normen eingerichtet, aus denen rechtliche Stabilität entstand, die inhärent Nutzen für das Leben bedeutete. Ebenso wurde Tugend vom Individuum auf die politische Organisation ausgeweitet, sowohl kausal als auch final. Das bessere Leben bestand in der Mehrung der Tugenden. Das Individum konnte dies leisten, weil es an der politschen Gestaltung und daher auch Gesetzgebung mitwirkte. So wurde Tugend aktiviert, und so wurde Tugend realisiert.

Zukunft und Gegenwart stehen in einer doppelten Bindung. Die Zukunft stellt die Erwartung dar, auf die das Handeln in der Gegenwart hinführen soll, ja die dem Handeln erst Bedeutung und Legitimität verleiht. Tradition ermöglicht, dass Errungenschaften erhalten bleiben, Erfahrungswissen genutzt wird und ein Beginnen an die Leistungen der Vergangenheit anschließt. Darin liegt das Wesen von Kultur, die nicht allein synchron, sondern auch diachron Handeln kooperativ und kommunikativ verbindet und die Voraussetzung bildet, intergenerationelle kollektive Verbesserungen herzustellen. Die Metapher von Zwergen, die auf den Schultern von Riesen sitzen und in größere Ferne zu blicken vermögen, von Bernhard von Chartres und Johannes von Salisbury formuliert, ist eine Kritik an einer Illusion, dass voraussetzungslose Neuerung möglich wäre, zugleich aber zeigt sie die Zuversicht, mit dem Neuen Besseres schaffen zu können.[732]

Die legitimitätsspendende Funktion beruht auf der Vergangenheit und ebenso auf der Zukunft. Weil das Verbessern stets die Überwindung des Bestehenden voraussetzt, unterliegt es dem Wagnis, in unbekanntes Terrain vorzustoßen, was die Bewertung von Gesetzesänderungen und Gesetzgebungen erschwert. Verhindern lässt sich diese Aporie, wenn die Bewahrung oder die Wiedereinrichtung des angeblich alten Zustandes behauptet wird, der als der gute bewertet ist.

Die Zukunft mit gesicherten Ereignissen auszustatten, geschah im Mittelalter mittels religiöser Deutungen, welche eine Erwartung eines baldigen Zustandes der Vollkommenheit und der Harmonie und der Gotteserkenntnis weckten und eine evolutionäre Entwicklung zum Besseren begründeten. Das evolutionäre Programm galt als göttlich determiniert, motivierte aber auch zu Anstrengungen, einen Zustand besserer irdischer Existenz herbeizuführen. Damit war die Dynamisierung von Institutionen angestoßen. In diesen Vorgang war die Gesetzgebung einbezogen, insofern ältere Zustände als Vorformen künftiger Verbesserungen denkbar erschienen. Die Vorstellung, dass ein von Gott begründeter Entwicklungsplan das Voranschreiten der Menschheit oder doch zumindest der Christenheit in ein Reich irdischen Heils geleiten würde, stärkte eine Zuversicht, dass größere Gottesnähe, aber auch irdisches Leben in Harmonie und Frieden, vermehrtes privates und öffentliches Wohl und gesteigerte Erkenntnisfähigkeit bevorstünden. Diese chiliastischen Erwartungen schwächten Regelsetzungen und bestehende Institutionen,

732 Merton, Robert K., On the Shoulders of Giants. A Shandean Postcript, Chicago 1965; Haug, Zwerge.

gaben aber umgekehrt auch den Anstoß, ein besseres Leben dank rechtlicher Verfahren für möglich zu erachten und es vorzubereiten, weil die jeweils aktuellen Zustände unter dem Vorbehalt der baldigen Überwindung standen. Es bestand die Aussicht, Optimierungen von Befähigungen und Regulierungen in rechtliche Optimierungen überzuleiten, die wiederum auf das gesellschaftliche Leben zurückwirkten. Das Glück im irdischen Leben sei steigerungsfähig.

Neue Gesetze zu schaffen, die die bestehenden Gesetze ablösen sollten, wurde im späten Mittelalter mitunter als eine Tätigkeit erachtet, die den *artes* angehörte, die dazu eingesetzt werden sollten, das Leben zu verbessern, nicht allein um den Notwendigkeiten der Zeitumstände zu folgen und nicht allein um Arrangements von Texten zu verbessern.

Bessere Gesetze bestanden, wenn sie weniger durch Strenge als durch Milde das Leben regulierten, weniger mit der Verhängung von Strafen als mit der Aussicht auf Belohnungen operierten, weniger durch Zwang als durch Zustimmung die Tugend möglichlichst vieler Menschen steigerten. Milde, *clementia*, war an die Gesetze geknüpft, entstand aus ihnen, entfaltete sich in einem politischen Verband und war etwas gänzlich anderes als die Milde, die ein Herrscher gegenüber Gegnern und Verbrechern gewährte. Diese Milde war extra-legal, galt als Ausnahme von den Gesetzen, entsprang der Handlungsbefugnis des Mächtigen, wurde gewährt, war willkürlich, jene aber institutionell eingepflanzt. Selbst wenn die Milde erwartet, ja verlangt wurde, eine Norm war und eine „gratiale Ordnung" begründete, die im frühen Mittelalter bis in das 12. Jahrhundert bestand, wie Forschungen u.a. von Gerd Althoff zeigen, musste doch der arbiträre Einsatz stets gewahrt sein und war die Milde abseits rechtlicher oder gar gesetzlicher Festlegungen positioniert.[733] Der entscheidende Unterschied war, dass bis zum 12. Jahrhundert Milde gegen die Gesetze zur Anwendung kam, später die Milde die Gesetze kennzeichnete. Mit der Milde konnte nicht nur die Anwendung von Recht anhand der Umstände abgewogen werden, sondern das Recht selbst geändert werden, so dass Ausnahmeregelung durch Allgemeinverfügung ersetzt wurde. Die Zunahme von Milde, in den Gesetzen selbst begründet, wurde im Mittelalter als Entwicklung von barbarischen hin zu zivilisierten Zuständen beschrieben und als historischer Vorgang gekennzeichnet und behauptet.

Die Absichten konnten aber durchaus bescheidener sein. Die Bereitstellung eines besseren Textes sollte dazu beitragen, die Anwendung der Gesetze zu verbessern und durch Ausmerzung von Unstimmigkeiten des Rechts Streit zu verhindern oder einzudämmen und Frieden zu fördern und zu stiften.[734] Aus der neuen Form

733 Althoff, Gerd, Spielregeln; id., Rituale und ihre Spielregeln im Mittelalter, in: Audiovisualität vor und nach Gutenberg. Zur Kulturgeschichte der medialen Umbrüche, hg. v. Wenzel, Horst et alii (Schriften des kunsthistorischen Museums Wien 6), Wien 2001, S. 51–61, 177–197; id., Friendship and Political Order, in: Friendship in Medieval. Europe, hg. v. Haseldine, Julian P., Stroud 1999, S. 91–105; siehe auch: Leyser, Rule and Conflict, S. 35–38.

734 Gagnér, Studien, S. 109f.

des Rechts würde ein neuer Inhalt entsprießen. Aus dem Umschreiben von alten Texten in einen neuen sollte die Legitimität des Alten gerettet und dessen Wirksamkeit für die Zukunft hergestellt werden. Rechtsverbesserung durch Gesetzgebung aktivierte die Tradition, die nicht als fixierter Zustand, sondern als Reservoir potentieller Verbesserung eingesetzt werden sollte.[735]

Die Verbesserung, die die Gesetze herbeiführen sollten, war auf die Gesellschaft ausgerichtet; eine Privilegierung einer einzelnen Person oder einer abgeschlossenen Personengruppe widersprach diesem Verbesserungsvorhaben. Das Glück der Bürger war zwar individuell, um es zu verwirklichen, war aber die Gesamtheit der Bürger zu begünstigen. Dieses besonders im städtischen Milieu angesiedelte Ideal sollte dem Handeln der Bürger Bedeutung verleihen und rechtfertigte die Gestaltung des Rechts, das dazu dienen sollte, die Kommunikationen zu verbessern, wozu auch der Handelsaustausch gehörte. Sie setzten die Freiheit voraus, die die Stadtbürger genossen, indem sie selbst über ihre eigene Arbeitskraft verfügten. Albertus Magnus hat diesen Zusammenhang in den beiden von ihm verfassten Kommentaren zur ‚Nikomachischen Ethik' des Aristoteles ausgeführt. Im Abschnitt zur *amicitia* begründete er die den Stadtbürgern eigentümliche Freiheit. Sie war rechtlich abzusichern.[736]

Legislative Neuerungen, wenn sie nicht allein extra-legalen Missbrauch abstellten, sondern auch bestehende Gesetze, sofern sie als inhärent verfehlt galten, korrigierten, besaßen bereits durch ihre Existenz die Potentialität, das Leben zu verbessern, selbst wenn keine pathetisch formulierte Perfektionsabsicht verkündet wurde. Neue Gesetze wurden als Hebel eingesetzt, um ‚lösbare Probleme' zu behandeln. Situative, nicht epochale Verbesserungen des Lebens waren angestrebt, zu deren Verwirklichung die Tugend der *prudentia* einzusetzen sei. Indem Praktikabilität vorausgesetzt und angestrebt wurde, überwanden die Neuerungen die Schranken, die die Tradition aufrichten würde. Statt Konformität mit der Tradition war der Nutzen das primäre Qualitätsmerkmal von Gesetzen. Die dem französischen König Ludwig IX. kurz nach dessen Tod 1270 zugeschriebenen ‚Établissements', die Anweisungen an den Nachfolger formulierten, haben diesen Zusammenhang zwischen Neuerung, Verbesserung und Realisierbarkeit hergestellt. Das Recht sei zwar der Grund des guten Lebens, aber damit dieser Grund auch zur Geltung käme, sei die Erneuerung des Rechts durch neue Gesetze des Königs erforderlich. Die Legitimität beruhte auf einer Verfahrensordnung, die neue Normen einzurichten befähigt sei. Die Abschaffung alter Gesetze und die Schaffung von neuen sollte das allgemeine Wohl herstellen. Es war kein Wert, der bereits erreicht war oder der nicht gesteigert werden könnte, weswegen dem Nachfolger des Königs aufgetra-

735 Consuetudines Neapolitanae, Napoli 1775, Sp. 69f.
736 Albertus Magnus, Ethicorum libri, S. 329–390; id., Super Ethica, S. 306–378.

gen war, weitere Entwicklungen anzustoßen. Der allgemeine Nutzen, die *utilitas communis*, der *bien commun*, war nicht als existent vorausgesetzt, er war ein Ziel.[737]

Das Ziel der Verbesserung des Lebens rechtfertigte Militanz im politischen Handeln und begründete die Rigidität der Strafen. Dass damit die Milde zurückgedrängt wurde, war kein Widerspruch, da das hohe Ziel der Lebensverbesserung, der Steigerung des allgemeinen Wohls, gar der Glückseligkeit Hindernisse nicht akzeptabel erscheinen ließ und ihre Beseitigung legitimierte.

Die Verbesserungsabsicht machte den Staat zur Fürsorgeeinrichtung oder sollte ihn zumindest als solchen präsentieren. Damit würde er zur Besserungsanstalt. Der regulierende Staat stand im Verdacht, die individuelle Freiheit zu beschneiden. Es war genau diese Gefahr, die der Franziskaner Johannnes Duns Scotus beschrieb. Die Verteidigung des privaten Lebens war für ihn der Weg zur individuellen Glückseligkeit. Die Herstellung eines allgemeinen Wohls galt als Illusion, gar als gefährliche Rechtfertigung für die Überwältigung der Menschen. Duns vertrat damit eine Gegenposition zu Thomas von Aquin, der die Kombination von *bonum commune, virtus civilis* und *felicitas poltica* als Voraussetzung angab, ein gutes diesseitiges Leben zu verwirklichen. Thomas schränkte dieses Ideal nicht dadurch ein, indem er auf die Gefährdungen politischer Interventionen verwies, die die private Existenz der Untertanen bedrohten, sondern indem er auf die mindere Wertigkeit des guten Lebens im Diesseits gegenüber der *beatitudo*, d.h. der Erlösung des Menschen im Jenseits, herausstellte. Es war eine Glückseligkeit zweiter Ordnung, die der Aquinate für das irdische Leben vorsah.[738] Sobald die Anforderung an die politische Organisation gestellt wurde, dass sie das allgemeine Wohl befördere, wurde ihr Geltungsanspruch ausgedehnt und bedrohte individuelle und familiäre Existenz. Wenn andererseits angenommen wurde, dass individuelles Glück einer politischen Organisation bedürfe, weil es in autarker Abschließung nicht verwirklicht werden könne, dann blieb die Legitimität von Gesetzen als Hebel der Glückssteigerung intakt.

Die verfasste Ordnung, die Gesetze in Kraft setzt und sie durchsetzt, ist die einer rationalen Ordnung, die der Regel-Aversion charismatischer Herrschaft – nach Max Weber – entgegensteht. Diese widerspricht auch einer Ordnung, deren Legitimität auf der Geltungsanspruch der Tradition beruht. Die charismatische Herrschaft ist disruptiv, weil sie Alltäglichkeit und Ableitung aus dem bisher Üblichen beiseite schiebt.[739] Wenn die Tradition Legitimität spendet, engt sie die Weiterentwicklung von regelbasierter Nutzenoptimierung ein. Aber die gesetzliche Innovation diskreditiert die Vergangenheit nicht, knüpft vielmehr an ihr an und leitet aus einem Prozess der Evolution Verbesserung ab, deren Ursprünge in

737 Les Établissements, S. 329.

738 Dufeil, Michel-Marie, Le bonheur de Thomas d'Aquin. Simple note au fil du texte sur le champ sémique, in: L'idée de bonheur, S. 163–174.

739 Weber, Max, Wirtschaft und Gesellschaft. Grundriss der verstehenden Sozioloige, 5. Aufl. besorgt von Winckelmann, Johannes, Tübingen 1972, S. 141.

der Vergangenheit angelegt sind. Sie ist positioniert in dem Bereich zwischen der tradierten Normgeltung und dem Emporsteigen charismatischer Macht. Das Negationsverhältnis gegenüber bestehender etablierter Ordnung entstand aus einem Normen setzenden Neuanfang. Gesetze, so sehr sie auch Rigidität und Wiederholung der Anwendung verlangen, trugen zur Dynamisierung von Institutionen bei, wenn die Gesetze selbst Normen unterlagen. Wenn indes, wie Niklas Luhmann feststellt, die Gesetze die „Stabilisierung normativer Erwartungen" gewährleisten sollen, liegt ihr Wert in ihrer Beständigkeit begründet, die Veränderungen indes nicht stets de-legitimieren, sofern Verbesserung nicht die normative Stabilität schwächt.[740] Die dezidiert konservative Sichtweise von Luhmann erfasst aber nur unzureichend innovative Anstrengungen, um einen als ungenügend und mangelhaft bewerteten Zustand zu überwinden und dies mittels politischer Verfahren der Normeinsetzung.

Auf die mittelalterlichen Verhältnisse übertragen, war die Vorstellung, dass Veränderungen Verbesserungen nach sich ziehen, indes problematisch und wurde auch problematisiert, auch mittels des Arguments, dass, um die Funktionsfähigkeit der Gesetze zu erhalten, die beständige Zuversicht in ihre Dauer vorhanden sein muss. Dieses Argument, das Aegidius Romanus und Nicolas d'Oresme formulierten, zeigt gleichwohl das Heraustreten aus einer Legitimierung mittels der legitimierenden Geltung der Tradition, da diese nur noch als funktionales Instrument eingesetzt wird, nicht aber als unabwendbarer Bestand des Gültigen.

Verbesserungen im weltlichen Leben bedurften individueller Anstrengungen, nicht weniger aber auch politisch-kollektiver Unterstützungen. Beide beließen die religiöse Sinngebung intakt, aber unabhängig von ihr erweiterten sie das autonome, nicht religiös abgeleitete Streben nach Tugend, Glück und gutem Leben. Der Kontingenz des Irdischen war die Legitimität des aktivistischen Gestaltens gegenübergestellt; neben der Jenseitserwartung bestand der Anspruch auf praktische Verbesserung; nicht allein Erlösungshoffnung, sondern die Einsetzung von Gerechtigkeitsvorstellungen bestimmten das Leben. Statt der Berechtigung von Traditionen zu vertrauen, war deren Überwindung möglich geworden. Die Endlichkeit des irdischen Lebens sollte der humanen Gestaltung keine Fesseln anlegen. Das Wohl für die Menschen einzurichten, war einem weltlich immanenten Handeln anvertraut. Die Berechtigung hierzu war im Mittelalter umstritten und keineswegs alternativlos. Aber seit dem Beginn des 12. Jahrhunderts, mit der Entstehung einer Philosophie des Abwägens von Widersprüchen, wie sie Petrus Abelard begründet hatte, wurden Grundlagen gelegt, dass die Menschen vernunftgemäß und in selbstbestimmter Gestaltung in die Dinge der Welt eingriffen. Weil Gott die Welt rational geordnet hatte, sei dem Menschen aufgetragen, eine Ordnung einzurichten, die der göttlichen Schöpfung entsprach. Mit seinem Willen sei der Mensch befähigt, die

740 Luhmann, Niklas, Das Recht der Gesellschaft, Frankfurt a. M. 1995, S. 138.

Lebensgestaltung in eigenverantwortlicher Weise wahrzunehmen.[741] Im Mittelalter traten Auffassungen und Bestreben hervor, die menschliche Gestaltungsbefugnis begründeten, rechtfertigten und verlangten. Sie entwerteten bestehende Praktiken und verpflichtende Normsetzungen und setzten ihnen vernunftbegründete und zielgerichtete Neuerungen entgegen. Eines der Betätigungsfelder von Verbesserungsabsichten war die Gesetzgebung.

Das Unmittelbare, Praktische und Pragmatische kennzeichneten Handlungen einer Gesetzgebung, die religiöse Heilsanstrengungen nicht überflüssig machte, aber unterhalb von ihnen weitere Ziele hinzufügte. Aber indem das angestrebt wurde, was noch nicht vorhanden war, aber vorhanden sein sollte, entfachte die Vorstellung, mittels der Gesetze und der Gesetzgebung das Leben zur Vermehrung des Glücks zu führen, eine Transzendenz, die religiösen Vorstellungen nicht fern stand und zugleich eine Transzendenz-Erwartung irdischer Glückseligkeit weckte. Die Prophezeiungen von Joachim von Fiore und seiner Anhänger stellten Zukunft als Verheißung des Guten auf Erden dar und machten die Vorstellung akzeptabel, dass Institutionen veränderbar seien und sein müssten oder aufgehoben werden könnten. Solche chiliastischen Vorstellungen waren nicht nur einem Warten auf Gottes Eingreifen verhaftet, vor allem dann nicht, wenn Berechnungen über den Eintritt des Zeitalters der Steigerung menschlicher Fähigkeiten und Einsichten die Realisierung des künftigen guten Lebens verbürgte und eine aktivistische Gestaltungsbereitschaft motivierte.[742] Sowohl Warten als auch Vorbereitung waren geboten.

Die Intention der Lebensverbesserung trat andererseits aus einer religiösen Sinnstiftung heraus, gewann eine Legitimierung, die immanent weltliche Verbesserung rechtfertigte und legislatives Handeln anstieß. Seit der Wende zum 13. Jahrhundert vermittelten philosophische Konzepte, dass es möglich sei, auch ohne auf christliche Dogmen zu rekurrieren, Erkenntnisfortschritte zu leisten und Lebensverbesserungen zu erzielen. Die Vorstellung, Zukunft als Ankunft zu erwarten, die den Menschen bevorstehe, wurde im Mittelalter erweitert durch die Entfaltung des selbstständigen Bewirkens. Es war aber durchaus vereinbar mit einer Vorstellung, dass ein von Gott ergangener Auftrag erfüllt werde, in abgestuften Perfektionsschritten zu höheren Ebenen menschlicher Erkenntnisfähigkeit, friedlichen Einvernehmens und tugendgemäßer Glückseligkeit emporzusteigen. Der Auftrag verlangte die Einsetzung von Verfahren. Zu ihnen gehörten auch die Ersetzungen der älteren und unbrauchbaren durch neue und bessere Gesetze. Der zur Verbesserung führende Wandel war Ansporn und wurde zum Anspruch, der an Institutionen gestellt wurde. Die Gottesebenbildlichkeit der Menschen entfalte sich in dem Gott imitierenden Schöpfungshandeln, das das erreichbar erscheinen ließ, was – so wie die Resumés jedes Schöpfungstages es aussagten – berechtigterweise als gut bezeichnet wurde.

---

741 Fried, Johannes, Das Mittelalter. Geschichte und Kultur, München 2008, S. 225–227.

742 Id., Aufstieg.

Die Transzendenz menschlicher Erwartungen und Aktionen beschränkte sich nicht auf die religiöse Erlösung, sie reichte in die innerweltliche Zukunftsgestaltung. Die säkulare Transzendenz schöpfte aus der religiös verbürgten Erlösungshoffnung. Die christliche Religion heilt das Unerträgliche, das das Leben hervorbringt, und überwindet die Endlichkeit des Lebens. Das Christentum, das die antike Vorstellung eines zirkulären Geschichtsverlaufs zurückweist und eine gerichtete Geschichte, eine auf ein Ziel zulaufende Entwicklung vorstellt, gibt Anstöße, diese Gerichtetheit für die Gesamtheit menschlicher Handlungen anzuwenden. Ziele für die Menschen von der jenseitigen Erlösung auf die diesseitige Verbesserung zu verlagern, war ein Impuls, der im mittelalterlichen Christentum angelegt war. Das Verlangen nach Gerechtigkeit fand Erfüllung im Jenseits, setzte aber Vorbereitung voraus, die dem irdischen Leben Anstrengung abverlangte, indes auch schon Belohnungen im irdischen Leben einschloss, sofern das gute Handeln, das auch in der Schaffung guter Gesetze und in dem Gehorsam gegenüber den Gesetzen bestand, ein religiös begründetes Gebot war.[743]

Die optimistische Sichtweise, die Erlösung und gutes Leben als Erfüllung göttlicher Versprechen erwartete, verharrte einerseits in einem Zustand des Zutrauens und Zuwartens, aktivierte aber andererseits Anstrengungsbereitschaft und verlangte Vorbereitung, damit ein kommendes Reich des Friedens und der Gottesnähe einträte. Aber dass neue Normen das göttlich initiierte Heilsgeschehen herbeizuführen vermögen, lag abseits der Vorstellungen. Andererseits konnte eine Zuversicht in eine bessere Zukunft – und mitunter in chiliastischer Erwartung bereits im Diesseits – auch zur Schaffung neuer Einrichtungen und Normen anfachen und das von Gott angelegte Werk zur Wirklichkeit führen. Das Zutrauen in die Wirksamkeit menschlicher Aktivität stieß aber auf eine kräftige Ablehnung von legislativen Neuerungen. Sie war genährt von der Annahme, dass menschliches Glück in der Welt nicht verwirklicht werden könne. Der Nutzen, den neue Gesetze stiften sollten, war umstritten. Der Erwartung einer besseren Zukunft stand stets die Verklärung einer Vergangenheit gegenüber, die allein das Ideal barg, das in der jeweiligen Gegenwart nicht übertroffen werden konnte, aber wieder herzustellen den Menschen aufgetragen war. Dass dies auch durch politisches Handeln und legislative Neuerung möglich wäre, hat gleichwohl im Mittelalter Menschen zum Handeln motiviert. Konzepte gaben Begründungen zu dieser Zuversicht.

War die Absicht, mittels von Gesetzgebungen das Leben zu verbessern, aber nur eine Fassade, hinter der sich Machtinteressen verbargen? War die Verbesserung des Lebens nur eine ideologische Volte, um die Macht zu steigern? Wenn es ein Irrtum sein sollte, durch Beschluss und Entscheidung die Wirklichkeit in eine wünschenswerte Form zu bringen, dann war dieser Irrtum eine weitere im Sinne von Jan Huizinga schöne Illusion – schön deswegen, weil er dem Unbehagen gegenüber

743 Loewenstein, Fortschrittsglaube, S. 37, 52–54.

dem bestehenden bedrückenden Sein seine Alternativlosigkeit nahm und eine Aktionsbereitschaft entfachte, die mitunter selbst als Glück bringend erachtet wurde.

Aber die Traditionsbindung errichtete im Mittelalter stets ein starkes Hemmnis gegenüber Vorhaben zur Perfektionierung der politischen Angelegenheiten und der legislativen Regulierungen, sie begründete eine Vorstellung, dass das Ziel, das vergängliche Leben zu verbessern, eine Verirrung sei, die der gesetzten Ordnung ihre Legitimität beraube, sofern der Mensch nicht das akzeptiere, was er in der Vergangenheit selbst geschaffen habe, und in Hybris sich die Einsetzung von Neuem anmaße.[744] Der Anspruch, mittels von Gesetzen ein gutes Leben zu gestalten, implizierte die Freiheit, die über die der eigenen Lebensgestaltung hinausging und die Teilhabe an den öffentlichen Angelegenheiten bedeutete. Diese Art von Freiheit, die auch eine Gleichheit der Beteiligten, zumindest der als ‚Bürger' anerkannten Mitglieder einer Aktionsgemeinschaft voraussetzte, suchten Stadtgemeinden besonders in Italien zu verwirklichen, indem sie Statuten schufen und die Kombination von Freiheit und Gleichheit als Gerechtigkeit bezeichneten, wie dies in Florenz seit der zweiten Hälfte des 13. Jahrhunderts geschah.

Mit der Gestaltung der politischen Organisation sollte die Glückseligkeit der Bürger verwirklicht werden. Sie war eine *felicitas politica*, die zur Entfaltung der *virtutes politicae* führen sollte. Sie entfaltete sich im politischen Handeln und war für das Individuum erreichbar. Dieser Weltzugewandtheit des Agierens stand die Verachtung der Welt und die Verneinung von humaner Gestaltungskompetenz entgegen. Die Annahme von schlechten Lebensbedingungen und deren Akzeptanz waren in einem eigenen literarischen Genre ausgeformt, den Schriften des *contemptus mundi*, die starke Gegengewichte gegenüber Neuerungsbestrebungen formulierten. Die Handlungsbereitschaft, die ein politisches Glück voraussetzte und verlangte, traf auch auf Ablehnung, wenn dieses Glück als illusionär verworfen und es als Einfallstor für Zwang und Unterdrückung der Individuen erachtet wurde, denen allein im familiären Schutzraum ein gutes Leben beschieden sei, so wie dies Johanns Duns Scotus annahm.

Indes, so weit verbreitet und wirksam die Traditionsbindung und die Legitimität, die die Tradition spendete, und die Ablehnung von Aktivitätsgewinnen durch politisches Handeln im Mittelalter auch gewesen waren, so wenig fehlte es an einer Legitimität, die auf der legislativen Herstellung von Nützlichkeit beruhte. Nutzen wurde geschaffen durch Fertigkeiten und Tätigkeiten. Wenn die *artes* auf ‚technische' Kompetenzen und Handlungen ausgeweitet wurden, so wie dies der Pariser Stiftsgeistliche Hugo von Saint-Victor zur Anfang des 12. Jahrhunderts in seiner Schrift Didascalion ausführte, war lebenspraktische und lebensverbessernde Handlung berechtigt. Zu den Techniken, also interventionistischen Handlungen,

---

744 Miethke, Jürgen, Kirchenstruktur und Staatstheorien im Zeitalter der Scholastik, in: Ordungskonfigurationen im hohen Mittelalter, hg. v. Schneidmüller, Bernd u. Weinfurter, Stefan (Vorträge und Forschungen 64), Ostfildern 2006, S. 127–151.

gehörten auch die sozial und politisch gestaltenden und damit zur Schaffung und Anwendung von Gesetzen eingesetzten Verfahren. Herrscher und Richter waren in die Gruppen derjenigen eingeordnet, die Fertigkeiten anwandten.[745]

Die Verbesserungsintention der Gesetzgebung war gerechtfertigt, wenn das Streben nach dem Glück akzeptiert, ja als Bestimmung des Mensch-Seins angesehen wurde, in Anknüpfung an die Philosophie von Aristoteles. Zunächst galt das Glück als das des denkenden Menschen. Insofern dieser aber auf die Leistungen und Errungenschaften anderer Menschen, auch der Vergangenheit, angewiesen war, so wie es Dante Alighieri konzipierte, war das Glück des Einzelnen nicht ohne das der großen Menge möglich. Das Glück war sozial ausgedehnt und war ein öffentliches Glück, *felicitas publica*. Es war bei Dante keine Minderform des Glücks. Die definitorische Unbestimmtheit des Begriffes von Glück und von allgemeinem Wohl beließ viel Raum für Entscheidungen, genauso aber auch für deklamatorische Inanspruchnahmen.

Niccolo Macchiavelli hat am Ende es Mittelalters die idealisierte Glücksrhetorik als verlogen kritisiert und zugleich den Mächtigen als Mittel der Beherrschung empfohlen. Er hat damit den Gegensatz von Idealisierung und Realisierung aufgehoben, diese in eine Beziehung nützlicher Anwendung gebracht. Er und sein Briefpartner, der Geschichtsschreiber Francesco Guicciardini, verneinten, dass es einen vernünftigen Gang der Geschichte gäbe. Sie behaupteten, dass die Menschen den unbeständigen Wogen von Krisen und Gelegenheiten (*opportunità*) ausgesetzt seien, schlossen Fortschritte in der sozialen Organisation, gar in der Herstellung eines besseren Lebens aus.[746]

Aber im Umkehrschluss lässt sich aus der Sichtweise beider Autoren nachweisen, dass es im Mittelalter Auffassungen gab, die Verbesserungsbestrebungen zur Herstellung von Glück und Wohl rechtfertigten, welche mit großer Emphase das ‚gute Leben' als Ziel politischen Agierens einschließlich der Gesetzgebung ausgaben. Gegen den Verdacht, dass das gute Alte durch das Neue verschlungen werde, stand die Zuversicht, mit dem Neuen ein Besseres zu errichten. Mehr als Tradition, mehr als Abwehr gegen Verschlimmerungen, mehr als Texterstellung, mehr als Reparatur von Missständen gab es. Es bestanden im Mittelalter Vorstellungen, dass Menschen auch mittels der Gesetze das Leben verbessern können und sollen. Die Idealisierung war nicht mehr nur in der Vergangenheit angesiedelt, sondern war auch in der Zukunft zu erwarten, zu suchen und zu verwirklichen. Es waren Programmatiken vorzustellen, nicht Zustände zu beschreiben. Der Erwartung war

745 Hugo von Saint-Victor, Didascalicon, hg. v. Buttimer, Charles H. (Studies in Medieval and Renaissance Latin Language and Literature 10), Washington, D.C. 1939.

746 Niccolò Machiavelli, Il principe, hg. v. Martelli, Mario, Paris 2008; Gilbert, Felix, Machiavelli and Guicciardini: Politics and History in Sixteenth-Century Florence, Princeton 1965; Hoeges, Dirk, Niccolò Machiavelli. Die Macht und der Schein, München 2000; Reinhardt, Volker, Francesco Guicciardini (1483–1540). Die Entdeckung des Widerspruchs, Göttingen 2004; id., Machiavelli oder die Kunst der Macht. Eine Biographie, München 2012.

dem Risiko ausgesetzt, Illusionen zu verfallen. Hybris lauerte. Die Kontingenz des Irdischen sollte gleichwohl nicht davon abhalten, das Irdische zu gestalten, es zu erhöhter Bedeutung zu erheben und Glückseligkeit in der Welt anzustreben. Dies war nicht gleichbedeutend mit Verweltlichung, bestanden und bestehen doch in den christlichen Texten und Auffassungen starke Wertschätzungen zur Individualität des Glücksstrebens, das in einer kollektiven Vermischung unkenntlich würde. Die Offenheit von Zielen und Resultaten, die nicht durch Offenbarung verbürgt waren, erweiterte die Freiheit. Ein divergentes Geflecht von Konzeptionen und Praktiken durchzog die mittelalterliche Epoche, in der Innovationsbereitschaft und Verbesserungsabsichten nicht unterschätzt werden sollten. Sie bestanden neben Hinnahme der göttlichen Gnade, neben der Traditionsbindung. Eine autonome Weltaneignung suchte und fand ihr Betätigungsfeld auch in der Gestaltung der Gesetze, denen ein Ziel eingewoben sein sollte, das der Verbesserung des Lebens.

Die Gestaltung des Lebens durch Gesetze stand im Gegensatz zu dem Leben ohne Gesetze, das der antik-römische Dichter Ovid in seinen ‚Metamorphosen' als ein unwiederbringlich vergangenes Ideal gepriesen hatte, das während des ‚Goldenen Zeitalters' bestanden habe.[747] Die Zukunft mittels der Gesetze zu gestalten, trat hingegen aus einer elegischen und vergeblichen Sehnsucht heraus, beruhte auch nicht auf einer eschatologischen und chiliastischen Erlösungshoffnung, deren Erfüllung von Gott vorbestimmt und maximal und nicht mehr steigerungsfähig wäre. Die Praxis, das Leben zu verbessern und dies auch durch rechtliche Normen, war akzeptiert und begründete Ansprüche. Nicht erst die Neuzeit hat die „Zukunft entdeckt", wie es apodiktisch Lucian Hölscher behauptet, womit er nicht in Abrede stellt, dass jedes menschliche Handeln auf Ziele und damit auf Zukünftiges gerichtet sei. Indessen hätten erst in Europa seit der Neuzeit Menschen die Vorstellung und den Ehrgeiz entwickelt, Vergangenheit überwinden zu können – und dies umfassend und gesamtgesellschaftlich ausgreifend. Aber auch im Mittelalter gab es die Vorstellung, wie Peter Burke zeigte, dass in Vergangenheit und Zukunft eine Kette praktischer Verbesserung des Lebens geknüpft werden konnte.[748] Dass dazu auch Gesetze beitragen sollten, ist das Ergebnis dieses Buches. Die Zukunft barg Aufforderung zu Anstrengung und eröffnete Hoffnung auf Glück. Aber die Zukunft stand und steht außerhalb der Geschichte, denn die Geschichte ist eine Abfolge von letzten Augenblicken.

---

747 Ovid, Metamorphoses, www.latein-pagina.de, I, 89.

748 Hölscher, Lucian, Die Entdeckung der Zukunft, Frankfurt a. M. 1999, S. 38f.; Burke, Peter, The History of the Future, 1350–2000, in: The Uses of Future, hg. v. Brady, Andrea u. Butterworth, Emily, London 2009, S. ix-xx.

IX. Verzeichnis der Quellen und Literatur

Abkürzungen gemäß dem Lexikon des Mittelalters.

IX.1 Quellen

Accursius, Glossa in Digestum Vetus (Corpus glossatorum iuris civilis 8), Torino 1969.

Adémar de Chabannes, Chronique, hg. v. Chavanon, Jules (Collection de textes pour servir à l'étude et à l'enseignement de l'histoire 20), Paris 1897.

Aegidius Romanus, De regimine principum. Über die Fürstenherrschaft (ca. 1277-1279), hg. v. Hartmann, Volker, Heidelberg 2019.

Alanus ab Insulis, Anticlaudianus, hg. v. Sannelli, Massimo, Trient 2004.

Albertus Magnus, Ethicorum libri decem, hg. v. Borgnet, Auguste (Opera omnia 7), Paris 1891.

–, Politicorum libri VIII, hg. v. Borgnet, Auguste (Opera omnia 8), Paris 1891.

–, Super ethica, hg. v. Borgnet, Auguste (Opera omnia 14,1), Köln 1968.

Annales Laureshamenses, in: Annales et chronica aevi Carolini, hg. v. Pertz, Georg Heinrich (MGH SS 1), Hannover 1826, S. 22–39.

Aristoteles, Nikomachische Ethik, hg. v. Rapp, Christof u. Frede, Dorothea, Berlin/Boston 2020.

–, Politik, hg. v. Flashar, Helmut, Berlin 1991.

–, Politik, Buch 2, hg. v. Schütrumpf, Eckart, Darmstadt 1991.

–, Politik, Buch 4, hg. v. Schütrumpf, Eckart, Darmstadt 1996.

–, Rhetorik, hg. v. Rapp, Christof (Werke 4), Darmstadt 2002.

Aurelius Augustinus, De baptismo contra Donatistas, hg. v. Petschenig, Michael (CSEL 51), Turnhout 1908.

–, De civitate Dei, hg. v. Dombart, Bernardus u. Kalb, Alphonsus, 2 Bde. (CCSL 47 u. 48), Turnhout 1955.

–, Contra Iulianum opus imperfectum, hg. v. Zelzer, Michaela (CSEL 85/1), Wien 1974.

–, Epistulae, Bd. 1 u. 2, hg. Goldbacher, Alois (CSEL 34, 1–2), Prag/Wien/Leipzig 1898, 1904.

–, Epistulae, hg. v. Goldbacher, Alois (CSEL 57), Wien 1911.

Azo, Summa super codicem, hg. v. Varios, Mario (Corpus glossatorum iuris civilis 2), Ndr., Torino 1958.

Benedicti regula, hg. v. Hanslik, Rudolf (CSEL 75), Wien 1960.

Bonaventura da Bagnoregio, De perfectione evangelica, in: Opera omnia, 10 Bde., Quaracchi 1882–1902.

Capitularia regum Francorum, hg. v. Boretius, Alfred (MGH Cap 1), Hannover 1883.

Cicero, De legibus, hg. v. Nickel, Rainer, Darmstadt 1994.

–, De re publica, lateinisch-deutsch, hg. v. Nickel, Rainer (Sammlung Tusculum), Berlin 2012.

Codex Theodosianus, hg. v. Mommsen, Theodor, Ndr., Dublin/Zürich 1971.

Constitutiones concilii quarti Lateranensis una cum commentariis glossatorum, hg. v. García y García, Antonio (Monumenta iuris canonici. Series A: Corpus glossatorum, Bd. 2), Città del Vaticano 1981.

Corpus iuris canonici, hg. v. Friedberg, Emil, 2 Bde., Leipzig 1879.

Corpus iuris civilis, hg. v. Krüger, Paul, 3 Bde., Berlin 1892–1895.

Corpus iuris civilis: Institutionen, hg. v. Behrends, Okko et alii, 2. verbesserte Aufl., Heidelberg 1997.

Dante Alighieri, Monarchia, in: Le opere minori, Bd. 2, hg. v. Vincenzo Mengaldo, Pier u. Nardi, Bruno, Milano/Napoli 1979, S. 241–503.

Decretum Gratiani, siehe Corpus iuris canonici.

Dekrete der ökumenischen Konzilien, hg. v. Alberigo, Giuseppe u. Wohlmut, Josef, Turnhout 1998.

Eike von Repgow, Sachsenspiegel, hg. v. Eckhardt, Karl August, 2 Teile (MGH Fontes 1), 2., neubearb. Ausg., Göttingen 1955.

Die Gesetze der Angelsachsen, hg. v. Liebermann, Felix, Bd. I, 3, Halle a. d. Saale 1903.

Giordano da Pisa, Quaresimale fiorentino 1305–06, hg. v. Delcorno, Carlo, Firenze 1974.

Die Goldene Bulle Kaiser Karls IV. 1356, hg. v. Fritz, Wolfgang (MGH Fontes iur 11), Weimar 1972.

Gregorii VII Registrum, hg. v. Caspar, Erich (MGH Epp. Sel. 2), Berlin 1955.

Die Handfeste von Freiburg im Üchtland, hg. v. Ladner, Pascal, in: Die Freiburger Handfeste von 1249. Edition und Beiträge zum gleichnamigen Kolloquium 1999, hg. v. Foerster, Hubert u. Dessonnaz, Jean-Daniel (Scrinium Friburgense 16), Freiburg (Schweiz) 2003, S. 11–247.

Henrici de Bracton, De legibus et consuetudinibus Angliae, libri Quinque, hg. v. Twiss, Travers (RerBrit 70), I, London 1878.

Isidor von Sevilla, Etymologiae, hg. v. Lindsay, Wallace M., Oxford 1911.
Ivo von Chartres, Decretum, in: PL 161, Paris 1855, Sp. 9–1036.
Jean de Joinville, Vie de Saint Louis, hg. v. Monfrin, Jacques, Paris 1995.
Johannes Duns Scotus, Ordinatio, liber quartus, hg. v. Rodriguez Carballo, Joseph (Opera omnia 13), Città del Vaticano 2011.
Johannes Quidort de Paris, De Antichristo et de fine mundi, hg. v. Gerwing, Manfred, Regensburg 2011.
Johannes von Salisbury, Metalogicon, hg. v. Hall, John B. u. Keats-Rohan, Katharine S. B. (CCCM 98), Turnhout 2013.
—, Policratici sive de nugis curialium et vestigiis philosophorum libri VIII, hg. v. Webb, Clemens C. I., 2 Bde., Oxford 1909.
—, Policraticus, hg. v. Keats-Rohan, Katharine S. B. (CCCM 118), Turnhout 1993.
John of Ibelin, Le livre des Assises, hg. v. Edbury, Peter W. (The Medieval Mediterranean Peoples, Economies and Cultures, 400–1500 50), Leiden/Boston 2003.
Die Konstitutionen Friedrichs II. für das Königreich Sizilien, hg. v. Stürner, Wolfgang (MGH Const. Suppl. 2), Hannover 1996.
Leges Visigothorum, hg. v. Zeumer, Karl (MGH LNG 1), Hannover 1902.
Marsilius von Padua, Defensor pacis, hg. v. Scholz, Richard (MGH. Fontes iuris in usum scholarum 7), Hannover 1933.
Matthaeus ab Acquasparta, Quaestiones de legibus, in: id., Quaestiones disputatae, hg. v. Pina, C. (Bibliotheca Franciscana Scholastica Medii Aevi 18), Quaracchi 1959, S. 429–571.
MGH Const. 1, hg, v. Weiland, Ludwig, Hannover 1893.
MGH Const. 2, hg. v. Weiland, Ludwig, Hannover 1896.
MGH Const. 5, hg. v. Schwalm, Jacob, Hannover 1909–1913.
MGH Const. 10, hg. v. Kühn, Margarete, Weimar 1979–1991.
MGH DD Friedrich I., Bd. 1, hg. v. Appelt, Heinrich, Hannover 1975.
MGH DD Friedrich II., T. 1, hg. v. Koch, Walter, Hannover 2002.
MGH DD Heinrich I., hg. v. Sickel, Theodor, Hannover 1879–1884.
MGH DD Otto I., hg. v. Sickel, Theodor, Hannover 1890–1894.
Ordonnances des roys de France de la troisième race, Bd. 1, Paris 1723.
Otto von Freising, Chronica sive historia de duabus civitatibus, hg. v. Lammers, Walther, übers. v. Schmidt, Adolf (Ausgewählte Quellen zur deutschen Geschichte des Mittelalters 16), Darmstadt 1960.
Otto von Freising und Rahewin, Gesta Friderici imperatoris, hg. v. Waitz, Georg u. von Simson, Bernhard (MGH SRG 46), Hannover/Leipzig 1912.

Pierre de Belleperche, Quaestiones et decisiones aureae, singulares et penitus divinae, Basel 1607.

Pierre Dubois, De recuperatione Terrae Sanctae, hg. v. Forcadet, Pierre-Anne et alii (Bibliothèque Scholastique. Textes), Paris 2019.

Platon, Gesetze, übersetzt v. Apelt, Otto, Bd. 1, Leipzig 1916.

—, Der Staat, griechisch-deutsch, hg. v. Kurz, Dietrich (Platon, Werke 4), Darmstadt 1971.

Quellen zur Geschichte der Stadt Worms, hg. v. Boos, Heinrich, Bd. 1, Berlin 1886.

Regestum Innocentii III papae super negotio Romani imperii, hg. v. Kempf, Friedrich, Roma 1947.

Roger Bacon, Opus tertium, hg. v. Brewer, John S. (RerBritSS 1), London 1859.

Las Siete Partidas, hg. v. Real Academia de la Historia, 3 Bde., Madrid 1807.

Les statuts synodaux français du XIIIe siècle, hg. v. Pontal, Odette, 2 Bde. (Collection de documents inédits sur l'histoire de France, série in-8°, Bd. 9 u. 15), Paris 1971, 1983.

Thomas von Aquin, De regno ad regem Cypri, hg. v. Dondaine, Hyacinthe Françoise (Opera omnia 42), Roma 1979.

—, Summa theologiae (Opera omnia 4–12), Roma 1889–1906, 1958, 1962.

Vincenz von Beauvais, Speculum historiale, Venedig 1591.

Vincenz von Lérins, Commonitorium mit einer Studie zu Werk und Rezeption, hg. v. Fiedrowicz, Michael, Mülheim (Mosel) 2011.

Wilhelm von Auvergne, Tractatus de fide et legibus (Opera omnia 1), Paris 1674, Ndr., Frankfurt a. M. 1963.

Wilhelm von Ockham, Dialogus inter magistrum et discipulum, in: Goldast, Melchior, Monarchia S. Romani Imperii, Bd. 2, Frankfurt 1614, Ndr. Graz 1960, S. 394–976.

IX.2 Literatur

Althoff, Gerd, Spielregeln der Politik im Mittelalter. Kommunikation in Frieden und Fehde, Darmstadt 1996.

Amarelli, Francesco, *Vetustas – Innovatio*. Un'antitesi apparente nella legislazione di Costantino, Napoli 1978.

Angenendt, Arnold, Geschichte der Religiosität im Mittelalter, Darmstadt 1997.

Antiqui und moderni. Traditionsbewußtsein und Fortschrittsbewußtsein im späten Mittelalter, hg. v. Zimmermann, Albert (Miscellanea Mediaevalia 9), Berlin/New York 1974.

Autour des Assises de Jérusalem, hg. v. Devard, Jérôme u. Ribémont, Bernard, Paris 2018.

Berman, Harold J., Recht und Revolution. Die Bildung der westlichen Rechtstradition, Frankfurt a. M. 1991.

Broekmann, Theo, *Rigor iustitiae*. Herrschaft, Recht und Terror im normanisch-staufischen Sizilien (1050–1250) (Symbolische Kommunikation in der Vormoderne. Studien zur Geschichte, Literatur und Kunst), Darmstadt 2005.

Buc, Philippe, Pouvoir royal et commentaires de la Bible (1150–1350), in: Annales E.S.C. 44/3 (1989), S. 691–713.

Celano, Anthony J., The *finis hominis* in the 13th-Century Commentaries on Aristotle's Nichomacheam Ethics, in: Archives d'histoire doctrinale et littéraire du Moyen Âge 53 (1986), S. 23–53.

–, Peter of Auvergne's Questions on Books I and II of the Ethica Nicomachea. A Study and Critical Edition, in: Medieval Studies 48 (1986), S. 1–110.

Coing, Helmut, Handbuch der Quellen und Literatur der neueren europäischen Privatrechtsgeschichte, Bd. 1: Mittelalter (1100–1500). Die gelehrten Rechte und die Gesetzgebung, München 1973.

Colendo iustitiam et iura condendo. Federico II legislatore del Regno di Sicilia nell Europa del Duecento. Atti del convegno internazionale di studi organizzato dall'Università degli studi di Messina, Istituto di storia del diritto e delle istituzioni, Reggio di Calabria 20–24 gennaio 1995, hg. v. Romano, Andrea, Roma 1997.

Constable, Giles, „Love and do what you will". The Medieval History of an Augustinian Precept, Kalamazoo 1999.

Cortese, Ennio, La norma giuridica. Spunti teorici nel diritto comune classico, Bd. 2 (Ius nostrum 6,2), Milano 1964.

The Creation of the ius commune. From Casus to Regula, hg. v. Cairns, John W. u. Du Plessis, Paul J., Edinburgh 2010.

De bono communi. The Discourse and Practice of the Common Good in the European City (13th–16th Centuries), hg. v. Van Bruaene, Anne-Laure, Turnhout 2010.

Diesner, Hans-Joachim, Isidor von Sevilla und das westgotische Spanien, Berlin 1977.

Dilcher, Gerhard, Gesetzgebung als Rechtserneuerung. Eine Studie zum Selbstverständnis der frühmittelalterlichen Leges, in: Rechtsgeschichte als Kulturgeschichte. Festschrift für Adalbert Erler zum 70. Geburtstag, hg. v. Becker, Hans-Jürgen et alii, Aalen 1976, S. 13–35.

–, Die stadtbürgerliche Gesellschaft und die Verrechtlichung der Lebensbeziehungen im Wandlungsprozess zwischen Mittelalter und Neuzeit, in: Recht und Verfassung im Übergang vom Mittelalter zur Neuzeit, 1. Teil. Bericht über Kolloquien der Kommission zur Erforschung der Kultur des Spätmittelalters 1994 bis 1995, hg. v. Boockmann, Hartmut et alii (Abhandlungen der Akademie der

Wissenschaften in Göttingen, Philolog.-hist. Kl., dritte Folge 228), Göttingen 1998, S. 93–114.

Dilcher, Gerhard, Normen zwischen Oralität und Schriftkultur. Studien zum mittelalterlichen Rechtsbegriff und zum langobardischen Recht, Köln et alii 2008.

Dilcher, Hermann, Die sizilische Gesetzgebung Friedrichs II. eine Synthese von Tradition und Erneuerung, in: Probleme um Friedrich II., hg. v. Fleckenstein, Josef, Sigmaringen 1974, S. 23–42.

Dohrn-van Rossum, Gerhard, Novitas – Inventores. Die ‚Erfindung der Erfinder' im Spätmittelalter, in: Tradition, Innovation, Invention. Fortschrittsverweigerung und Fortschrittsbewusstsein im Mittelalter, hg. v. Schmidt, Hans-Joachim (Scrinium Friburgense 18), Berlin/New York 2005, S. 27–49.

Dupré, Louis, Passage to Modernity: An Essay on the Hermeneutics of Nature and Culture, New Haven/London 1993.

Ebel, Wilhelm Geschichte der Gesetzgebung in Deutschland (Göttingen Rechtswissenschaftliche Studien 24), Göttingen 1988.

Epp, Verena, Gesetzgebung und Integration in der Zeit der sogenannten Völkerwanderung. Zu den ‚leges' der Burgunder und Franken, Langobarden und Westgoten, in: Migration als soziale Herausforderung, hg. v. Bahlcke, Joachim et alii, Stuttgart 2011, S. 77–100.

Les Établissements de Saint Louis, hg. v. Viollet, Paul, Paris 1881.

Fieback, Andreas, *Necessitas non est legi subiecta, maxime positivae*. Über den Zusammenhang von Rechtswandel und Schriftgebrauch bei Humbert de Romanis, in: *De ordine vitae*. Zu Normvorstellungen, Organisationsformen und Schriftgebrauch im mittelalterlichen Ordenswesen, hg. v. Melville, Gert (Vita Regularis 1), Münster i. W. 1996, S. 125–151.

Flüeler, Christoph, Rezeption und Interpretation der Aristotelischen ‚Politica' im 13. und 14. Jahrhundert, Teil 1 (Bochumer Studien zur Philosophie 19,1), Amsterdam/Philadelphia 1992.

Fransen, Gérard, Les décrétales et les collections de décrétales (Typologie des sources du Moyen Âge occidental 2), Turnhout 1972.

Fried, Johannes, Aufstieg aus dem Untergang. Apokalyptisches Denken und die Entstehung der modernen Naturwissenschaft im Mittelalter, München 2001.

Gagnér, Sten, Studien zur Ideengeschichte der Gesetzgebung, Stockholm et alii 1960.

Gerwing, Manfred, Vom Ende der Zeit. Der Traktat des Arnald von Villanova über die Ankunft des Antichrist in der akademischen Auseinandersetzung zu Beginn des 14. Jahrhunderts (Beiträge zur Geschichte der Philosophie und Theologie des Mittelalters NF 45), Münster i. W. 1996.

Das Gesetz – The Law – La Loi, hg. v. Speer, Andreas u. Guldentops, Guy (Miscellanea Mediaevalia 38), Berlin 2014.

Gewalt und ihre Legitimation im Mittelalter, hg. v. Mensching, Günther (Contradictio 1), Würzburg 2003.

Hageneder, Othmar, Anmerkungen zur Dekretale ‚Per venerabilem' Innocenz' III. (X 4. 17. 13), in: Studien zur Geschichte des Mittelalters. Jürgen Petersohn zum 65. Geburtstag, hg. v. Thumser, Matthias et alii, Stuttgart 2000, S. 159–173.

Haug, Walter, Die Zwerge auf den Schultern der Riesen – Epochales und typologisches Geschichtsdenken und das Problem der Interferenzen, in: Epochenschwelle und Epochenbewußtsein, hg. v. Herzog, Reinhart u. Koselleck, Reinhart, München 1987, S. 167–194.

Haverkamp, Alfred, Herrschaftsformen der Frühstaufer in Reichsitalien (Monographien zur Geschichte des Mittelalters 1), 2 Teile, Stuttgart 1971.

Herbers, Klaus, Geschichtsverlauf, Eschatologie und Transzendenz in der lateinischen Christenheit des Mittelalters, in: Zukunft im Mittelalter. Zeitkonzepte und Planungsstrategien, hg. v. Oschema, Klaus u. Schneidmüller, Bernd (Vorträge und Forschungen 90), Ostfildern 2021, S. 87–103.

‚Herbst des Mittelalters'. Fragen zur Bewertung des 14. und 15. Jahrhunderts, hg. v. Aertsen, Jan A. u. Pickavé, Martin (Miscellanea Mediaevalia. Veröffentlichungen des Thomas-Instituts der Universität zu Köln 31), Berlin/New York 2004.

The History of Medieval Canon Law in the Classical Period, 1140–1234: from Gratian to the decretals of Pope Gregory IX, hg. v. Hartmann, Wilfried u. Pennington, Kenneth, Washington, D.C. 2008.

Höffe, Otfried, Politische Gerechtigkeit. Grundlegung einer kritischen Philosophie von Recht und Staat, 2. erw. Aufl., Frankfurt a. M. 1967.

Homann, Eckhard, Totum posse, quod est in ecclesia, reservatur in summo pontifice. Studien zur politischen Theorie bei Aegidius Romanus, Würzburg 2004.

L'idée de bonheur au Moyen Âge, hg. v. Buschinger, Danielle, Göppingen 1990.

Imbach, Ruedi, Laien in der Philosophie des Mittelalters, Amsterdam 1989.

Innovationen durch Deuten und Gestalten. Klöster im Mittelalter zwischen Jenseits und Welt, hg. v. Melville, Gert et alii (Klöster als Innovationslabore 1), Regensburg 2014

Kampers, Gerd, Isidor von Sevilla und das Königtum, in: Antiquité tardive 23 (2015): Isidor de Séville et son temps, S. 123–132.

Klinkenberg, Hans Martin, Die Theorie der Veränderbarkeit des Rechtes im frühen und hohen Mittelalter, in: Lex und Sacramentum im Mittelalter, hg. v. Wilpert, Paul (Miscellanea Mediaevalia 6), Berlin 1969, S. 157–188.

Kortüm, Hans-Henning, *Necessitas temporis*. Zur historischen Bedingtheit des Rechtes im früheren Mittelalter, in: Zeitschrift der Savigny-Stiftung für Rechtsgeschichte. Kanonistische Abteilung 79 (1993), S. 34–55.

Krause, Hermann, Dauer und Vergänglichkeit im mittelalterlichen Recht, in: Zeitschrift der Savigny-Stiftung für Rechtsgeschichte: Germanistische Abteilung 75 (1958), S. 206–251.

Kroppenberg, Inge, Der gescheiterte Codex. Überlegungen zur Kodifikationsgeschichte des ‚Codex Theodosianus', in: Rechtgeschichte. Zeitschrift des Max-Planck-Instituts für europäische Rechtsgeschichte 10 (2007), S. 112–126.

Lambertini, Roberto, Peter of Auvergne, Giles of Rome and Aristotle's ‚Politica', in: Peter of Auvergne. University Master of the 13th Century, hg. v. Flüeler, Christoph, Lanza, Lidia u. Toste, Marco (Scrinium Friburgense 26), Berlin et alii 2015, S. 51–69.

Landau, Peter, Über die Wiederentdeckung der Gesetzgebung im 12. Jahrhundert, in: Von der Ordnung zur Norm. Statuten in Mittelalter und Früher Neuzeit, hg. v. Drossbach, Gisela, Paderborn et alii 2010, S. 13–15.

Lange, Hermann, Römisches Recht im Mittelalter, Bd. 1: Die Glossatoren, München 1997.

Lange, Hermann u. Kriechbaum, Maximiliane, Römisches Recht im Mittelalter, Bd. 2: Die Kommentatoren, München 2007.

Leppin, Hartmut, Die Gesetzgebung Iustinians – der Kaiser und sein Recht, in: Erinnerungsorte der Antike. Die römische Welt, hg. v. Stein-Hölkeskamp, Elke u. Hölkeskamp, Karl-Joachim, München 2006, S. 457–467.

Lex et Sacramentum im Mittelalter, hg. v. Paul Wilpert (Miscellanea Mediaevalia 6), Berlin 1969.

Leyser, Karl J., Rule and Conflict in an Early Medieval Society. Ottonian Saxony, Oxford 1979.

Loewenstein, Bedrich, Der Fortschrittsglaube. Europäisches Geschichtsdenken zwischen Utopie und Ideologie, 2. verb. Aufl., Darmstadt 2015.

Loewer, Barry, Laws and Natural Properties, in: Philosophical Topics 35 (2007), S. 313–328.

Mandrella, Isabelle, Die Autarkie des mittelalterlichen Naturrechts als Vernunftrecht: Gregor von Rimini und das *etiamsi Deus non daretur*-Argument, in: „Herbst des Mittelalters"? Fragen zur Bewertung des 14. und 15. Jahrhunderts, hg. v. Jan A. Aertsen et alii, Berlin 2004, S. 265–276.

Markl, Dominik, Der Dekalog als Verfassung des Gottesvolkes. Die Brennpunkte einer Rechtshermeneutik des Pentateuch in Exodus 19–24 und Deuteronomium 5 (Herders Biblische Studien 49), Freiburg i. Br. 2007.

Melville, Gert, Innovation aus Verantwortung. Kloster und Welt im Mittelalter, in: Innovationen durch Deuten und Gestalten. Klöster im Mittelalter zwischen Jenseits und Welt, hg. v. id., Schneidmüller, Bernd u. Weinfurter, Stefan (Klöster als Innovatationslabore. Studien und Texte 1), Regensburg 2014, S. 337–354.

—, Die Welt der mittelalterlichen Klöster. Geschichte und Lebensformen, München 2012.

Miethke, Jürgen, *De potestate papae*. Die päpstliche Amtskompetenz im Widerstreit der politischen Theorie von Thomas von Aquin bis Wilhelm von Ockham, Tübingen 2000.

—, Herrscherliche Gewalt und gewaltsamer Widerstand in der politischen Theorie Wilhelms von Ockham, in: Gewalt und ihre Legitimation im Mittelalter. Symposium des philosophischen Seminars der Universität Hannover, 26.–28. Februar 2002, hg. v. Mensching, Günther, Würzburg 2003, S. 266–285.

—, Politiktheorie im Mittelalter. Von Thomas von Aquin bis Wilhelm von Ockham, Tübingen 2008.

Miethke, Jürgen u. Schreiner, Klaus, Innenansichten einer sich wandelnden Gesellschaft. Vorbemerkungen zur Fragestellung und zu Ergebnissen von zwei Tagungen über die Wahrnehmung sozialen Wandels im Mittelalter, in: Sozialer Wandel im Mittelalter. Wahrnehmungsformen, Erklärungsmuster, Regelungsmechanismen, hg. v. id., Sigmaringen 1994, S. 9–28.

Möhle, Hannes, Ethik als *Scientia practica* nach Johannes Duns Scotus. Eine philosophische Grundlegung, Münster i. W. 1995.

Müller, Stephan, ‚Schwabenspiegel' und ‚Prosakaiserchronik'. Textuelle Aspekte einer Überlieferungssymbiose am Beispiel der Geschichte Karls des Großen (mit einem Anhang zur Überlieferung der Prosakaiserchronik), in: Text und Text in lateinischer und volkssprachiger Überlieferung des Mittelalters, hg. v. Lutz, Eckart Conrad et alii (Wolfram-Studien 19), Berlin 2006, S. 233–252.

Oppitz, Ulrich-Dieter, Deutsche Rechtsbücher des Mittelalters, Köln et alii 1990.

Les origines de l'État moderne en Europe. Justice et législation, hg. v. Padoa Schioppa, Antonio, Paris 2000.

Otto, Eckart, Deuteronomium. Politische Theologie und Rechtsform in Juda und Assyrien (Beihefte zur Zeitschrift für die alttestamentliche Wissenschaft 284), Berlin/New York 1999.

Pennington, Kenneth, Lex and ius in the Twelth and Thirteenth Centuries, in: Lex und Ius. Beiträge zur Begründung des Rechts in der Philosophie des Mittelalters und der Frühen Neuzeit, hg. v. Fidora, Alexander et alii, Stuttgart 2010, S. 27–88.

—, Pope Innocent's III Views on Church and State, in: Law, Church and Society. Essays in Honor of Stephan Kuttner, hg. v. id. u. Somerville, Robert, Philadelphia 1977, S. 49–67.

Pennington, Kenneth, The Prince and the Law, 1200–1600. Sovereignty and Rights in the Western Legal Tradition, Berkeley 1993.

–, Roman Law, 12th-Century Law and Legislation, in: Von der Ordnung zur Norm. Statuten in Mittelalter und Früher Neuzeit, hg. v. Drossbach, Gisela, Paderborn et alii 2009, S. 17–40.

Perret, Noëlle-Laetitia, Les traductions françaises du ‚De regimine principum' de Gilles de Rome. Parcours matériel, culturel et intellectuel d'un discours sur l'éducation (Education and Society in the Middle Ages and Renaissance 39), Leiden/Boston 2011.

Recht, Geschichte, Geschichtsschreibung. Rechts- und Verfassungsgeschichte im deutsch-italienischen Diskurs, hg. v. Lepsius, Susanne et alii, Berlin 2014.

Reeves, Marjorie, The Influence of Prophecy in the Later Middle Ages. A Study in Joachimism, Oxford 1969.

Röthlisberger, Hugo, Kirche am Sinai. Die Zehn Gebote der christlichen Unterweisung, Zürich 1965.

Rusconi, Roberto, Profezia e profeti alla fine del Medioevo (Centro internazionale di studi gioachimiti. Testi e strumenti 9), Roma 1999.

Schieffer, Rudolf, The „Papal Revolution in Law?". Rückfragen an Harold Berman, in: Bulletin of Medieval Canon Law NS 22 (1998), S. 19–30.

–, Rechtstexte des Reformpapsttums und ihre zeitgenössische Resonanz, in: Überlieferung und Geltung normativer Texte des frühen und hohen Mittelalters, hg. v. Mordek, Hubert (Quellen u. Forschungen zum Recht im Mittelalter 4), Sigmaringen 1986, S. 51–69.

Schmidt, Hans-Joachim, Legitimität von Innovation. Geschichte, Kirche und neue Orden im 13. Jahrhundert, in: *Vita Religiosa* im Mittelalter. Festschrift für Kaspar Elm zum 70. Geburtstag, hg. v. Felten, Franz, Jaspert Nikolas (Berliner Historische Studien 31, Ordensstudien 13), Berlin 1999, S. 371–391.

Schott, Claudius, Die Entwicklung und Überlieferung von Pactus und Lex Alamannorum, in: Recht und Kultur im frühmittelalterlichen Alemannien. Rechtsgeschichte, Archäologie und Geschichte des 7. und 8. Jahrhunderts, hg. v. Sebastian Brather, Berlin 2017, S. 139–151

Schulze, Reiner, Geschichte der neueren vorkonstitutionellen Gesetzgebung, Wien et alii 1981.

Senellart, Michel, Les arts de gouverner. Du ‚regimen' médiévale au concept de gouvernement, Paris 1995.

Stadtregiment und Bürgerfreiheit. Handlungsspielräume in deutschen und italienischen Städten des Späten Mittelalters und der Frühen Neuzeit, hg. v. Schreiner, Klaus u. Meier, Ulrich (Beiträge zur europäischen Gesellschaftsgeschichte 7), Göttingen 1994.

Statutencodices des 13. Jahrhunderts als Zeugen pragmatischer Schriftlichkeit. Die Handschriften von Como, Lodi, Novara, Pavia und Voghera (Münstersche Mittelalter-Schriften 64), hg. v. Keller, Hagen u. Busch, Jörg W., München 1991.

Struve, Tilman, Die Entwicklung der organologischen Staatsauffassung im Mittelalter, Stuttgart 1978.

Stürner, Wolfgang, *Peccatum* und *Potestas*. Der Sündenfall und die Entstehung der herrscherlichen Gewalt im mittelalterlichen Staatsdenken (Beiträge zur Geschichte und Quellenkunde des Mittelalters 11), Sigmaringen 1987.

Taylor, Charles, Ein säkulares Zeitalter, Frankfurt a. M. 2009.

Tierney, Brian, Natural Law and Canon Law in Ockham's Dialogus, in: Aspects of Late Medieval Government and Society. Essays presented to J. R. Lander, hg. v. Rowe, John G., Toronto 1986, S. 3–24.

–, Villey, Ockham and the Origin of Individual Rights, in: The Weightier Matters of the Law. Essays on Law and Religion. A Tribute to Harold J. Berman, hg. v. Witte, John u. Alexander, Frank S., Atlanta 1988, S. 1–33.

Töpfer, Bernhard, Das kommende Reich des Friedens. Zur Entwicklung chiliastischer Zukunftshoffnungen im Hochmittelalter (Forschungen zur mittelalterlichen Geschichte 11), Berlin 1964.

–, Urzustand und Sündenfall in der mittelalterlichen Gesellschafts- und Staatstheorie (Monographien zur Geschichte des Mittelalters 45), Stuttgart 1999.

Toste, Marco, The Naturalness of Human Association in Medieval Political Thougt Revisited, in: Nature, norme e morale. Ordre de la nature et loi(s) naturelle(s) à la fin du Moyen Âge, hg. v. von der Lugt, Malke (Micrologus 59), Firenze 2014, S. 113–188.

–, Virtue and the City. The Virtues of the Ruler and the Citizen in the Medieval Reception of Aristotle's Politics, in: Il bene comune. Forme di governo e gerachhie sociali nel basso medioevo. Atti del XLVIII convegno storico internazionale, Todi 9–12 ott. 2011, Spoleto 2012, S. 75–100, 162–164.

The Treatise on the Laws and Customs of the Realm of England commonly called Glanvill, hg. v. Hall, G. D. H., Oxford 1993.

Ubl, Karl, Die erste Leges-Reform Karls des Großen, in: Das Gesetz – The Law – La Loi, hg. v. Speer, Andreas u. Guldentops, Guy (Miscellanea Mediaevalia 38), Berlin 2014, S. 75–92.

Von der Ordnung zur Norm. Statuten in Mittelalter und Früher Neuzeit, hg. v. Drossbach, Gisela, Paderborn et alii 2010.

Wagner, Wolfgang, Der ‚Liber augustalis' als Auftakt einer neuen Epoche der abendländischen Gesetzgebung, in: *Colendo iustitiam et iura condendo*. Federico II legislatore del Regno di Sicilia nell Europa del Duecento. Atti del convegno internazionale di studi organizzato dall'Università degli studi di Messina, Istituto di storia del diritto e delle istituzioni, Reggio di Calabria 20–24 gennaio 1995, hg. v. Romano, Andrea, Roma 1997, S. 197–228.

Walther, Helmut G., *Mundus non generabitur et corrumpetur, sed dispositiones ipsius*. Zum Umgang der gelehrten Juristen mit dem Problem von Vergänglichkeit und Dauer, in: Das Sein der Dauer, hg. v. Speer, Andreas u. Wirmer, David (Miscellanea Mediaevalia 34), Berlin 2008, S. 432–446.

Wieland, Georg, Die Rezeption der aristotelischen ‚Politik' und die Entwicklung des Staatsgedankens im späten Mittelalter. Am Beispiel des Thomas von Aquin und des Marsilius von Padua, in: Rechts- und Sozialphilosophie des Mittelalters, hg. v. Mock, Erhard u. Wieland, Georg (Salzburger Schriften zur Rechts-, Staats- und Sozialphilosophie 12), Frankfurt a. M. et alii 1990, S. 67–82.

Zukunft im Mittelalter. Zeitkonzepte und Planungsstrategien, hg. v. Oschema, Klaus u. Schneidmüller, Bernd (Vorträge und Forschungen 90), Ostfildern 2021.

Register

A

Abraham, biblische Gestalt 43, 44, 268
Accursius, Jurist 211
Adalbero von Fleury 113
Adalbero von Laon 148
Adam, biblische Gestalt 25, 141
Adamar von Chabannes 125
Adso von Montier-en-Der 131
Aegidius Albornoz 183f.
Aegidius Romanus 35, 241–244, 257, 263, 279
Agobard, Erzbischof von Lyon 113
Alanus Anglicus 68, 160
Alanus de Insulis 170f.
Albert von Stade 133f.
Albertus Magnus 71, 228–232, 277
Alexander IV., Papst 241
Alexander von Hales 225
Alfons X. der Weise, König von Kastilien 181–183
Alfred der Große, König von Wessex 103
Alkuin 110
Althoff, Gerd 276
Amadeus VIII., Herzog von Savoyen 173
Ambrosius, Erzbischof von Mailand 95
Anaklet II., Gegenpapst 160
Angenendt, Arnold 53f.
Anselm von Canterbury 20
Anselm von Havelberg 132
Arendt, Hanna 75
Aristoteles 12, 33, 63, 69–76, 215, 218, 226, 228–233, 238–241, 245f., 255–257, 259, 270, 277, 283
Arnald von Villanova 138
Arnobius d. Ä. 82
Augustinus 30f., 44f., 52–56, 61, 82–84, 95f., 130f., 135, 140, 231, 239, 241, 242
Aurelius Victor 79
Azo (Portius), Legist 209–211

B

Balda da Faenza 218
Baldus de Ubaldis 214–216, 273
Bartholomaeus Brixensis 150
Bartolo da Sassoferrato 189, 213
Beda Venerabilis 137
Benedikt von Nursia 15
Berman, Harold 17, 30f., 108, 109, 147, 161, 213
Bernardo da Firenze 218
Bernhard von Chartres 19
Bernhard von Clairvaux 16
Bernhard von Pavia 148
Bertram, Martin 150
Bonaventura da Bagnoregio 47, 134, 245
Boncompagno da Signa 191
Bonifaz VIII., Papst 154f., 193, 240
Braulik, Georg 39f.
Brunner, Otto 105f.
Bulgarus, Jurist 208

C

Caelius Sedulius 170f.
Chalcidius 67f.
Childebert, König der Franken 106
Chlodwig, König der Franken 100, 106
Chlothar, König der Franken 106
Cicero, Tullius 77–81, 95
Clements, Roland 40
Coelestin V., Papst 249
Coluccio Salutati 216–218
Cosimo di Medici 194

D

Dagobert, König der Franken 106

Dante Alighieri 223, 253, 259–263, 273, 274, 283
David, biblische Gestalt 84
Davies, Graham 40
Dietrich von Apolda 135
Dilcher, Gerhard 29
Diocletian, Kaiser 87, 89
Dionysius (Pseudo-) 68
Dominikus de Guzmán 134

E

Eckhardt, Karl 105
Eduard I., König von England 175
Egeria, Nymphe 78–82, 93
Eike von Repgow 201, 202
Ervig, König der Westgoten 102
Eurich, König der Westgoten 102
Eusebius von Caesarea 86f.
Eutropius 85
Eva, biblische Gestalt 25, 141

F

Flavius Josephus 137
Foroneus, Gesetzgeber in Griechenland 146
Foucault, Michel 139
Francesco Guicciardini 283
Francesco Petrarca 218
Francisco Suárez 42
Franz von Assisi 134
Fried, Johannes 137
Friedrich I., Kaiser 118, 121, 127, 150, 163–166, 186, 188, 191, 203
Friedrich II., Kaiser 27, 122, 127, 163, 166–169, 180
Friedrich I., Herzog von Schwaben 127

G

Gagnér, Sten 32, 68
Gelasius I., Papst 112, 114
Geoffrey Chaucer 223
Gerbert von Aurillac (= Papst Sylvester II.) 113
Giordano da Pisa 19, 141
Giovanni d'Arezzo 218
Giovanni Boccaccio 194
Giovanni Villani 192f.
Gottfried von Bouillon, König von Jerusalem 162
Gottfried von Viterbo 164
Gratian, Kanonist 32, 145–151
Gregor I., Papst 148
Gregor VII., Papst 113f., 144f.
Gregor IX., Papst 153, 166, 169
Guibert von Nogent 187f.
Gundobad, König der Burgunder 101

H

Hagar, biblische Gestalt 43
Heinrich IV., Kaiser 126, 145, 186
Heinrich V., Kaiser 93, 117
Heinrich VII., Kaiser 196, 260
Heinrich I., König von England 175
Heinrich II., König von England 81, 175, 223
Heinrich von Gent 252f.
Henricus de Segusio (= Henricus Hostiensis) 155–157
Henry Bracton 199–201
Hermann, Bischof von Metz 145
Hermann von Schildesche 157, 265f.
Hölscher, Lucian 284
Honorius III., Papst 153
Hoyer von Falkenstein, Graf 201
Hugo, König von Zypern 239
Hugo von St. Victor 68, 282f.
Huguccio, Kanonist 148
Huizinga, Jan 9, 281
Humbert von Romans 21

I

Innozenz I., Papst 112
Innozenz III., Papst 93, 151–154, 173
Innozenz IV., Papst 154
Innozenz VI., Papst 183
Irnerius, Jurist 208
Isidor von Sevilla 97–99, 106, 113, 116, 145f., 159f., 200, 226
Ivo von Chartres 115, 125

J

Jacques de Révigny 211f.
Jean Golein 223
Jean d'Ibelin 162, 163, 204
Jean de Joinville 176
Jean Quidort de Paris 137, 240f.
Jeremias, Prophet 151
Joachim von Fiore 62, 132–136, 280
Johann, König von Böhmen 196
Johann I., König von England 175
Johann I., Herzog von Brabant 233
Johannes XXII., Papst 155, 183, 267
Johannes Bassianus, Jurist 208, 215
Johannes Duns Scotus 245–249, 253, 257, 278, 282
Johannes de Rupella 225
Johannes von Salisbury 19f., 81, 223–225, 275
Johannes Teutonicus 150
Justinian I., Kaiser 87–93, 97f., 103f., 147, 159f., 163–166, 201, 209, 212, 215, 224

K

Karl der Große, Kaiser 101, 107–112, 121, 203
Karl IV., Kaiser 170–172
Karl IV., König von Frankreich 178
Karl V., König von Frankreich 223, 270
Karl I. (von Anjou), König von Sizilien 169, 180
Karl II., König von Sizilien-Neapel 259
Kern, Fritz 24
Konrad II., Kaiser 117
Konrad III., römischer König 164
Konrad IV., römischer König 169
Konstantin I., Kaiser 52, 56f., 82, 85f., 88, 96, 147
Konstantin II., Kaiser 89
Kortüm, Hans-Henning 114
Koselleck, Reinhart 14
Kottje, Raimund 105
Krause, Hermann 28

L

Landau, Peter 32, 106, 108, 159
Leo I., Papst 112, 151
Leonardo Bruni 194f., 218
Loewenstein, Bedrich 10
Lothar III., Kaiser 117f.
Ludwig der Fromme, Kaiser 111f.
Ludwig IV. der Bayer, Kaiser 172, 196, 267
Ludwig VII., König von Frankreich 126
Ludwig IX., König von Frankreich 176–180, 203, 226, 277
Lykurg 74, 78, 82, 146, 230

M

Macrobius 81
Mandrella, Isabelle 248
Margarethe, Herzogin von Brabant 233
Marinus de Caramanicio 169, 180
Marsilius von Padua 262–267, 273f.
Martianus Capella 96
Martin I., König von Sizilien 170
Matteo d'Acquasparta 47f., 253–255
Matteo Villani 193f.
Mercurius Trismegistus 146
Methodius (Pseudo-) 136, 138
Mihm, Arend 30
Moses, biblische Gestalt 37–50, 98, 103f., 147, 227

N

Niccolo Macchiavelli 283
Niccolo Tudeschis 158
Nicolas de Lisieux 137
Nicolas d'Oresme 137, 270–273, 279
Nicoletto Vernia 218f.
Nikolaus I., Papst 114
Nikolaus von Kues 21f.
Numa Pompilius 76–82, 98, 146

O

Otto von Freising 61f., 130f., 136, 164f., 188
Ovid 78, 284

P

Patzold, Steffen 111
Paulus, Apostel 8, 43f., 48–51, 59f.
Peter von Auvergne 255–259, 262
Petrus Abelard 20, 279
Petrus Johannis Olivi 249–253
Petrus Lombardus 45, 246
Philipp I., König von Frankreich 145
Philipp II., König von Frankreich 93, 173
Philipp IV., König von Frankreich 177f., 219, 240
Philipp V., König von Frankreich 178
Philippe de Beaumanoir 203f.
Philolaos, Gesetzgeber 74
Pierre de Belleperche 211f., 219f.
Pierre Dubois 19f., 220–222, 259
Pietro da Colonna 155
Pippin I., König der Franken 107
Platon 34f., 64–70, 73, 75
Plutarch 78
Poggio Bracciolini 218

R

Radulfus Glaber 126
Raimund de Peñaforte 153, 166
Ranulf von Glanvill 198f., 201
Regino von Prüm 113
Rekkeswinth, König der Westgoten 102f.
Robert I. der Weise, König von Sizilien 180
Roger II., König von Sizilien 160f., 168
Roger Bacon 136f.
Rothar, König der Langobarden 104
Rufinus, Kanonist 149
Rufinus von Aquileia 86
Rupert von Deutz 131f.

S

Salomon, biblische Gestalt 84, 135
Samuel, biblische Gestalt 40f.
Schmitt, Carl 25
Schulze, Reiner 29
Senellart, Michel 14
Sigebert von Gembloux 125
Sigismund, Kaiser 18
Sigismund, König der Burgunder 101
Silvester II., Papst 113
Sixtus III., Papst 58
Solon (von Athen) 74, 82, 98, 146, 230
Sophokles 63f.
Stephan von Tournai 149
Struve, Tilman 264
Suárez, Francisco 42

T

Taylor, Charles 10
Tertullian 51
Theoderich I., König der Franken 106
Theodosius I., Kaiser 55
Theodosius II., Kaiser 56, 87, 96, 147
Thomas von Aquin 8, 20f., 33–35, 47, 99, 139f., 232–241, 243, 256, 262, 271, 273f., 278
Thomas Becket 223
Titus Livius 76–78, 82

U

Ubl, Karl 101
Ugo Falcando 161
Urban II., Papst 124
Ursmar, flandrischer Heiliger 124f.

V

Valerius Maximus 78f.
Vincenz von Beauvais 135–137, 223
Vincenz von Lérins 58f.
Virgil 77

W

Walther, Helmut 24
White, Lynn 15, 17, 18
Wilhelm, Erzbischof von Reims 118
Wilhelm I. der Eroberer, König von England 199
Wilhelm V., Herzog von Aquitanien 126
Wilhelm von Auvergne 46–48, 226–228
Wilhelm von Conches 20, 67f., 81
Wilhelm Durandus d. Ä. 157

Wilhelm von Moerbeke 71
Wilhelm von Ockham 266–270
Wilhelm von Tocco 20f.
William Raleigh 199f.